Pascal | Gedanken

Blaise Pascal

Gedanken über die Religion und einige andere Themen

Herausgegeben von Jean-Robert Armogathe

Aus dem Französischen übersetzt
von Ulrich Kunzmann

Reclam

Originaltitel: *Pensées sur la religion et sur quelques autres sujets*

RECLAMS UNIVERSAL-BIBLIOTHEK Nr. 14227
1987, 2021 Philipp Reclam jun. Verlag GmbH,
Siemensstraße 32, 71254 Ditzingen
Durchgesehene und aktualisierte Ausgabe
Gestaltung: Cornelia Feyll, Friedrich Forssman
Druck und Bindung: Eberl & Koesel GmbH & Co. KG,
Am Buchweg 1, 87452 Altusried-Krugzell
Printed in Germany 2021
RECLAM, UNIVERSAL-BIBLIOTHEK und
RECLAMS UNIVERSAL-BIBLIOTHEK sind eingetragene Marken
der Philipp Reclam jun. GmbH & Co. KG, Stuttgart
ISBN 978-3-15-014227-1

Auch als E-Book erhältlich

www.reclam.de

PENSEES
DE
M. PASCAL
SUR LA RELIGION,
ET SUR QUELQUES
AUTRES SUJETS,

Qui ont esté trouvées aprés sa mort parmy ses papiers.

A PARIS,
Chez GUILLAUME DESPREZ,
ruë Saint Jacques à Saint Prosper.

M. DC. LXIX.

Avec Privilege & Approbation.

Titelblatt der 1669 erschienenen Vorausausgabe der *Pensées*, von der nur zwei Exemplare bekannt sind

Gedanken

Abteilung I

Eingeordnete Papiere

1 Ordnung

1/596 Die Psalmen werden von der ganzen Erde gesungen.
Wer gibt Zeugnis von Mohammed? Er selbst.
Jesus Christus will, dass sein eigenes Zeugnis nichts gelte.
Ihre Eigenschaft als Zeugen bewirkt, dass sie stets überall und auch elend sein müssen. Er ist allein.

2/227 Ordnung in Dialogform.
Was soll ich tun? Ich sehe überall nur Dunkelheit. Soll ich glauben, dass ich nichts bin? Soll ich glauben, dass ich Gott bin?

3/227 und **244** Alle Dinge wandeln sich und folgen aufeinander.
Ihr täuscht Euch, es gibt …
Wie denn, sagt Ihr nicht selbst, dass der Himmel und die Vögel Gott beweisen? Nein. Und sagt es nicht Eure Religion? Nein. Denn obgleich das in gewissem Sinne für einige Seelen wahr ist, denen Gott diese Erleuchtung eingab, ist das im Hinblick auf die meisten dennoch falsch.

4/184 Brief, der dazu bewegen soll, Gott zu suchen.
Und ihn dann bei den Philosophen, Pyrrhonikern und Dogmatisten suchen lassen, die denjenigen quälen werden, der ihn sucht.

5/247 Ordnung.

Ein Ermahnungsbrief an einen Freund, um ihn zur Suche zu bewegen. Und er wird antworten: Aber, was mag es mir nützen, dass ich suche, nichts wird offenbar. Und ihm erwidern: Verzweifelt nicht. Und er würde antworten, dass er glücklich wäre, wenn er irgendeine Erleuchtung fände. Aber wenn er, gerade dieser Religion selbst zufolge, solcherart glaubte, würde ihm das nichts helfen. Und dass er es deshalb vorziehe, überhaupt nicht zu suchen. Und ihm darauf erwidern: die Maschine.

6/60 (1.) Teil. Elend des Menschen ohne Gott.

(2.) Teil. Glückseligkeit des Menschen mit Gott.

In anderer Form

(1.) Teil. Dass die Natur verderbt ist, anhand der Natur selbst.

(2.) Teil. Dass es einen Versöhner gibt, anhand der Heiligen Schrift.

7/248 Brief, der die Nützlichkeit der Beweise angibt. Anhand der Maschine.

Der Glaube unterscheidet sich vom Beweis. Der eine ist menschlich, und der andere ist eine Gottesgabe. *Justus ex fide vivit.* (»Der Gerechte wird seines Glaubens leben.« Röm 1,17.) Diesen Glauben flößt Gott selbst dem Herzen ein, dessen Werkzeug oft der Beweis ist, *fides ex auditu* (»der Glaube aus der Predigt«, Röm 10,17), dieser Glaube aber wohnt im Herzen und lässt nicht sagen: *scio* (»ich weiß«), sondern: *Credo* (»ich glaube«).

8/602 Ordnung.

Prüfen, was es in der gesamten Lage der Juden an Klarem und Unbestreitbarem gibt.

9/291 Im Brief über die Ungerechtigkeit kann vorkommen:

die spaßhafte Geschichte von den Erstgeborenen, die alles haben. Mein Freund, Ihr seid diesseits des Gebirges geboren, also ist es gerecht, dass Euer ältester Bruder alles haben soll.

Warum tötet Ihr mich?

10/167 Das mannigfaltige Elend des menschlichen Lebens hat all dies begründet. Da man dies erkannt hat, hat man sich für die Zerstreuung entschieden.

11/246 Ordnung. Nach dem Brief, dass man Gott suchen muss, den Brief über das Beseitigen der Hindernisse schreiben, der die Abhandlung über die Maschine ist, wie man die Maschine vorbereitet, wie man mit der Vernunft sucht.

12/187 Ordnung.

Die Menschen schätzen die Religion gering. Sie hassen sie und fürchten, dass sie wahr sei. Um dafür Abhilfe zu schaffen, muss man zunächst zeigen, dass die Religion keineswegs der Vernunft widerspricht. Sie verehrungswürdig machen, ihr Achtung verschaffen.

Sie hierauf liebenswert machen, den Guten den Wunsch eingeben, dass sie wahr sein möge, und danach zeigen, dass sie wahr ist.

Verehrungswürdig, weil sie den Menschen gut erkannt hat.
Liebenswert, weil sie das wahre Glück verheißt.

2 Eitelkeit

13/133 Zwei ähnliche Gesichter, von denen keines für sich allein lächerlich wirkt, reizen gemeinsam durch ihre Ähnlichkeit zum Lachen.

14/338 Die wahren Christen fügen sich dennoch den Torheiten, nicht weil sie Achtung vor den Torheiten haben, sondern weil sie Achtung vor Gottes Ordnung haben, der die Menschen diesen Torheiten unterworfen hat, um sie zu bestrafen. *Omnis creatura subjecta est vanitati, liberabitur.* (»Sintemal die Kreatur unterworfen ist der Eitelkeit [...], wird [sie] frei werden«, Röm 8,20 f.) So erklärt der heilige Thomas die Stelle bei Jakobus, wo es um die Bevorzugung der Reichen geht, dass, wenn sie nicht in Hinblick auf Gott so handeln, sie die Ordnung der Religion verlassen.

15/410 Perseus, König von Makedonien. Aemilius Paullus.
Man warf Perseus vor, dass er sich nicht das Leben nahm.

16/161 Eitelkeit.
Dass etwas so Augenfälliges wie die Eitelkeit der Welt so wenig bekannt ist, dass es seltsam und überraschend ist, wenn man sagt, es sei dumm, nach Größe zu streben. Das ist erstaunlich.

17/113 Unbeständigkeit und Absonderlichkeit.
Allein von seiner Arbeit zu leben und über den mächtigsten Staat der Welt zu herrschen sind sehr gegensätzliche Dinge. Sie sind in der Person des Großherrn der Türken vereint.

18/955 (751.) Eine Kapuzenspitze bringt 25 000 Mönche in Aufruhr.

19/318 Er hat vier Lakaien.

20/292 Er wohnt jenseits des Wassers.

21/381 Wenn man zu jung ist, urteilt man nicht gut, ebenso, wenn man zu alt ist.

Wenn man nicht genug daran denkt, wenn man zu sehr daran denkt, so versteift man sich auf seine Ansicht und lässt sich ganz davon einnehmen.

Wenn man sein Werk betrachtet, gleich nachdem man es vollendet hat, ist man noch ganz davon ergriffen, wenn man es zu lange danach tut, erfasst man es nicht mehr.

Wie bei den Bildern, die man aus zu großer oder zu kleiner Entfernung betrachtet. Und es gibt nur einen unteilbaren Punkt, der die richtige Stelle ist.

Die übrigen sind zu nahe, zu fern, zu hoch oder zu niedrig. Die Perspektive bestimmt ihn in der Malkunst, wer aber bestimmt ihn bei der Wahrheit und bei der Moral?

22/367 Die Macht der Fliegen, sie gewinnen Schlachten, sie verwehren unserer Seele, tätig zu sein, sie fressen unseren Leib.

23/67 Eitelkeit der Wissenschaften.

Die Wissenschaft von den äußerlichen Dingen wird mich in der Zeit der Bedrängnis nicht über die Unkenntnis der Moral hinwegtrösten, die Wissenschaft von den Sitten indes wird mich stets über die Unkenntnis der äußerlichen Wissenschaften hinwegtrösten.

24/127 Lage des Menschen.
Unbeständigkeit, Langeweile, Ruhelosigkeit.

25/308 Die Gewohnheit, dass man die Könige in der Begleitung von Wachen, Trommlern, Staatsbeamten und zusammen mit allen Dingen sieht, welche die Welt zu Achtung und Schrecken nötigen, bewirkt, dass ihre Gestalt, wenn sie sich zuweilen allein und ohne ihre Begleitung zeigt, Achtung und Schrecken bei ihren Untertanen erregt, denn im Gedanken trennt man ihre Personen nicht von ihrem Gefolge, das man im Allgemeinen zusammen mit ihnen sieht. Und die Welt, die nicht weiß, dass diese Wirkung aus dieser Gewohnheit herrührt, glaubt, sie käme von einer natürlichen Kraft. Und daher kommen diese Worte: Das göttliche Wesen ist seinem Angesicht eingeprägt usw.

26/330 Die Macht der Könige beruht auf der Vernunft und der Narrheit des Volkes, und zwar weitaus mehr auf der Narrheit. Die größte und wichtigste Sache der Welt hat die Schwäche zur Grundlage. Und diese Grundlage ist bewundernswert sicher, denn nichts ist sicherer, als dass das Volk schwach bleiben wird. Was auf die gesunde Vernunft gegründet ist, hat sehr schlechte Grundlagen, wie etwa das Ansehen der Weisheit.

27/354 Der Natur des Menschen entspricht es nicht, immer in eine Richtung zu gehen; sie hat ihr Kommen und Gehen.
Das Fieber hat seine Schauer und seine Glut. Und die

Kälte zeigt ebenso gut die Größe der Fieberglut wie die Hitze selbst.

Gleichermaßen setzen sich die Erfindungen der Menschen von Jahrhundert zu Jahrhundert fort, ebenso gilt das im Allgemeinen für die Güte und die Bosheit der Welt.

Plerumque gratae principibus vices. (»Oft gefallen die Abwechslungen den Vornehmen.« Horaz, *Oden* III,29.)

28/436 Schwäche.

Alle Beschäftigungen der Menschen sind darauf gerichtet, ein gutes Vermögen zu haben, und sie können doch keine Urkunde vorlegen, mit der sich beweisen ließe, dass sie es von Rechts wegen besitzen, denn sie haben dafür nur die menschliche Phantasie und keine Macht, um es sicher zu besitzen.

Ebenso verhält es sich bei der Wissenschaft. Denn die Krankheit hebt sie auf.

Wir sind ebenso unfähig zur Wahrheit wie zum Besitz.

29/156 *Ferox gens nullam esse vitam sine armis rati.* (»Ein wildes Volk, das glaubt, ohne Krieg sei's nicht der Mühe wert zu leben.« Livius XXXIV,17.)

Sie lieben den Tod mehr als den Frieden, die anderen lieben den Tod mehr als den Krieg.

Jede Meinung kann dem Leben vorgezogen werden, das man so stark und so natürlich zu lieben scheint.

30/320 Man wählt, um ein Schiff zu steuern, nicht denjenigen von den Reisenden aus, der dem vornehmsten Geschlecht entstammt.

31/149 In den Städten, die man als Durchreisender betritt, kümmert man sich nicht darum, geachtet zu werden. Doch wenn man dort einige Zeit bleiben muss, kümmert man sich darum. Wie viel Zeit ist nötig? Eine Zeit, die im Verhältnis zu unserer nichtigen und erbärmlichen Lebensdauer steht.

32/317*a* Eitelkeit.

Die Ehrfurchtsbezeigungen bedeuten: Nehmt Unbequemlichkeiten auf euch.

33/374 Was mich am meisten erstaunt, ist, zu sehen, dass niemand über seine eigene Schwäche erstaunt ist. Man handelt in vollem Ernst, und jeder richtet sich nach seiner Stellung, nicht etwa, weil es, da es der Mode entspricht, tatsächlich gut wäre, sich nach ihr zu richten, sondern, als wüsste jeder mit Gewissheit, wo Vernunft und Gerechtigkeit sind. Man sieht sich zu jeder Stunde getäuscht, und in lächerlicher Demut glaubt man, dass man selbst schuld hat und nicht die Kunst, deren Beherrschung man sich stets rühmt. Doch ist es zum Ruhm des Pyrrhonismus gut, dass es in der Welt so viele jener Leute gibt, die keine Pyrrhoniker sind, damit sich zeigen lässt, dass der Mensch die überspanntesten Meinungen leicht annehmen kann, da er ja fähig ist zu glauben, er sei nicht im Zustand dieser natürlichen und unvermeidlichen Schwäche, und auch zu glauben, er sei stattdessen im Zustand der natürlichen Weisheit.

Nichts stärkt den Pyrrhonismus mehr, als dass es Menschen gibt, die keine Pyrrhoniker sind. Wenn alle es wären, hätten sie unrecht.

34/376 Diese Schule wird mehr durch ihre Feinde als durch ihre Freunde gestärkt, denn die Schwäche des Menschen zeigt sich viel deutlicher bei jenen, die sie nicht erkennen, als bei jenen, die sie erkennen.

35/117 Schuhabsatz.

Oh, wie gut das ausgeführt ist! Ist das ein geschickter Arbeiter! Ist dieser Soldat kühn! Darin liegt die Quelle unserer Neigungen und der Wahl der Stellungen. Dass jener reichlich trinke, dass jener andere wenig trinke: Das eben macht die Leute enthaltsam und trunksüchtig, zu Soldaten, Feiglingen usw.

36/164 Wer die Eitelkeit der Welt nicht sieht, ist selbst sehr eitel. Und wer sieht sie auch nicht, außer jungen Leuten, die alle mit dem lärmenden Treiben, den Zerstreuungen und den Gedanken an die Zukunft beschäftigt sind.

Nehmt ihnen jedoch die Zerstreuungen, so werdet ihr sehen, wie sie vor Langeweile vergehen. Dann fühlen sie ihre Nichtigkeit, ohne sie zu erkennen, denn es heißt wohl unglücklich sein, wenn man einer unerträglichen Traurigkeit ausgeliefert ist, sobald man gezwungen wird, sich selbst zu betrachten, und nicht durch Zerstreuungen davon abgelenkt wird.

37/158 Berufe.

Ruhm bereitet so großen Genuss, dass man ihn liebt, mit welcher Sache man ihn auch immer verbindet, und sei es selbst mit dem Tod.

38/71 Zu viel und zu wenig Wein.

Gebt ihm nichts davon: Er kann die Wahrheit nicht finden.

Gebt ihm zu viel davon: das Gleiche.

39/141 Die Menschen beschäftigen sich damit, einem Ball und einem Hasen nachzujagen: Das ist selbst das Vergnügen der Könige.

40/134 Welch eine Eitelkeit ist doch die Malerei, die Bewunderung erregt, weil sie die Dinge so ähnlich darstellt, deren natürliche Urbilder man keineswegs bewundert!

41/69 Wenn man zu schnell oder zu langsam liest, versteht man nichts.

42/207 Wie viele Königreiche wissen nichts von uns!

43/136 Wenig tröstet uns, weil wenig uns betrübt.

44/82 Einbildung.

Dieser beherrschende Bestandteil des Menschen, diese Gebieterin über Irrtum und Falschheit – und sie ist noch weitaus trügerischer, da sie dies nicht immer ist, denn sie wäre ja eine unfehlbare Richtschnur der Wahrheit, wenn sie es unfehlbar für die Lüge wäre. Und doch –

Obwohl sie zumeist lügenhaft ist, gibt sie kein Anzeichen ihrer Beschaffenheit zu erkennen und verleiht dem Wahren und dem Falschen das gleiche Gepräge. Ich spreche nicht von den Narren, ich spreche von den Weisesten, und gerade bei ihnen hat die Einbildung das gewaltige Recht, die Menschen zu überzeugen. Die Vernunft mag noch so laut rufen, sie kann den Wert der Dinge nicht bestimmen.

Diese stolze, der Vernunft feindliche Macht, die sich darin gefällt, sie zu überwachen und zu beherrschen, um so zu zeigen, wie viel sie in allen Dingen vermag, hat im Menschen eine zweite Natur begründet. Sie hat ihre Glücklichen und ihre Unglücklichen, ihre Gesunden und ihre Kranken, ihre Reichen und ihre Armen. Sie lässt glauben, zweifeln, die Vernunft leugnen. Sie setzt die Sinne außer Kraft, sie macht sie wahrnehmbar. Sie hat ihre Narren und ihre Weisen. Und nichts bekümmert uns mehr, als zu sehen, dass sie diejenigen, die sie beherbergen, mit weitaus vollständigerer und uneingeschränkterer Zufriedenheit als die Vernunft erfüllt. Die Menschen, die sich in ihrer Einbildung für klug halten, gefallen sich selbst viel mehr, als die Besonnenen sich vernünftigerweise gefallen können. Sie sehen die Leute mit Herrscherstolz an, sie streiten kühn und zuversichtlich – die anderen furchtsam und unsicher –, und dieser heitere Gesichtsausdruck gibt ihnen in der Meinung der Hörer oft die Überlegenheit, in so großer Gunst stehen die eingebildeten Weisen bei wesensgleichen Richtern. Sie kann die Narren nicht weise machen, doch sie macht sie glücklich, im Wettstreit mit der Vernunft, die ihre Freunde nur elend machen kann, und so überhäuft die eine sie mit Ruhm, die andere mit Schande.

Wer gewährt Ansehen, wer verschafft den Menschen, den Werken, den Gesetzen, den Großen Achtung und Verehrung, wenn nicht dieses Einbildungsvermögen. Alle Schätze der Erde (sind) ohne ihre Billigung unzureichend. Würdet ihr nicht sagen, dass dieser hohe Staatsbeamte, dessen ehrfürchtiges Alter einem ganzen Volk Achtung abverlangt, sich von einer reinen und erhabenen Vernunft leiten lässt und dass er die Dinge nach ihrem Wesen beurteilt, ohne sich bei jenen eitlen Umständen aufzuhalten, die nur die Einbildung der Schwachen berühren? Seht ihn, wie er zu einer Predigt geht, wo er einen ganz hingebungsvollen Eifer an den Tag legt, indem er die Sicherheit seiner Vernunft durch die Inbrunst seiner christlichen Liebe bestärkt; so ist er nun bereit, die Predigt mit beispielhafter Hochachtung anzuhören. Wenn der Prediger erscheinen sollte und die Natur ihm eine heisere Stimme und einen seltsamen Gesichtsschnitt gegeben (hat), wenn etwa sein Barbier ihn schlecht rasiert und er sich noch dazu durch einen Zufall beschmutzt hat, so mag er noch so große Wahrheiten verkünden, ich wette, unser Senator verliert seine ernsthafte Haltung.

Bei dem größten Philosophen der Welt, der auf einem Brett steht, das breiter als notwendig ist, wird, wenn unter ihm ein Abgrund liegt, obgleich seine Vernunft ihn von seiner Sicherheit überzeugt, seine Einbildungskraft die Oberhand gewinnen. Manche könnten nicht den Gedanken daran ertragen, ohne zu erbleichen und zu schwitzen.

Ich will nicht alle ihre Wirkungen aufführen; wer weiß nicht, dass der Anblick von Katzen oder Ratten, das Zerschlagen eines Kohlestücks usw. die Vernunft aus den Angeln heben. Der Ton einer Stimme imponiert den Weisesten und verändert die Wirkung einer Ansprache und eines Gedichtes.

Zuneigung oder Hass verändern das Recht grundsätzlich, und wie viel gerechter findet ein im Voraus gut bezahlter Advokat die Sache, die er vor Gericht vertritt. Wie sehr lässt sein kühnes Auftreten sie den Richtern, die von diesem äußerlichen Eindruck getäuscht werden, besser erscheinen. Eine lächerliche Vernunft, die ein Wind – und noch dazu in alle Richtungen – lenkt. Ich könnte beinahe alle Handlungen der Menschen aufführen, die fast nur durch deren Erschütterungen in Bewegung geraten. Denn die Vernunft ist zum Nachgeben gezwungen worden, und die weiseste nimmt jene Prinzipien als die ihren an, die überall die menschliche Einbildung leichtfertig eingeführt hat. *(Wer nur der Vernunft folgen wollte, wäre ein ausgemachter Narr. Wir müssen, weil wir daran Gefallen gefunden haben, den ganzen Tag für anerkanntermaßen eingebildete Güter arbeiten, und wenn der Schlaf uns von den Mühen unseres Verstandes erfrischt hat, heißt es sogleich aufspringen, um dem eitlen Rauch nachzujagen und die Einwirkungen dieser Herrin der Welt zu ertragen.)*

(– Das ist eine der Grundursachen des Irrtums, aber das ist nicht die einzige.)

(Der Mensch hat wohl recht gehabt, diese zwei Kräfte zu vereinigen, obgleich bei diesem Frieden die Einbildung sehr weitgehend im Vorteil ist, denn im Kriege ist sie es ja noch viel mehr. Niemals [überwindet] die Vernunft vollständig die Einbildung, [das] Gegenteil [jedoch] ist allgemein verbreitet.)

Unsere Justizbeamten haben dieses Geheimnis genau erkannt. Ihre roten Talare, ihr Hermelin, worin sie sich wie mit Pelzstreifen geschmückte Katzen einwickeln, die Paläste, in denen sie Recht sprechen, die Lilienwappen, diese ganze erhabene Pracht war sehr notwendig, und wenn die Ärzte keine Leibröcke und Pantoffeln hätten und die Rechtsgelehrten keine viereckigen Barette und vierteilige, viel zu weite Roben, so hätten sie nie die Welt betrogen, die dieser so glaubwürdigen Zurschaustellung nicht widerstehen kann. Wenn sie das wahre Recht sprächen und wenn die Ärzte die wirkliche Heilkunst beherrschten, hätten sie keine viereckigen Barette nötig. Die Würde dieser Wissenschaften wäre durch sich selbst ehrfurchtgebietend genug, da sie jedoch nur eingebildete Wissenschaften haben, müssen sie zu diesen eitlen Hilfsmitteln greifen, die auf die Einbildung wirken, mit der sie es ja zu tun haben, und hierdurch verschaffen sie sich tatsächlich Achtung.

Nur die Kriegsleute haben sich nicht derart verkleidet, weil ihr persönliches Eingreifen in der Tat wesentlicher ist. Sie setzen sich mit Gewalt durch, die anderen mit Blendwerk.

Daher haben unsere Könige nicht nach derartigen Verkleidungen gesucht. Sie haben sich nicht mit außergewöhnlichen Trachten vermummt, um als solche zu erscheinen. Doch sie lassen sich von Wachen und Tölpeln begleiten. Diese bewaffneten Truppen, die nur für sie ihre Hände und ihre Kraft gebrauchen, die Trompeter und die Trommler, die vorausmarschieren, und diese Heerscharen, die sie umringen, bringen die Standhaftesten zum Zittern. Sie haben nicht die Tracht, allein die Gewalt haben sie. Man müsste eine sehr aufgeklärte Vernunft haben, um den Großherrn der Türken, der in seinem prunkvollen Serail von 40 000 Janitscharen umgeben ist, wie einen beliebigen anderen Menschen anzusehen.

Wir können nicht einmal einen Advokaten im Talar und mit dem Barett auf dem Kopf sehen, ohne eine vorteilhafte Meinung von seiner Tüchtigkeit zu haben.

Die Einbildung bestimmt über alles; sie macht die Schönheit, das Recht und das Glück, das in der Welt alles ist.

Ich möchte von Herzen gern das italienische Buch sehen, von dem ich nur den Titel kenne, der für sich allein sehr viele Bücher aufwiegt, *Dell'opinione regina del mondo* (»Über die Meinung, die Königin der Welt«). Dem stimme ich zu, ohne es zu kennen, von dem Schlechten abgesehen, falls sich solches darin findet.

Das sind annähernd die Wirkungen dieser trügerischen Fähigkeit, die uns anscheinend ausdrücklich gegeben ist, um uns zu einem notwendigen Irrtum zu verleiten. Wir haben dafür sehr viele andere Grundsätze.

Nicht allein die alten Eindrücke können uns täuschen, die neuen Reize haben die gleiche Macht. Daher kommt aller Streit unter den Menschen, die einander vorwerfen, dass sie entweder ihren falschen Kindheitseindrücken folgen oder leichtfertig neuen nachlaufen. Wer den goldenen Mittelweg geht, soll sich zeigen und es beweisen. Es gibt keinen Grundsatz, so natürlich er auch sein mag, (*den man*,) selbst wenn er seit dem Kindesalter besteht, (*nicht*) als einen falschen Eindruck des Unterrichts oder der Sinne ausgegeben hätte.

Denn, so sagt man, ihr habt seit der Kindheit geglaubt, eine Truhe wäre leer; als ihr nichts darin saht, habt ihr die Leere für möglich gehalten. Es sei dies eine Täuschung eurer Sinne, die von der Gewohnheit bestärkt werde, und die Wissenschaft müsse sie berichtigen. Und die anderen sagen, weil man euch in der Schule beigebracht habe, dass es gar keine Leere gebe, habe man euren gesunden Menschenverstand verdorben, der es vor diesem schlechten Eindruck so klar verstanden hätte, und diesen müsse man korrigieren, indem man sich eurer ursprünglichen Natur bediene. Wer hat also getäuscht? Die Sinne oder der Unterricht?

Wir haben eine andere Grundursache des Irrtums: die Krankheiten. Sie verderben uns Urteilsvermögen und Sinneskraft. Und wenn die schweren Krankheiten sie spürbar beeinträchtigen, so zweifle ich nicht, dass die leichten ihrem Ausmaß entsprechend auf sie einwirken.

Unser Eigennutz ist ein weiteres vortreffliches Instrument, um uns auf angenehme Art die Augen zu blenden. Es ist dem gerechtesten Mann der Welt nicht gestattet, Richter in eigener Sache zu sein. Ich kenne Leute, die, um nicht dieser Eigenliebe zu verfallen, auf umgekehrte Weise die Ungerechtesten der Welt gewesen sind. Das unfehlbare Mittel, eine völlig gerechte Sache zu verlieren, bestand darin, sie ihnen von ihren nahen Verwandten empfehlen zu lassen. Gerechtigkeit und Wahrheit sind zwei so feine Spitzen, dass unsere Instrumente zu stumpf sind, um sie genau zu treffen. Wenn sie zu ihnen gelangen, zerquetschen sie deren Spitze und stützen sich ringsumher mehr auf das Falsche als auf das Wahre.

(Der Mensch ist darum so glücklich beschaffen, dass er kein richtiges Prinzip des Wahren und mehrere vorzügliche für das Falsche hat. Sehen wir nun, wie sehr.

Doch die lachhafteste Ursache seiner Irrtümer ist der Krieg, der zwischen den Sinnen und der Vernunft geführt wird.)

45/83 Der Mensch ist lediglich ein Wesen voll natürlichen Irrtums, und dieser ist ohne die Gnade unüberwindlich. Nichts zeigt ihm die Wahrheit. Alles täuscht ihn. Diesen zwei Prinzipien der Wahrheit, der Vernunft und den Sinnen, fehlt es beiden nicht nur an Aufrichtigkeit, sondern sie täuschen einander auch gegenseitig; die Sinne täuschen die

Vernunft durch trügerischen Schein. Und diesen gleichen Betrug, den sie der Seele antun, erleiden sie wiederum von ihr; sie rächt sich an ihnen. Die Leidenschaften der Seele verwirren sie und verleiten sie zu falschen Eindrücken. Sie lügen und betrügen einander um die Wette.

Doch außer diesem Irrtum, der zufällig und durch das mangelhafte Einvernehmen zwischen diesen ungleichartigen Fähigkeiten eintritt …

(Damit muss das Kapitel über die irreführenden Kräfte begonnen werden.)

46/163 Eitelkeit.

Die Ursache und die Wirkungen der Liebe. Kleopatra.

47/172 Wir halten uns nie an die Gegenwart. Wir rufen uns die Vergangenheit zurück; wir greifen der Zukunft vor, als käme sie zu langsam und als wollten wir ihr Eintreten beschleunigen, oder wir rufen uns die Vergangenheit zurück, als wollten wir sie festhalten, da sie zu schnell vorübereilte, wir sind so unklug, dass wir in Zeiten umherirren, die nicht die unsrigen sind, und nicht an die einzige denken, die uns gehört, und wir sind so eitel, dass wir an jene denken, die nichts sind, und uns unüberlegt der einzigen entziehen, die weiterbesteht. Das kommt daher, weil die Gegenwart uns meistens weh tut. Wir verbergen sie unserem Blick, weil sie uns betrübt, und wenn sie uns angenehm ist, bedauern wir, sie entschwinden zu sehen. Wir bemühen uns, sie durch die Zukunft abzusichern, und meinen die Dinge zu ordnen, die nicht in unserer Macht stehen, und das für eine Zeit, die zu erreichen für uns ganz ungewiss ist.

Jeder prüfe seine Gedanken. Er wird finden, dass sie ganz

mit der Vergangenheit oder der Zukunft beschäftigt sind. Wir denken fast überhaupt nicht an die Gegenwart, und wenn wir an sie denken, so nur, um aus ihr die Einsicht zu gewinnen, mit der wir über die Zukunft verfügen wollen. Die Gegenwart ist niemals unser Ziel.

Die Vergangenheit und die Gegenwart sind unsere Mittel; allein die Zukunft ist unser Ziel. Deshalb leben wir nie, sondern hoffen auf das Leben, und da wir uns ständig bereit halten, glücklich zu werden, ist es unausbleiblich, dass wir es niemals sind.

48/366 Der Geist dieses höchsten Richters der Welt ist nicht so unabhängig, dass er nicht dem Umstand unterworfen wäre, vom ersten Lärm gestört zu werden, der in seiner Umgebung gemacht wird. Notwendig ist nicht das Dröhnen einer Kanone, um seine Gedanken zu hemmen. Notwendig ist nur das Knarren einer Wetterfahne oder einer Rolle. Wundert euch nicht, wenn er jetzt nicht vernünftig urteilt, eine Fliege summt um seine Ohren: Das reicht aus, um ihm die Fähigkeit zu nehmen, ein guter Ratgeber zu sein. Wenn ihr wollt, dass er die Wahrheit finden kann, verjagt dieses Tier, das seine Vernunft in Schach hält und diesen mächtigen Verstand trübt, der die Städte und die Königreiche regiert.

Welch ein lächerlicher Gott ist das. O ridicolosissime heroe! (Oh, welch überaus lächerlicher Held!)

49/132 Cäsar war zu alt, so scheint mir, um zu seinem Vergnügen die Welt zu erobern. Dieses Vergnügen war gut für Augustus und Alexander. Das waren junge Leute, die aufzuhalten schwierig ist, doch Cäsar hätte reifer sein müssen.

50/305 *(Raptus est)* (»Raub ist«) (?)

Die Schweizer nehmen es übel, wenn man sie Edelleute nennt, und beweisen ihre bürgerliche Abstammung, um als würdig für die hohen Ämter angesehen zu werden.

51/293 Warum tötet Ihr mich, da Ihr mir doch überlegen seid? Ich habe keine Waffen. – Was denn, wohnt Ihr nicht jenseits des Wassers? Mein Freund, wenn Ihr auf dieser Seite wohntet, so wäre ich ein Mörder, und es wäre ungerecht, Euch auf diese Art zu töten. Aber da Ihr ja auf der anderen Seite wohnt, bin ich ein tapferer Mann, und es ist gerecht.

52/388 Der gesunde Menschenverstand.

Sie sind gezwungen zu sagen: Ihr handelt nicht aufrichtig, wir schlafen nicht usw. Wie gern sehe ich diese stolze Vernunft gedemütigt und flehend. Denn das ist nicht die Sprache eines Menschen, dem man sein Recht streitig macht und der es mit Gewalt und der Waffe in der Hand verteidigt. Es macht ihm keine Freude zu sagen, dass man nicht aufrichtig handele, aber er bestraft diese Unaufrichtigkeit mit Gewalt.

3 Elend

53/429 Niedrigkeit des Menschen, der sich selbst den Tieren unterwirft, ja sie sogar anbetet.

54/112 Unbeständigkeit.

Die Dinge haben verschiedene Eigenschaften, und die

Seele hat verschiedene Neigungen, denn nichts ist einfach was sich der Seele darbietet, und die Seele bietet sich keinem Gegenstand jemals einfach dar. Daher kommt es, dass man über ein und dieselbe Sache weint und lacht.

55/111 Unbeständigkeit.

Man glaubt, die Tasten einer gewöhnlichen Orgel anzuschlagen, wenn man die Tasten des Menschen anschlägt. Er ist zwar eine Orgel, doch sie ist seltsam, wandelbar und veränderlich. *(Diejenigen, die nur die gewöhnliche Orgel spielen können,)* würden sich nicht auf jene einstimmen. Man muss wissen, wo die (Tasten) sind.

56/181 Wir sind so unglücklich, dass wir Gefallen an einer Sache nur unter der Bedingung finden können, uns zu ärgern, wenn sie schlecht gelingt, was tausend Umstände bewirken können und zu jeder Stunde bewirken. (Wer) das Geheimnis gefunden hätte, sich über das Gute zu freuen, ohne sich über das entgegengesetzte Übel zu ärgern, hätte den richtigen Punkt gefunden. Das ist das Perpetuum mobile.

57/379 Es ist nicht gut, zu frei zu sein.

Es ist nicht gut, alles Notwendige zu haben.

58/332 Tyrannei besteht im allumfassenden Verlangen nach der Herrschaft außerhalb ihrer eigenen Ordnung.

Verschiedene Räume mit Starken, mit Schönen, mit Geistreichen, mit Frommen, von denen jeder bei sich zu Hause herrscht, nicht anderswo. Und zuweilen treffen sie aufeinander, und der Starke und der Schöne streiten töricht miteinander, wer der Herr des anderen sein solle, denn ihre Herrschaft ist ja von unterschiedlicher Art. Sie verstehen einander nicht. Und ihr Fehler ist, überall herrschen zu wollen. Nichts vermag das, nicht einmal die Gewalt: Sie bewirkt nichts im Reich der Gelehrten, sie ist nur Herrin über die äußerlichen Handlungen. – Daher sind diese Reden falsch …

58*a*/332 Tyrannei.

Tyrannei ist, etwas auf einem Wege haben zu wollen, was man nur auf einem anderen haben kann. Man teilt verschiedenen Verdiensten verschiedene Pflichten zu, die Pflicht zur Liebe der Anmut, die Pflicht zur Furcht der Gewalt, die Pflicht zur Glaubwürdigkeit der Wissenschaft.

Man muss jene Pflichten erfüllen, man ist im Unrecht, wenn man sie verweigert, und ebenso im Unrecht, wenn man nach anderen verlangt. Daher sind diese Reden falsch und tyrannisch: Ich bin schön, also muss man mich fürchten, ich bin stark, also muss man mich lieben, ich bin … Und ebenso ist es falsch und tyrannisch zu sagen: Er ist nicht stark, also werde ich ihn nicht achten, er ist nicht klug, also werde ich ihn nicht fürchten.

59/296 Wenn es um die Entscheidung geht, ob man Krieg führen und so viele Menschen umbringen, so viele Spanier zum Tode verurteilen soll, entscheidet ein einziger Mensch darüber, der auch noch im eigenen Interesse handelt: Das müsste ein unbeteiligter Dritter sein.

60/294 *(Tatsächlich würde er sich von den eitlen Gesetzen frei machen, daher ist es nützlich, ihn zu täuschen.)*

Worauf wird er die zweckmäßige Ordnung der Welt, die er regieren will, gründen? Auf die Laune jedes Einzelnen? Was für ein Durcheinander! Auf die Gerechtigkeit? Er weiß nichts von ihr. Gewiss hätte er, wenn er sie kennte, nicht diesen Grundsatz aufgestellt, den am weitesten verbreiteten von all jenen, die es unter den Menschen gibt: Jeder folge den Sitten seines Landes. Der Glanz der wahrhaftigen Gerechtigkeit hätte sich alle Völker untertan gemacht. Und die Gesetzgeber hätten nicht anstelle dieses gleichbleibenden Rechts die wunderlichen Einfälle und Launen der Perser und Deutschen zum Vorbild genommen. Man sähe es in allen Staaten der Welt und in allen Zeiten verwurzelt, während man stattdessen nichts Rechtes oder Unrechtes sieht, das bei einem Klimawechsel nicht seine Eigenart wechselt; drei Grad Polhöhe kehren die ganze Jurisprudenz um, ein Meridian entscheidet über die Wahrheit. In wenigen Herrschaftsjahren ändern sich die Grundgesetze, das Recht hat seine Epochen, der Eintritt des Saturns in das Zeichen des Löwen gibt uns den Ursprung eines gewissen Verbrechens an. Eine lachhafte Gerechtigkeit, die ein Fluss begrenzt. Wahrheit diesseits der Pyrenäen, Irrtum jenseits.

Sie bekennen, dass in derartigen Bräuchen nicht die Gerechtigkeit besteht, sondern dass sie auf den natürlichen, jedem Land gemeinsamen Gesetzen beruht. Gewiss würden sie es hartnäckig verteidigen, wenn der leichtfertige Zufall, der die menschlichen Gesetze ausgesät hat, wenigstens eines gefunden hätte, das allgemeingültig wäre. Doch der Spaß geht so weit, dass die Laune der Menschen sich so vielgestaltig ausgebildet hat, dass es kein einziges derartiges gibt.

Diebstahl, Blutschande, Kinder- und Vatermord, alles

hat schon zu den tugendhaften Handlungen gehört. Kann es etwas Lachhafteres geben, als dass ein Mensch das Recht hat, mich zu töten, weil er jenseits des Wassers wohnt und sein Fürst mit dem meinen im Streit liegt, obwohl ich keinen mit ihm habe?

Es gibt zweifellos natürliche Gesetze, aber diese großartige verderbte Vernunft hat alles verdorben. *Nihil amplius nostrum est, quod nostrum dicimus artis est.* (»Nichts gehört uns mehr; was wir unser nennen, gehört der Kunst.« Cicero, *De fin.* V,21.) »*Ex senatus-consultis et plebiscitis crimina exercentur.* (»Durch Beschlüsse des Senats und des Volks werden Verbrechen begangen.« Seneca, *Epist.* 95.) *Ut olim vitiis sic nunc legibus laboramus.* (»Wie einst unter Lastern, so leiden wir jetzt unter Gesetzen.« Tacitus, *Ann.* III,25.)

Von dieser Verwirrung kommt es, dass der eine sagt, das Wesen des Rechts sei die Autorität des Gesetzgebers, ein anderer, das Wohl des Herrschers, wieder ein anderer, die gegenwärtige Gewohnheit, und das ist das Sicherste. Wenn man allein der Vernunft folgt, ist nichts von sich aus gerecht, alles gerät mit der Zeit ins Wanken. Die Gewohnheit (ist) die ganze Gerechtigkeit, allein deshalb, weil sie eingebürgert ist. Das ist der mystische Grund ihrer Autorität. Wer sie auf ihren Ursprung zurückführt, vernichtet sie. Nichts ist so fehlerhaft wie diese Gesetze, welche die Fehler abstellen sollen. Wer ihnen gehorcht, weil sie gerecht sind, gehorcht einer Gerechtigkeit, die er sich einbildet, nicht aber dem Wesen des Gesetzes. Es ist ganz in sich selbst beschlossen. Es ist Gesetz und nichts weiter. Wer sein Motiv erforschen will, wird es für so schwach und geringfügig befinden, dass er, wenn er es nicht gewohnt ist, die Wunderwerke der menschlichen Einbildung zu betrachten, erstaunen wird, dass ein Jahrhundert dem Gesetz so viel Glanz und Verehrung eingebracht hat. Die Kunst, Staaten in Aufruhr zu versetzen und umzuwälzen, besteht darin, die herkömmlichen Gewohnheiten zu erschüttern, indem man sie bis zu ihrer Quelle ergründet, um ihren Mangel an Autorität und Gerechtigkeit zu enthüllen. Man müsse, heißt es, auf die grundlegenden und ursprünglichen Gesetze des Staates zurückgreifen, die eine ungerechte Gewohnheit abgeschafft habe. Das ist ein Spiel, bei dem man mit Sicherheit alles verliert; nichts wird auf dieser Waage gerecht sein. Indes schenkt das Volk solchen Reden leicht Gehör, man schüttelt das Joch ab, sobald man es erkennt, und die Großen nutzen das zum Verderben des Volkes und dieser neugierigen Prüfer der eingebürgerten Gewohnheiten. Deshalb sagte der weiseste der Gesetzgeber, dass man die Menschen zu ihrem eigenen Wohl oft täuschen müsse, und ein anderer, ein guter Politiker: *Cum veritatem qua liberetur ignoret, expedit quod fallatur.* (»Da er die Wahrheit, die ihn befreien soll, nicht kennt, ist es vorteilhaft für ihn, dass er getäuscht wird.« Augustinus, *De civ. Dei* IV,27.) Er soll nicht die Wahrheit der Usurpation bemerken, einst wurde sie ohne vernünftigen Grund eingeführt, nun ist sie vernünftig geworden. Man muss sie als rechtsgültig und ewig hinstellen und ihren Ursprung verbergen, wenn man nicht will, dass sie bald ein Ende nimmt.

61/309 Gerechtigkeit.

Wie die Mode das Vergnügen bestimmt, so bestimmt sie auch das Recht.

62/177 *(Drei Gastfreunde)*

Wer den König von England, den König von Polen und die Königin von Schweden zu Freunden gehabt hätte, würde der geglaubt haben, dass es ihm in der Welt an einem Ruhesitz und einer Zuflucht fehlen könnte?

63/151 Der Ruhm.

Die Bewunderung verdirbt schon von Kindheit an alles. Oh, wie gut gesagt das ist! Oh, wie gut er das gemacht hat, wie artig er ist usw.

Die Kinder von Port-Royal, die man nicht mit diesem Verlangen und diesem Ruhm anspornt, werden unempfindlich dafür.

64/295 Mein und dein.

Dieser Hund gehört mir, sagten diese armen Kinder. Das da ist mein Platz an der Sonne. Darin bestehen der Anfang und das Ebenbild der Usurpation der ganzen Erde.

65/115 Vielfalt.

Die Theologie ist eine Wissenschaft, doch aus wie vielen Wissenschaften besteht sie zugleich? Ein Mensch ist ein Ganzes, doch was wird aus ihm, wenn man ihn zergliedert? Der Kopf, das Herz, der Magen, die Adern, jede einzelne Ader, jedes einzelne Aderstück, das Blut, jeder einzelne Blutsaft.

Eine Stadt und eine Landschaft sind aus der Ferne eine Stadt und eine Landschaft, doch je näher man kommt, desto mehr sind das Häuser, Bäume, Ziegel, Blätter, Gräser, Ameisen, Ameisenbeine, bis ins Unendliche. All das wird von der Bezeichnung »Landschaft« eingeschlossen.

66/326 Ungerechtigkeit.

Es ist gefährlich, dem Volk zu sagen, dass die Gesetze nicht gerecht sind, denn es gehorcht ihnen nur, weil es sie für gerecht hält. Daher soll man ihm zugleich sagen, man müsse ihnen gehorchen, weil sie Gesetze sind, wie man den Oberen nicht deshalb gehorchen muss, weil sie gerecht sind, sondern weil sie die Oberen sind. Dadurch wird jeder Empörung vorgebeugt, wenn man das verständlich machen kann, und (das ist) eigentlich die Definition des Rechts.

67/879 Ungerechtigkeit.

Recht wird nicht für (den) Rechtsprechenden, sondern für den vor Gericht Stehenden gesprochen: Es ist gefährlich, das dem Volk zu sagen, doch das Volk hat zu großes Vertrauen in Euch; es wird ihm nicht schaden, und es kann Euch nützen. Man muss es also öffentlich bekanntmachen. *Pasce oves meas* (»Weide meine Schafe«, Joh 21,17), nicht *tuas* (»deine«). Ihr seid mir eine Weide schuldig.

68/205 Wenn ich die kurze Dauer meines Lebens betrachte, das von der vorhergehenden und der darauffolgenden Ewigkeit aufgesogen wird – *memoria hospitis unius diei praetereuntis* (»[und wie] man eines vergisst, der nur einen Tag Gast gewesen ist«, Weish 5,15) –, und den kleinen Raum, den ich ausfülle und den ich noch dazu von der unendlichen Unermesslichkeit der Räume verschlungen sehe, die ich nicht kenne und die mich nicht kennen, so gerate ich in Schrecken und erstaune, mich eher hier als dort zu sehen, denn es gibt keinen Grund, warum es eher hier als dort ist, warum jetzt und nicht vielmehr früher. Wer hat mich dorthin gebracht? Durch wessen Gebot und Führung sind dieser Ort und diese Zeit mir bestimmt worden?

69/174*a* Elend.
Hiob und Salomo.

70/165*a* Wenn unsere Lage wirklich glücklich wäre, müssten wir unsere Gedanken nicht durch Zerstreuungen davon ablenken.

71/405 Widerspruch.
Ein Stolz, der alles Elend aufwiegt, entweder verbirgt er sein Elend, oder er enthüllt es: Er rühmt sich, es zu erkennen.

72/66 Man muss sich selbst erkennen. Wenn das nicht helfen sollte, das Wahre zu finden, so hilft es wenigstens dabei, sein Leben einzurichten, und es gibt nichts Richtigeres.

73/110 Das Gefühl der Falschheit der gegenwärtigen Freuden und die Unkenntnis der Eitelkeit der fehlenden Freuden bewirken die Unbeständigkeit.

74/454 Ungerechtigkeit.
Sie haben kein anderes Mittel gefunden, ihre Begierde zu befriedigen, ohne den anderen unrecht zu tun.
Hiob und Salomo.

75/389 Der Prediger Salomo zeigt, dass der Mensch ohne Gott ganz unwissend und unausweichlich unglücklich ist, denn es heißt ja unglücklich sein, zu wollen und nicht zu können. Nun will er aber glücklich sein und Gewissheit über einige Wahrheiten erlangen. Und dennoch kann er nicht wissen und ebenso wenig den Wunsch unterdrücken, etwas zu wissen. Er kann nicht einmal zweifeln.

76/73 13. *(Doch vielleicht geht dieser Gegenstand über die Fassungskraft der Vernunft hinaus. Prüfen wir also ihre Einsichten bei den Dingen, die in ihrer Macht liegen. Wenn es etwas gibt, wo ihr eigenes Interesse sie mit vollstem Ernst zur Anwendung bringen müsste, so bei der Suche nach ihrem höchsten Gut. Sehen wir also, welchen Platz diese starken und weitblickenden Seelen ihm zugewiesen haben. Und ob sie sich dabei einig sind.*

Der eine sagt, das höchste Gut bestehe in der Tugend, der andere schreibt es der Wollust zu, ein Dritter sagt, man solle der Natur folgen, ein Vierter sieht es in der Wahrheit – felix qui potuit rerum cognoscere causas [»Glücklich der Mensch, der das Wesen der Welt zu erfassen vermochte«, Vergil, *Georg.* II,490] –, *ein Fünfter in der vollständigen Unwissenheit, ein Sechster in der Empfindungslosigkeit, weitere darin, dem äußeren Schein zu widerstehen, der Nächste darin, nichts zu bewundern – nihil mirari prope res una quae possit facere et servare beatum* [»Nichts zu bewundern, beinahe das Einzige, das glücklich machen und erhalten kann«, Horaz, *Epist.* I, VI,1] – *und die wackeren Pyrrhoniker in ihrer Ataraxie, im Zweifel und in einem ständigen Schwebezustand. Und wieder andere, Weisere, dass man es nicht finden könne, nicht einmal, wenn man es wünsche. Da haben wir einen rechten Lohn für unsere Mühe erhalten.*

Umstellen hinter die Gesetze, folgender Artikel

Wenn man feststellen muss, dass diese schöne Philosophie nichts Sicheres durch eine so lange und angestrengte Arbeit gewonnen hat, so wird vielleicht wenigstens die Seele sich selbst erkennen. Hören wir, was die Lehrmeister der Welt über diesen Gegenstand sagen. Was haben sie über deren Substanz gedacht?
395. Hatten sie dabei größeres Glück, ihren Sitz zu bestimmen?
395. Was haben sie über ihren Ursprung, ihre Dauer und ihren Hingang herausgefunden?)

(Ist die Seele also auch noch ein zu edler Gegenstand für ihr schwaches Erkenntnisvermögen? Ziehen wir sie also bis zur Materie herab. Sehen wir, ob sie weiß, woraus der eigene Körper gemacht ist, den sie beseelt, und die anderen, die sie betrachtet und nach ihrem Belieben bewegt.

Was haben diese großen Dogmatisten, die alles wissen, davon erkannt?

[393.] Harum sententiarum. [»⟨Welche⟩ von diesen Meinungen ⟨ist die wahre?⟩« Cicero, *Tusc.* I,11.]

Das würde ohne Zweifel genügen, wenn die Vernunft vernünftig wäre. Sie ist es in vollkommen ausreichendem Maße, um einzugestehen, dass sie noch nichts Zuverlässiges finden konnte. Doch sie verliert die Hoffnung nicht, es zu erreichen; sie ist vielmehr ebenso eifrig bei dieser Suche wie je zuvor und glaubt mit Gewissheit, in sich die notwendigen Kräfte für diesen Vorstoß zu besitzen.

Wir müssen sie also bis ins Letzte ergründen, und nach-

dem wir ihre Kräfte an deren Wirkungen untersucht haben, wollen wir sie an ihnen selbst erkennen. Sehen wir, ob die Vernunft gewisse Kräfte und gewisse Gewalten besitzt, mit denen sich die Wahrheit erfassen lässt.)

4 Langeweile und Haupteigenschaften des Menschen

77/152 Stolz.

Neugier ist nur Eitelkeit. Meistens will man etwas nur wissen, um darüber reden zu können, andernfalls würde man nicht über das Meer fahren, wenn man nichts davon erzählen möchte und es aus bloßer Schaulust täte, ohne die Hoffnung, jemals davon etwas mitteilen zu können.

78/126 Beschreibung des Menschen.

Abhängigkeit, Verlangen nach Unabhängigkeit, Bedürfnisse.

79/128 Der Verdruss, den man hat, wenn man die Beschäftigungen unterlässt, an die man sich gewöhnt hat. Ein Mann lebt vergnügt in seiner Familie; mag er nun eine Frau sehen, die ihm gefällt, oder mag er fünf oder auch sechs Tage mit Vergnügen spielen, so ist es elend um ihn bestellt, wenn er zu seiner ersten Beschäftigung zurückkehrt. Nichts ist alltäglicher als dies.

5 Ursachen der Wirkungen

80/317 Ehrerbietung heißt: Nehmt Unbequemlichkeiten auf euch!

Das ist dem Anschein nach unsinnig, aber sehr richtig, denn das soll heißen: Ich würde gern Unbequemlichkeiten auf mich nehmen, wenn Ihr das brauchtet, weil ich es ja schon tatsächlich mache, ohne dass es Euch nützt; außerdem dient die Ehrerbietung dazu, die Großen mit besonderer Achtung zu behandeln. Wenn es nun aber Ehrerbietung wäre, im Sessel sitzen zu bleiben, würde man alle Leute mit Ehrerbietung behandeln, und somit würde man für niemanden besondere Achtung zeigen. Doch da man zu Unbequemlichkeiten angehalten wird, macht man sehr deutliche Unterschiede in der Behandlung.

81/299 Die einzigen allgemeingültigen Regeln sind bei den gewöhnlichen Dingen die Gesetze des Landes und bei den übrigen die Mehrheit. Woher kommt das? Von der Gewalt, auf der dies beruht.

Und daher kommt es, dass die Könige, die auch im Übrigen die Gewalt haben, nicht der Mehrheit ihrer Minister folgen.

Zweifellos ist gleicher Besitz für alle gerecht, aber …

Da man nicht erreichen kann, dass man gewaltsam der Gerechtigkeit gehorchen muss, hat man erreicht, dass es gerecht ist, der Gewalt zu gehorchen. Da man der Gerechtigkeit nicht Gewalt verleihen kann, hat man die Gewalt gerechtfertigt, damit Gerechtigkeit und Gewalt vereint sind und Frieden herrscht, der das höchste Gut ist.

82/271 Die Klugheit verweist uns auf die Kindheit. *Nisi efficiamini sicut parvuli.* (»Es sei denn, dass ihr euch umkehret und werdet wie die Kinder.« Mt 18,3.)

83/327 Die Welt beurteilt die Dinge gut, denn sie befindet sich in natürlicher Unwissenheit, die der wahre Wesensgrund des Menschen ist. Die Wissenschaften haben zwei Extreme, die einander berühren, das erste ist die reine natürliche Unwissenheit, in der sich alle Menschen bei der Geburt befinden, das andere Extrem ist jenes, zu dem die großen Geister gelangen, die, nachdem sie alles hinter sich gebracht haben, was die Menschen wissen können, erkennen, dass sie nichts wissen und sich wieder in der gleichen Unwissenheit befinden, von der sie ausgegangen waren; das aber ist eine kluge Unwissenheit, die sich selbst kennt. Diejenigen zwischen den beiden Extremen, die aus der natürlichen Unwissenheit hervorgetreten sind und nicht zu der anderen gelangen konnten, haben eine oberflächliche Kenntnis dieser ausreichenden Wissenschaft und spielen die Klugen. Diese bringen die Welt in Aufruhr und urteilen über alles schlecht.

Das Volk und die Klugen bestimmen den Lauf der Welt; jene anderen verachten sie und werden verachtet. Sie urteilen schlecht über alle Dinge, und die Welt urteilt darüber gut.

84/79 *(Descartes.*

Man muss im Großen und Ganzen sagen: Das geschieht durch Gestalt und Bewegung. Denn das ist wahr, doch zu sagen, welche Gestalt und Bewegung, und die Maschine zusammenzusetzen, das ist lächerlich. Denn das ist nutzlos und unsicher und mühselig. Und wenn das die ganze Wahrheit wäre, so meinen wir nicht, dass alle Philosophie eine Stunde Mühe wert wäre.)

85/878 *Summum jus, summa injuria.* (»Das höchste Recht ist das größte Unrecht.« Terenz, *Heaut.* IV,5,47. – Cicero, *De offic.* I,10.)

Die Mehrheit ist der beste Weg, weil sie offensichtlich ist und die Gewalt hat, um sich Gehorsam zu verschaffen. Indes ist das die Ansicht der am wenigsten Klugen.

Wenn man es vermocht hätte, so hätte man die Gewalt in die Hand der Gerechtigkeit gelegt; doch die Gewalt lässt sich nicht führen, wie man will, weil sie eine handgreifliche Eigenschaft ist, während die Gerechtigkeit eine geistige Eigenschaft ist, über die man verfügt, wie man will. Man hat sie in die Hand der Gewalt gelegt, und daher nennt man gerecht, was man befolgen muss.

(Daher) kommt das Recht des Schwertes, denn das Schwert verleiht ein wirkliches Recht.

Sonst sähe man die Gewalttätigkeit auf der einen Seite und die Gerechtigkeit auf der anderen. Ende des zwölften Provinzialbriefes.

Daher kommt die Ungerechtigkeit der Fronde, die ihre vorgebliche Gerechtigkeit gegen die Gewalt aufrichtet.

Nicht so verhält es sich bei der Kirche, denn in ihr gibt es wahrhaftige Gerechtigkeit und keine Gewalttätigkeit.

86/297 *Veri juris.* (»Vom wahren Recht.« Cicero, *De offic.* III,17.) Wir haben nichts mehr davon. Wenn wir es hätten, so nähmen wir nicht als Regel der Gerechtigkeit, dass man den Sitten seines Landes folgen soll.

Das heißt, da man nicht die Gerechtigkeit entdecken konnte, hat man die Gewalt entdeckt usw.

87/307 Der Kanzler zeigt feierlichen Ernst und ist mit einer reichverzierten Amtstracht bekleidet. Denn sein Amt ist falsch und nicht der König. Er hat die Gewalt, er braucht die Einbildung nicht. Die Richter, Ärzte usw. haben nur die Einbildung.

88/302 Das ist die Wirkung der Gewalt, nicht der Gewohnheit, denn jene, die fähig sind zu erfinden, sind selten. Die, deren Zahl ihnen die größere Gewalt gibt, wollen nur nachahmen und verweigern jenen Erfindern den Ruhm, den sie mit ihren Erfindungen erstreben, und wenn sie darauf bestehen, ihn erringen zu wollen und diejenigen zu verachten, die nicht erfinden, so werden die anderen ihnen Spottnamen geben und würden sie verprügeln. Man soll sich also auf diese Geistesschärfe nichts zugutehalten oder seine Zufriedenheit in sich selbst finden.

89/315 Ursache der Wirkungen.

Das ist erstaunlich: Man will nicht, dass ich einen Mann ehre, der in Brokatell gekleidet ist und ein Gefolge von sieben oder acht Lakaien hat. Ja, was denn! Er wird mich auspeitschen lassen, wenn ich ihn nicht grüße. Diese Kleidung bedeutet eine Gewalt. Das verhält sich ganz genauso wie ein gut aufgezäumtes Pferd im Vergleich zu einem anderen. Montaigne wirkt lächerlich, wenn er nicht sieht, welchen Unterschied es hierbei gibt, und wenn er sich verwundert, dass man einen solchen Unterschied entdeckt und nach dessen Ursache fragt. In der Tat, sagt er, woher kommt usw.

90/337 Ursache der Wirkungen.

Abstufung. Das Volk ehrt die Hochgeborenen, die Halbgebildeten verachten sie, indem sie sagen, die Geburt sei kein Vorzug der Person, sondern des Zufalls. Die Gebildeten ehren sie, nicht, weil sie wie das Volk denken, sondern, weil sie einen Hintergedanken haben. Die Gläubigen, die mehr Eifer als Wissenschaft haben, verachten sie trotz dieser Erwägung, die bewirkt, dass die Gebildeten sie ehren, weil sie darüber mit einer andersartigen Einsicht urteilen, die ihnen die Frömmigkeit verleiht, die vollkommenen Christen jedoch ehren sie wegen einer weiteren, höheren Einsicht.

So folgen die befürwortenden und ablehnenden Meinungen immer weiter aufeinander, je nachdem, welche Einsicht man hat.

91/336 Ursache der Wirkungen.

Man muss einen Hintergedanken haben und von diesem ausgehend über alles urteilen, wobei man jedoch wie das Volk sprechen soll.

92/335 Ursache der Wirkungen.

Es ist also wahr zu sagen, dass jedermann sich Wahnvorstellungen hingibt, denn mögen die Meinungen des Volkes auch gesund sein, so sind sie es nicht in seinem Hirn, denn es denkt, die Wahrheit sei, wo sie nicht ist. Die Wahrheit liegt sehr wohl in ihren Meinungen, doch nicht in dem Maße, wie sie es sich vorstellen. Es ist wahr, dass man die Edelleute ehren muss, doch nicht deshalb, weil die hohe Geburt ein tatsächlicher Vorzug sei, usw.

93/328 Ursache der Wirkungen.

Ständige Umkehrung des Für und Wider.

Wir haben also gezeigt, dass der Mensch nichtig und eitel ist, weil er Dinge schätzt, die nicht wesentlich sind. Und all diese Meinungen werden zunichtegemacht.

Wir haben hierauf gezeigt, dass all diese Meinungen sehr gesund sind, und da deshalb all diese Eitelkeiten sehr gut begründet sind, ist das Volk nicht so eitel, wie man sagt. Und so haben wir die Meinung zunichtegemacht, die jene des Volkes zunichte machte.

Doch jetzt muss man diese letzte Aussage zunichtemachen und zeigen, dass es immer noch wahr bleibt, dass das Volk eitel ist, obwohl seine Meinungen gesund sind, weil es deren Wahrheit nicht dort bemerkt, wo sie ist, und dass seine Meinungen, deren Wahrheit es dorthin verlegt, wo sie nicht ist, weiterhin grundfalsch und sehr ungesund sind.

94/313 Gesunde Meinungen des Volkes.

Das größte Übel sind die Bürgerkriege.

Sie sind unausweichlich, wenn man Verdienste belohnen will, denn alle werden sagen, dass sie Verdienste haben. Das Übel, das von einem Dummkopf zu befürchten ist, der durch das Recht der Geburt die Herrschaft erbt, ist weder so groß noch so unausweichlich.

95/316 Gesunde Meinungen des Volkes.

Sorgfältig geputzt zu sein ist nicht übermäßig eitel, denn damit zeigt man, dass eine große Anzahl von Leuten für uns arbeitet. Man zeigt an seinen Haaren, dass man einen Kammerdiener, einen Parfümeur usw. hat, an seinem Spitzenkragen zeigt man den Faden, den Besatz usw. Es ist nun aber keine bloße Äußerlichkeit und auch keine bloße Ausstattung, wenn man mehrere Arme zu seiner Verfügung hat.

Je mehr Arme man zu seiner Verfügung hat, desto stärker ist man. Sorgfältig geputzt zu sein heißt, seine Stärke zu zeigen.

96/329 Ursache der Wirkungen.

Die Schwäche des Menschen ist der Grund für so viele schöne Dinge, die man einführt, so etwa ist gut Laute spielen zu können nur unserer Schwäche wegen ein Übel.

97/334 Ursache der Wirkungen.

Begierde und Gewalt sind die Quellen aller unserer Taten. Die Begierde bewirkt die freiwilligen, die Gewalt die unfreiwilligen.

98/80 Woher kommt es, dass ein Hinkender uns nicht erzürnt und ein hinkender Geist uns erzürnt? Das kommt, weil ein Hinkender erkennt, dass wir gerade gehen, und ein hinkender Geist sagt, wir seien die Hinkenden. Wäre das nicht so, empfänden wir für ihn Mitleid und nicht Zorn.

Epiktet fragt sehr viel nachdrücklicher: Warum ärgern wir uns nicht, wenn man sagt, wir hätten Kopfweh, während wir uns ärgern, wenn man sagt, dass wir schlecht urteilen oder schlecht wählen?

99/80 und 536 Dies wird dadurch verursacht, dass wir ganz sicher sind, kein Kopfweh zu haben und nicht zu hinken, jedoch sind wir uns nicht so gewiss, dass wir das Wahre wählen. So kommt es denn, da wir nur Gewissheit haben, weil wir es ganz deutlich vor uns sehen, wenn nun ein anderer ganz deutlich das Gegenteil sieht, dass uns dies in Zweifel stürzt und uns erstaunt. Und das noch mehr, wenn tausend andere über unsere Wahl spotten, denn wir müssen unsere Erkenntnisse jenen so vieler anderer vorziehen. Und das ist kühn und schwierig. Diesen Widerspruch gibt es niemals bei der sinnlichen Wahrnehmung, wenn es um einen Hinkenden geht.

Der Mensch ist so beschaffen, dass, wenn man ihm lange genug einredet, er sei ein Narr, er es schließlich glaubt. Und wenn man es sich selbst lange genug einredet, kommt man schließlich so weit, es zu glauben, denn der Mensch führt für sich allein Selbstgespräche, und es ist wichtig, diese gut zu lenken. *Corrumpunt bonos mores colloquia prava.* (»Böse Geschwätze verderben gute Sitten.«) Man muss Schweigen bewahren, so gut man es vermag, und sich nur von Gott unterhalten, von dem man weiß, dass er die Wahrheit ist, und auf diese Art überzeugt man sich selbst davon.

100/467 Ursache der Wirkungen.

Epiktet. Bei jenen, die sagen: »Ihr (habt) Kopfweh«, verhält es sich anders. Man ist sich der Gesundheit und nicht der Gerechtigkeit sicher, und seine Gerechtigkeit war tatsächlich eine Dummheit.

Und dennoch hat er geglaubt, sie zu beweisen, indem er sagte, es stehe entweder in unserer Macht oder nicht.

Aber er hatte übersehen, dass es nicht in unserer Gewalt steht, das Herz zu lenken, und er hatte unrecht, es daraus zu schließen, dass es Christen gibt.

101/324 Das Volk hat sehr gesunde Meinungen. Zum Beispiel:

1. dass es bei seiner Wahl die Zerstreuungen und die Jagd der Beute vorgezogen hat. Die Halbklugen spotten darüber und brüsten sich, daran die Torheit der Welt zu zeigen, doch aus einem Grund, den sie nicht durchschauen, hat man recht:

2. dass man die Menschen nach dem Äußeren wie auch nach dem Adel oder dem Vermögen unterschieden hat. Die Welt brüstet sich auch noch zu zeigen, wie unvernünftig das sei. Aber das ist sehr vernünftig. Kannibalen lachen über einen König, der ein Kind ist.

3. dass es sich beleidigt fühlt, weil es einen Schlag ins Gesicht bekommen hat, oder dass es so sehr den Ruhm ersehnt, das jedoch ist sehr wünschenswert wegen der anderen wesentlichen Dinge, die mit ihm zusammengehören. Und ein Mensch, der einen Schlag ins Gesicht bekommen hat, ohne sich grollend daran zu erinnern, wird von Unbilden und Drangsalen heimgesucht.

4. Für das Ungewisse arbeiten, über das Meer fahren, über ein Brett laufen.

102/759 *(Notwendigerweise sind die Juden oder die Christen böse.)*

103/298 + Gerechtigkeit und Gewalt.

Es ist gerecht, dass befolgt wird, was gerecht ist; es ist notwendig, dass befolgt wird, was die größte Gewalt hat.

Gerechtigkeit ohne Gewalt ist ohnmächtig, Gewalt ohne Gerechtigkeit ist tyrannisch.

Der Gerechtigkeit ohne Gewalt wird widersprochen,

weil es immer Böse gibt. Die Gewalt ohne Gerechtigkeit wird angeklagt. Man muss also Gerechtigkeit und Gewalt vereinigen, und um das zu erreichen, muss Gewalt haben, was gerecht ist, oder es muss gerecht sein, was Gewalt hat.

Die Gerechtigkeit ist umstritten. Die Gewalt ist sehr klar erkennbar und nicht umstritten. Daher hat man der Gerechtigkeit keine Gewalt geben können, weil die Gewalt der Gerechtigkeit widersprochen und behauptet hat, diese sei ungerecht, und weiter, sie selbst sei gerecht.

Und da man somit nicht erreichen konnte, dass Gewalt hat, was gerecht ist, hat man erreicht, dass gerecht ist, was Gewalt hat.

104/322 Der Adel ist ein großer Vorteil, der einen Mann schon im Alter von achtzehn Jahren in die aussichtsreiche Lage versetzt, so bekannt und geachtet zu sein, wie es ein anderer mit fünfzig Jahren verdient haben könnte. Das bedeutet dreißig ohne Mühe gewonnene Jahre.

6 Größe

105/342 Wenn ein Tier das aus Verstand täte, was es aus Instinkt tut, und wenn es Laut gäbe aus Verstand, wie es Laut gibt aus Jagdinstinkt und um seinen Gefährten zu melden, dass die Beute gefunden oder verloren ist, so würde es ebenso gut auch bei Dingen sprechen, bei denen es innerlich mehr beteiligt ist, wie etwa, um zu sagen: Zernagt diesen Strick, der mich verletzt und den ich nicht erreichen kann.

106/403 Größe.

Die Ursachen der Wirkungen bezeichnen die Größe des Menschen, aus der Begierde eine so schöne Ordnung gewonnen zu haben.

107/343 Der Schnabel des Papageien, den dieser abwischt, obwohl er sauber ist.

108/339a Was empfindet Vergnügen in uns? Ist es die Hand, ist es der Arm, ist es das Fleisch, ist es das Blut? Man wird erkennen, dass es etwas Immaterielles sein muss.

109/392 Gegen den Pyrrhonismus.

(Es ist doch etwas Sonderbares, dass man diese Dinge nicht definieren kann, ohne sie zu verdunkeln. Wir sprechen jederzeit von ihnen.) Wir nehmen an, dass alle sie auf die gleiche Art auffassen. Aber wir nehmen es ganz willkürlich an, denn wir haben keinen Beweis dafür. Ich sehe wohl, dass man diese Worte bei gleichartigen Umständen gebraucht und dass jedes Mal, wenn zwei Menschen sehen, wie ein Körper seine Lage verändert, sie alle beide den Anblick desselben Vorgangs durch dasselbe Wort ausdrücken, indem der eine wie der andere sagt, dass der Körper sich bewegt habe, und aus diesem übereinstimmenden Gebrauch leitet man die einleuchtende Vermutung ab, es gebe eine übereinstimmende Vorstellung; wenn es auch so gut wie sicher ist, dass dies zutrifft, kommt dem jedoch durchaus nicht letzte Überzeugungskraft zu, denn man weiß ja, dass man oft die gleichen Schlüsse aus unterschiedlichen Annahmen zieht.

Das genügt, um zumindest die Sache zu verwirren, wobei

es nicht völlig die natürliche Klarheit auslöscht, die uns dieser Dinge versichert. Die Akademiker hätten gewettet, das aber nimmt ihr die Eindeutigkeit und verwirrt die Dogmatisten zum Ruhme der pyrrhonischen Kabale, die von dieser doppeldeutigen Doppeldeutigkeit und einer gewissen zweifelhaften Dunkelheit ausgeht, der unsere Zweifel nicht die ganze Klarheit nehmen und aus der unsere natürlichen Erkenntnisse nicht die ganze Finsternis vertreiben können.

(Rückseite 109/213) *(Die geringste Sache ist von dieser Natur: Gott ist der Anfang und das Ende. Pred.)*

1. Die Vernunft.

110/282 Wir erkennen die Wahrheit nicht nur mit der Vernunft, sondern auch mit dem Herzen. Gerade auf diese letzte Art erkennen wir die ersten Prinzipien, und vergebens trachtet die vernünftige Überlegung, die nicht daran beteiligt ist, jene zu bekämpfen. Die Pyrrhoniker, die nur das zum Ziel haben, mühen sich nutzlos damit ab. Wir wissen, dass wir nicht träumen. Wie ohnmächtig wir auch sind, es mit der Vernunft zu beweisen, so ist doch aus dieser Ohnmacht nichts anderes als die Schwäche unserer Vernunft zu schließen, nicht aber die Ungewissheit all unserer Erkenntnisse, wie sie es behaupten. Denn die Erkenntnis der ersten Prinzipien, wie etwa, dass es Raum, Zeit, Bewegung, Zahlen gibt, ist ebenso sicher wie irgendeine von jenen, die unsere vernünftigen Überlegungen uns vermitteln, und auf diese Erkenntnisse des Herzens und des Instinkts muss die Vernunft sich stützen und darauf ihre ganze Urteilskraft begründen. Das Herz fühlt, dass es im Raum drei Dimensionen gibt und dass die Zahlen unendlich sind, und die Vernunft beweist hierauf, dass es keine zwei Quadratzahlen gibt, von denen die eine das Doppelte der anderen ist. Die Prinzipien fühlt man, die Lehrsätze werden gefolgert, und das Ganze mit Gewissheit, wenn auch auf unterschiedlichen Wegen – und es ist ebenso unnütz und ebenso lächerlich, dass die Vernunft vom Herzen Beweise für seine ersten Prinzipien verlangt, wenn sie ihnen zustimmen will, wie es lächerlich wäre, dass das Herz von der Vernunft ein Gefühl für alle Lehrsätze verlangte, die diese beweist, wenn es sie annehmen will.

Diese Ohnmacht soll also nur dazu dienen, die Vernunft zu demütigen – die über alles urteilen möchte –, nicht aber, um unsere Gewissheit zu bekämpfen. Als könnte uns nur die Vernunft unterrichten; wollte Gott, dass wir sie im Gegenteil niemals nötig hätten und dass wir alle Dinge mit Instinkt und Gefühl erkennten, doch die Natur hat uns dieses Gut verweigert; sie hat uns vielmehr nur sehr wenige derartige Erkenntnisse gegeben; alle übrigen können nur durch vernünftige Überlegung erworben werden.

Und darum sind jene, denen Gott die Religion durch das Gefühl des Herzens gegeben hat, glückselig und ganz zu Recht überzeugt, doch jenen, die sie nicht haben, können wir sie nur durch vernünftige Überlegung geben, solange wir darauf warten, dass Gott sie ihnen durch das Gefühl des Herzens gibt, sonst ist der Glaube nur menschlich und unnütz für das Heil.

111/339 Ich kann mir wohl einen Menschen ohne Hände, Füße oder Kopf vorstellen, denn nur die Erfahrung lehrt uns, dass der Kopf notwendiger als die Füße ist. Aber ich kann mir den Menschen nicht ohne Gedanken vorstellen. Das wäre ein Stein oder ein unvernünftiges Tier.

112/344 Instinkt und Vernunft, die Kennzeichen zweier Naturen.

113/348 Denkendes Schilfrohr.

Nicht im Raum muss ich meine Würde suchen, sondern in der Ordnung meines Denkens. Ich werde keinen Vorteil davon haben, wenn ich Grund und Boden besitze. Durch den Raum erfasst und verschlingt das Universum mich wie einen Punkt: Durch das Denken erfasse ich es.

114/397 Die Größe des Menschen zeigt sich darin groß, dass er sich als elend erkennt; ein Baum erkennt sich nicht als elend.

Es bedeutet also, elend zu sein, wenn man (sich) als elend erkennt, aber es bedeutet, groß zu sein, wenn man erkennt, dass man elend ist.

115/349 Immaterialität der Seele.

Bei den Philosophen, die ihre Leidenschaften bezähmt haben, hat das welche Materie bewirken können?

116/398 Gerade all dieses Elend beweist seine Größe. Das ist das Elend eines großen Herrn. Das Elend eines entthronten Königs.

117/409 Die Größe des Menschen.

Die Größe des Menschen ist so offensichtlich, dass sie selbst aus seinem Elend geschlossen wird, denn was Natur bei den Tieren ist, das nennen wir Elend bei dem Menschen, wodurch wir anerkennen, dass, da seine Natur heute jener der Tiere gleicht, er eine bessere Natur verloren hat, die er einst besaß.

Denn wer fühlt sich unglücklich, kein König zu sein, außer einem entthronten König? Fand man, Aemilius Paullus wäre unglücklich gewesen, nicht mehr Konsul zu sein? Alle fanden vielmehr, er wäre glücklich, es gewesen zu sein, denn seinem Stand entsprach es nicht, dies immer zu sein. Aber man fand Perseus so unglücklich, nicht mehr König zu sein, weil es seinem Stand entsprach, dies immer zu sein, so dass man es sonderbar fand, wie er das Leben weiter ertragen könnte. Wer fühlt sich unglücklich, nur einen Mund zu haben, und wer fühlte sich nicht unglücklich, nur ein Auge zu haben? Man ist wohl nie auf den Gedanken gekommen, sich zu betrüben, weil man keine drei Augen hat, aber man ist untröstlich, wenn man kein einziges hat.

118/402 Größe des Menschen selbst in seiner Begierde, weil er daraus eine bewundernswerte Ordnung gewinnen konnte und ein Bild der christlichen Liebe daraus gemacht hat.

7 Widersprüche

119/423 Widersprüche. Nachdem ich die Niedrigkeit und die Größe des Menschen gezeigt habe. Der Mensch soll sich nun nach seinem Wert schätzen. Er soll sich lieben, denn es gibt in ihm eine zum Guten fähige Natur; aber er soll deshalb nicht die Niedrigkeiten lieben, die sich in ihr befinden. Er soll sich verachten, weil diese Fähigkeit ungenutzt ist; aber er soll deshalb nicht diese natürliche Fähigkeit verachten. Er soll sich hassen, er soll sich lieben: Er hat in sich die Fähigkeit, die Wahrheit zu erkennen und glücklich zu sein;

aber er hat keine Wahrheit, die entweder beständig oder ausreichend ist.

Ich möchte also den Menschen zu dem Wunsch bewegen, sie zu finden, dazu bereit und von den Leidenschaften frei zu sein, um jene so weit zu verfolgen, bis er sie findet, wohl wissend, wie sehr seine Erkenntnis sich durch die Leidenschaften getrübt hat; ich möchte gern, dass er in sich die Begierde hasst, die von sich aus seine Entschlüsse lenkt, damit sie ihn nicht bei seiner Wahl verblendet und ihn nicht zurückhält, wenn er gewählt hat.

120/148 Wir sind so anmaßend, dass wir der ganzen Erde und selbst jenen Menschen bekannt sein möchten, die kommen werden, wenn wir nicht mehr sind. Und wir sind so eitel, dass die Wertschätzung von fünf oder sechs Personen aus unserer Umgebung uns erfreut und befriedigt.

121/418 Es ist gefährlich, dem Menschen zu eindringlich vor Augen zu führen, wie sehr er den Tieren gleicht, ohne ihm seine Größe zu zeigen. Und es ist weiter gefährlich, ihm zu eindringlich seine Größe ohne seine Niedrigkeit vor Augen zu führen. Es ist noch gefährlicher, ihn in Unkenntnis des einen und des anderen zu lassen, aber es ist sehr vorteilhaft, ihm das eine und das andere darzulegen.

Der Mensch soll nicht glauben, er gleiche den Tieren oder den Engeln, er soll auch nicht in Unkenntnis des einen und des anderen sein, sondern beides wissen.

122/416 An Port-Royal. Größe und Elend.

Da man das Elend aus der Größe schließt und die Größe aus dem Elend, haben die einen umso stärker auf das Elend geschlossen, als sie zum Beweis dafür die Größe genommen haben, und die anderen haben mit umso stärkerer Eindringlichkeit auf die Größe geschlossen, weil sie diese gerade aus dem Elend geschlossen haben. Alles, was die einen sagen konnten, um die Größe zu zeigen, hat den anderen nur als Argument gedient, um auf das Elend zu schließen, denn es heißt ja, umso elender zu sein, je größer die Höhe war, aus der man herabgestürzt ist, und bei den anderen ist es umgekehrt. Die einen haben sich gegen die anderen in einem Kreis ohne Ende gewandt, wobei es gewiss ist, dass, je mehr Einsicht die Menschen haben, sie im Menschen sowohl Größe als auch Elend entdecken. Mit einem Wort: Der Mensch erkennt, dass er elend ist. Er ist also elend, weil er es ist, aber er ist sehr groß, weil er es erkennt.

123/157 Widerspruch, Geringschätzung unseres Daseins, für eine Nichtigkeit zu sterben, Hass auf unser Dasein.

124/125 Widersprüche.

Der Mensch ist von Natur aus leichtgläubig und ungläubig, furchtsam und tollkühn.

125/92 Was sind unsere natürlichen Prinzipien anderes als unsere Gewohnheitsprinzipien? Und bei den Kindern sind es diejenigen, die sie aus der Gewohnheit ihrer Väter empfangen haben, wie bei den Tieren die Jagd.

Eine andersartige Gewohnheit wird andere natürliche Prinzipien ergeben. Das erkennt man durch Erfahrung, und wenn es solche gibt, die für die Gewohnheit unauslöschlich sind, so gibt es auch solche der Gewohnheit, die der Natur widersprechen und für diese wie für eine zweite Gewohnheit unauslöschlich sind. Das hängt von der Veranlagung ab.

126/93 Die Väter fürchten, dass die natürliche Liebe der Kinder erlischt. Was ist also diese Natur, die vom Erlöschen bedroht ist?

Die Gewohnheit ist eine zweite Natur, welche die erste zerstört. Aber was ist Natur eigentlich? Warum ist die Gewohnheit nicht natürlich? Ich befürchte sehr, dass diese Natur selbst nur eine erste Gewohnheit ist, wie die Gewohnheit eine zweite Natur ist.

127/415 Die Natur des Menschen lässt sich auf zwei Arten betrachten, die eine nach seinem Endzweck, und dann ist er groß und unvergleichlich; die andere nach dem großen Haufen, wie man über die Natur des Pferdes und des Hundes nach dem großen Haufen urteilt, indem man deren Lauf und *animum arcendi* (den Instinkt des Wachhundes) beobachtet, und dann ist der Mensch verworfen und nichtswürdig. Und das sind die zwei Wege, auf denen man zu so unterschiedlichen Urteilen über ihn kommt und die bei den Philosophen zu so großen Streitigkeiten führen.

Denn der eine leugnet die Voraussetzung des anderen. Der eine sagt: Er ist nicht für diesen Endzweck geboren, denn all seine Handlungen stehen dem entgegen. Der andere sagt: Er entfernt sich von seinem Endzweck, wenn er diese niedrigen Handlungen begeht.

128/396 Zwei Dinge unterrichten den Menschen über seine ganze Natur: Instinkt und Erfahrung.

129/116 Beruf. Gedanken.

Alles ist eins, alles ist verschieden.

Wie viele Naturen gibt es in jener des Menschen. Wie viele Verrichtungen. Und durch welchen Zufall wählt jeder für gewöhnlich das, was er loben hörte. Wohlgeformter Schuhabsatz.

130/420 Wenn er sich rühmt, demütige ich ihn.
Wenn er sich demütigt, rühme ich ihn.
Und ich widerspreche ihm immer.
Bis er begreift,
dass er ein unbegreifliches Monstrum ist.

131/434 Die Hauptargumente der Pyrrhoniker, ich übergehe die weniger bedeutenden, bestehen darin, dass wir keine Gewissheit über die Wahrheit dieser Prinzipien, außer dem Glauben und der Offenbarung, haben, wenn man nicht den Umstand berücksichtigt, dass wir sie von Natur aus in uns fühlen. Nun ist dieses natürliche Gefühl kein überzeugender Beweis für ihre Wahrheit, denn da wir außer dem Glauben keine Gewissheit darüber haben, ob der Mensch von einem guten Gott, von einem bösen Dämon oder planlos geschaffen wurde, ist es zweifelhaft, ob diese Prinzipien uns, unserem Ursprung entsprechend, als wahre, falsche oder ungewisse gegeben sind.

Das umso mehr, da niemand eine Sicherheit außer dem Glauben hat – ob er wacht oder schläft, weil man ja während des Schlafes ebenso hellwach zu sein glaubt, wie wir es sind. Da man häufig träumt, mag man dabei ein Traumbild auf das andere häufen. Kann es nicht so sein, dass diese Hälfte des Lebens selbst nur ein Traum ist, dem die anderen

Träume aufgepfropft sind und aus dem wir mit dem Tode erwachen und in deren Verlauf wir ebenso wenig die Prinzipien des Wahren und des Guten wie während des natürlichen Schlafes besitzen? Dieses ganze Verrinnen der Zeit und des Lebens und diese wechselnden Körper, die wir empfinden, diese unterschiedlichen Gedanken, die uns dabei bewegen, sind vielleicht nur Täuschungen, die dem Verrinnen der Zeit und den leeren Trugbildern in unseren Träumen gleichen. Man glaubt, die Räume, die Gestalten, die Bewegungen zu sehen, man fühlt, wie die Zeit verrinnt, man misst sie, und schließlich handelt man ebenso wie im wachen Zustand. Da die Hälfte des Lebens im Schlaf vergeht, haben wir nach unserem eigenen Bekenntnis, oder was uns auch immer so erscheinen mag, keine Vorstellung über das Wahre, da ja all unsere Gefühle dann Trugbilder sind. Wer weiß, ob diese andere Hälfte des Lebens, in der wir zu wachen glauben, nicht ein anderer, etwas vom ersten verschiedener Schlaf ist. *(Und wer zweifelt an dem, worauf unsere Träume gepfropft sind und das wie unser Schlaf erscheint – aus dem wir erwachen, wenn wir zu schlafen glauben –, und wer bezweifelt, dass, wenn man in Gesellschaft träumte und wenn zufällig die Träume übereinstimmten, was – ziemlich – alltäglich ist, und wenn man im wachen Zustand allein wäre, man die Ordnung der Dinge für umgekehrt halten würde.)*

Das sind die Hauptargumente beider Seiten, ich übergehe die weniger bedeutenden, wie etwa die Reden der Pyrrhoniker gegen die Einwirkungen der Gewohnheit, der Erziehung, der Landessitten und andere ähnliche Dinge, die, obgleich sie den größten Teil der gewöhnlichen Menschen für sich einnehmen, denn diese stellen Glaubenssätze ja nur auf diesen haltlosen Grundlagen auf, vom leisesten Atemzug der Pyrrhoniker umgestürzt werden. Man braucht sich nur ihre Bücher anzusehen; wenn man nicht genug davon überzeugt ist, wird man es sehr schnell sein, und vielleicht zu sehr.

Ich verweile bei dem einzigen starken Argument der Dogmatisten: dass man, wenn man ehrlich und aufrichtig redet, nicht an den natürlichen Prinzipien zweifeln kann.

Dem halten die Pyrrhoniker, kurz gesagt, die Ungewissheit unseres Ursprungs entgegen, die jene unserer Natur einschließt. Hierauf suchen die Dogmatisten noch immer eine Antwort, seitdem die Welt besteht.

(Wer sich ausführlicher über den Pyrrhonismus aufklären will, soll ihre Bücher prüfen. Er wird bald davon überzeugt sein, und vielleicht zu sehr.)

Das ist der offene Krieg zwischen den Menschen, in dem jeder Partei ergreifen und sich zwangsläufig entweder dem Dogmatismus oder dem Pyrrhonismus anschließen muss. Denn wer neutral zu bleiben vermeinte, wird zum Pyrrhoniker im wahrsten Sinne des Wortes. Solch eine Neutralität ist das Wesen dieser Sippe. Wer nicht gegen sie ist, der ist in ganz besonderer Weise für sie: Darin zeigt sich ihr Vorteil. Sie sind nicht für sich selbst, sie sind neutral, indifferent, bei allem unentschieden, ohne sich selbst auszunehmen.

Was soll also der Mensch in diesem Zustand tun? Soll er an allem zweifeln, soll er zweifeln, ob er wacht, ob man ihn kneift, ob man ihn verbrennt, soll er zweifeln, ob er zweifelt, soll er zweifeln, ob es ihn gibt?

Man kann nicht so weit kommen, und ich nehme als Tatsache an, dass es niemals einen tatsächlich vollkommenen Pyrrhoniker gegeben hat. Die Natur unterstützt die ohnmächtige Vernunft und hindert sie daran, bis zu diesem Punkt abzuschweifen.

Soll er also im Gegenteil sagen, dass er gewiss die Wahrheit besitzt, er, der, sobald man ihn auch nur im Geringsten drängt, dafür keinen Beweis vorbringen kann und gezwungen ist, klein beizugeben?

Welches Trugbild ist denn der Mensch? Welches noch nie dagewesene Etwas, welches Monstrum, welches Chaos, welcher Hort von Widersprüchen, welches Wunderding? Ein Richter über alle Dinge, ein schwacher Erdenwurm, ein Hüter der Wahrheit, eine Kloake der Ungewissheit und des Irrtums, Ruhm und Abschaum des Weltalls.

Wer löst diese Verwirrung? *(Gewiss geht das über den Dogmatismus und den Pyrrhonismus und über die ganze menschliche Philosophie hinaus. Der Mensch geht über den Menschen hinaus. Man soll doch den Pyrrhonikern zugestehen, was sie so laut hinausposaunt haben, dass die Wahrheit nicht für uns erreichbar und nicht unsere Sache ist, dass sie ihre Heimstatt nicht auf Erden hat, dass sie im Himmel weilt, dass sie in Gottes Schoß ruht und dass man sie nur in dem Maße erkennen kann, wie es ihm gefällt, sie zu offenbaren. Lernen wir also aus der unerschaffenen und Fleisch gewordenen Wahrheit unsere wirkliche Natur.*

Wenn man die Wahrheit mit der Vernunft sucht, kann man einer dieser drei Schulen nicht entgehen. – Man kann nicht Pyrrhoniker oder Akademiker sein, ohne die Natur zu unterdrücken, man kann nicht Dogmatist sein, ohne der Vernunft zu entsagen.)

Die Natur verwirrt die Pyrrhoniker *(und die Akademiker)*, und die Vernunft verwirrt die Dogmatiker. Was sollst du also werden, o Mensch, der du mit deiner natürlichen

Vernunft nach deiner wahren Lage suchst, du kannst nicht einer dieser *(drei)* Schulen entfliehen und ebenso wenig in irgendeiner zurechtkommen.

Erkenne also, du Hochmütiger, welches Paradoxon du für dich selbst bist. Demütige dich, ohnmächtige Vernunft! Schweig still, törichte Natur, erfahre, dass der Mensch unendlich über den Menschen hinausgeht, und höre von deinem Herrn, welches deine wirkliche Lage ist, die du nicht kennst.

Höre auf Gott!

(Ist es nicht sonnenklar, dass die Lage des Menschen zwiefach ist?) Denn schließlich, wenn der Mensch niemals verderbt worden wäre, so würde er sich in seiner Unschuld vertrauensvoll der Wahrheit wie des Glücks erfreuen. Und wenn der Mensch nie etwas anderes als verderbt gewesen wäre, so hätte er keine Vorstellung über Wahrheit und Glückseligkeit. Aber so unglücklich, wie wir sind, und wir sind es mehr, als wenn es keine Größe in unserem Zustand gäbe, haben wir doch eine Vorstellung vom Glück, und wir können es nicht erreichen. Wir ahnen ein Bild der Wahrheit und besitzen nur die Täuschung. Wir sind unfähig, in völliger Unwissenheit zu bleiben und etwas mit Gewissheit zu kennen, so offenkundig zeigt sich, dass wir auf einer Stufe der Vollkommenheit gestanden haben, von der wir zu unserem Unglück herabgesunken sind.

(Begreifen wir also, dass die Lage des Menschen zwiefach ist.)

(Begreifen wir also, dass der Mensch unendlich über den Menschen hinausgeht und dass er ohne den Beistand des Glaubens sich selbst unbegreiflich wäre. Denn wer sieht nicht, dass man ohne die Erkenntnis dieser zwiefachen Lage

der Natur in unüberwindlichem Unwissen über seine wahre Natur wäre.)

Es ist jedoch etwas Erstaunliches, dass das Mysterium, das von unserer Erkenntnis am weitesten entfernt ist, nämlich jenes von der Fortpflanzung der Erbsünde, etwas ist, ohne das wir keine Selbsterkenntnis erreichen können.

Denn es ist nicht zu bezweifeln, dass es nichts gibt, was unserer Vernunft stärker widerstrebt, als wenn man sagt, dass die Sünde des ersten Menschen jene schuldig gemacht habe, die unfähig scheinen, daran teilzuhaben, da sie so weit von jener Quelle entfernt sind. Eine derartige Ableitung scheint uns nicht allein unmöglich. Sie kommt uns sogar sehr ungerecht vor, denn was widerspricht wohl mehr den Regeln unserer erbärmlichen Gerechtigkeit, als dass man ein willenloses Kind wegen einer Sünde auf ewig verdammt, an der es so wenig teilzuhaben scheint, da sie 6000 Jahre früher begangen wurde, als es ins Dasein getreten ist. Gewiss ist uns nichts stärker zuwider als diese Lehre. Und doch sind wir ohne dieses Mysterium, das unbegreiflichste von allen, uns selbst unbegreiflich. Die Verwicklung unseres Daseins zieht ihre geheimsten Falten und Windungen aus diesem Abgrund. So kommt es, dass der Mensch sich ohne dieses Mysterium noch schwerer begreifen lässt, als dieses Mysterium dem Menschen begreiflich ist.

(Daraus geht hervor, dass Gott, da er uns selbst die Schwierigkeit unseres Wesens unverständlich machen wollte, dessen Verwicklung so hoch oder, besser gesagt, so tief verborgen hat, damit wir ganz unfähig wären, dorthin zu gelangen. So können wir uns denn nicht wirklich durch die hochmütigen und unruhigen Beschäftigungen unserer Vernunft, sondern durch die einfache Unterwerfung der Vernunft erkennen.)

(Diese festgefügten Grundlagen für die unverletzliche Autorität der Religion bringen uns zu der Erkenntnis, dass es zwei gleichermaßen beständige Glaubenswahrheiten gibt.

Die eine, dass der Mensch im Stande der Schöpfung oder in jenem der Gnade über die ganze Natur erhoben ist, gleichsam Gott ähnlich wurde und an der Göttlichkeit teilhat. Die andere, dass er im Stande der Verderbnis und der Sünde von jenem ersten Stand herabgesunken ist und den Tieren ähnlich wurde. Diese beiden Sätze sind gleichermaßen zuverlässig und sicher.

Die Heilige Schrift erklärt sie uns offenbar, wenn sie an verschiedenen Stellen sagt – deliciae meae esse cum filiis hominum [»Meine Lust ist bei den Menschenkindern«, Spr 8,31] – *effundam spiritum meum super omnem carnem* [»⟨…⟩ will ich meinen Geist ausgießen über alles Fleisch«, Joel 3,1] usw. – dii *estis* [»Ihr seid Götter«, Ps 82,6]. *Und wenn sie an anderen Stellen sagt: Omnis caro foenum* [»Alles Fleisch ist Gras«, Jes 40,6], *homo assimilatus est jumentis insipientibus* [»⟨Dennoch kann⟩ ein Mensch ⟨nicht bleiben in solchem Ansehen, sondern⟩ muss davon wie ein Vieh«, Ps 49,13], *et similis factus est illis, dixi in corde meo de filiis hominum* [»Ich sprach in meinem Herzen: Es geschieht wegen der Menschenkinder, ⟨…⟩ dass sie an sich selbst sind wie das Vieh«, Pred 3,18] – *Prediger Salomo 3* –.

Daraus geht klar hervor, dass der Mensch durch die Gnade gleichsam Gott ähnlich wurde und an seiner Göttlichkeit teilhat und dass er ohne die Gnade dem Vieh gleichgeachtet wird.)

8 Zerstreuung

132/170 Zerstreuung. – Wenn der Mensch glücklich wäre, würde er es umso mehr sein, je weniger er Zerstreuungen ergeben wäre, wie die Heiligen und Gott. Ja; aber heißt es nicht glücklich sein, wenn man durch Zerstreuungen erfreut werden kann?

– Nein; denn sie kommen anderswoher und von außen; und deshalb sind sie abhängig und allenthalben dem Umstand unterworfen, von tausend Zufällen gestört zu werden, die zu unabwendbaren Leiden führen.

133/168 Zerstreuung.

Da die Menschen nicht Tod, Elend und Unwissenheit heilen konnten, sind sie, um sich glücklich zu machen, auf den Einfall gekommen, nicht daran zu denken.

134/169 Ungeachtet jenes Elends will er glücklich und nur glücklich sein, und er kann nicht umhin, es sein zu wollen.

Doch wie soll er es anfangen? Um es ganz zu erreichen, wäre es notwendig, dass er sich unsterblich machte, doch da er es nicht kann, ist er auf den Einfall gekommen, sich den Gedanken daran zu versagen.

135/169 Ich fühle, dass es für mich möglich ist, nicht gelebt zu haben, denn das Ich besteht in meinem Denken; also würde ich, der ich denke, nicht gelebt haben, wenn meine Mutter getötet worden wäre, bevor ich zum Leben erwacht wäre, also bin ich kein notwendiges Wesen. Ich bin auch nicht ewig oder unendlich, aber ich sehe sehr wohl, dass es in der Natur ein notwendiges, ewiges und unendliches Wesen gibt.

136/139 Zerstreuung.

Als ich es zuweilen unternommen habe, die ruhelose Geschäftigkeit der Menschen zu betrachten, wie auch die Gefahren und die Strapazen, denen sie sich bei Hofe und im Kriege aussetzen, woraus so viele Streitigkeiten, Leidenschaften, kühne und oft unheilvolle Unternehmungen usw. erwachsen, habe ich häufig gesagt, dass das ganze Unglück der Menschen aus einem einzigen Umstand herrühre, nämlich, dass sie nicht ruhig in einem Zimmer bleiben können. Wenn ein Mann, der genug Vermögen zum Leben hat, es verstünde, vergnügt zu Hause zu bleiben, so würde er nicht ausziehen, um über das Meer zu fahren oder sich an der Belagerung einer Festung zu beteiligen; man kauft wohl nur eine Stelle in der Armee für so viel Geld, weil man es unerträglich findet, sich nicht aus der Stadt fortzurühren, und man sucht Unterhaltungen und Zerstreuung bei Spielen nur, weil man nicht vergnügt zu Hause bleibt. Usw.

Doch da ich es genauer bedachte und nachdem ich den Grund für all unser Unglück gefunden hatte, wollte ich dessen Ursache(n) entdecken, und ich habe gefunden, dass es eine ganz sichere gibt, die im natürlichen Unglück unserer schwachen und sterblichen Beschaffenheit besteht, die so elend ist, dass nichts uns trösten kann, wenn wir sie recht bedenken.

Welche Lage man sich auch immer vor Augen führen mag, wenn man alle Güter zusammenhäuft, die uns gehören können, so ist die Königswürde doch die schönste Stellung der Welt, und trotzdem, wenn man sich denkt, mit ihr und allen Befriedigungen versehen zu sein, die mit ihr in Zusammenhang stehen können, wenn der Betreffende ohne Zerstreuung ist und man ihn Betrachtungen und Überlegungen darüber, was er ist, anstellen lässt – so wird dieses schwache Glück ihm nichts helfen –, er wird notgedrungen in Gedanken über jene Geschehnisse verfallen, die ihn bedrohen, über die Empörungen, die eintreten können, und schließlich über den Tod und die Krankheiten, die unausbleiblich sind, so dass er nun, wenn ihm das fehlt, was man Zerstreuungen nennt, unglücklich ist, und unglücklicher als der Geringste seiner Untertanen, der spielt und sich zerstreut.

(Das einzige Gut der Menschen besteht also darin, dass sie von den Gedanken an ihre Lage abgelenkt werden, und das entweder durch eine Beschäftigung, die sie davon abbringt, oder durch irgendeine angenehme und neue Leidenschaft, die sie ausfüllt, oder auch durch das Spiel, die Jagd, irgendein anziehendes Schauspiel und schließlich durch jenes, was man Zerstreuungen nennt.)

Daher kommt es, dass das Spiel und der Umgang mit Frauen, der Krieg und die hohen Ämter so begehrt sind. Das ist nicht etwa deshalb, weil wirklich Glück darin läge, oder weil man sich vorstellte, die wahre Seligkeit sei es, das Geld zu besitzen, das man beim Spiel gewinnen kann, oder sie bestehe in dem Hasen, dem man nachjagt; man würde ihn nicht haben wollen, wenn man ihn geschenkt bekäme. Nicht diesen trägen und ruhigen Gebrauch, der uns an unsere unglückliche Lage denken lässt, sucht man, ebenso wenig die Gefahren des Krieges oder die Mühsal der Ämter, sondern die Unruhe, die uns abhält, an unsere Lage zu denken, und die uns zerstreut. Aus diesem Grunde hat man die Jagd lieber als die Beute.

Daher kommt es, dass die Menschen das Getümmel und die Aufregung so gernhaben. Daher kommt es, dass das

Gefängnis eine so schreckliche Qual ist, daher kommt es, dass die Freude an der Einsamkeit etwas Unbegreifliches ist. Und schließlich ist es die große Ursache des Glücks in der Stellung der Könige, dass man unablässig versucht, sie zu zerstreuen und ihnen alle Arten von Vergnügungen zu verschaffen. Der König ist von Leuten umgeben, die nur daran denken, den König zu zerstreuen und ihn davon abzuhalten, an sich selbst zu denken. Denn er ist unglücklich, sosehr er auch König ist, sobald er daran denkt.

Das ist alles, was die Menschen haben erfinden können, um sich glücklich zu machen, und diejenigen, die sich angesichts dessen als Philosophen aufspielen und glauben, die Welt sei sehr wenig vernünftig, wenn man den ganzen Tag damit verbringt, einem Hasen nachzujagen, den man als gekauften nicht haben wollte, kennen unsere Natur nicht gut. Dieser Hase würde uns nicht vor dem Gedanken an den Tod und dem Elend bewahren, das uns davon ablenkt, die Jagd jedoch bewahrt uns davor. Und daher stieß der Rat, den man Pyrrhus gab, jene Ruhe zu genießen, die er durch so viele Anstrengungen suchen wollte, auf große Schwierigkeiten.

(Einem Menschen zu sagen, er solle ausruhen, bedeutet, ihm zu sagen, er solle glücklich leben. Es bedeutet, ihm zu raten: A.

A. *Eine ganz und gar glückliche Lage zu haben, über die er in aller Muße nachdenken kann, ohne einen Anlass zum Kummer dabei zu finden. [– Das bedeutet nun, die Natur nicht zu verstehen.]*

Daher vermeiden die Menschen, die von Natur aus ihre Lage wahrnehmen, nichts so sehr wie die Ruhe; sie lassen nichts unerprobt, um die Aufregung zu suchen.

Deshalb geht man fehl, wenn man sie tadelt; ihre Schuld besteht nicht darin, dass sie den Tumult suchen. Wenn sie ihn nur als eine Zerstreuung suchten! Doch das Übel besteht darin, dass sie ihn aufsuchen, als sollte der Besitz der Dinge, um die sie sich bemühen, sie wirklich glücklich machen, und darin beschuldigt man ihre Suche zu Recht der Eitelkeit, so dass bei alldem diejenigen, die tadeln, wie auch diejenigen, die getadelt werden, nicht die wirkliche Natur des Menschen verstehen.) Und wenn man ihnen daher vorwirft, dass das, was sie mit solchem Feuereifer suchen, sie nicht zufriedenstellen kann, und sie darauf antworteten, wie sie es tun müssten, wenn sie genau darüber nachdächten, dass sie dabei nur eine ungestüme und hitzige Beschäftigung suchen, die sie davon abhält, an sich selbst zu denken, und dass sie sich deshalb ein verlockendes Ziel setzen, das sie begeistert und leidenschaftlich anzieht, so würden sie ihren Gegnern das Wort abschneiden … – Die Eitelkeit, das Vergnügen, sie den anderen zu zeigen. – Der Tanz, bei dem man genau daran denken muss, wo man die Füße hinsetzt. – Aber sie geben keine derartige Antwort, weil sie sich selbst nicht kennen. Sie wissen nicht, dass sie nur die Jagd und nicht die Beute suchen. – Der Edelmann glaubt aufrichtig, die Jagd sei ein großes, ja ein königliches Vergnügen, doch sein Treiber teilt jene Meinung nicht. – Sie bilden sich ein, wenn sie dieses Amt erhalten hätten, so würden sie hierauf mit Vergnügen ausruhen, und sie nehmen nicht die unersättliche Natur der Begierde wahr. Sie glauben, aufrichtig nach Ruhe zu streben, und sie streben tatsächlich nur nach rastloser Bewegung.

Sie haben einen geheimen Trieb, der sie bewegt, äußerliche Zerstreuung und Beschäftigung zu suchen, und der aus dem Gefühl ihres beständigen Elends erwächst. Und sie haben einen weiteren geheimen Trieb, der von der Größe unserer ursprünglichen Natur übriggeblieben ist und der sie erkennen lässt, dass das Glück tatsächlich nur in der Ruhe und nicht im Tumult liegt. Und aus diesen beiden entgegengesetzten Trieben bildet sich in ihnen ein verworrener Vorsatz, der sich vor ihren Blicken am Grunde ihrer Seele verbirgt und der sie bewegt, nach Ruhe durch Geschäftigkeit zu streben und sich stets vorzustellen, dass sie die Zufriedenheit, die sie nicht im Mindesten haben, erreichen werden, wenn sie erst einige klar erkennbare Schwierigkeiten überwunden haben und sich dadurch das Tor zur Ruhe öffnen können.

So verrinnt das ganze Leben; man sucht die Ruhe, indem man gegen einige Hindernisse kämpft, und wenn man sie überwunden hat, wird die Ruhe unerträglich wegen der Langeweile, die sie erzeugt. Man muss sie aufgeben und sich eifrig ins Getümmel stürzen.

Denn entweder denkt man an das Elend, das man erleidet, oder an jenes, das uns bedroht. Und sogar, wenn man sich von allen Seiten ausreichend geschützt sähe, so würde die ihrer Autorität beraubte Langeweile doch unablässig vom Grunde des Herzens, wo sie natürliche Wurzeln hat, empordringen und den Geist mit ihrem Gift erfüllen. B.

B. Also ist der Mensch so unglücklich, dass er sich sogar ohne irgendeinen Grund zur Langeweile, infolge seiner eigentümlichen Veranlagung, langweilen würde. Und er ist innerlich so leer, dass, wenn er tausend wesentliche Gründe zur Langeweile besitzt, die geringste Kleinigkeit, wie ein Billardspiel und ein Ball, den er vor sich her stößt, genügen, um ihn zu zerstreuen.

C. Aber Ihr werdet sagen, welchen Zweck verfolgt er bei alldem? Jenen, sich morgen vor seinen Freunden rühmen zu können, dass er besser als ein anderer gespielt habe. So schwitzen die anderen in ihrem Studierzimmer, um den Gelehrten zu beweisen, dass sie eine Algebraaufgabe gelöst haben, deren Ergebnis man bisher nicht finden konnte, und so viele weitere setzen sich den äußersten Gefahren aus, um sich hierauf zu rühmen, sie hätten eine Festung eingenommen, was nach meiner Ansicht ebenso töricht ist. Und die Übrigen schließlich arbeiten sich dabei zu Tode, dass sie all diese Dinge beobachten, nicht etwa, um hierdurch weiser zu werden, sondern allein, um zu zeigen, dass sie es wissen, und diese Letzteren sind die Törichtsten der ganzen Sippe, denn sie sind sich ja dessen bewusst, während man von den anderen denken kann, dass sie es nicht mehr wären, wenn sie es wüssten.

Solch ein Mensch verbringt das Leben, ohne sich zu langweilen, indem er alle Tage um eine Kleinigkeit spielt. Gebt ihm allmorgendlich das Geld, das er jeden Tag gewinnen kann, unter der Bedingung, dass er nicht spielen darf, so macht ihr ihn unglücklich. Man wird vielleicht sagen, er suche das Vergnügen des Spiels und nicht den Gewinn. Lasst ihn also um nichts spielen, er wird sich dabei nicht erregen und sich langweilen. Also sucht er nicht das Vergnügen allein. Ein fades und leidenschaftsloses Vergnügen wird ihn langweilen. Er muss sich dabei erregen und sich selbst betrügen, indem er sich vorstellt, dass er glücklich wäre, das zu gewinnen, was er geschenkt nicht haben wollte, wenn man ihm dabei die Bedingung stellte, nicht zu spielen; so formt er sich einen Gegenstand der Leidenschaft und erregt dadurch seine Begierde, seinen Zorn, seine

Furcht und wendet sie jener Sache zu, die er selbst geformt hat, den Kindern gleich, die vor dem Gesicht erschrecken, das sie selbst gekritzelt haben.

Woher kommt es, dass dieser Mann, der vor wenigen Monaten seinen einzigen Sohn verloren hat und der, von Prozessen und Streitigkeiten heimgesucht, heute Morgen so beunruhigt war, nun nicht mehr daran denkt? Erstaunt darüber nicht, er ist ganz mit der Beobachtung beschäftigt, wo dieses Wildschwein entlanglaufen wird, dem seine Hunde seit sechs Stunden so eifrig nachsetzen. Mehr ist nicht nötig. So gramgebeugt der Mensch auch sein mag, wenn man ihn für irgendeine Zerstreuung gewinnen kann, ist er während jener Zeit glücklich, und so glücklich auch irgendein Mensch sein mag, wenn er nicht von irgendeiner Leidenschaft oder irgendeinem Vergnügen zerstreut und ausgefüllt wird, die verhindern, dass sich Langeweile ausbreiten kann, so wird er bald betrübt und unglücklich sein. Ohne Zerstreuung gibt es keine Freude; mit der Zerstreuung gibt es keine Traurigkeit. Und das macht auch das Glück der Menschen aus. D.

D. Über diejenigen, die so hochgestellt sind, dass sie zahlreiche Leute bei sich haben, die für ihre Zerstreuung sorgen, und dass sie die Macht haben, sich in diesem Zustand zu erhalten.

Gebt darauf acht, was bedeutet es wohl anderes, Oberaufseher, Kanzler, Oberpräsident zu sein, als dass man sich in einer Lage befindet, bei der man des Morgens eine große Anzahl von Leuten um sich hat, die von überallher kommen, um ihnen während des Tages keine einzige Stunde zu lassen, in der sie an sich selbst denken können, und wenn sie in Ungnade gefallen sind und man sie in ihre Landhäuser schickt, wo es ihnen nicht an Gütern und an Bediensteten fehlt, die sie mit allem Notwendigen versorgen, so sind sie dennoch elend und verlassen, weil niemand sie daran hindert, an sich selbst zu denken.

137/142 Zerstreuung.

Ist die königliche Würde nicht von sich aus hinreichend groß für denjenigen, der sie besitzt, um ihn durch den bloßen Gedanken, was er ist, glücklich zu machen; soll man ihn von einer derartigen Betrachtung ablenken wie die einfachen Leute? Ich sehe wohl ein, dass es heißt, einen Menschen glücklich zu machen, wenn man ihn von der Betrachtung seines häuslichen Elends ablenkt und sein ganzes Denken der Sorge zuwendet, gut zu tanzen, doch wird es sich bei einem König ebenso verhalten, und wird er glücklicher sein, wenn er sich an diese eitlen Vergnügungen klammert, als wenn er an seine Größe denkt? Und welchen erfreulicheren Gegenstand könnte man seinem Geist bieten? Hieße es denn nicht, seiner Freude – die darin besteht, die Seele mit dem Gedanken zu beschäftigen, wie er seine Schritte dem Takt eines Liedes anpassen oder wie er geschickt ins Ziel treffen kann – zu schaden, anstatt ihn in Ruhe die Betrachtung des ihn umgebenden majestätischen Glanzes genießen zu lassen? Man mache die Probe, man lasse einen König ganz allein, ohne irgendeine Befriedigung der Sinne, ohne dass sein Geist von irgendeiner Sorge beschwert wird, ohne Gesellschaft und ohne Zerstreuung, mit aller Muße an sich denken, und man wird sehen, dass ein König ohne Zerstreuung ein Mensch voller Elend ist. Daher vermeidet man das auch sorgfältig, und unfehlbar wird es in der Umgebung der Könige stets sehr viele Leute geben, die darüber wachen, dass ihren Geschäften die Zerstreuung folgt, und die all ihre Mußestunden beobachten, um ihnen Vergnügungen und Spiele zu bieten, damit keine Leere entstehe. Das heißt, dass sie von Personen umgeben sind, die bewundernswert sorgfältig darauf achten, dass der König nicht allein und in der Lage sei, an sich selbst zu denken, da sie wohl wissen, dass er elend sein wird, sosehr er auch König ist, wenn er daran denkt.

Bei alldem spreche ich nicht von den christlichen Königen als Christen, sondern allein als Königen.

138/166 Zerstreuung.

Der Tod ist leichter zu ertragen, wenn man nicht an ihn denkt, als der Gedanke an den Tod, wenn man außer Gefahr ist.

139/143 Zerstreuung.

Man belastet die Menschen von Kindheit an mit der Sorge um ihre Ehre, um ihren Besitz, um ihre Freunde und dazu noch um den Besitz und die Ehre ihrer Freunde, man überhäuft sie mit Geschäften, mit dem Erlernen der Sprachen und mit Übungen, und man gibt ihnen zu verstehen, sie könnten nicht glücklich sein, ohne dass es gut um ihre Gesundheit, ihre Ehre, ihr Vermögen und um die Gesundheit, die Ehre, das Vermögen ihrer Freunde stehe, und wenn nur eines davon fehle, so werde sie das unglücklich machen. Also überträgt man ihnen Pflichten und Geschäfte, die sie vom frühen Morgen an in Bewegung halten. Das, so werdet ihr sagen, ist eine seltsame Art, sie glücklich zu machen; was könnte man mehr tun, um sie unglücklich zu machen? Wie denn, was man tun könnte? Man brauchte ihnen nur all diese Sorgen abzunehmen, denn hierauf würden sie sich selbst sehen, sie würden daran denken, was sie sind, woher sie kommen, wohin sie gehen, und gerade deshalb kann man sie gar nicht zu sehr beschäftigen und ablenken. Und darum auch rät man ihnen, nachdem man sie mit so vielen Geschäften beauftragt hat und sobald sie einige Mußestunden haben, dass sie diese benutzen sollen, um sich zu zerstreuen, zu spielen und sich immer ganz und gar beschäftigt zu halten.

Wie hohl und voller Schmutz ist doch des Menschen Herz.

9 Philosophen

140/466 Wenn Epiktet den Weg auch ganz deutlich gesehen hätte, sagt er doch den Menschen: Ihr geht einen falschen Weg. Er beweist, dass es einen anderen gibt, aber er führt nicht zu ihm hin. Es ist derjenige, zu wollen, was Gott will. Jesus Christus allein führt auf diesen Weg. *Via veritas.* (»[Ich bin] der Weg [und] die Wahrheit […]«, Joh 14,6.)

Selbst Zenon hat die gleichen Fehler.

141/509 Philosophen.

Das ist etwas Rechtes, einem Menschen, der sich selbst nicht kennt, zuzurufen, er solle von sich aus zu Gott finden. Und das ist auch etwas Rechtes, dies einem Menschen zu sagen, der sich selbst kennt.

142/463 *(Gegen die Philosophen, die Gott ohne Jesus Christus haben.)* Philosophen.

Sie glauben, dass allein Gott würdig ist, geliebt und verehrt zu werden, und sie haben sich gewünscht, von den Menschen geliebt und verehrt zu werden, und dabei erkennen sie ihre Verderbtheit nicht. Wenn sie sich ganz von dem Streben beseelt fühlen, ihn zu lieben und anzubeten, und darin ihre größte Freude finden, sollen sie sich für gut halten, recht so! Doch wenn sie Widerwillen dagegen empfinden, wenn sie nur den Hang haben, die Achtung der Menschen zu erwirken, und wenn sie als ganze Vollkommenheit nur erreichen, dass die Menschen, ohne dazu gezwungen zu werden, ihr Glück darin finden, sie zu lieben, so werde ich sagen, dass diese Vollkommenheit schrecklich ist. Wie denn, sie haben Gott erkannt und nicht einzig gewünscht, dass die Menschen ihn lieben, die Menschen sollten sich vielmehr mit ihnen begnügen. Sie wollten der Gegenstand des selbstgewählten Glücks der Menschen sein.

143/464 Philosophen.

Wir sind voller Dinge, die uns nach außen stoßen.

Unser Instinkt lässt uns fühlen, dass wir unser Glück außerhalb von uns selbst suchen müssen. Unsere Leidenschaften drängen uns nach außen, selbst wenn die Gegenstände, mit denen sie erregt werden, sich nicht darböten. Die Gegenstände der Außenwelt führen uns von selbst in Versuchung und rufen uns, selbst wenn wir nicht an sie denken. Und daher haben die Philosophen gut reden: Haltet Einkehr in euch selbst, dort werdet ihr euer Glück finden. Man glaubt ihnen nicht, und diejenigen, die ihnen glauben, sind die Gedankenlosesten und Einfältigsten.

144/360 Was die Stoiker vorbringen, ist so schwierig und so eitel.

Die Stoiker nehmen an: All jene, die nicht auf der hohen Stufe der Weisheit stehen, seien gleichermaßen töricht und unzulänglich, so wie jene, die zwei Fingerhut tief unter Wasser sind.

145/461 Die drei Begierden haben drei Schulen hervorgebracht, und die Philosophen haben nichts anderes getan, als einer der drei Begierden zu folgen.

146/350 Stoiker.

Sie folgern, dass man immer vermag, was man manchmal vermag, und dass, da ja das Ruhmesverlangen sehr wohl jene, die es beherrscht, zu einigen Taten bewegt, auch die anderen sie ebenso gut vollbringen können.

Das sind fieberhafte Anwandlungen, welche die Gesundheit nicht nachahmen kann.

Epiktet schließt daraus, dass es standhafte Christen gibt, dass jeder es durchaus werden kann.

10 Das höchste Gut

147/361 Das höchste Gut. Streit um das höchste Gut.

Ut sis contentus temetipso et ex te nascentibus bonis. (»Damit du zufrieden mit dir selbst und mit den Gütern bist, die aus dir erwachsen.« Seneca, *Epist.* XX.)

Dabei tritt ein Widerspruch auf, denn schließlich geben sie den Rat, sich selbst das Leben zu nehmen.

Oh! Was ist das wohl für ein glückliches Leben, von dem man sich wie von der Pest frei macht!

148/425 Zweiter Teil.

Dass der Mensch ohne Glauben nicht das wahre Gut und auch nicht die Gerechtigkeit erkennen kann.

Alle Menschen suchen nach dem Glück. Das gilt ohne Ausnahme, wie unterschiedlich auch die Mittel sein mögen, die sie dafür benutzen. Sie streben alle diesem Ziel zu. Was bewirkt, dass die einen in den Krieg ziehen und die anderen nicht, ist dieses gleiche Verlangen, das bei allen beiden mit unterschiedlichen Auffassungen verbunden ist. Die geringste Willensregung ist immer nur auf diesen Zweck gerichtet. Das ist bei allen Menschen der Beweggrund aller Handlungen, selbst bei jenen, die sich erhängen wollen.

Und dennoch ist niemand seit so vielen Jahren jemals ohne den Glauben zu diesem Punkt gelangt, nach dem alle beständig streben. Alle beklagen sich, Fürsten, Untertanen, Adlige, Gemeine, Greise, Jünglinge, Starke, Schwache, Gelehrte, Unwissende, Gesunde, Kranke aller Länder, aller Zeiten, aller Lebensalter und aller Stellungen.

Eine so lange, so beständige und so einheitliche Probe sollte uns doch von unserer Unfähigkeit überzeugen, das Glück durch unsere eigene Anstrengung zu erreichen. Doch das Beispiel ist für uns wenig lehrreich. Es ist nie so vollkommen gleichartig, dass es nicht irgendeinen feinen Unterschied gäbe, und gerade deshalb erwarten wir, dass unsere Hoffnung bei dieser Gelegenheit nicht wie bei der früheren getäuscht wird, und da uns die Gegenwart deshalb nicht zufriedenstellt, betrügt uns die Erfahrung und führt uns von Unglück zu Unglück, bis zum Tode, der dessen ewiger Gipfelpunkt ist.

Was rufen uns denn diese Gier und diese Unfähigkeit

zu, wenn nicht dies, dass es einst im Menschen ein wahres Glück gegeben hat, von dem ihm jetzt nur das Zeichen und die ganz wesenlose Spur geblieben sind und die er nun vergebens mit allem auszufüllen trachtet, was ihn umgibt, wobei er von den fernen Dingen die Hilfe erwartet, die er von den gegenwärtigen nicht erhält, doch sie alle sind dazu nicht fähig, weil dieser unendliche Abgrund nur durch etwas Unendliches und Unwandelbares ausgefüllt werden kann, das heißt durch Gott selbst.

Gott allein ist das wahre Glück des Menschen. Und seitdem er Gott verlassen hat, gibt es seltsamerweise nichts in der Natur, was nicht geeignet gewesen wäre, seinen Platz beim Menschen einzunehmen: Sterne, Himmel, Erde, Elemente, Pflanzen, Kohl, Lauch, Tiere, Insekten, Kälber, Schlangen, Fieber, Pest, Krieg, Hungersnot, Laster, Ehebruch, Blutschande. Und seitdem er das wahre Glück verloren hat, kann ihm alles gleichermaßen als solches erscheinen, sogar seine eigene Vernichtung, obwohl sie doch Gott, der Vernunft und der Natur zugleich so sehr widerspricht.

Die einen suchen es in der Machtvollkommenheit, die anderen in Raritätensammlungen und Wissenschaften, wieder andere in sinnlichen Vergnügen.

Weitere, die ihm tatsächlich am meisten nahegekommen sind, haben die Ansicht vertreten, es sei notwendig, dass dieses allgemeine Gut, das alle Menschen ersehnen, nicht in irgendeinem von den Einzeldingen bestehe, die nur von einem allein besessen werden können und die, wenn sie geteilt sind, ihre Besitzer eher bekümmern, weil ihnen der Teil fehlt, den sie nicht haben, als dass sie ihnen Zufriedenheit durch den Genuss jenes Teils geben, der dem Einzelnen gehört. Sie haben verstanden, dass das wahre

Glück so beschaffen sein müsste, dass alle es ungeschmälert und unbeneidet zugleich besitzen könnten und dass niemand es gegen seinen Willen verlieren könnte, denn, sagen sie, dieses Verlangen entspreche der Natur des Menschen und sei notwendigerweise bei allen vorhanden, und er könne gar nicht umhin, es zu haben, so schließen sie daraus …

11 An Port-Royal

149/430 An Port-Royal. Beginn, nachdem ich erklärt habe, dass es unbegreiflich ist.

Die Größe und das Elend des Menschen sind so offensichtlich, dass die wahre Religion uns unbedingt unterrichten muss, dass es im Menschen sowohl irgendein Hauptprinzip für seine Größe wie ein Hauptprinzip für sein Elend gibt.

Sie muss uns außerdem eine Erklärung für diese erstaunlichen Widersprüchlichkeiten geben.

Um den Menschen glücklich zu machen, muss sie ihm zeigen, dass es einen Gott gibt, dass man verpflichtet ist, ihn zu lieben, dass es unser wahres Glück ist, in ihm zu sein, und unser einziges Übel, von ihm getrennt zu sein, sie muss anerkennen, dass wir von Finsternis erfüllt sind, die uns hindert, ihn zu erkennen und zu lieben, und dass wir deshalb, da unsere Pflichten uns auferlegen, Gott zu lieben, und unsere Begierden uns davon abbringen, voller Ungerechtigkeit sind. Sie muss uns eine Erklärung für diesen Widerstand geben, den wir Gott und unserem eigenen Glück gegenüber zeigen. Sie muss uns die Heilmittel gegen diese Unfähigkeit und die Wege weisen, um diese Heilmittel zu erhalten. Man prüfe daraufhin alle Religionen der Welt und untersuche, ob es außer der christlichen noch eine andere gibt, die dies vermag.

Etwa die Philosophen, die uns als ganzes Glück jene Güter hinstellen, die in uns sind? Haben sie das Heilmittel für unsere Übel gefunden? Bedeutet es, man habe die Anmaßung des Menschen geheilt, wenn man ihn Gott ebenbürtig macht? Jene, die uns den Tieren gleichgestellt haben, und die Mohammedaner, die uns die Freuden der Erde als ganzes Glück, selbst für die Ewigkeit, gegeben haben, haben sie das Heilmittel für unsere Begierden geliefert?

Welche Religion wird uns also lehren, den Stolz und die Begierde zu heilen? Welche Religion wird uns schließlich unser Glück, unsere Pflichten und die Schwächen erkennen lassen, die uns davon abbringen, dazu die Ursache für diese Schwächen, die Mittel, die sie heilen können, und den Weg, um diese Heilmittel zu erhalten? Alle anderen Religionen haben es nicht vermocht.

Sehen wir, was die Weisheit Gottes bewirken wird.

Erwartet nicht, so sagt sie, o ihr Menschen, Wahrheit oder Trost von den anderen Menschen. Ich bin es, die euch geschaffen hat und die allein euch lehren kann, wer ihr seid.

Aber ihr seid jetzt nicht mehr in dem Stand, in dem ich euch geschaffen habe. Ich habe den heiligen, unschuldigen und vollkommenen Menschen gemacht, ich habe ihn mit Erkenntnisvermögen und Verstand begabt, ich habe ihm meine Herrlichkeit und meine Wunder mitgeteilt. Das Auge des Menschen sah damals die Majestät Gottes. Er befand sich damals nicht in der Finsternis, die ihn heute blind macht, und er kannte auch die Sterblichkeit und das Elend nicht, die ihn heute heimsuchen.

Aber er hat so viel Herrlichkeit nicht ertragen können, ohne in Anmaßung zu verfallen. Er hat sich zu seinem eigenen Mittelpunkt und von meinem Beistand unabhängig machen wollen. Er hat sich meiner Herrschaft entzogen, und da er sich mir durch das Verlangen gleichstellte, sein Glück in sich selbst zu finden, habe ich ihn sich selbst überlassen, und indem ich die Geschöpfe in Aufruhr versetzte, die ihm untertan waren, habe ich sie ihm zu Feinden gemacht, so dass der Mensch heute den Tieren ähnlich geworden und von mir so fern ist, dass ihm kaum eine verworrene Vorstellung von seinem Schöpfer bleibt, so sehr sind all seine Kenntnisse ausgetilgt oder getrübt worden. Die von der Vernunft unabhängigen Sinne, die oft auch die Vernunft beherrschen, haben ihn auf der Suche nach Vergnügen mit sich gerissen. Alle Geschöpfe bekümmern ihn oder führen ihn in Versuchung, und sie haben Gewalt über ihn, indem sie ihn entweder durch ihre Kraft unterwerfen oder durch ihre Lieblichkeit bezaubern, was eine noch schrecklichere und schmachvollere Herrschaft ist.

Das ist der Stand, in dem die Menschen sich heute befinden. Es bleibt ihnen von ihrer ersten Natur ein gewisser machtloser Drang nach dem Glück, und sie sind in das Elend ihrer Verblendung und ihrer Begierde versunken, die zu ihrer zweiten Natur geworden ist.

An diesem Prinzip, das ich euch entdecke, könnt ihr die Ursache so vieler Widersprüchlichkeiten erkennen, die alle Menschen in Erstaunen versetzt und sie in Anhänger so vielfältiger Meinungen geschieden haben. Beobachtet nun alle Regungen der Größe und Herrlichkeit, die das Erdulden von so viel Elend nicht ersticken kann, und bedenkt, ob deren Ursache nicht in einer anderen Natur liegen muss.

An Port-Royal. Für morgen. Prosopopöie.

Vergebens, o ihr Menschen, sucht ihr in euch selbst die Heilmittel für euer Elend. All eure Einsichten können nur bis zu der Erkenntnis gelangen, dass ihr nicht in euch selbst die Wahrheit und das Glück finden werdet.

Die Philosophen haben es euch versprochen, und sie haben es nicht erreichen können.

Sie wissen nicht, was euer wahres Glück ist, und auch nicht, was *(euer wirklicher Stand)* ist.

Wie hätten sie Heilmittel für eure Übel bereitstellen können, die sie ja nicht einmal erkannt haben. Eure schlimmsten Krankheiten sind der Stolz, der euch von Gott abwendet, und die Begierde, die euch an die Erde fesselt; und sie haben nichts weiter getan, als wenigstens eine dieser Krankheiten zu stärken. Wenn sie euch auf Gott als Ziel verwiesen haben, so nur deshalb, um euren Hochmut auszubilden; sie haben euch auf den Gedanken gebracht, dass ihr Gott durch eure Natur ähnlich und ebenbürtig wäret. Und jene, die erkannt haben, wie eitel diese Anmaßung ist, haben euch in den zweiten Abgrund gestürzt, indem sie euch zu verstehen gaben, dass eure Natur jener der Tiere ähnlich wäre, und sie haben euch bewogen, euer Glück in den Begierden zu suchen, die das Los der Tiere sind.

Nicht das ist der Weg, auf dem man euch von eurem Unrecht befreien kann, das jene Weisen gar nicht erkannt haben. Ich allein kann euch verstehen lassen, wer ihr seid, dies …

(Ich verlange von euch keinen blinden Glauben.)

Adam, Jesus Christus.

Wenn man euch mit Gott vereinigt, so geschieht das durch die Gnade, nicht durch die Natur.

Wenn man euch erniedrigt, so geschieht das durch die Buße, nicht durch die Natur.

Daher diese doppelte Eigenschaft.

Ihr seid nicht im Zustand eurer Schöpfung.

Da diese beiden Zustände offenbar sind, ist es unmöglich, dass ihr sie nicht erkennt.

Geht euren Regungen nach. Beobachtet euch selbst und prüft, ob ihr in euch nicht die lebendigen Wesenszüge dieser beiden Naturen findet.

Sollten sich so viele Widersprüche in einem einzigen Wesen finden?

Unbegreiflich.

Alles, was unbegreiflich ist, besteht dennoch weiter. Die unendliche Zahl, ein unendlicher Raum, der dem endlichen gleich ist.

Unglaublich, dass Gott sich mit uns vereinigt.

Diese Überlegung ist nur aus der Einsicht in unsere Niedrigkeit hergeleitet, aber wenn ihr ganz aufrichtig dabei seid, so folgt ihr ebenso weit wie ich und erkennt an, dass unsere Niedrigkeit tatsächlich so groß ist, dass wir unfähig sind, durch eigene Kraft zu erkennen, ob seine Barmherzigkeit uns nicht für ihn empfänglich machen kann. Denn ich möchte wissen, woher dieses Tier, das sich selbst als so schwach erkennt, das Recht hat, Gottes Barmherzigkeit abzuschätzen und ihr die Grenzen zu setzen, die seine Einbildungskraft ihm vorgaukelt. Er weiß so wenig, was Gott ist, wie er auch nicht weiß, was er selbst ist. Und, vom Anblick seines eigenen Zustandes ganz verwirrt, wagt er zu sagen, dass Gott ihn nicht zur Gemeinschaft mit ihm befähigen könne. Doch ich möchte ihn fragen, ob Gott etwas anderes von ihm verlangt, als dass er ihn lieben und ihn erkennen soll, und warum er glaubt, dass Gott sich ihm gegenüber nicht erkennbar und liebenswert machen könne, da er doch von Natur zur Liebe und Erkenntnis fähig ist. Ohne Zweifel erkennt er wenigstens, dass er existiert und dass er etwas liebt. Wenn er also in der Finsternis, die ihn umgibt, etwas sieht und wenn er irgendeinen Gegenstand der Liebe unter den Dingen der Erde findet, warum wird er, wenn Gott ihm einen geringen Schimmer seines Wesens enthüllt, nicht fähig sein, ihn solcherart zu erkennen und zu lieben, wie es Gott gefallen wird, sich uns mitzuteilen. Unzweifelhaft gibt es also eine unerträgliche Anmaßung in derartigen Überlegungen, wenn sie auch scheinbar auf einer äußerlichen Demut beruhen, die indes weder aufrichtig noch vernünftig ist, wenn sie uns nicht zu dem Geständnis bringt, dass wir, weil wir nicht von uns selbst wissen, wer wir sind, es nur von Gott erfahren können.

Ich will nicht, dass ihr euch mir im Glauben ohne Vernunftgründe unterwerft, und ich beabsichtige nicht, euch tyrannisch zu unterjochen. Ich beanspruche auch nicht, euch für alles eine Erklärung zu geben. Und um diese Widersprüche auszugleichen, will ich euch durch stichhaltige Beweise göttliche Zeichen in mir klar erkennen lassen, die euch überzeugend bekunden, was ich bin, und ich will mir Autorität durch Wunder und Beweise verschaffen, die ihr nicht zurückweisen könnt, damit ihr danach die Dinge glaubt, die ich euch lehre, wenn ihr keinen anderen Grund darin findet, um sie zurückzuweisen, außer, dass ihr selbst nicht erkennen könnt, ob jene vorhanden sind oder nicht.

Gott wollte die Menschen erlösen und jenen das Heil offenbaren, die es suchten, doch die Menschen machen sich dessen so unwürdig, dass es gerecht ist, wenn Gott einigen, ihrer Verstocktheit wegen, verweigert, was er den anderen durch eine Barmherzigkeit gewährt, die ihnen nicht durch eigenes Verdienst zusteht.

Wenn er die Halsstarrigkeit der Verstocktesten hätte überwinden wollen, so hätte er es vermocht, indem er sich ihnen so offenkundig enthüllt hätte, dass sie nicht an der Wahrheit seines Wesens hätten zweifeln können, wie er am Jüngsten Tag in einem solchen Blitzesglanz und mit einer solchen Umwälzung der Natur erscheinen wird, dass die Toten auferstehen und die Blindesten ihn schauen werden. Nicht auf solche Weise wollte er bei seiner unmerklichen Ankunft erscheinen, denn da sich so viele Menschen seiner Milde unwürdig machen, wollte er ihnen das Gut vorenthalten, das sie ablehnen. Es wäre also nicht gerecht gewesen, dass er in sichtbar göttlicher Gestalt erschienen wäre, die alle Menschen unbedingt hätte überzeugen können, doch wäre es auch nicht gerecht gewesen, dass er in einer solch verborgenen Gestalt gekommen wäre, dass er nicht von jenen hätte erkannt werden können, die ihn aufrichtig suchten. Er wollte sich diesen vollkommen zu erkennen geben, und darum, weil er denjenigen deutlich sichtbar erscheinen wollte, die ihn von ganzem Herzen suchen, und denjenigen verborgen bleiben wollte, die ihn von ganzem Herzen fliehen, hat er ein solches Maß gewählt …

An Port-Royal. Für morgen. 2.

ein solches Maß für seine Erkennbarkeit gewählt, dass er denjenigen, die ihn suchen, sichtbare Zeichen seiner selbst gegeben hat, nicht jedoch denjenigen, die ihn nicht suchen.

Es gibt genug Licht für jene, die nur zu suchen verlangen, und genug Finsternis für jene, die von gegenteiliger Veranlagung sind.

12 Beginn

150/226 Die Gottlosen, die das Bekenntnis ablegen, der Vernunft zu folgen, müssen außergewöhnlich stark in der Vernunft sein.

Was sagen sie denn?

Sehen wir nicht, sagen sie, wie die Tiere gleich den Menschen und die Türken gleich den Christen sterben und leben; sie haben ihre Zeremonien, ihre Propheten, ihre Schriftgelehrten, ihre Heiligen, ihre Mönche gleich uns, usw.

Widerspricht das der Heiligen Schrift? Sagt sie nicht dies alles?

Wenn ihr euch fast gar nicht darum kümmert, die Wahrheit zu erfahren, so reicht das aus, um eure Ruhe zu bewahren. Wenn ihr aber von ganzem Herzen verlangt, die Wahrheit zu erkennen, so ist das, im Einzelnen betrachtet, nicht ausreichend. Es würde bei einem philosophischen Problem ausreichen, hier aber, wo es um alles geht … Und trotzdem wird man nach einer derartigen leichtfertigen Überlegung sein Vergnügen suchen usw.

Man unterrichte sich doch über diese Religion; selbst wenn sie diese Unklarheit nicht erhellt, wird sie es uns vielleicht lehren.

151/211 Wir sind lächerlich, dass wir Ruhe in der Gesellschaft unserer Mitmenschen finden, die elend und ohnmächtig sind wie wir; sie werden uns nicht helfen: Man wird allein sterben.

Man muss also handeln, als wäre man allein. Und würde man dann prunkvolle Häuser bauen usw.? Man würde ohne Zögern die Wahrheit suchen. Und wenn man das ablehnt, so beweist man, dass man die Wertschätzung der Menschen höher achtet als die Suche nach der Wahrheit.

152/213 Zwischen uns und der Hölle oder dem Himmel gibt es nur das Leben, das die vergänglichste Sache der Welt ist.

153/238 Was versprecht Ihr mir schließlich anderes – denn zehn Jahre sind der Einsatz des Spiels – als zehn Jahre der Eigenliebe, in denen man wohl versuchte zu gefallen, doch damit nichts erreichte, die sicheren Leiden ausgenommen?

154/237 Wahrscheinliche Aussichten.

Man muss diesen unterschiedlichen Voraussetzungen entsprechend jeweils anders in der Welt leben:

1. *(Wenn es sicher ist, dass man immer in ihr sein wird)*, wenn man immer in ihr sein könnte.

(2. *Wenn es ungewiss ist, ob man immer in ihr sein wird oder nicht.*)

(3. *Wenn es sicher ist, dass man nicht immer in ihr sein wird – aber die Gewissheit hat, lange in ihr zu sein.*)

(4. *Wenn es gewiss ist, dass man nicht immer in ihr sein wird, und ungewiss – ob man in ihr – nicht – lange sein wird – falsch.*)

5. Wenn es sicher ist, dass man nicht lange in ihr sein wird, und ungewiss, ob man noch eine Stunde in ihr sein wird.

Diese letzte Voraussetzung ist die unsrige.

155/281 Herz
Instinkt
Prinzipien

156/190 Jene Atheisten beklagen, die suchen, denn sind sie nicht schon unglücklich genug. Jene mit Schmähungen bedenken, die sich dessen rühmen.

157/225 Der Atheismus ist ein Zeichen der Geistesstärke, jedoch nur bis zu einem bestimmten Grade.

158/236 Um der wahrscheinlichen Aussichten willen müsst Ihr Euch Mühe machen, die Wahrheit zu suchen, denn sterbt Ihr, ohne das wahre Prinzip angebetet zu haben, so seid Ihr verloren. Aber – sagt Ihr –, wenn er gewollt hätte, dass ich ihn anbetete, hätte er mir Zeichen seines Willens gegeben. Das hat er auch getan, doch Ihr missachtet sie. Sucht sie also; das ist es ja wirklich wert.

159/204 Wenn man acht Tage des Lebens hingeben muss, muss man hundert Jahre hingeben.

160/257 Es gibt nur drei Arten von Menschen: Die einen dienen Gott, da sie ihn gefunden haben, die anderen bemühen sich, ihn zu suchen, da sie ihn nicht gefunden haben, und die Dritten leben dahin, ohne ihn zu suchen und ohne ihn gefunden zu haben. Die Ersten sind vernünftig und glücklich, die Letzten sind töricht und unglücklich. Die Mittleren sind unglücklich und vernünftig.

161/221 Die Atheisten müssen vollkommen klare Dinge sagen. Nun ist es aber durchaus nicht vollkommen klar, dass die Seele materiell sei.

162/189 Damit beginnen, die Ungläubigen zu beklagen, sie sind durch ihre Lage unglücklich genug.

Man sollte sie nur schelten, falls es für sie nützlich wäre, doch es schadet ihnen.

163/200 Wenn ein Mensch in einer Kerkerzelle sitzt und nicht weiß, ob sein Urteil gefällt ist, und er nur noch eine Stunde Zeit hat, um es zu erfahren, und wenn diese Stunde genügt, sobald er weiß, dass das Urteil gefällt ist, um es aufheben zu lassen, so ist es wider die Natur, dass er diese Stunde nicht benutzte, um sich zu unterrichten, ob das Urteil gefällt ist, sondern stattdessen Pikett spielte.

So übersteigt es auch die Natur, dass der Mensch usw. Gottes Hand ist dabei deutlich zu spüren.

So wird Gott nicht allein durch den Eifer derer bewiesen, die ihn suchen, sondern auch durch die Verblendung derer, die ihn nicht suchen.

164/218 Beginn. Kerkerzelle.

Ich halte es für gut, dass man die Lehre des Kopernikus nicht genauer prüft. Dafür aber dies:

Für das ganze Leben ist es wichtig zu wissen, ob die Seele sterblich oder unsterblich ist.

165/210 Der letzte Akt ist blutig, so schön die Komödie auch in allem Übrigen sein mag. Schließlich wirft man uns Erde aufs Haupt, und das ist für immer.

166/183 Wir eilen sorglos dem Abgrund entgegen, nachdem wir etwas vor uns aufgerichtet haben, um uns davon abzuhalten, ihn zu sehen.

13 Unterordnung und Gebrauch der Vernunft

167/269 Unterordnung und Gebrauch der Vernunft: Darin besteht das wahre Christentum.

168/224 Wie ich diese Torheiten hasse, dass man nicht an die Eucharistie glauben solle, usw.

Wenn das Evangelium wahr ist, wenn Jesus Christus Gott ist, welche Schwierigkeit gibt es dann dabei.

169/812 Ich würde kein Christ sein ohne die Wunder, sagt der heilige Augustinus.

170/268 Unterordnung.

Man muss es verstehen zu zweifeln, wo es angebracht ist, etwas als sicher anzunehmen, wo es angebracht ist, indem man sich unterordnet, wo es angebracht ist. Wer nicht so verfährt, begreift nicht die Macht der Vernunft. Es gibt einige, die gegen diese drei Prinzipien verstoßen, entweder, indem sie alles als sicher und beweiskräftig annehmen, weil sie sich nicht auf Beweisführung verstehen, oder, indem sie an allem zweifeln, weil sie nicht wissen, wo man sich unterordnen muss oder auch, indem sie sich in allem unterordnen, weil sie nicht wissen, wo man ein Urteil abgeben muss.

Pyrrhoniker, Geometer, Christ: Zweifel, Selbstsicherheit, Unterordnung.

171/696 *Susceperunt verbum cum omni aviditate scrutantes scripturas si ita se haberent.* (»Die nahmen das Wort auf ganz willig und forschten täglich in der Schrift, ob sich's also verhielte.« Apg 17,11.)

172/185 Die Führung Gottes, der alle Dinge mit Milde lenkt, besteht darin, die Religion in den Geist durch Vernunftgründe und in das Herz durch die Gnade einzulassen, wollte man sie aber in den Geist und in das Herz durch Gewalt und Drohungen einlassen, so bedeutet das, nicht die Religion, sondern den Schrecken einzulassen. *Terrorem potius quam religionem.* (»Eher den Schrecken als die Religion.«)

173/273 Wenn man alles der Vernunft unterordnet, wird unsere Religion nichts Geheimnisvolles und Übernatürliches haben.

Wenn man gegen die Prinzipien der Vernunft verstößt, wird unsere Religion absurd und lächerlich sein.

174/270 Sankt Augustinus. Die Vernunft würde sich niemals unterordnen, wenn sie nicht meinte, dass es Umstände gibt, bei denen sie sich unterordnen muss.

Es ist also richtig, dass sie sich unterordnet, wenn sie meint, dass sie sich unterordnen muss.

175/563 Die Verdammten werden auch dadurch beschämt werden, dass sie sehen, wie ihre eigene Vernunft sie verdammt, mit der sie doch die christliche Religion verdammen wollten.

176/261 Jene, die nicht der Wahrheit zugetan sind, nehmen den Widerspruch und die Menge derjenigen, die sie ablehnen, zum Vorwand, und daher ist ihr Fehler nur darauf zurückzuführen, dass sie der Wahrheit oder der christlichen Liebe nicht zugetan sind. Und somit haben sie dafür auch keine Entschuldigung.

177/384 Der Widerspruch ist ein untaugliches Kennzeichen der Wahrheit.

Verschiedenen sicheren Dingen wird widersprochen.

Verschiedene falsche werden ohne Widerspruch hingenommen.

Der Widerspruch ist also kein Zeichen für etwas Falsches, und wenn der Widerspruch fehlt, ist das auch kein Zeichen der Wahrheit.

178/747*a* Siehe die beiden Arten von Menschen unter dem Titel: Beständigkeit.

179/256 Es gibt wenige wahre Christen. Ich sage das selbst im Hinblick auf ihren Glauben. Es gibt viele, die glauben, dies jedoch aus Aberglauben. Es gibt viele, die nicht glauben, dies jedoch aus Freigeisterei; wenige stehen in der Mitte zwischen beiden.

Ich lasse hier jene außer Acht, die wahre Sittenfrömmigkeit haben, und all jene, die durch ein Gefühl des Herzens glauben.

180/838 Jesus Christus hat Wunder gewirkt, und danach haben es die Apostel getan. Und auch die ersten Heiligen in großer Zahl, denn da die Weissagungen noch nicht erfüllt waren und durch sie in Erfüllung gingen, dienten nur die Wunder als Zeugnis. Es war verheißen, dass der Messias die Heiden bekehren würde. Wie wäre diese Weissagung in Erfüllung gegangen, ohne dass die Heiden sich bekehrt hätten, und wie hätten die Heiden sich zum Messias bekehrt, wenn sie nicht gesehen hätten, wie sich diese Weissagungen, die ihn beweisen, vollends erfüllten. Bevor er also gestorben und auferstanden war und die Heiden bekehrt hatte, war nicht alles erfüllt, und so waren Wunder in dieser ganzen Zeit notwendig. Jetzt braucht man keine mehr gegen die Juden, denn die in Erfüllung gegangenen Weissagungen sind ein fortdauerndes Wunder.

181/255 Die Frömmigkeit unterscheidet sich vom Aberglauben.

Die Frömmigkeit bis zum Aberglauben zu treiben, das bedeutet, sie zu zerstören.

Die Ketzer werfen uns eine derartige abergläubische Unterordnung vor; handelten wir so, würden wir ihrem Vorwurf entsprechen.

Es ist gottlos, nicht an die Eucharistie zu glauben, weil man sie nicht sieht.

Es ist abergläubisch, an Lehrsätze zu glauben, usw.

Glaube usw.

182/272 Nichts ist so sehr der Vernunft gemäß als diese Verleugnung der Vernunft.

183/253 2. Maßlosigkeit:

die Vernunft ausschließen, nur die Vernunft anerkennen.

184/811 Man würde nicht gesündigt haben, wenn man ohne die Wunder nicht an Jesus Christus geglaubt hätte.

Videte an mentiar. (»Sehet [auf mich], ob ich [vor euch] mit Lügen bestehen werde.« Hiob 6,28.)

185/265 Der Glaube teilt wohl etwas mit, was die Sinne nicht mitteilen, doch er sagt nicht das Gegenteil von dem, was sie wahrnehmen; er steht über ihnen und nicht gegen sie.

186/947 Ihr missbraucht den Glauben, den das Volk zur Kirche hat, und macht ihnen etwas weis.

187/254 Es ist nicht so selten, dass man die Welt ihrer übergroßen Gefügigkeit wegen tadeln muss.

Dies ist ein naturgegebenes Laster wie die Ungläubigkeit und ebenso verderblich.

Aberglaube.

188/267 Der letzte Schritt der Vernunft ist anzuerkennen, dass es unendlich viele Dinge gibt, die über sie hinausgehen. Sie ist nur schwach, wenn sie nicht so weit geht, das anzuerkennen.

Wenn die natürlichen Dinge schon über sie hinausgehen sollen, was wird man dann von den übernatürlichen sagen?

14 Vortrefflichkeit dieser Art, Gott zu beweisen

189/547 Gott durch Jesus Christus.

Wir erkennen Gott allein durch Jesus Christus. Ohne diesen Mittler wird jede Gemeinschaft mit Gott aufgehoben. Durch Jesus Christus erkennen wir Gott. All jene, die Gott ohne Jesus Christus erkennen und beweisen wollten, besaßen nur unzulängliche Beweise. Doch um Jesus Christus zu beweisen, haben wir die Prophetien, die stichhaltige und handgreifliche Beweise sind. Und da diese Prophetien durch sein Erscheinen in Erfüllung gegangen und als wahrhaftig erwiesen sind, beurkunden sie die Gewissheit dieser Wahrheiten und folglich den Beweis für die Göttlichkeit Jesu Christi. In ihm und durch ihn erkennen wir also Gott. Wenn man darüber hinweggeht und ohne die Heilige Schrift, ohne die Erbsünde, ohne notwendigen Mittler, der verheißen und erschienen ist, auskommen will, kann man Gott nicht im Geringsten beweisen und auch keine rechte Lehre oder rechte Moral begründen. Durch Jesus Christus und in Jesus Christus aber beweist man Gott und begründet Moral und Lehre. Jesus Christus ist also der wahrhaftige Gott der Menschen.

Doch wir erkennen zugleich unser Elend, denn dieser Gott ist nichts anderes als der Heiland unseres Elends. Darum können wir Gott nur richtig erkennen, wenn wir unsere Sünden erkennen.

So haben jene, die Gott erkannten, ohne ihr Elend zu erkennen, ihn nicht gerühmt, sondern sich dessen gerühmt.

Quia non cognovit per sapientiam, placuit deo per stultitiam predicationis salvos facere. (»Denn dieweil die Welt durch ihre Weisheit Gott in seiner Weisheit nicht erkannte, gefiel es Gott wohl, durch törichte Predigt selig zu machen die, so daran glauben.« 1. Kor 1,21.)

190/543 Einleitung. Die metaphysischen Gottesbeweise liegen dem menschlichen Denken so fern und sind so verwickelt, dass sie kaum zu Herzen gehen, und wenn das auch einigen nützlich sein sollte, so würde es ihnen nur in dem Augenblick nützen, da sie diese Beweisführung vor Augen haben, doch eine Stunde danach fürchten sie, sich getäuscht zu haben.

Quod curiositate cognoverunt, superbia amiserunt. (»Was ihre Neugier sie erkennen ließ, hat ihr Hochmut sie verlieren lassen.« Augustinus, *Sermo* CXLI.)

Das bringt die Erkenntnis Gottes ein, die man ohne Jesus Christus gewinnt und die darin besteht, ohne Mittler mit dem Gott zu verkehren, den man ohne Mittler erkannt hat.

Jene hingegen, die Gott durch diesen Mittler erkannt haben, erkennen ihr Elend.

191/549 Es ist nicht allein unmöglich, sondern auch unnütz, Gott ohne Jesus Christus zu erkennen. Sie haben sich nicht von ihm entfernt, sondern haben sich ihm genähert; sie haben sich nicht erniedrigt, sondern … *Quo quisque optimus eo pessimus si hoc ipsum quod sit optimus ascribat sibi.* (»Je besser man ist, desto schlechter wird man, wenn man sich selbst das zuschreibt, wodurch man am besten ist.« Sankt Bernhard, *In cantica sermones* LXXXIV.)

192/527 Die Erkenntnis Gottes ohne die Erkenntnis des eigenen Elends führt zu Hochmut.

Die Erkenntnis des eigenen Elends ohne die Erkenntnis Gottes führt zu Verzweiflung.

Die Erkenntnis Jesu Christi steht in der Mitte, weil wir in ihr sowohl Gott wie auch unser Elend finden.

15 Übergang von der Erkenntnis des Menschen zu der Gottes

193/98 Vorgefasste Meinungen führen irre.

Beklagenswert ist zu sehen, wie alle Menschen nur an die Mittel und nicht an das Ende denken. Jeder überlegt, wie er seiner Stellung gemäß handeln kann, das Schicksal aber bestimmt die Wahl unserer Stellung und unseres Vaterlandes.

Erbarmenswert ist zu sehen, wie so viele Türken, Ketzer und Ungläubige der Lebensart ihrer Väter aus dem einzigen Grunde folgen, dass man ihnen allen die vorgefasste Meinung aufgezwungen hat, dies sei das Beste, und das gerade lässt jeden sich für seine jeweilige Stellung als Schlosser, Soldat usw. entscheiden.

Gerade deshalb wissen die Wilden nichts mit der Vorsehung anzufangen.

194/208 Warum sind meine Kenntnisse und meine Größe beschränkt, und warum dauert mein Dasein nur annähernd hundert und nicht vielmehr tausend Jahre? Welchen Grund hat die Natur gehabt, mir ein solches Leben zu geben und diesen Lebenskreis eher als einen anderen in der Unendlichkeit auszuwählen, wo es doch für die Wahl des einen oder des anderen keinen zwingenderen Grund gegeben hat, da keiner von beiden größere Anziehungskraft besaß?

195/37 *(Wenig von allem.) Da man nicht allseitig sein und alles erfahren kann, was man über alles wissen könnte, muss man ein wenig von allem wissen, denn es ist weitaus schöner, etwas von allem zu wissen, als alles von einer Sache zu wis-*

sen. Diese Allseitigkeit ist die allerschönste. Wenn man beides besitzen könnte, wäre es noch besser, aber wenn man wählen muss, soll man jenes wählen. Und die Welt weiß das und tut das, denn die Welt ist oft ein guter Richter.

196/86 *(Mein persönlicher Geschmack lässt mich jemanden, der quakt, hassen und auch jemanden, der beim Essen schnauft. Dem persönlichen Geschmack kommt ein großes Gewicht zu. Wie werden wir uns das zunutze machen? Indem wir diesem Gewicht folgten, weil es naturgegeben ist? Nein, indem wir ihm vielmehr widerstehen werden.)*

197/163*a* *(Nichts zeigt deutlicher die Eitelkeit der Menschen als die Überlegung, welche Ursache und welche Wirkungen die Liebe hat, denn die ganze Welt wird durch sie verändert. Die Nase der Kleopatra.)*

198/693 Mensch. 5. Wenn ich die Verblendung und das Elend des Menschen sehe, wenn ich bedenke, wie das ganze Weltall stumm ist und der Mensch ohne Erkenntnisvermögen sich selbst überlassen bleibt und sich in diesen Winkel des Weltalls gleichsam verirrt hat, ohne zu wissen, wer ihn dahin gebracht hat, wozu er dorthin gekommen ist, was aus ihm nach seinem Tode wird, so gerate ich, jeglicher Erkenntnis unfähig, in Schrecken wie ein Mensch, den man schlafend auf eine wüste und grauenerregende Insel gebracht hätte und der erwachte, ohne sich zurechtzufinden und ohne eine Möglichkeit, von dort wegzukommen. Und darauf erstaune ich, wie man denn angesichts eines solch elenden Zustands nicht in Verzweiflung gerät. Ich sehe andere Menschen in meiner Umgebung, die eine ähnliche Wesensart haben. Ich frage sie, ob sie besser als ich unterrichtet seien. Sie antworten mir mit Nein, und darauf haben diese jämmerlichen Verirrten sich umgesehen und ein paar angenehme Dinge entdeckt, und sie haben sich ihnen ergeben und sie ins Herz geschlossen. Was nun mich betrifft, so konnte ich eine derartige Bindung nicht eingehen, und da ich bedachte, wie viel mehr äußeren Schein als etwas anderes es in dem, was ich sehe, gibt, habe ich geprüft, ob dieser Gott nicht irgendein Zeichen seiner selbst hinterlassen hätte.

Ich sehe mehrere Religionen, die einander widersprechen und demzufolge alle falsch sind, mit einer Ausnahme. Jede will, dass man ihr kraft ihrer eigenen Autorität glaubt, und bedroht die Ungläubigen. Das ist also kein Grund, weshalb ich sie glauben müsste. Ein jeder kann das sagen. Ein jeder kann behaupten, er sei ein Prophet; doch ich sehe die christliche Religion, und ich entdecke Prophetien, und das eben kann nicht ein jeder bewirken.

199/72 Mensch. Missverhältnis des Menschen.

9. – *(Dahin also führen uns die natürlichen Erkenntnisse. Wenn diese nicht wahr sind, so gibt es im Menschen überhaupt keine Wahrheit, und wenn sie es sind, so findet er darin einen bedeutenden Grund, sich zu demütigen; er ist gezwungen, sich in der einen oder der anderen Weise zu erniedrigen.*

Und da er nicht weiterleben kann, ohne an sie zu glauben, so wünsche ich, dass er, bevor er in umfangreichere Untersuchungen der Natur eintritt, sie einmal ernsthaft und eingehend betrachtet und dass er auch sich selbst betrachtet – und dass er beurteilt, ob er in irgendeinem Verhältnis zu ihr steht, indem er diese zwei Gegebenheiten miteinander vergleicht:)

Der Mensch soll also die ganze Natur in ihrer großen und vollkommenen Majestät betrachten, er soll seinen Blick von den niedrigen Gegenständen abwenden, die ihn umgeben. Er beschaue jenes strahlende Licht, das wie eine Ewige Lampe aufgestellt ist, um das Universum zu erhellen, die Erde erscheine ihm wie ein Punkt im Vergleich zu der weiten Kreisbahn, die dieses Gestirn durchläuft, und er erstaune darüber, dass diese weite Kreisbahn selbst nur eine sehr schwache Andeutung ist im Verhältnis zu jener, der diese anderen Gestirne, die am Firmament dahinrollen, folgen. Wenn aber unser Blick dort stehenbleibt, so soll die Phantasie darüber hinausgehen, sie wird eher der Gedankenbilder müde werden als die Natur, solche zu liefern. Die ganze sichtbare Welt ist nur ein unscheinbarer Strich im weiten Kreis der Natur. Keine Idee reicht an sie heran, wir können unsere Gedankenbilder noch so sehr über die vorstellbaren Räume hinaus ausweiten, wir bringen doch nur Atome im Vergleich zu den wirklichen Dingen hervor. Es ist eine unendliche Kugel, deren Mittelpunkt überall und deren Peripherie nirgendwo ist. Schließlich ist es der fühlbarste Wesenszug der Allmacht Gottes, dass unsere Phantasie bei diesem Gedanken den Boden verliert.

Wenn der Mensch zu sich selbst zurückgekehrt ist, soll er bedenken, was er ist im Vergleich zu dem, was ist, er soll sich als ein Verirrter betrachten, und er soll von dieser kleinen Kerkerzelle aus, wo er seine Heimstatt gefunden hat – ich meine das Universum –, es lernen, die Erde, die Königreiche, die Städte, die Häuser und sich selbst nach ihrem richtigen Wert zu schätzen.

Was ist denn ein Mensch im Unendlichen?

Um ihm aber ein anderes, ebenso erstaunliches Wunder

vorzuführen, soll er die kleinsten ihm bekannten Dinge untersuchen, damit eine Milbe ihm an ihrem winzigen Körper noch unvergleichlich winzigere Teile zeige, Beine mit Gelenken, Adern in ihren Beinen, Blut in ihren Adern, Säfte in diesem Blut, Tropfen in diesen Säften, Dämpfe in diesen Tropfen, so dass er, wenn er auch diese letzten Dinge noch teilt, seine Kräfte bei diesen Vorstellungen erschöpft und der letzte Gegenstand, zu dem er gelangen kann, nun jener unserer Darlegung sei. Er wird vielleicht denken, dies sei die äußerste Kleinheit in der Natur.

Ich will ihn darin einen neuen Abgrund erblicken lassen. Ich will ihm nicht allein das sichtbare Universum schildern, sondern auch die Unermesslichkeit, die man sich bei der Natur im geschlossenen Raum dieses verkleinerten Atoms vorstellen kann, er soll dort unendlich viele Welten erblicken, von denen jede einzelne ihr Firmament, ihre Planeten, ihre Erde hat, die es im gleichen Verhältnis wie bei der sichtbaren Welt gibt, auf dieser Erde nun Tiere und schließlich auch Milben, an denen er wiederfinden wird, was die oben genannten ersten aufgewiesen haben, und er wird außerdem an diesen zweiten das Gleiche entdecken, und so geht es ohne Ende und Unterlass weiter, dass er die Fassung angesichts dieser Wunder verlieren wird, die in ihrer Kleinheit ebenso erstaunlich sind wie die anderen durch ihre Ausdehnung, denn wer wird sich nicht verwundern, dass unser Körper, der gerade eben noch nicht wahrnehmbar war in dem Universum, das wiederum im Kreis des gesamten Alls nicht wahrnehmbar war, dass also dieser unser Körper nun ein Koloss, eine Welt oder vielmehr ein All ist im Hinblick auf das Nichts, zu dem man nie ganz vordringen kann. Wer sich auf diese Art betrachtet, wird über sich selbst erschrecken, und da er sich von der Masse getragen meint, die ihm die Natur zwischen diesen beiden Abgründen des Unendlichen und des Nichts verliehen hat, wird er beim Anblick dieser Wunder erzittern, und ich glaube, wenn seine Neugier sich in Bewunderung verwandelt, wird er eher bereit sein, sie schweigend zu betrachten, als sie voll Anmaßung zu erforschen.

Denn was ist schließlich der Mensch in der Natur? Ein Nichts im Vergleich mit dem Unendlichen, ein All im Vergleich mit dem Nichts, ein Mittelding zwischen nichts und allem, unendlich weit davon entfernt, die Extreme zu erfassen; das Ende der Dinge und ihre Anfänge sind ihm in einem undurchdringlichen Geheimnis unerbittlich verborgen.

Er ist gleichermaßen unfähig, das Nichts zu sehen, dem er entrissen wurde, und das Unendliche, das ihn verschlingt.

Was kann er also anderes wahrnehmen als ein äußerliches Bild von der Mitte der Dinge, während er auf ewig verzweifelt, ihren Anfang oder ihr Ende zu erkennen. Alle Dinge sind aus dem Nichts hervorgegangen und werden bis ins Unendliche weitergetragen. Wer vermag diesen erstaunlichen Schritten zu folgen? Der Schöpfer dieser Wunder begreift sie. Keinem anderen ist es möglich.

Da die Menschen diese Unendlichkeiten nicht betrachtet haben, haben sie sich in ihrer Vermessenheit der Erforschung der Natur zugewandt, als hätten sie irgendein Verhältnis zu ihr.

Seltsam ist, dass sie die Anfänge der Dinge verstehen und davon ausgehend so weit gelangen wollten, alles zu erkennen, wobei sie eine Anmaßung zeigen, die ebenso unendlich wie ihr Gegenstand ist. Denn es besteht kein Zweifel, dass man diese Absicht nicht ohne Anmaßung oder ohne eine der Natur gleiche unendliche Fassungskraft hegen kann.

Wenn man Wissen erworben hat, versteht man, dass, weil die Natur ihr Bild und das ihres Schöpfers allen Dingen aufgeprägt hat, sie fast alle an ihrer doppelten Unendlichkeit teilhaben. So sehen wir, dass alle Wissenschaften unendlich in der Ausdehnung ihrer Forschungen sind, denn wer zweifelt daran, dass zum Beispiel die Geometrie eine unendliche Zahl von unendlich vielen Lehrsätzen darzulegen hat. Sie sind ebenso unendlich in der Vielzahl und Gedankenfeinheit ihrer Prinzipien, denn wer sieht nicht, dass diejenigen, die man als die letzten vorbringt, durch sich selbst nicht bestehen können und auf andere gestützt sind, die, weil sie wieder andere als Stütze haben, niemals ein letztes zulassen.

Wir aber stellen letzte auf, die sich der Vernunft zeigen, wie man auch bei den materiellen Dingen verfährt, wo wir einen unteilbaren Punkt jenen nennen, über den hinaus unsere Sinne nichts mehr wahrnehmen, obgleich er seiner Natur wegen unendlich teilbar ist.

Von diesen zwei Unendlichkeiten in den Wissenschaften ist diejenige der Größe viel anschaulicher, und deshalb haben wenige Menschen den Anspruch erhoben, alle Dinge erkennen zu wollen. Ich spreche jetzt über alles, sagte Demokrit.

Die Unendlichkeit im Kleinen ist jedoch viel weniger sichtbar. Die Philosophen haben viel eher den Anspruch erhoben, bis zu ihr vorzudringen, und eben daran sind alle gescheitert. Das hat zu diesen so allgemein üblichen Titeln wie *Über die Grundlagen der Dinge, Über die Grundlagen der Philosophie* geführt und zu ähnlichen, im Grunde ebenso pomphaften, obwohl sie es nach außen weniger scheinen, wie dieser, der die Augen blendet: *De omni scibili* (»Über alles, was man wissen kann«, Pico della Mirandola).

Man hält sich von Natur aus für weitaus fähiger, zum Mittelpunkt der Dinge zu gelangen, als ihren Umkreis zu erfassen, und die sichtbare Ausdehnung der Welt geht offensichtlich über uns hinaus. Doch da wir über die kleinen Dinge hinausgehen, halten wir uns für fähiger, sie zu beherrschen, und doch braucht man keine geringere Fähigkeit, um bis zum Nichts vorzudringen, als bis zum All. Man braucht für beides eine unendliche Fähigkeit, und es scheint mir, dass jemand, der die letzten Grundlagen der Dinge erfasst hätte, auch bis zur Erkenntnis des Unendlichen gelangen könnte. Das eine hängt vom anderen ab, und das eine führt zum anderen. Diese Endpunkte berühren einander und vereinigen sich, gerade weil sie sich so weit voneinander entfernt haben, und sie finden sich in Gott und allein in Gott zusammen.

Erkennen wir also unsere Fassungskraft. Wir sind etwas und sind nicht alles. Was unser Sein ausmacht, beraubt uns der Erkenntnis der ersten Grundlagen, die aus dem Nichts hervorgehen, und das wenige an Sein, was wir haben, verbirgt unseren Augen die Unendlichkeit.

Unser Verstand nimmt in der Reihe der verständlichen Dinge den gleichen Platz ein wie unser Körper in der Weite der Natur.

Da wir in jeder Hinsicht begrenzt sind, findet sich dieser Zustand, der die Mitte zwischen zwei Extremen einnimmt, in allen unseren Fähigkeiten. Unsere Sinne nehmen nichts Extremes wahr, zu viel Geräusch betäubt uns, zu viel Licht blendet, zu große Entfernung und zu große Nähe entziehen sich den Blicken. Ist eine Rede zu weitschweifig oder zu knapp, so wird sie unverständlich, zu viel Wahrheit setzt uns in Erstaunen. Ich kenne einige, die nicht begreifen können, dass, wenn man vier von null subtrahiert, null als Rest übrig bleibt. Die ersten Grundlagen sind für uns zu selbstverständlich; zu großes Vergnügen wirkt lästig, zu viel Gleichklang missfällt in der Musik, und zu viele Wohltaten verärgern. Wir wollen etwas haben, womit wir unsere Schuld überwinden können. *Beneficia eo usque laeta sunt dum videntur exsolvi posse. Ubi multum antevenere pro gratia odium redditur.* (»Denn Wohltaten sind nur so lange willkommen, als man noch glaubt, sie vergelten zu können; sind sie über diese Grenze weit hinaus, so wird statt des Dankes Hass erwidert.« Tacitus, *Ann.* IV,18.) Wir spüren weder äußerste Hitze noch äußerste Kälte. Übermäßige Eigenschaften sind uns zuwider und nicht wahrnehmbar, wir empfinden sie nicht mehr, wir erleiden sie. Zu große Jugend und zu großes Alter lähmen den Geist, wie auch zu große und zu geringe Bildung.

Kurz, die extremen Dinge sind für uns so, als wären sie überhaupt nicht vorhanden, und im Verhältnis zu ihnen sind wir überhaupt nicht vorhanden; entweder entgehen sie uns oder wir ihnen.

Das ist unser wahrer Zustand. Das macht uns unfähig, etwas entweder sicher zu wissen oder es überhaupt nicht zu kennen. Wir treiben auf einer weiten Mitte, immer unsicher und schwankend, von einem Ende zum anderen gestoßen; jeglicher Grenzpunkt, an den wir uns klammern und festhalten wollten, gerät ins Wanken und entschlüpft uns, und wenn wir ihn verfolgen, entzieht er sich unserem

Zugriff, er entgleitet uns und wendet sich zu ewiger Flucht; nichts steht für uns still. Das ist unser natürlicher Zustand, der gleichwohl unserer Neigung am meisten widerspricht. Wir brennen vor Verlangen, einen festen Halt und eine letzte, beständige Grundlage zu finden, um darauf einen Turm zu errichten, der sich bis zum Unendlichen erheben soll, aber unser ganzes Fundament kracht auseinander, und die Erde tut sich bis in die Tiefen auf.

Suchen wir also keine Sicherheit und Festigkeit; unsere Vernunft wird immer von der Unbeständigkeit der äußeren Erscheinungen getäuscht: Nichts vermag das Endliche zwischen den beiden Unendlichen, die es einschließen und sich ihm entziehen, festzuhalten.

Wenn man das richtig verstanden hat, so glaube ich, dass man sich ruhig verhalten wird, jeder in dem Zustand, den ihm die Natur zugewiesen hat.

Da diese Mitte, die uns zugefallen ist, immer von den Extremen entfernt sein wird, was macht es dann schon aus, dass ein anderer die Dinge etwas besser versteht, falls er das wirklich vermag, und wenn er die Dinge von einem etwas höheren Standort aus erfasst, ist er dann nicht immer noch unendlich weit vom Endpunkt entfernt, und ist die Dauer unseres Lebens nicht der Ewigkeit gleichermaßen unterlegen, ob es auch zehn Jahre länger währt?

Beim Anblick dieser Unendlichkeiten sind alle endlichen Erscheinungen gleich, und ich sehe nicht, warum man seine Vorstellungen mehr auf das eine als auf das andere stützen sollte. Allein schon der Vergleich, den wir zwischen uns und dem Endlichen vornehmen, bereitet uns Kummer.

Wenn der Mensch sich selbst erforschte, würde er finden, wie unfähig er ist, darüber hinauszugehen. Wie sollte es möglich sein, dass ein Teil das Ganze erkennte? Doch er wird vielleicht danach trachten, wenigstens jene Teile zu erkennen, zu denen er in einem angemessenen Verhältnis steht. Aber die Teile der Welt haben alle eine solche gegenseitige Beziehung und Verkettung, dass ich es für unmöglich halte, den einen ohne den anderen und ohne das Ganze zu erkennen.

Der Mensch zum Beispiel hat Beziehung zu allem, was er kennt. Er braucht Raum, der ihn fassen kann, er braucht Zeit, die ihm Dauer verleihen kann, er braucht Bewegung, um zu leben, er braucht Elemente, aus denen er sich zusammensetzen kann, er braucht Wärme und Nahrung, um sich zu stärken, er braucht Luft, um zu atmen. Er sieht das Licht, er spürt die Körper, kurz, alles geht eine Verbindung mit ihm ein. Um den Menschen zu erkennen, muss man also wissen, woher es kommt, dass er die Luft zum Weiterleben braucht, und um die Luft zu erkennen, muss man wissen, wodurch sie diese Beziehung zum menschlichen Leben hat, usw.

Die Flamme besteht nicht ohne Luft weiter; um also das eine zu erkennen, muss man auch das andere erkennen.

Da also alle Dinge verursachte und verursachende sind, da sie eine Stütze benötigen und eine Stütze geben, mittelbar und unmittelbar sind und alle sich durch ein natürliches und unmerkliches Band gegenseitig erhalten, das die am weitesten voneinander entfernten und die unterschiedlichsten miteinander vereint, halte ich es für unmöglich, dass man die Teile erkennt, ohne das Ganze zu erkennen, wie man auch das Ganze nicht erkennen kann, ohne die Teile im Einzelnen zu erkennen.

(Die Ewigkeit der Dinge an sich oder in Gott muss ferner Erstaunen über unsere kurze Lebensdauer erregen.

Die feste und beständige Unbeweglichkeit der Natur muss im Vergleich zu dem fortwährenden Wandel, der in uns vor sich geht, die gleiche Wirkung hervorbringen.)

Und was unsere Ohnmacht, die Dinge zu erkennen, vollendet – ist, dass sie an sich einfach sind und dass wir aus zwei einander widersprechenden und verschiedenartigen Naturen zusammengesetzt sind, aus Seele und Körper. Denn es ist unmöglich, dass der Teil, der in uns denkt, anders als geistig ist, und wollte man behaupten, dass wir einfach körperlich seien, so würde uns das nur noch mehr von der Erkenntnis der Dinge ausschließen, da es doch nichts so Unbegreifliches gibt als die Behauptung, dass die Materie sich selbst erkenne. Es ist uns nicht möglich zu erkennen, wie sie sich erkennen würde.

Und wenn wir einfach Materie *(sind)*, können wir daher überhaupt nichts erkennen, und wenn wir aus Geist und Materie zusammengesetzt sind, können wir die einfachen geistigen oder körperlichen Dinge nicht vollkommen erkennen.

Daher kommt es, dass beinahe alle Philosophen die Vorstellungen von den Dingen verwechseln und von den körperlichen Dingen geistig, von den geistigen körperlich sprechen, denn sie behaupten kühn, dass die Körper nach unten streben, dass sie zu ihrem Mittelpunkt drängen, dass sie ihre Zerstörung meiden, dass sie den leeren Raum fürchten, dass sie Zuneigungen, Sympathien und Antipathien (haben), alles Eigenschaften, die nur den Geistern zukommen. Und wenn sie von den Geistern sprechen, so betrachten sie diese wie innerhalb eines Raums und schreiben ihnen Bewegung von einem Ort zum anderen zu, was Eigenschaften sind, die nur den Körpern zukommen.

Anstatt die Vorstellungen von diesen reinen Dingen anzunehmen, geben wir ihnen den Anstrich unserer Eigenschaften und prägen unser zusammengesetztes Wesen allen einfachen Dingen auf, die wir betrachten.

Wer würde nicht glauben, wenn er sieht, wie wir alle Dinge aus Geist und Körper zusammensetzen, dass diese Mischung uns gut begreiflich wäre? Dennoch begreift man gerade das am wenigsten; der Mensch ist für sich selbst der erstaunlichste Gegenstand der Natur, denn er kann nicht erfassen, was der Körper ist, und noch weniger, was der Geist ist, und weniger als alles Übrige, wie ein Körper mit einem Geist verbunden sein kann. Das ist der Gipfel seiner Schwierigkeiten, und doch ist das ja sein eigenes Wesen: *Modus quo corporibus adhaeret spiritus comprehendi ab homine non potest, et hoc tamen homo est.* (»Die Art, wie der Geist mit dem Körper verbunden ist, kann vom Menschen nicht verstanden werden, und doch ist der Mensch gerade das.« Augustinus, *De civ. Dei* XXI,10.)

Und um den Beweis für unsere Schwäche zu vollenden, werde ich mit diesen zwei Betrachtungen schließen …

200/347 Mensch. 3. – Der Mensch ist nur ein Schilfrohr, das schwächste der Natur, aber er ist ein denkendes Schilfrohr.

Das ganze Weltall braucht sich nicht zu waffnen, um ihn zu zermalmen; ein Dampf, ein Wassertropfen genügen, um ihn zu töten. Doch wenn das Weltall ihn zermalmte, so wäre der Mensch nur noch viel edler als das, was ihn tötet, denn er weiß ja, dass er stirbt und welche Überlegenheit ihm gegenüber das Weltall hat. Das Weltall weiß davon nichts.

Unsere ganze Würde besteht also im Denken. Daran müssen wir uns wieder aufrichten und nicht an Raum und Zeit, die wir nicht ausfüllen können. Bemühen wir uns also, gut zu denken: Das ist die Grundlage der Moral.

201/206 Das ewige Schweigen dieser unendlichen Räume erschreckt mich.

202/517 Tröstet euch; nicht von euch selbst müsst ihr es erwarten, sondern indem ihr im Gegenteil nichts von euch selbst erwartet, müsst ihr es erwarten.

15*a* Die Natur ist verderbt

([Es handelt sich um einen von Pascal vorgesehenen Aktentitel, unter den er aber keinen Gedanken einordnete.])

16 Falschheit der anderen Religionen

203/595 Falschheit der anderen Religionen.

Mohammed hat keine Autorität.

Seine Vernunftgründe müssten also sehr mächtig sein, da sie nur auf ihrer eigenen Kraft beruhen.

Was sagt er denn? Dass man ihm glauben müsse.

204/592 Falschheit der anderen Religionen.

Sie haben keine Zeugen. Diese hier haben solche.

Gott fordert die anderen Religionen heraus, solche Zeichen vorzuweisen. Jes 43,9–44,8.

205/489 Wenn es einen einzigen Anfang und ein einziges Ende für alles gibt – alles durch ihn, alles für ihn –, so muss die wahre Religion uns also lehren, nur ihn anzubeten und nur ihn zu lieben. Aber da es nicht in unserer Macht steht, etwas anzubeten, was wir nicht kennen, und etwas anderes als uns zu lieben, muss die Religion, die über diese Pflichten unterrichtet, uns auch über diese Ohnmacht unterrichten und uns außerdem die Heilmittel lehren. Sie lehrt uns, dass durch einen Menschen alles verloren worden und das Band zwischen Gott und uns zerrissen ist, dass durch einen Menschen das Band wiedergeknüpft worden ist.

Wir werden in solchem Widerspruch zu dieser Liebe Gottes geboren, und es ist so notwendig, dass wir schuldig geboren werden müssen, oder Gott wäre ungerecht.

206/235 *Rem viderunt, causam non viderunt.* (»Die Wirkung haben sie gesehen, die Ursache haben sie nicht gesehen.« Augustinus, *Gegen Pelagius* IV,60.)

207/597 Gegen Mohammed.

Der Koran ist in keinem größeren Maße von Mohammed als das Evangelium von Matthäus. Denn es wird von mehreren Autoren im Lauf der Jahrhunderte zitiert. Selbst seine Feinde, Celsus und Porphyrios, haben es niemals in Zweifel gezogen.

Der Koran sagt, dass Matthäus ein guter Mann gewesen sei, also war Mohammed ein falscher Prophet, entweder, weil er Böse als gute Leute bezeichnete, oder, weil er nicht damit einverstanden war, was sie von Jesus Christus gesagt haben.

208/435 Was haben die Menschen ohne diese göttlichen Erkenntnisse anderes tun können, als sich entweder durch ein inneres Gefühl aufzurichten, das ihnen von ihrer vergangenen Größe bleibt, oder angesichts ihrer gegenwärtigen Schwäche zu verzweifeln? Denn da sie die ganze Wahrheit nicht sehen, haben sie nicht zu vollkommener Tugend gelangen können, und weil die einen die Natur als unverdorben, die anderen sie als unheilbar ansehen, haben sie sich entweder dem Stolz oder der Trägheit nicht entziehen können, welche die beiden Quellen aller Laster sind, denn dem Menschen bleibt ja nur, sich ihnen aus Feigheit hinzugeben oder durch den Stolz darüber hinauszukommen. Denn sollten sie die Herrlichkeit des Menschen erkennen, übersehen sie doch seine Verderbnis, so dass sie sich wohl vor der Trägheit hüteten, aber sich an den Hochmut verlören, und wenn sie die Schwäche der Natur anerkennen, übersehen sie doch deren Würde, so dass sie sich wohl vor der Eitelkeit hüten könnten, sich aber zugleich in Verzweiflung stürzen würden.

Daher kommen die verschiedenen Schulen der Stoiker und der Epikureer, der Dogmatisten und der Akademiker usw.

Allein die christliche Religion konnte diese beiden Laster heilen, und zwar nicht, indem sie in irdischer Weisheit das eine durch das andere ausgetrieben hätte, sondern, indem sie das eine wie das andere durch die Einfachheit des Evangeliums ausgetrieben hat. Denn sie lehrt die Gerechten, die sie bis zur Gemeinschaft mit Gott selbst erhebt, dass sie auch noch in diesem erhabenen Zustand die Quelle aller Verderbnis in sich tragen und dass diese sie während ihres ganzen Lebens dem Irrtum, dem Elend, dem Tod und der Sünde unterwirft, und sie ruft den Ungläubigsten zu, dass sie der Gnade ihres Erlösers teilhaftig werden können. Indem sie so denjenigen, die sie rechtfertigt, Grund zum Bangen gibt und diejenigen tröstet, die sie verdammt, mildert sie derart maßvoll die Furcht durch die Hoffnung dank dieser doppelten, allen gemeinsamen Eignung zur Gnade wie zur Sünde, dass sie unendlich mehr demütigt, als es die Vernunft allein vermag, ohne jedoch zur Verzweiflung zu treiben, und dass sie unendlich mehr als der natürliche Stolz aufrichtet, ohne jedoch hochmütig zu machen, und da sie hierdurch deutlich zu erkennen gibt, dass sie allein frei von Irrtum und Laster ist, zeigt sie darum auch, dass es ihr allein zukommt, die Menschen zu unterrichten und zu bessern.

Wer kann sich also weigern, diese himmlische Erleuchtung zu glauben und anzubeten? Denn ist es nicht klarer als das Sonnenlicht, dass wir in uns selbst unauslöschliche Wesensmerkmale der Herrlichkeit wahrnehmen, und ist es nicht ebenso wahr, dass wir jederzeit die Folgen unseres bedauernswerten Zustandes spüren?

Was rufen uns denn mit so gewaltiger Stimme, dass man ihr unmöglich widerstehen kann, dieses Chaos und diese ungeheuerliche Verwirrung anderes zu, als dass diese zwei Zustände wahr sind?

209/599 Unterschied zwischen Jesus Christus und Mohammed.

Mohammed ist nicht vorhergesagt, Jesus Christus ist vorhergesagt.

Mohammed tötete, Jesus Christus ließ die Seinen töten.

Mohammed verbot zu lesen, die Apostel befahlen zu lesen.

Kurz, das ist so gegensätzlich, dass, während Mohammed den Weg gewählt hat, auf menschliche Art zu siegen, Jesus Christus den Weg gewählt hat, auf menschliche Art unterzugehen, und anstatt zu schließen, weil Mohammed sich erfolgreich behauptet habe, habe Jesus Christus sich ebenso gut behaupten können, muss man sagen, weil Mohammed gesiegt hat, musste Jesus Christus untergehen.

210/451 Alle Menschen hassen sich von Natur aus gegenseitig. Man hat sich, so gut man konnte, der Begierde bedient, um sie für das Gemeinwohl nutzbar zu machen. Aber das ist nur Heuchelei und ein falsches Bild der christlichen Liebe, denn im Grunde ist es nur Hass.

211/453 Man hat bewundernswerte Regeln für die öffentliche Ordnung, die Moral und das Recht auf der Begierde begründet und aus ihr hergeleitet.

Im Grunde aber ist dieser böse Kern des Menschen, dieses *figmentum malum* (»böse Sinnen und Trachten«), nur verhüllt. Er ist nicht aufgehoben.

212/528 Jesus Christus ist ein Gott, dem man ohne Stolz naht und vor dem man sich ohne Verzweiflung demütigt.

213/551 *Dignior plagis quam osculis*
non timeo quia amo.
(»Der Schläge würdiger als der Küsse,
fürchte ich mich nicht, weil ich liebe.«
Sankt Bernhard, *In cantica sermones* LXXXIV.)

214/491 Die wahre Religion muss als Kennzeichen haben, dass sie verpflichtet, ihren Gott zu lieben. Das ist sehr gerecht, und doch hat es keine befohlen; die unsrige hat es getan.

Sie muss außerdem Begierde und Ohnmacht erkannt haben; die unsrige hat es getan.

Sie muss Heilmittel dafür bereitgestellt haben, eines ist das Gebet. Keine Religion hat verlangt, dass man Gott lieben und ihm nachfolgen soll.

215/433 Nachdem eine Religion die ganze Natur des Menschen verstanden hat, muss sie, damit sie wahr ist, unsere Natur durchschaut haben. Sie muss deren Größe und Niedrigkeit und den Grund für beides durchschaut haben. Welche Religion hat das außer der christlichen erkannt?

216/493 Die wahre Religion lehrt unsere Pflichten, unsere Ohnmacht, unseren Stolz und unsere Begierde und auch die Heilmittel, Demut, Abtötung des Fleisches.

217/650 Es gibt klare und beweiskräftige Bilder, doch es gibt auch andere, die ein wenig an den Haaren herbeigezogen scheinen und die nur denjenigen etwas beweisen, die schon aus anderen Gründen überzeugt sind. Diese sind den apokalyptischen Bildern ähnlich.

Doch der Unterschied, den es dabei gibt, ist, dass sie unter ihren Bildern keine unanfechtbaren haben; so ist denn nichts derart ungerecht, als wenn sie darlegen, dass ihre Bilder eine ebenso gute Grundlage wie einige der unsrigen haben. Denn sie haben keine beweiskräftigen, wie es einige von den unsrigen sind.

Das Spiel steht also nicht gleich. Man darf diese Dinge nicht gleichsetzen und vermischen, weil sie auf der einen Seite einander ähnlich scheinen, während sie auf der anderen doch so unterschiedlich sind. Die klaren Dinge, wenn sie göttlich sind, verdienen es, dass man die dunklen verehrt.

(Das ist wie bei jenen, die untereinander eine bestimmte dunkle Sprache gebrauchen; jene, die sie nicht verstehen, würden nur einen unvernünftigen Sinn daraus entnehmen.)

218/598 Ich möchte, dass man Mohammed nicht danach beurteilt, was bei ihm dunkel ist und was man als einen geheimnisvollen Sinn darstellen kann, sondern danach, was bei ihm klar ist, nach seinem Paradies und dem Übrigen. Gerade darin ist er lächerlich. Und deshalb ist es nicht richtig, seine dunklen Stellen als Geheimnisse aufzufassen, da ja seine klaren Stellen lächerlich sind. Nicht so ist es mit der Heiligen Schrift. Meinetwegen mag es in ihr dunkle Stellen geben, die ebenso absonderlich wie jene bei Mohammed sein können, aber in ihr gibt es auch bewundernswert klare Stellen und offenbare, in Erfüllung gegangene Prophezeiungen. Das Spiel steht also nicht gleich. Man darf die Dinge nicht gleichsetzen und vermischen, die sich nur dort, wo sie dunkel sind, ähneln und nicht durch das Klare, das es verdient, dass man die dunklen Dinge verehrt.

219/251 Die anderen Religionen, wie etwa die heidnischen, sind volkstümlicher, denn sie bestehen nur aus Äußerlichkeiten, doch sie sind nicht für die gebildeten Leute geeignet. Eine rein geistige Religion wäre den Gebildeten angemessener, aber sie würde dem Volk nichts nützen. Allein die christliche Religion ist allen angemessen, da sie das Äußerliche und das Innere verbindet. Sie hebt das Volk zum Inneren empor und erniedrigt die Hochmütigen zum Äußerlichen, und ohne beides ist sie nicht vollkommen, denn das Volk muss den Geist des Buchstabens verstehen, und die Gebildeten müssen ihren Geist dem Buchstaben unterwerfen.

220/468 Keine andere Religion hat die Aufgabe gestellt, dass man sich selbst hassen soll, also kann keine andere Religion jenen gefallen, die sich selbst hassen und die ein wahrhaft liebenswertes Wesen suchen. Und wenn diese nie zuvor von der Religion eines gedemütigten Gottes gehört hätten, so würden sie sich nun sogleich zu ihr bekennen.

17 Die Religion liebenswert machen

221/774 Jesus Christus für alle. Moses für ein Volk.

Die Juden in Abraham gesegnet. Ich will segnen, die dich segnen (1. Mose 12,3), aber: alle Völker gesegnet in seinem Samen (1. Mose 18,18).

Parum est ut … (»Es ist ein Geringes, dass [du mein Knecht bist]«, Jes 49,6) / *Lumen ad revelationem gentium.* (»Ein Licht, zu erleuchten die Heiden«, Lk 2,32 – Jes 49,6.)

Non fecit taliter omni nationi (»So tut er keinen Heiden«, Ps 147,20), sagte David, als er vom Gesetz sprach. Doch wenn man von Jesus Christus spricht, muss man sagen: *Fecit taliter omni nationi, parum est ut* (»So tut er allen Heiden, es ist ein Geringes, dass«) *usw.* Jesaja.

Daher kommt es Jesus Christus zu, für alle zu gelten; selbst die Kirche bringt das Opfer nur für die Gläubigen dar. Jesus Christus hat das Opfer am Kreuz für alle dargebracht.

222/747 Die fleischlichen Juden und die Heiden haben ihr Elend und die Christen auch. Für die Heiden gibt es keinen Erlöser, denn sie erwarten ihn ja nicht einmal. Für die Juden gibt es keinen Erlöser: Sie erwarten ihn vergebens. Nur für die Christen gibt es einen Erlöser.

Siehe: Beständigkeit.

18 Grundlage der Religion und Antwort auf die Einwände

223/570 In das Kapitel der *Grundlagen* muss das übertragen werden, was sich in jenem über das *bildliche Gesetz* befindet und die Ursache der Bilder betrifft. Warum ist Jesus Christus bei seinem ersten Kommen vorhergesagt? Warum ist er auf solch dunkle Art vorhergesagt?

224/816 Die Ungläubigen sind die Leichtgläubigsten, sie glauben die Wunder Vespasians, um nicht die des Moses zu glauben.

225/789 Wie Jesus Christus unerkannt unter den Menschen geweilt hat, so weilt die Wahrheit unter den gewöhnlichen Meinungen, ohne sich nach außen zu unterscheiden.

So die Eucharistie unter dem gewöhnlichen Brot.

226/523 Der ganze Glauben besteht in Jesus Christus und in Adam und die ganze Moral in der Begierde und in der Gnade.

227/223 Was haben sie gegen die Auferstehung und gegen die Empfängnis einer Jungfrau einzuwenden? Ist es denn schwieriger, einen Menschen oder ein Tier zu erzeugen, als sie wiederzuerzeugen? Und wenn sie niemals eine Tierart gesehen hätten, könnten sie dann erraten, ob diese Tiere sich ohne gegenseitige Beiwohnung erzeugen?

228/751 Was sagen die Propheten von Jesus Christus? Dass er offenbar als Gott erscheinen werde? Nein, sondern dass er fürwahr ein verborgener Gott ist, dass er verkannt sein wird, dass man nicht glauben wird, er sei es, dass er ein Stein des Anstoßes sein wird und dass ihrer viele sich daran stoßen werden usw.

Man werfe uns also nicht mehr den Mangel an Klarheit vor, weil wir uns gerade dazu bekennen. Aber, sagt man, da gibt es Dunkelheiten, und ohne sie hätte man sich nicht an Jesus Christus gestoßen. Und das ist eine der ausdrücklichen Absichten der Propheten: *excaeca.* (»Blende [ihre Augen]«, Jes 6,10.)

229/444 Was die Menschen dank ihrer tiefsten Einsichten hatten erkennen können, lehrte diese Religion ihre Kinder.

230/430a Alles, was unbegreiflich ist, besteht dennoch weiter.

231/511 *(Wenn man behaupten will, dass der Mensch zu gering sei, um die Gemeinschaft mit Gott zu verdienen, muss man sehr groß sein, um darüber zu urteilen.)*

232/566 Man versteht nichts von Gottes Werken, wenn man nicht als Grundsatz annimmt, dass er die einen verblenden und die anderen erleuchten wollte.

233/796 Jesus Christus sagt nicht, dass er nicht aus Nazareth ist, um die Bösen in der Verblendung zu lassen, und er sagt auch nicht, dass er nicht Josephs Sohn ist.

234/581 Gott will sich mehr den Willen als den Geist geneigt machen, vollkommene Klarheit würde dem Geist dienen und dem Willen schaden.

Den Hochmut erniedrigen.

235/771 Jesus Christus ist gekommen, jene zu verblenden, die deutlich sehen, und den Blinden das Augenlicht zu geben, die Kranken zu heilen und die Gesunden sterben zu lassen, zur Buße zu rufen und die Sünder zu rechtfertigen, die Gerechten in ihren Sünden zu lassen, die Hungrigen mit Gütern zu füllen und die Reichen leer zu lassen.

236/578 *Verblenden. Erleuchten.* Sankt Augustinus. Montaigne. Sabunde.

Es gibt genug Klarheit, um die Auserwählten zu erleuchten, und genug Dunkelheit, um sie zu demütigen. Es gibt genug Dunkelheit, um die Verworfenen zu verblenden, und genug Klarheit, um sie zu verdammen und sie unentschuldbar zu machen.

Die Stammtafel Jesu Christi ist im Alten Testament unter so viele unnütze andere gemischt, dass sie nicht deutlich ausgesondert werden kann. Wenn Moses nur die Vorfahren Jesu Christi aufgeführt hätte, so wäre das zu offensichtlich gewesen; wenn er die Stammtafel Jesu Christi nicht verzeichnet hätte, so wäre das nicht offensichtlich genug gewesen, aber schließlich erkennt, wer es genau betrachtet, die Stammtafel Jesu Christi deutlich durch Thamar, Ruth usw. ausgesondert.

Jene, die diese Opfer befahlen, wussten, dass sie unnütz waren, und jene, die erklärt haben, dass sie unnütz seien, haben sie dennoch weiter befolgt.

Wenn Gott nur eine einzige Religion erlaubt hätte, wäre sie zu deutlich erkennbar gewesen. Doch man betrachte es genau, und man findet in dieser Verwirrung sehr wohl die wahre heraus.

Grundsatz: Moses war ein kluger Mann. Wenn er sich also von seinem Geist leiten ließ, durfte er nichts vorbringen, was direkt dem Geist widersprochen hätte.

So sind alle ganz offenkundigen Schwächen vielmehr Stärken. Beispiel: die zwei Stammtafeln bei Matthäus und Lukas. Was ist klarer, als dass dies nicht auf gegenseitige Verabredung geschehen ist.

237/795 Wäre Jesus Christus nur gekommen, um zu heiligen, so würden die ganze Heilige Schrift und alle Dinge darauf hinwirken, und es wäre sehr leicht, die Ungläubigen zu überzeugen. Wäre Jesus Christus nur gekommen, um zu verblenden, so wäre sein ganzes Auftreten unverständlich, und wir hätten kein Mittel, die Ungläubigen zu überzeugen; da er aber gekommen ist *In sanctificationem et in scandalum* (»[als] ein Heiligtum und ein Ärgernis«), wie Jesaja (8,14) sagt, können wir die Ungläubigen damit nicht überzeugen. Und sie können uns nicht überzeugen, doch gerade dadurch überzeugen wir sie, denn wir sagen, dass es für beide Seiten keinen überzeugenden Beweis in seinem ganzen Auftreten gibt.

238/645 Bilder.

Da Gott den Seinen die vergänglichen Güter nehmen wollte, hat er, um zu zeigen, dass es nicht aus Ohnmacht geschah, das jüdische Volk geschaffen.

239/510 Der Mensch ist Gottes nicht würdig, aber er ist nicht unfähig, seiner würdig gemacht zu werden.

Es ist Gottes unwürdig, sich mit dem elenden Menschen zu verbinden, aber es ist Gottes nicht unwürdig, ihm aus seinem Elend aufzuhelfen.

240/705 Beweis.

Prophezeiung und deren Erfüllung.

Was Jesus Christus vorausgegangen und was ihm gefolgt ist.

241/765 Quelle der Widersprüche. Ein bis zum Tod am Kreuz gedemütigter Gott. Zwei Naturen in Jesus Christus. Zweimaliges Kommen. Zwei Zustände in der Natur des Menschen. Ein Messias, der durch seinen Tod über den Tod triumphiert.

242/585 Dass Gott sich verbergen wollte.

Gäbe es nur eine Religion, so wäre Gott in ihr ganz offenbar.

Ebenso, wenn es Märtyrer nur in unserer Religion gäbe.

Da Gott solcherart verborgen ist, ist jede Religion, die nicht sagt, dass Gott verborgen ist, nicht wahr, und jede Religion, die nicht den Grund hierfür angibt, hat keine Lehren zu bieten. Die unsrige tut dies alles. *Vere tu es deus absconditus.* (»Fürwahr, du bist ein verborgener Gott.« Jes 45,15.)

243/601 *(Grundlage unseres Glaubens.)*

Die heidnische Religion ist ohne Grundlage. *(Heute sagt man, sie habe früher durch die sprechenden Orakel eine gehabt. Doch welche Bücher geben uns darüber ein sicheres Zeugnis? Sind sie dank der Tugend ihrer Autoren so glaubwürdig? Sind sie mit solcher Sorgfalt bewahrt, dass man sie mit Sicherheit für unverfälscht halten könnte?)*

Die mohammedanische Religion hat den Koran und Mohammed als Grundlage. Aber ist dieser Prophet, der die letzte Hoffnung der Welt sein sollte, vorhergesagt worden? Und welches Zeichen trägt er, das nicht auch jeder andere hätte, der sich Prophet nennen wollte? Welche Wunder hat er nach seinen eigenen Worten gewirkt? Welches Mysterium hat er seiner eigenen Überlieferung zufolge gelehrt? Welche Moral und welche Seligkeit?

Die jüdische Religion muss unterschiedlich betrachtet werden: in der Überlieferung der heiligen Schriften und in der Überlieferung des Volkes. Ihre Moral und Seligkeit sind lächerlich in der Überlieferung des Volkes, doch sie sind bewundernswert in derjenigen ihrer Heiligen. Ihre Grundlage ist bewundernswert. Es ist das älteste und das glaubwürdigste Buch der Welt, und während Mohammed, um dem seinigen Bestand zu geben, verboten hat, es zu lesen, hat Moses, um dem seinigen Bestand zu geben, allen befohlen, es zu lesen. Und mit der gesamten Religion verhält es sich ebenso.

Die christliche Religion ist nämlich in den heiligen Schriften und bei den Kasuisten sehr unterschiedlich.

Unsere Religion ist so göttlich, dass eine andere göttliche Religion nur deren Grundlage hat.

244/228 Einwand der Atheisten.

Aber wir haben keine Erleuchtung.

19 Bildliches Gesetz

245/647 Dass das Gesetz bildlich war.

246/657 Bilder

Das jüdische und das ägyptische Volk deutlich durch diese beiden Personen vorausgesagt, denen Moses begegnete: der Ägypter, der den Juden schlug, Moses, der ihn rächte und den Ägypter tötete, und der Jude, der undankbar dafür war.

247/674 Bildliches.

Siehe zu, dass du es machst nach dem Bilde, das du auf dem Berge gesehen hast (2. Mose 25,40), wozu Paulus sagt, dass die Juden dem Vorbilde und dem Schatten des Himmlischen gedient haben (Hebr 8,5).

248/653 Bilder.

Die Propheten prophezeiten in Bildern: Gürtel, Bart und verbrannte Haare usw.

249/681 Bildliches.

Schlüssel der Geheimschrift.

Veriadoratores. (»Die wahrhaftigen Anbeter«, Joh 4,23.) *Ecce agnus dei qui tollit peccata mundi.* (»Siehe, das ist Gottes Lamm, welches der Welt Sünde trägt.« Joh 1,29.)

250/667 Bildliches.

Diese Worte wie Schwert, Schild, *potentissime* (»du [allermächtigster] Held«, Ps 45,4.)

251/900 Wer den Sinn der Heiligen Schrift wiedergeben will und ihn nicht der Heiligen Schrift entnimmt, ist ein Feind der Heiligen Schrift. Augustinus, *De doctrina christiana* (»Über die christliche Wissenschaft«).

252/648 Zwei Irrtümer. 1. Alles buchstäblich aufzufassen. 2. Alles geistlich aufzufassen.

253/679 Bilder.

Jesus Christus hat ihren Geist geweckt, damit sie die Schriften verstanden.

Ihr Geist wurde in zweifacher Weise geweckt. 1. Alles geschah ihnen in Bildern. – *Vere Israelitae* (»Ein rechter Israeliter«, Joh 1,47), *Vere liberi* (»[So seid ihr] recht frei«, Joh 8,36), das rechte Brot vom Himmel (Joh 6,32).

2. – Ein bis zum Kreuz gedemütigter Gott. Christus musste leiden, um in seine Herrlichkeit einzugehen, er

musste durch seinen Tod den Tod besiegen. – Zweimaliges Kommen.

254/649 Gegen jene auftreten, die das Bildliche überbewerten.

255/758 Um den Messias für die Guten erkennbar und für die Bösen unkenntlich zu machen, hat Gott ihn solcherart voraussagen lassen. Wenn die Art des Messias klar vorausgesagt worden wäre, hätte es selbst für die Bösen nichts Dunkles gegeben.

Wenn die Zeit dunkel vorausgesagt worden wäre, hätte es Dunkelheit selbst für die Guten gegeben, *(denn die Güte ihres Herzens)* hätte sie nicht verstehen lassen, dass zum Beispiel (das Mem) 600 Jahre bedeutet. Aber die Zeit ist klar vorhergesagt worden und die Art in Bildern.

Infolge dieses Mittels fassen die Bösen die verheißenen Güter als materielle auf und gehen deshalb trotz der klar vorausgesagten Zeit irre, und die Guten gehen nicht irre.

Denn das Herz, das gut nennt, was es liebt, bestimmt das Verständnis für die verheißenen Güter, doch das Verständnis für die verheißene Zeit wird nicht vom Herzen bestimmt. Und daher täuschen die klare Verkündigung der Zeit und die dunkle Verkündigung der Güter allein die Bösen.

256/662 Die fleischlichen Juden verstanden weder die Größe noch die Erniedrigung des in ihren Prophetien vorausgesagten Messias. Sie haben ihn in seiner vorausgesagten Größe verkannt, wie etwa, wenn gesagt ist, dass der Messias der Herr Davids sein werde, obwohl sein Sohn (Mk 12,37); dass er vor Abraham sei und dass er ihn gesehen habe (Joh 8,58). Nach ihrem Glauben sollte er nicht so groß sein, dass er ewig wäre, und sie haben ihn ebenso in seiner Erniedrigung und in seinem Tode verkannt. Der Messias, sagten sie, bleibt ewiglich, und dieser da sagt, dass er sterben werde (Joh 12,34). Nach ihrem Glauben sollte er also weder sterblich noch ewig sein; sie suchten in ihm nur eine fleischliche Größe.

257/684 Widerspruch.

Man kann nur eine gute Charakterbeschreibung geben, wenn man alle unsere Widersprüchlichkeiten miteinander in Einklang bringt, und es genügt nicht, sich an eine Reihe übereinstimmender Eigenschaften zu halten, ohne die entgegengesetzten damit in Einklang zu bringen; um den Sinn eines Autors zu verstehen, muss man alle gegensätzlichen Stellen in Einklang bringen.

So muss man, um die Heilige Schrift zu verstehen, einen Sinn gefunden haben, in dem alle gegensätzlichen Stellen übereinstimmen; es genügt nicht, einen gefunden zu haben, der zu mehreren übereinstimmenden Stellen passt, man muss vielmehr einen gefunden haben, der selbst die gegensätzlichen Stellen miteinander in Einklang bringt.

Jeder Autor hat einen Sinn, in dem alle gegensätzlichen Stellen übereinstimmen, oder er hat überhaupt keinen Sinn. Dies kann man nun nicht von der Heiligen Schrift und den Propheten sagen: Sie hatten gewiss übergenug des rechten Sinnes. Man muss also einen suchen, der alle Widersprüche in Einklang bringt.

Der wahre Sinn ist daher nicht jener der Juden, vielmehr

sind in Jesus Christus alle Widersprüche in Einklang gebracht.

Die Juden können das Erlöschen des Königtums und der Fürstenherrschaft (Hos 3,4), das Hosea vorausgesagt hat, nicht mit der Weissagung Jakobs in Einklang bringen.

Wenn man das Gesetz, die Opfer und das Königreich als etwas Wirkliches annimmt, kann man nicht alle Stellen in Einklang bringen; also folgt daraus notwendig, dass sie nur Bilder sind. Man kann selbst nicht die Stellen ein und desselben Autors, nicht einmal desselben Buches, ja zuweilen nicht einmal desselben Kapitels in Einklang bringen, was nur zu deutlich bezeichnet, an welchen Sinn der Autor dachte; wie etwa, wenn Hesekiel im Kapitel 20 sagt, dass man nach den Geboten Gottes leben solle und nicht nach ihnen leben solle.

258/728 Es war keinesfalls erlaubt, außerhalb Jerusalems zu opfern, das der Ort war, den der Herr erwählt hatte, nicht einmal, anderswo vom Zehnten zu essen. 5. Buch Mose 12,5 usw. 5. Buch Mose 14,23 usw. 15,20, 16,2.7.11.15.

Hosea hat verkündigt, dass es ohne König, ohne Fürsten, ohne Opfer usw., ohne Altäre sein werde, was heute in Erfüllung gegangen ist, da es außerhalb Jerusalems kein rechtmäßiges Opfer darbringen kann.

259/685 Bild.

Wenn das Gesetz und die Opfer die Wahrheit sind, so muss diese Gott gefallen und ihm nicht missfallen. Wenn sie Bilder sind, so müssen sie gefallen und missfallen.

In der ganzen Heiligen Schrift nun gefallen und missfallen sie. Es ist gesagt, dass das Gesetz verändert werde, dass das Opfer verändert werde, dass sie ohne König, ohne Fürsten und ohne Opfer sein werden, dass ein neuer Bund geschlossen werde, dass das Gesetz erneuert werde, dass die Gebote, die sie empfangen haben, nicht gut seien, dass ihre Opfer abscheulich seien, dass Gott kein solches verlangt habe.

Es ist andererseits gesagt, dass das Gesetz ewig dauern werde, dass dieser Bund ewig sein werde, dass das Opfer ewig sein werde, dass das Zepter niemals von ihnen weichen werde, denn es dürfe nicht von ihnen weichen, bis der ewige König komme.

Bezeichnen alle diese Stellen, dass dies Wirklichkeit sei? Nein. Bezeichnen sie es überdies als Bild? Nein, sondern dass es Wirklichkeit oder Bild ist; aber die ersten Stellen schließen die Wirklichkeit aus und bezeichnen so, dass es nur Bild ist.

Alle diese Stellen zusammen können nicht von der Wirklichkeit gesagt sein; alle können vom Bild gesagt sein. Sie sind also nicht von der Wirklichkeit, sondern vom Bild gesagt.

Agnus occisus est ab origine mundi (»Das Lamm, das erwürgt ist, vom Anfang der Welt«, Offb 13,8), *juge sacrificium* (»ein Opfer in Ewigkeit«, Hebr 10,14).

260/678 Ein Bildnis schließt Fernsein und Nahesein, Vergnügen und Missvergnügen ein. Die Wirklichkeit schließt Fernsein und Missvergnügen aus.

Bilder.

Um zu erfahren, ob das Gesetz und die Opfer Wirklichkeit oder Bild sind, muss man prüfen, ob die Propheten, wenn sie über diese Dinge sprachen, mit ihrem Blick und ihren Gedanken dabei stehenblieben, so dass sie darin nur jenen alten Bund gesehen hätten, oder ob sie darin etwas anderes sehen, wofür jener eine bildliche Darstellung war. Denn auf einem Bildnis sieht man die Sache ja figürlich dargestellt. Dazu muss man lediglich untersuchen, was sie hierüber sagen.

Wenn sie sagen, dass er ewig sein werde, wollen sie von dem Bund sprechen, über den sie sagen, dass er verändert werde, und ebenso von den Opfern usw.

Die Chiffre hat zweifachen Sinn. Wenn man einen wichtigen Brief abfängt, in dem man einen klaren Sinn findet und in dem es dennoch heißt, dass sein Sinn verschleiert und verdunkelt und derart verborgen sei, dass man diesen Brief sehen werde, ohne ihn zu sehen, und dass man ihn verstehen werde, ohne ihn zu verstehen, was soll man dann anderes denken, als dass es eine doppelsinnige Chiffre ist.

Und das umso mehr, als man in ihm offenbare Widersprüche bei dem buchstäblichen Sinn findet.

Die Propheten haben klar gesagt, dass Israel immer von Gott geliebt werde und dass das Gesetz ewig sein werde, und sie haben gesagt, dass man ihren Sinn nicht verstehen werde und dass dieser verschleiert sei.

Wie hoch soll man diejenigen schätzen, die uns die Chiffre enthüllen und uns lehren, den verborgenen Sinn zu erkennen, und vor allem, wenn die Grundsätze, die sie daraus entnehmen, vollkommen natürlich und klar sind? Gerade das haben Jesus Christus und die Apostel getan. Sie haben das Siegel aufgetan. Er hat den Schleier zerrissen und den Geist enthüllt. Dazu haben sie uns gelehrt, dass des Menschen Feinde seine Leidenschaften sind, dass der Erlöser geistlich und sein Reich geistlich sein werden, dass er zweimal kommen werde, das erste Mal in Niedrigkeit, um den hochmütigen Menschen zu erniedrigen, das zweite in Herrlichkeit, um den gedemütigten Menschen aufzurichten, dass Jesus Christus Gott und Mensch sein werde.

261/757 Die Zeit des ersten Kommens war bewusst vorausgesagt, die Zeit des zweiten ist es keineswegs, denn das erste sollte verborgen sein, das zweite sollte voll Glanz und so offenbar sein, dass selbst seine Feinde ihn anerkennen müssten; doch er sollte erst nur im Verborgenen kommen, um allein von jenen erkannt zu werden, die in den Schriften nachgesucht hatten.

262/762 Was konnten die Juden, seine Feinde, tun? Wenn sie ihn aufnehmen, bezeugen sie ihn durch ihre Aufnahme, denn die Bewahrer der Messiaserwartung nahmen ihn auf, und wenn sie ihn verleugnen, bezeugen sie ihn durch ihre Verleugnung.

263/686 Widersprüche.
Das Zepter bis zum Messias ohne König – oder Fürsten.
Das ewige Gesetz verändert.
Ewiger Bund, neuer Bund.
Gutes Gesetz, schlechte Gebote. Hesekiel 20.

264/746 Die Juden waren an große und glanzvolle Wunder gewöhnt, und da sie so die Großtaten vom Roten Meer und im Lande Kanaan als eine auszugsweise Vorwegnahme der großen Dinge ansahen, die ihr Messias vollbringen sollte, erwarteten sie folglich von ihm noch glanzvollere Taten, von denen jene des Moses nur eine Probe gewesen wären.

265/677 Ein Bild schließt Fernsein und Nahesein, Vergnügen und Missvergnügen ein.

Eine Chiffre mit doppeltem Sinn. Der eine klar, und in ihm ist gesagt, dass der andere Sinn verborgen sei.

266/719 Man könnte vielleicht denken, wenn die Propheten vorausgesagt haben, dass das Zepter nicht von Juda bis zum ewigen König weichen werde, so hätten sie diese Worte gebraucht, um dem Volk zu schmeicheln, und ihre Prophezeiung hätte sich durch Herodes als falsch erwiesen. Doch um zu zeigen, dass dies nicht ihr Sinn ist und sie ganz im Gegenteil wussten, dass dieses weltliche Königreich enden musste, sagen sie, dass sie ohne König und ohne Fürsten sein werden, und das lange Zeit. Hosea.

267/680 Bilder.

Sobald man dieses Geheimnis enthüllt hat, kann man es nicht mehr übersehen. Man lese das Alte Testament aus dieser Sicht, und man prüfe, ob die Opfer wahr waren, ob Abrahams Stammvaterschaft der wahre Grund für Gottes Freundschaft war, ob das Gelobte Land die wirkliche Ruhestätte war. Nein. Also waren es Bilder.

Man prüfe ebenso alle befohlenen Zeremonien und alle Gebote, die sich nicht auf die christliche Liebe beziehen, und man wird erkennen, dass es Bilder für sie sind.

Alle diese Opfer und Zeremonien waren also Bilder oder Torheiten, nun gibt es aber klare Dinge, die zu erhaben sind, als dass man sie für Torheiten halten könnte.

Man muss erfahren, ob die Propheten ihren Blick nur auf das Alte Testament richteten oder ob sie darin auch andere Dinge sahen.

268/683 Bilder.

Der Buchstabe tötet. – Alles geschah in Bildern. – Christus musste leiden. – Ein gedemütigter Gott. – Das ist die Chiffre, die uns Paulus gibt.

Beschneidung des Herzens, wahres Fasten, wahres Opfer, wahrer Tempel: Die Propheten haben angezeigt, dass dies alles geistlich sein müsse.

Nicht das vergängliche Fleisch, sondern jenes, das nicht vergänglich ist.

Ihr werdet recht frei sein (Joh 8,36); also ist die andere Freiheit nur ein Bild der Freiheit.

Ich bin das rechte Brot vom Himmel (Joh 6,32).

269/692 Es gibt einige, die recht gut erkennen, dass der Mensch keinen anderen Feind als die Begierde hat, die ihn von Gott abwendet, und er hat sonst keine (Feinde) und kein anderes Gut als Gott und nicht: ein fruchtbares Land. Jene, die glauben, das Glück des Menschen bestehe im Fleischlichen und das Übel in dem, was sie von den Sinnesfreuden abwende, sollen sich daran berauschen und daran sterben. Jene aber, die Gott von ganzem Herzen suchen, die kein anderes Leid haben, als seines Anblicks beraubt zu sein, die keinen anderen Wunsch haben, als dass sie ihn besitzen möchten, und keine anderen Feinde als jene, die sie von ihm abwenden, die es bekümmert, dass sie sich von solchen Feinden umringt und beherrscht sehen, sie sollen sich trösten, ich verkündige ihnen eine frohe Botschaft; es gibt für sie einen Erlöser; ihn werde ich ihnen kundtun; ich werde ihnen zeigen, dass es für sie einen Gott gibt; den anderen werde ich ihn nicht kundtun. Ich werde kundtun, dass ein Messias verheißen ist, von den Feinden zu erlösen, und dass ein solcher gekommen ist, von der Ungerechtigkeit zu erlösen, nicht aber von den Feinden.

Wenn David voraussagt, dass der Messias sein Volk von seinen Feinden befreien werde, kann man im fleischlichen Sinne glauben, dass damit die Ägypter gemeint sind. Und dann vermag ich nicht zu beweisen, dass die Prophezeiung in Erfüllung gegangen ist, doch man kann ebenso gut auch glauben, dass damit die Ungerechtigkeiten gemeint sind. Denn in Wahrheit sind nicht die Ägypter die Feinde, sondern die Ungerechtigkeiten sind es.

Dieses Wort »Feinde« ist also doppeldeutig, doch wenn er an anderer Stelle sagt, wie er es tut, dass er sein Volk von seinen Sünden befreien werde, wie das ebenso auch Jesaja und die anderen getan haben, so ist die Doppeldeutigkeit aufgehoben und der zwiefache Sinn des Wortes »Feinde« auf den einfachen Sinn von »Ungerechtigkeiten« eingeengt. Denn hatte er die Sünden im Sinn, so konnte er sie gut als »Feinde« kennzeichnen, hätte er aber an die Feinde gedacht, so konnte er sie nicht »Ungerechtigkeiten« nennen.

Nun gebrauchten Moses, David und Jesaja dieselben Begriffe. Wer wird also behaupten, dass sie nicht denselben Sinn hätten und dass der Sinn Davids, der offenbar jener von »Ungerechtigkeiten« war, wenn er von »Feinden« sprach, nicht derselbe wie bei Moses wäre, wenn dieser von »Feinden« sprach.

Daniel, Kapitel 9, betet für die Befreiung des Volkes aus der Gefangenschaft seiner Feinde. Aber er dachte an die Sünden, und um es anzuzeigen, sagt er, Gabriel sei zu ihm getreten und habe zu ihm gesprochen, dass er erhört sei und dass das Warten nur noch siebzig Wochen dauere, danach werde das Volk von Ungerechtigkeiten befreit sein.

Die Sünde werde abgetan, und der Erlöser, der Hochheilige, werde die ewige Gerechtigkeit bringen, nicht die des Gesetzes, sondern die ewige.

270/670 A. Bilder.

Die Juden waren von alters her in diesen irdischen Gedanken befangen: dass Gott ihren Vater Adam, sein Fleisch und dessen Nachkommenschaft liebte, dass er sie deshalb vermehrt und von allen anderen Völkern abgesondert habe, ohne zu dulden, dass sie sich mit ihnen vermischten, dass er, als sie in Ägypten schmachteten, sie mit all seinen großen Zeichen zu ihren Gunsten von dort fortführte, dass er sie mit dem Manna in der Wüste speiste, dass er sie in ein sehr fruchtbares Land geleitete, dass er ihnen Könige und einen herrlich gebauten Tempel gegeben hätte, um darin Tiere zu opfern, und dass sie durch das Mittel, deren Blut zu vergießen, gereinigt würden und dass er ihnen schließlich den Messias schicken sollte, um sie zu Herren der ganzen Welt zu machen, und er habe die Zeit vorausgesagt, da jener kommen werde.

Als die Welt in diesen fleischlichen Irrtümern alt geworden war, ist Jesus Christus zur vorausgesagten Zeit, aber nicht mit dem erwarteten Glanz erschienen, und daher haben sie nicht geglaubt, dass er es wäre. Nach seinem Tod ist Paulus gekommen und hat die Menschen gelehrt, dass all diese Dinge als Bilder geschehen seien, dass Gottes Reich nicht im Fleisch, sondern im Geist bestehe, dass die Feinde der Menschen nicht die Babylonier, sondern ihre eigenen Leidenschaften seien, dass Gott nicht Gefallen an Tempeln von Menschenhand habe, sondern an einem reinen und demütigen Herzen, dass die Beschneidung am Leib unnütz und vielmehr jene des Herzens notwendig sei, dass Moses ihnen nicht das Brot vom Himmel gegeben habe usw.

Da Gott aber derartige Dinge diesem Volk, das ihrer unwürdig war, nicht enthüllen und sie dennoch geschehen lassen wollte, damit man an sie glaubte, hat er ihre Zeit klar vorausgesagt und hat sie zuweilen klar, sehr häufig aber in Bildern ausgesprochen, damit jene, welche die den Bildern als Grundlage dienenden Dinge liebten, dabei stehenblieben, und jene, welche die bildlichen Dinge liebten, sie darin erblickten.

Alles, was nicht offen zur christlichen Liebe führt, ist ein Bild.

Der einzige Gegenstand der Heiligen Schrift ist die Liebe.

Alles, was nicht offen zu dem einzigen Gut führt, ist dessen Bild. Denn da es ja nur ein Ziel gibt, ist alles, was nicht offen mit seinen eigentlichen Worten zu ihm führt, ein Bild.

Gott spricht so dieses einzige Gebot der christlichen Liebe in vielfältiger Form aus, um unsere Neugier, welche die Vielfalt sucht, durch diese Vielfalt zu befriedigen, die uns stets zu dem einzig für uns Notwendigen führt. Denn nur eine einzige Sache ist notwendig, und wir lieben die Vielfalt, und Gott lässt beidem Genüge durch diese Vielfalt geschehen, die zu dem allein Notwendigen führt.

Die Juden haben die den Bildern als Grundlage dienenden Dinge so sehr geliebt und haben sie so ausschließlich erwartet, dass sie die Wirklichkeit verkannt haben, als sie zu ihrer Zeit und in der vorausgesagten Art eingetreten ist.

Die Rabbinen halten die Brüste der Braut (Hld 4,5) für ein Bild und ebenso alles, was nicht das einzige Ziel ausdrückt, das sie verfolgen: die irdischen Güter.

Und die Christen halten selbst die Eucharistie für ein Bild der Herrlichkeit, die sie gewinnen wollen.

271/545 Jesus Christus hat nichts anderes getan, als die Menschen zu lehren, dass sie sich selbst liebten, dass sie Sklaven, Blinde, Kranke, Unglückliche und Sünder waren; dass er sie erlösen, erleuchten, selig machen und heilen musste, dass dies geschehen würde, indem man sich selbst hasste und ihm durch Elend und Kreuzestod nachfolgte.

272/687 Bilder.

Wenn Gottes wahres Wort dem Buchstaben nach falsch ist, so ist es im geistlichen Sinne wahr. *Sede a dextris meis* (»Setze dich zu meiner Rechten«, Ps 110,1): Das ist im buchstäblichen Sinne falsch, also ist es wahr im geistlichen Sinne.

In solchen Ausdrücken wird von Gott nach der Art der Menschen gesprochen. Und das bedeutet nichts anderes, als dass die Absicht, welche die Menschen haben, wenn sie jemanden zu ihrer Rechten setzen, auch die Gottes ist. Es steht also zum Zeichen für die Absicht Gottes und nicht für seine Art, diese auszuführen.

Wenn daher gesagt ist: Gott hat den Geruch eures Rauchopfers angenommen und wird euch zum Lohn ein fruchtbares Land geben, so bedeutet das: Die gleiche Absicht, die ein Mensch haben würde, der euch, da er euer Räucherwerk gnädig aufnimmt, ein fruchtbares Land zum Lohn gäbe, die gleiche Absicht wird auch Gott euch gegenüber haben, weil ihr ihm gegenüber die gleiche Absicht hattet, wie ein Mensch sie jenem gegenüber hatte, dem er Räucherwerk darbringt.

Daher auch: *iratus est* (»ist der Zorn [des Herrn] ergrimmt«, Jes 5,25), die Eifersucht Gottes usw. Denn da das Gott Eigentümliche unaussprechlich ist, kann es nicht anders gesagt werden, und die heutige Kirche macht noch Gebrauch davon: *quia confortavit seras* (»denn er macht fest die Riegel [deiner Tore]«, Ps 147,13) usw.

Man darf der Heiligen Schrift nicht diesen oder jenen Sinn zuschreiben, welchen sie nach dem, was sie uns offenbart hat, nicht besitzt. Etwa, wenn man sagt, dass das (Mem) Jesajas 600 bedeute, so ist das nicht offenbart. Es ist nicht gesagt, dass die unvollkommenen Zeichen (Zade) und (He) etwa Geheimnisse bedeuten sollten. Man darf also etwas Derartiges nicht sagen. Und noch weniger darf man sagen, dies entspreche in der Art dem Stein der Weisen. Wir sagen aber, dass der buchstäbliche Sinn nicht der wahre ist, weil die Propheten es selbst gesagt haben.

273/745 Jene, denen der Glaube widerstrebt, suchen einen Grund dafür in dem Unglauben der Juden. Wenn das so klar wäre, sagt man, warum sollten sie dann nicht glauben? Und sie möchten gewissermaßen, dass jene glaubten, damit sie nicht durch das Beispiel der Ablehnung jener zurückgehalten würden. Doch deren Ablehnung ist ja gerade die Grundlage unseres Glaubens. Wir wären viel weniger dazu bereit, wenn jene zu uns gehörten: Wir hätten dann einen viel gewichtigeren Vorwand.

Es ist bewundernswert, dass die Juden zu großen Verehrern der Verheißungen und zu großen Feinden der in Erfüllung gegangenen Verheißungen gemacht wurden.

274/642 Gemeinsame Beweise für die beiden Testamente.

Um alle beide auf einmal zu beweisen, muss man nur prüfen, ob die Prophezeiungen des einen in dem anderen erfüllt sind.

Um die Prophezeiungen erforschen zu können, muss man sie verstehen.

Wenn man nämlich glaubt, dass sie nur einen Sinn haben, so ist es sicher, dass der Messias nicht gekommen ist, wenn sie aber einen doppelten Sinn haben, so ist es sicher, dass er in Jesus Christus gekommen ist.

Die ganze Frage besteht also darin, dass man erfahren muss, ob sie einen doppelten Sinn haben.

Dass die Heilige Schrift einen doppelten Sinn hat.

Den Jesus Christus und die Apostel angegeben haben, wofür dies die Beweise sind.

1. Beweis durch die Heilige Schrift selbst.

2. Beweise durch die Rabbinen. Moses Maimon sagt, dass sie erwiesenermaßen zwei Gesichter hat und dass die Propheten nur von Jesus Christus geweissagt haben.

3. Beweise durch die Kabbala.

4. Beweise durch die mystische Interpretation, welche die Rabbinen selbst von der Heiligen Schrift geben.

5. Beweise durch die Grundsätze der Rabbinen, dass es einen doppelten Sinn gibt.

Dass es ein zweimaliges Kommen des Messias gibt, herrlich oder niedrig, ihrem Verdienst entsprechend – dass die Propheten nur vom Messias geweissagt haben – das Gesetz ist nicht ewig, sondern soll bei der Ankunft des Messias verändert werden – dass man sich dann nicht mehr des Roten Meeres erinnern wird – dass die Juden und die Heiden sich vermischen werden.

(6. *Beweise durch den Schlüssel, den Jesus Christus und die Apostel uns dafür geben.*)

275/643 Bilder.

Jesaja – 51. Das Rote Meer als Bild der Erlösung.

Ut sciatis quod filius hominis habet potestatem remittendi peccata, tibi dico: surge. (»Auf dass ihr aber wisset, dass des Menschen Sohn Macht hat, zu vergeben die Sünden [...]: Ich sage dir, stehe auf«. Mk 2,10 f.)

Da Gott zeigen wollte, dass er ein heiliges Volk mit unsichtbarer Heiligkeit bilden und es mit ewiger Herrlichkeit erfüllen konnte, hat er sichtbare Dinge vollbracht. Da die Natur ein Abbild der Gnade ist, hat er an den Dingen der Natur das vollbracht, was er an denen der Gnade vollbringen sollte, damit man sich vorstellen konnte, dass er das Unsichtbare zu vollbringen vermochte, weil er ja das Sichtbare ganz deutlich vollbrachte.

Darum hat er also das Volk aus der Sintflut errettet; er hat es von Abraham abstammen lassen, er hat es von seinen Feinden erlöst, und er hat es zur Ruhe gebracht.

Gottes Zweck war nicht, aus der Sintflut zu erretten und ein ganzes Volk von Abraham abstammen zu lassen, um uns lediglich in ein fruchtbares Land zu führen.

Und selbst die Gnade ist nur das Bild der Herrlichkeit. Denn sie ist nicht der Endzweck. Sie ist vom Gesetz vorgebildet worden und bildet selbst die Gnade vor, doch so ist sie deren Bild und Grundlage oder Ursache.

Das gewöhnliche Leben der Menschen ist jenem der Heiligen ähnlich. Sie suchen alle Zufriedenheit und unterscheiden sich nur in dem Gegenstand, dem sie diese zuordnen. Sie nennen jene ihre Feinde, die sie davon abhalten, usw.

Gott hat also damit seine Macht kundgetan, die unsichtbaren Güter zu vergeben, indem er seine Macht über die sichtbaren Güter kundgetan hat.

276/691 Wenn zwei Menschen törichte Geschichten erzählen und der erste einen Doppelsinn sieht, der von seinen engsten Vertrauten verstanden wird, während die Rede des anderen nur einen Sinn hat, so wird jemand, der nicht in das Geheimnis eingeweiht ist und die beiden derart sprechen hört, über beide gleich urteilen. Wenn jedoch hierauf der erste in seiner weiteren Rede himmlische Dinge und der andere immer nur seichte und gewöhnliche Dinge sagt, wird jener urteilen, dass der erste voller Geheimnis sprach, der andere aber nicht, da der erste hinlänglich bewiesen hat, dass er solcher Torheiten unfähig, hingegen fähig ist, geheimnisvoll zu sein, der andere, dass er des Geheimnisses unfähig und der Torheit fähig ist.

Das Alte Testament ist eine Chiffre.

20 Rabbinismus

277/635 Chronologie des Rabbinismus.

Die Seitenangaben sind aus dem Buch *Pugio*.

Seite 27. Rabbenu Hakkadosch.

Autor der Mischna oder des mündlichen bzw. des zweiten Gesetzes – im Jahre 200.

Mischnakommentare	der eine: Sifra	im Jahre 340
	Barajtot	im Jahre 340
	jerusalemischer Talmud	
	Tossafot	

Bereschit Rabba, von Rabbi Hoschaja Rabba, Mischnakommentar.

Bereschit Rabba und Bar Nachoni sind scharfsinnige, gefällige, historische und theologische Abhandlungen.

Derselbe Autor hat Bücher verfasst, die *Rabbot* genannt werden.

Hundert Jahre nach dem jerusalemischen Talmud wurde der babylonische Talmud von Rabbi Aschi mit allgemeiner Zustimmung aller Juden verfasst, die unbedingt verpflichtet sind, alles darin Enthaltene zu befolgen.

Der Zusatz des Rabbi Aschi heißt *Gemara*, das bedeutet »Kommentar zur Mischna«.

Und der Talmud umfasst die Mischna und die Gemara zusammen.

278/446 Den Juden zufolge gibt es eine umfassende Weitergabe der Erbsünde.

Nach dem Ausspruch im 1. Buch Mose 8 ist das Dichten des menschlichen Herzens böse von Jugend auf.

Rabbi Moses Hadarschan. Dieser schlechte Sauerteig ist in den Menschen schon seit der Stunde gelegt, da er geschaffen wird.

Massechet Sukka Dieser schlechte Sauerteig hat sieben Namen: In der Heiligen Schrift wird er Übel, Vorhaut, Unreines, Feind, Ärgernis, steinernes Herz, Mitternacht genannt, dies alles bedeutet die Bosheit, die im menschlichen

Herzen verborgen und eingewurzelt ist. Die Midrasch Tehillim sagt das Gleiche und auch, dass Gott die gute Natur des Menschen von der schlechten befreien werde.

Diese Bosheit gegen den Menschen erneuert sich alle Tage, wie es im Psalm 137 heißt. Der Gottlose hat auf den Gerechten acht und trachtet ihm nach dem Leben, aber Gott wird ihn nicht verlassen.

Diese Bosheit führt in diesem Leben das menschliche Herz in Versuchung und wird es im jenseitigen anklagen.

Dies alles steht im Talmud.

Midrasch Tehillim über den Psalm 4. Erzittert, so sündigt ihr nicht. Erzittert und versetzt eure Begierde in Schrecken, so wird sie euch nicht zur Sünde verleiten. Und über den Psalm 36. Der Gottlose hat in seinem Herzen gesagt, dass keine Gottesfurcht bei mir sein soll, das heißt, die natürliche Bosheit des Menschen hat dies dem Gottlosen gesagt.

Midrasch und Kohelet. Ein armes Kind, das weise ist, ist besser denn ein alter König, der ein Narr ist und weiß sich nicht zu hüten. (Pred 4,13.) Das Kind ist die Tugend und der König die Bosheit des Menschen. Sie wird König genannt, weil alle Glieder ihr gehorchen, und alt, weil er von Kindheit an bis ins Alter im menschlichen Herzen ist, und ein Narr, weil er den Menschen auf den Weg des Verderbens führt, den er nicht im Voraus erkennt.

Das Gleiche steht in der Midrasch Tehillim.

Bereschit Rabba über den Psalm 35. Herr, alle meine Gebeine werden dich loben, weil du den Armen vom Tyrannen befreist. Und gibt es denn einen größeren Tyrannen als den schlechten Sauerteig?

Und über die Sprüche Salomos 25. Hungert deinen

Feind, so speise ihn, das heißt, wenn den schlechten Sauerteig hungert, so gebt ihm vom Brot der Weisheit, von dem in den Sprüchen Salomos 9 gesprochen wird. Und wenn ihn dürstet, gib ihm von dem Wasser, von dem bei Jesaja 55 gesprochen wird.

Midrasch Tehillim sagt das Gleiche und auch, dass die Heilige Schrift an dieser Stelle, wenn sie von unserem Feind spricht, den schlechten Sauerteig meint und dass, wenn man ihm dieses Brot und dieses Wasser gibt, man ihm glühende Kohlen aufs Haupt sammeln wird.

Midrasch Kohelet über den Prediger Salomo 9. Ein großer König belagerte eine kleine Stadt. Dieser große König ist der schlechte Sauerteig. Die großen Bollwerke, die er um sie baut, sind die Versuchungen, und darin ward ein armer, weiser Mann gefunden, der sie errettete, das heißt die Tugend.

Und über den Psalm 41. Wohl dem, der sich des Dürftigen annimmt!

Und über den Psalm 78. Der Geist fährt dahin und kommt nicht wieder; das haben manche zum Anlass genommen, um die Unsterblichkeit der Seele zu leugnen; der Sinn ist aber, dass dieser Geist der schlechte Sauerteig ist, der mit dem Menschen bis zum Tode dahinfährt und bei der Auferstehung nicht wiederkommen wird.

Und das Gleiche über den Psalm 103.

Und über den Psalm 16.

Grundsätze der Rabbinen: zwei Messiasse.

279/690 Ein Ausspruch Davids oder Mose, wie, dass Gott ihre Herzen beschneiden werde (5. Mose 30,6), erlaubt ein Urteil über ihren Geist.

Mögen alle ihre übrigen Reden doppeldeutig sein und zweifeln lassen, ob sie philosophisch oder christlich sind, ein solcher Ausspruch gibt schließlich allen übrigen einen Sinn, wie ein Ausspruch Epiktets allem Übrigen einen gegenteiligen Sinn gibt. Bis dahin reicht die Doppeldeutigkeit und nicht weiter.

280/614 Die Staaten würden zugrunde gehen, wenn man nicht häufig die Gesetze der Notwendigkeit unterwürfe, die Religion aber hat derartiges nie über sich ergehen lassen und angewandt. Doch sind auch solche Zugeständnisse oder Wunder nötig.

Es ist nichts Ungewöhnliches, dass man sich erhält, indem man sich unterwirft, doch heißt das eigentlich nicht, dass man sich behauptet, und schließlich gehen sie doch ganz zugrunde. Nichts hat tausend Jahre überdauert. dass aber diese Religion sich stets und unbeugsam behauptet hat … Das ist göttlich.

281/613 Beständigkeit.

Diese Religion, die auf dem Glaubenssatz beruht, dass der Mensch aus einem Zustand der Herrlichkeit und der Gottesgemeinschaft in einen Zustand der Trübsal, der Reue und der Gottesferne herabgesunken ist, dass aber nach diesem Leben ein Messias, der da kommen sollte, uns wieder erhöhen wird, diese Religion hat es auf Erden immer gegeben.

Alle Dinge sind vergangen, und sie, durch die alle Dinge sind, hat überdauert.

Die Menschen haben sich im ersten Zeitalter der Welt zu allen Arten von Ausschweifungen hinreißen lassen, und es gab dennoch Heilige wie Henoch, Lamech und andere, die geduldig den vom Anbeginn der Welt verheißenen Christus erwarteten. Noah hat die Bosheit der Menschen auf ihrer höchsten Stufe gesehen, und er war würdig, in seiner Person, durch die Erwartung des Messias, der in ihm vorgebildet war, die Welt zu erretten. Abraham war von Götzendienern umgeben, als Gott ihm das Geheimnis des Messias, den er von ferne gegrüßt hat, kundtat; in der Zeit Isaaks und Jakobs waren die Greuel über die ganze Erde verbreitet, diese Heiligen aber lebten ihres Glaubens, und als Jakob im Sterben liegt und seine Söhne segnet, ruft er in Verzückung, die ihn seine Rede unterbrechen lässt: »O mein Gott, ich erwarte den Heiland, den du verheißen hast: *Salutare tuum expectabo domine.*« (»Herr, ich warte auf dein Heil!« 1. Mose 49,18.)

Die Ägypter waren sowohl von Abgötterei wie von Magie verunreinigt, selbst das Volk Gottes wurde von ihrem Beispiel verführt. Moses und andere aber sahen trotzdem jenen, den sie nicht sahen, und sie beteten ihn an, weil sie die ewigen Heilsgüter verehrten, die er ihnen bereitete.

Die Griechen und die Römer überließen dann falschen Gottheiten die Herrschaft, die Poeten haben hundert verschiedene Theologien geschaffen. Die Philosophen haben sich in tausend voneinander abweichende Schulen geschieden. Und dennoch gab es stets im Herzen Judäas auserwählte Männer, welche die Ankunft jenes Messias, der nur ihnen bekannt war, vorhersagten. Schließlich ist er erschienen in der Fülle der Zeiten, und seitdem sah man so viele Schismen und Häresien aufkommen, so viele Staaten untergehen, so viele Veränderungen bei allen Dingen, und diese Kirche, die jenen anbetet, der immer gewesen ist, hat ohne Unterbrechung fortbestanden; und wunderbar, unvergleichlich und durchaus göttlich ist, dass diese Religion, die stets überdauert hat, stets bekämpft worden ist. Tausendmal stand sie kurz vor der allgemeinen Vernichtung, und jedes Mal, wenn sie in dieser Lage war, hat Gott sie durch außerordentliche Machtbeweise wieder aufgerichtet. Bewundernswert ist nämlich, dass sie sich behauptet hat, ohne sich dem Willen der Tyrannen zu beugen und zu unterwerfen, denn es ist nicht sonderbar, dass ein Staat fortbesteht, wenn man seine Gesetze zuweilen der Notwendigkeit unterordnet; dass aber – siehe den Kreis bei Montaigne.

282/616 Beständigkeit.

Man hat immer an den Messias geglaubt. Die Überlieferung Adams war noch jung bei Noah und bei Moses. Die Propheten haben ihn seitdem vorausgesagt, indem sie stets andere Dinge voraussagten, die sich hin und wieder vor den Augen der Menschen ereigneten und so die Wahrheit ihrer Sendung und folglich jene ihrer Verheißungen des Messias bezeugten. Jesus Christus hat Wunder gewirkt, und die Apostel, die alle Heiden bekehrten, haben es auch getan, und weil dadurch alle Prophezeiungen erfüllt wurden, ist der Messias auf ewig bezeugt.

283/655 Die sechs Zeitalter, die sechs Stammväter der sechs Zeitalter, die sechs Wunder beim Anbruch der sechs Zeitalter, die sechs Morgen beim Anbruch der sechs Zeitalter.

284/605 Die einzige Religion gegen die Natur, gegen den gesunden Menschenverstand, gegen unsere Vergnügungen ist auch die einzige, die immer bestanden hat.

285/867 Wenn die alte Kirche sich im Irrtum befand, so ist die Kirche gefallen. Sollte sie sich heute im Irrtum befinden, so ist das nicht das Gleiche, denn sie hat ja dann immer noch die bestimmende Regel der Glaubensüberlieferung der alten Kirche. Und daher sind dieser ergebene Gehorsam und diese Übereinstimmung mit der alten Kirche stärker als alles, und sie bessern alles. Doch die alte Kirche setzte die zukünftige Kirche nicht voraus und gedachte ihrer nicht, während wir die alte Kirche voraussetzen und ihrer gedenken.

286/609 Zwei Arten von Menschen in jeder Religion.

Bei den Heiden gab es Tieranbeter, und die übrigen haben in der natürlichen Religion einen einzigen Gott angebetet.

Bei den Juden gab es die fleischlichen und die geistlichen, welche die Christen des alten Gesetzes waren.

Bei den Christen gibt es die grobsinnlichen, welche die Juden des neuen Gesetzes sind.

Die fleischlichen Juden erwarteten einen fleischlichen Messias, und die grobsinnlichen Christen glauben, dass der Messias sie davon entbunden habe, Gott zu lieben. Die wahren Juden und die wahren Christen beten einen Messias an, der sie Gott lieben lässt.

287/607 Wer über die Religion der Juden nach den grobsinnlichen Juden urteilen sollte, wird sie missverstehen.

Sie ist in den heiligen Büchern und in der Überlieferung der Propheten zu finden, die hinlänglich kundgetan haben, dass sie das Gesetz nicht buchstäblich verstanden. So ist unsere Religion im Evangelium, bei den Aposteln und in der Tradition göttlich, doch sie ist lächerlich bei jenen, die schlecht mit ihr umgehen.

Den fleischlichen Juden zufolge soll der Messias ein großer weltlicher Fürst sein. Den fleischlichen Christen zufolge ist Jesus Christus gekommen, um uns davon zu entbinden, Gott zu lieben, und um uns Sakramente zu geben, die alles ohne uns bewirken; beides ist weder die christliche Religion noch die jüdische.

Die wahren Juden und die wahren Christen haben immer einen Messias erwartet, der sie Gott lieben und durch diese Liebe über ihre Feinde triumphieren lässt.

288/689 Moses verheißt im 5. Buch, Kapitel 30, dass Gott ihr Herz beschneiden werde, um sie fähig zu machen, ihn zu lieben.

289/608 Die fleischlichen Juden stehen in der Mitte zwischen den Christen und den Heiden. Die Heiden erkennen Gott nicht und lieben nur die Erde, die Juden erkennen den wahren Gott und lieben nur die Erde, die Christen erkennen den wahren Gott und lieben die Erde nicht. Die Juden und die Heiden lieben dieselben Güter. Die Juden und die Christen erkennen denselben Gott.

Es gab zwei Arten von Juden. Die einen hatten nur heidnische Neigungen, die anderen hatten christliche Neigungen.

290/626 Ein weiterer Kreis.

Das lange Leben der Patriarchen hatte nicht zur Folge, dass die Geschichten aus den vergangenen Zeiten verlorengingen, sondern erwies sich stattdessen als nützlich, um sie zu bewahren. Denn der Grund, warum man manchmal nicht ausreichend über die Geschichte seiner Vorfahren unterrichtet ist, besteht darin, dass man fast nie mit ihnen zusammengelebt hat und dass sie oft gestorben sind, bevor man das verständige Alter erreicht hatte. Als nun die Menschen so lange lebten, lebten die Kinder lange mit ihren Vätern zusammen. Diese führten lange mit ihnen Gespräche. Worüber hätten sie nun mit ihnen Gespräche führen sollen, wenn nicht über die Geschichte ihrer Vorfahren, da ja die ganze Geschichte auf diese eine beschränkt war und sie keine Studien, keine Wissenschaften oder Künste kannten, die im Leben einen großen Teil der Gespräche ausmachen? Man stellt ja auch fest, dass die Völker in jener Zeit eine besondere Sorgfalt darauf verwandten, ihre Genealogien zu bewahren.

291/587 Diese Religion ist groß an Wundern, Heiligen, Reinen, Makellosen, Gelehrten und großen Zeugen, an Märtyrern; an eingesetzten Königen – David –; Jesaja ist ein Fürst von Geblüt; sie ist so groß an Wissen, nachdem sie all ihre Wunder und all ihre Weisheit ausgebreitet hat. Dies alles verwirft sie und sagt, sie habe keine Weisheit und kein Zeichen, sondern das Kreuz und die Torheit.

Denn jene, die durch diese Zeichen und diese Weisheit euren Glauben verdient und euch ihr Wesen kundgetan haben, erklären euch, dass nichts von alldem uns verändern und befähigen könne, Gott zu erkennen und zu lieben, sondern allein die Tugend der Kreuzestorheit ohne Weisheit oder Zeichen, und dass die Zeichen es ohne diese Tugend nicht können.

Daher ist unsere Religion eine Torheit, wenn man die bewirkende Ursache bedenkt, und weise, wenn man die Weisheit bedenkt, die auf jene vorbereitet.

292/624 Beweise für Moses.

Warum wird Moses das Leben der Menschen so lang machen und so wenige Geschlechter aufeinanderfolgen lassen?

Nicht die große Zahl der Jahre, sondern die Menge der Geschlechter macht nämlich die Ereignisse unverständlich.

Denn die Wahrheit wird ja nur durch den Wechsel der Menschen entstellt.

Und doch bringt er die zwei denkwürdigsten Ereignisse, die man sich jemals vorgestellt hat, und zwar die Schöpfung und die Sintflut, so nahe, dass man an sie heranreicht.

293/204*a* Wenn man acht Tage hingeben muss, so muss man das ganze Leben hingeben.

294/703 Solange die Propheten gewirkt haben, um das Gesetz zu bewahren, ist das Volk nachlässig gewesen. Doch seitdem es keine Propheten mehr gegeben hat, ist darauf der Eifer gefolgt.

295/629 Josephus verbirgt die Schande seines Volkes.

Moses verbirgt weder die eigene Schande noch …

Quis mihi det ut omnes prophetent. (Vgl. 4. Mose 11,29: »Wollte Gott, dass all das Volk des Herrn weissagte […]«.)

Er war des Volkes müde.

296/625 Sem, der Lamech erlebt hat, der wiederum Adam erlebt hat, hat auch Jakob erlebt, der wiederum jene erlebt hat, die Moses erlebt haben: Also sind die Sintflut und die Schöpfung wahr. Zu diesem Schluss kommt man im Kreise von bestimmten Leuten, die viel davon verstehen.

297/702 Der Eifer des jüdischen Volkes für sein Gesetz, besonders, seitdem es keine Propheten mehr gegeben hat.

23 Beweise für Jesus Christus

298/283 Die Ordnung. Gegen den Einwand, die Heilige Schrift habe keine Ordnung.

Das Herz hat seine Ordnung, der Geist hat die seine, die aus Grundsätzen und Beweisen besteht. Das Herz hat eine andere. Man beweist nicht, dass man geliebt werden muss, indem man die Ursachen der Liebe geordnet darlegt; das wäre lächerlich.

Jesus Christus und Paulus haben die Liebe als ihre Ordnung, nicht den Geist, denn sie wollten demütigen, nicht belehren.

Ebenso der heilige Augustinus. Diese Ordnung beruht hauptsächlich auf der ausführlichen Erörterung jeden Punktes, der sich auf den Endzweck bezieht, um ihn stets klar zu zeigen.

299/742 Das Evangelium spricht von der Jungfräulichkeit der Heiligen Jungfrau nur bis zur Geburt Jesu Christi. Alles geschieht in Hinblick auf Jesus Christus.

300/786 Jesus Christus lebte in einer solchen Verborgenheit (jedenfalls, was die Welt »Verborgenheit« nennt), dass die Geschichtsschreiber, die nur über die bedeutenden Staatsangelegenheiten berichteten, ihn kaum bemerkt haben.

301/772 Heiligkeit.

Effundam spiritum meum. (»Will ich meinen Geist ausgießen«, Joel 3,1.) Alle Völker lebten in Unglauben und Begierde, die ganze Erde sehnte inbrünstig die christliche Liebe herbei: Die Fürsten legen ihre Herrscherwürde ab, die jungen Mädchen erdulden das Martyrium. Woher kommt diese Kraft? Daher, dass der Messias erschienen ist. Das sind die Wirkung und die Zeichen seiner Ankunft.

302/809 Die Verknüpfungen der Wunder.

303/799 Ein Handwerker, der über Reichtum spricht, ein Klosterverwalter, der über Krieg und Königtum spricht, usw., aber der Reiche spricht angemessen vom Reichtum, der König spricht gelassen von einer großen Schenkung, die er soeben vorgenommen hat, und Gott spricht angemessen von Gott.

304/743 Beweise für Jesus Christus.

Warum ist das Buch Ruth erhalten?
Warum die Geschichte Thamars?

305/638 Beweise für Jesus Christus.

Es bedeutet nicht, dass man wirklich gefangen gewesen wäre, wenn man es mit der Zusicherung war, in siebzig Jahren befreit zu werden, jetzt aber sind sie es ohne irgendeine Hoffnung.

Gott hat ihnen verheißen, dass er, sollte er sie auch bis ans Ende der Welt zerstreuen, sie dennoch, wenn sie seinem Gesetz treu blieben, wieder sammeln würde. Sie sind ihm sehr treu und bleiben unterdrückt.

306/763 Als die Juden prüften, ob er Gott wäre, haben sie gezeigt, dass er Mensch war.

307/764 Die Kirche hat ebenso viel Mühe darauf verwenden müssen, gegen diejenigen, die es leugneten, zu beweisen, dass Jesus Christus ein Mensch war, wie zu beweisen, dass er Gott war, und die Wahrscheinlichkeit war für beides gleich groß.

308/793 Der unendliche Abstand der Körper von den Geistern gibt ein Bild von dem unendlich viel unendlicheren Abstand der Geister von der christlichen Liebe, denn diese ist übernatürlich.

Die ganze Pracht der Größe hat für jene Leute keinen Glanz, die ihr Leben geistiger Suche widmen.

Die Größe der Geistesmenschen ist den Königen, den Reichen und den Feldherren, allen diesen Großen des Fleisches, unsichtbar.

Die Größe der Weisheit, die nur etwas gilt, wenn sie von Gott kommt, ist den fleischlichen und den Geistesmenschen unsichtbar. Das sind drei verschiedenartige Ordnungen.

Die großen Genies haben ihren Bereich, ihren Glanz, ihre Größe, ihren Triumph und ihren Ruhm, und sie haben durchaus keine fleischliche Größe nötig, zu der sie in keiner Beziehung stehen. Man sieht sie nicht mit den Augen, sondern mit dem Geist. Das ist genug.

Die Heiligen haben ihren Bereich, ihren Glanz, ihren Triumph und ihren Ruhm, und sie haben durchaus keine fleischliche oder geistige Größe nötig, zu der sie in überhaupt keiner Beziehung stehen, denn diese fügt ihrer eigenen Größe nichts hinzu und entzieht ihr auch nichts. Sie werden von Gott und den Engeln, nicht von den Körpern oder den wissbegierigen Geistern gesehen. Gott ist ihnen genug.

Archimedes würde auch ohne allen Glanz ebenso verehrt. Er hat keine aufsehenerregenden Schlachten geliefert, doch er hat allen Geistern seine Erfindungen vermacht. Oh, welchen Glanz hat er für die Geister erworben!

Jesus Christus hat keinen Besitz und keine Leistungen hinterlassen, er bleibt außerhalb der Wissenschaft und in seiner eigenen Ordnung der Heiligkeit. Er hat keine Erfindungen gemacht. Er hat nicht regiert, sondern war demütig, geduldig, heilig, heilig, heilig vor Gott, den Dämonen ein Schrecken, ohne alle Sünde. Oh, in welch großer Pracht und welch wunderbarer Herrlichkeit für die Augen des Herzens, welche die Weisheit sehen, er gekommen ist!

Es wäre für Archimedes unnütz gewesen, in seinen geometrischen Schriften als Fürst aufzutreten, obwohl er es war.

Es wäre für unseren Herrn Jesus Christus unnütz gewesen, wenn er, um in seinem Reich der Heiligkeit zu glänzen, als König gekommen wäre, doch er ist sehr wohl mit dem Glanz seiner eigenen Ordnung in dieses eingegangen.

Es ist vollkommen lächerlich, Anstoß an der Niedrigkeit Jesu Christi zu nehmen, als ob diese Niedrigkeit zu derselben Ordnung wie die Größe gehörte, die er mit seinem Kommen offenbarte.

Man betrachte doch diese Größe in seinem Leben, in seinem Leidensweg, in seiner Verborgenheit, in seinem Tod, in der Berufung der Seinen, in ihrer Verlassenheit, in seiner geheimen Auferstehung und in allem Übrigen. Man wird sie als so erhaben erkennen, dass man keinen Grund haben wird, Anstoß an einer Niedrigkeit zu nehmen, die es bei ihm nicht gibt.

Doch es gibt manche, die nur fleischliche Größe bewundern können, als gäbe es keine geistige Größe. Und es gibt andere, die nur geistige Größe bewundern, als gäbe es in der Weisheit nicht unendlich viel erhabenere Größe.

Alle Körper, das Himmelsgewölbe, die Sterne, die Erde und ihre Reiche wiegen nicht den geringsten der Geister auf. Denn der Geist erkennt dies alles und sich selbst, und die Körper erkennen nichts.

Alle Körper zusammen und alle Geister zusammen und alle ihre Werke wiegen nicht die geringste Regung der christlichen Liebe auf. Dies gehört zu einer unendlich viel erhabeneren Ordnung.

Aus allen Körpern zusammen kann man nicht einen kleinen Gedanken hervorbringen. Das ist unmöglich und gehört zu einer anderen Ordnung. Aus allen Körpern und Geistern kann man keine Regung wahrer christlicher Liebe gewinnen, das ist unmöglich und gehört zu einer anderen, übernatürlichen Ordnung.

309/797 Beweise für Jesus Christus.

Jesus Christus hat die großen Dinge so einfach gesagt, dass es scheint, er habe nicht über sie nachgedacht, und dennoch sagt er sie so deutlich, dass man wohl sieht, was er über sie dachte. Diese Klarheit ist in Verbindung mit dieser Einfachheit bewundernswert.

310/801 Beweise für Jesus Christus.

Die Annahme, die Apostel seien Betrüger gewesen, ist ganz absurd. Man denke sie doch gründlich zu Ende und stelle sich diese zwölf Männer vor, wie sie nach dem Tode Jesu Christi versammelt wären und sich verschworen hätten zu behaupten, er sei auferstanden. Damit nehmen sie den Kampf gegen alle Gewalten auf. Das menschliche Herz hat einen außerordentlichen Hang zum Leichtsinn, zur Veränderung, zu den Versprechungen und Reichtümern, so dass, wenn auch nur einer sich all dieser Verlockungen wegen und, was noch stärker wirkt, durch Gefängnis, Martern und den Tod losgesagt hätte, sie verloren gewesen wären. Man denke dies zu Ende.

311/640 Erstaunlich und außerordentlich beachtenswert ist, dass man dieses jüdische Volk seit so vielen Jahren weiterbestehen und es immer im Elend sieht, da es notwendig zum Beweis für Jesus Christus ist, und es muss weiterbestehen, um ihn zu beweisen, und es muss im Elend sein, weil sie ihn gekreuzigt haben. Und obgleich es einen Widerspruch bedeutet, dass es zum einen im Elend ist und zum anderen doch weiterbesteht, besteht es dennoch immer trotz seines Elends weiter.

312/697 *Prodita lege.* (»Lies die Weissagungen.«)

Impleta cerne. (»Sieh, was erfüllt ist.«)

Implenda collige. (»Trag zusammen, was noch in Erfüllung gehen muss.«)

313/569 Kanonische Wahrheiten.

In der Anfangszeit der Kirche dienen die Häretiker dazu, die kanonischen Wahrheiten zu beweisen.

314/639 Als Nebukadnezar das Volk wegführte, sagte er ihnen im Voraus, damit man nicht glaubte, dass das Zepter von Juda genommen sei, sie wären nur kurze Zeit dort, und sie wären zwar dort, doch sie würden auch wieder erhoben.

Sie wurden stets von den Propheten getröstet; ihre Könige behaupteten sich weiter.

Bei der zweiten Zerstörung jedoch fehlt die Verheißung, dass sie wieder erhoben werden, es gibt keine Propheten, keinen König, keinen Trost und keine Hoffnung, weil das Zepter ihnen für immer genommen ist.

315/752 Moses lehrt als Erster die Trinität, die Erbsünde, den Messias.

David ein großer Zeuge.

Ein König, gut, gnädig, eine schöne Seele, ein klarer Geist, ein Mächtiger. Er prophezeit, und sein Wunder geschieht. Das ist außerordentlich.

Er hätte nur zu behaupten brauchen, er sei der Messias, wenn er eitel gewesen wäre, denn die Prophezeiungen sprechen deutlicher über ihn als über Jesus Christus.

Und ebenso Johannes.

316/800 Wer hat den Evangelisten die Eigenschaften einer vollkommenen Heldenseele entdeckt, dass sie diese so vollkommen bei Jesus Christus schildern konnten? Warum lassen sie ihn in seinem Todeskampf schwach erscheinen? Sind sie nicht fähig, einen standhaften Tod zu schildern? Doch, denn derselbe Lukas schildert den Tod des heiligen Stephanus standhafter als den Jesu Christi.

Sie zeigen, dass er Furcht empfinden konnte, ehe die Notwendigkeit des Todes gekommen war, und danach zeigen sie ihn vollkommen standhaft.

Sie zeigen ihn aber so verwirrt, wenn er sich selbst verwirrt; und wenn die Menschen ihn verwirren, ist er standhaft.

317/701 Der Eifer der Juden für ihr Gesetz und ihren Tempel.

Josephus und der Jude Philon, *ad Caium* (»[Die Gesandtschaft] an Gaius«).

Welches andere Volk hat einen solchen Eifer? Jene mussten ihn haben.

Jesus Christus war vorausgesagt in Bezug auf die Zeit und auf den Zustand der Welt. Es wird das Zepter von Juda nicht entwendet werden noch der Stab des Herrschers von seinen Füßen (1. Mose 49,10); und das vierte Reich (Dan 7,23).

Wie glücklich ist man, dieses Licht in dieser Finsternis zu haben.

Wie schön ist es, mit den Augen des Glaubens zu sehen, dass Darius und Cyrus, Alexander, die Römer, Pompeius und Herodes, ohne es selbst zu wissen, für den Ruhm des Evangeliums wirkten.

318/755 Die scheinbare Unvereinbarkeit der Evangelien.

319/699 Die Synagoge ist der Kirche vorausgegangen, die Juden sind den Christen vorausgegangen. Die Propheten haben die Christen vorhergesagt. Johannes der Täufer hat Jesus Christus vorhergesagt.

320/178 Macrobius. Von Herodes getötete unschuldige Kinder.

321/600 Jeder Mensch kann tun, was Mohammed getan hat. Denn er hat keine Wunder getan, und er ist nicht vorausgesagt worden. Kein Mensch kann tun, was Jesus Christus getan hat.

322/802 Die Apostel sind betrogen worden, oder sie sind Betrüger. Beides ist schwer zu glauben. Denn es ist nicht möglich, einen Menschen irrtümlich für auferstanden zu halten.

Solange Jesus Christus bei ihnen war, konnte er ihnen beistehen, doch wer, wenn er ihnen danach nicht erschienen ist, hat sie ihre Taten verrichten lassen?

24 Prophezeiungen

323/773 Verderben der Juden und der Heiden durch Jesus Christus: *Omnes gentes venient et adorabunt eum.* (»Es werden [gedenken und sich zum Herrn bekehren aller Welt Enden und] vor ihm anbeten alle Geschlechter der Heiden.« Ps 21,28.) *Parum est ut* (»Es ist ein Geringes, dass [du mein Knecht bist]«, Jes 49,6) usw. *Postula a me.* (»Heische von mir [, so will ich dir die Heiden zum Erbe geben]«, Ps 2,8.)

Adorabunt eum omnes reges. (»Es werden vor ihm anbeten alle Könige.« Ps 22,28.30. – Jes 60,10.)

Testes iniqui. (»[Es treten] frevle Zeugen [auf]«, Ps 35,11.)

Dabit maxillam percutienti. (»Und lasse sich auf die Backe schlagen«, Klgl 3,30.) *Dederunt fel in escam.* (»Und sie gaben [mir] Galle zu essen«, Ps 69,22. – Mt 27,34.)

324/730 Dass dann die Götzendienerei ausgerottet würde, dass dieser Messias alle Abgötter vertilgen und die Menschen zur Verehrung des wahren Gottes führen würde. (Hes 30,13.)

Dass die Tempel der Götzen vernichtet würden und dass man ihm unter allen Heiden und an allen Orten der Welt ein reines Opfer darbringen würde, und keine Tieropfer. (Mal 1,11.)

324a/730 Dass er König der Juden und der Heiden sein würde und dass nun dieser König der Juden und der Heiden, die ihn beide unterdrücken und sich verschwören, ihn zu töten, die einen wie die anderen beherrscht und die Verehrung des Moses in Jerusalem, deren Mittelpunkt es war, vertilgt und daraus seine erste Kirche macht und dass er die Verehrung der Götzen in Rom, deren Mittelpunkt es war, vertilgt und daraus seine Hauptkirche macht.

325/733 Dass er die Menschen den rechten Weg lehren würde. (Joh 14,6.)

Und niemals ist weder früher noch später irgendein

Mensch erschienen, der etwas Göttliches gelehrt hätte, das dem nahegekommen wäre.

326/694 Und was dies alles krönt, das ist die Voraussage, damit man nicht behaupten könnte, der Zufall habe dazu geführt.

Jeder, der nur noch acht Tage zu leben hat, wird nicht finden, dass der Vorteil darin bestehe zu glauben, all dies sei keine Fügung des Zufalls.

Wenn nun jedoch die Leidenschaften uns nicht festhielten, so wären acht Tage und hundert Jahre das Gleiche.

327/770 Nachdem viele vor Jesus Christus gekommen sind, ist endlich er selbst erschienen und hat gesagt: Siehe, ich bin da, und siehe, die Zeit ist erfüllt. Was nach den Worten der Propheten in den kommenden Zeiten geschehen sollte, davon sage ich euch, dass meine Apostel es tun werden. Die Juden werden verworfen werden. Jerusalem wird bald zerstört werden, und die Heiden werden zur Erkenntnis Gottes eingehen. Meine Apostel werden es vollbringen, nachdem Ihr den Erben des Weinbergs getötet haben werdet.

Und danach haben die Apostel zu den Juden gesagt: Ihr werdet verdammt sein. Celsus spottete darüber. Und zu den Heiden: Ihr werdet zur Erkenntnis Gottes eingehen, und das ist hierauf geschehen.

328/732 Dass man dann nicht mehr seinen Nächsten mit den Worten lehren wird: Siehe, das ist der Herr. Denn Gott wird sich allen zu erkennen geben (nach: Jer 31,34). Eure Kinder sollen weissagen (nach: Joel 3,1). Ich will meinen Geist und meine Furcht in euer Herz geben (nach: Jer 31,33).

Dies alles ist ein und dasselbe.

Prophezeien heißt von Gott nicht durch äußere Beweise, sondern durch ein inneres und unmittelbares Gefühl sprechen.

329/734 Dass Jesus Christus am Anfang klein sein und nachher wachsen würde. (Hes 17,6.) Der kleine Stein Daniels. (Dan 2,35.)

Wenn ich überhaupt nichts vom Messias gehört hätte, erkennte ich dennoch nach den so bewundernswerten Weissagungen über die Weltordnung, die ich erfüllt sehe, dass dies göttlich ist, und wenn ich wüsste, dass dieselben Bücher einen Messias voraussagten, würde ich mit Sicherheit glauben, dass er gewiss wäre, und da ich feststellen würde, dass sie seine Zeit vor die Zerstörung des zweiten Tempels setzen, würde ich sagen, dass er gekommen wäre.

330/725 Prophezeiungen.

Die Bekehrung der Ägypter.

Jesaja (19,19). Ein Altar des wahren Gottes mitten in Ägyptenland.

331/748 In der Zeit des Messias teilt sich dieses Volk.

Die Geistlichen haben sich zum Messias bekannt, die Grobsinnlichen sind verblieben, um ihm als Zeugen zu dienen.

332/710 Prophezeiungen.

Wenn ein einzelner Mensch ein Buch der Weissagungen über Jesus Christus für die Zeit und für die Art seines Erscheinens verfasst hätte und wenn Jesus Christus diesen

Prophezeiungen entsprechend gekommen wäre, so wäre das eine unendliche Kraft.

Aber hier ist noch viel mehr zu sehen: eine Aufeinanderfolge von Menschen, die 4000 Jahre lang beständig und ohne Abweichungen einer nach dem anderen auftreten und sein Kommen immer gleich voraussagen. Ein ganzes Volk kündigt es an, und dieses Volk besteht seit 4000 Jahren weiter, um insgesamt Zeugnis von den Versicherungen, die ihnen darüber zuteilwurden, abzulegen, und davon können sie nicht abgebracht werden, welche Drohungen und Verfolgungen man auch über sie verhängt. Das ist noch viel beachtenswerter.

333/708 Prophezeiungen.

Die Zeit war vorausgesagt durch den Zustand des jüdischen Volkes, durch den Zustand des heidnischen Volkes, durch den Zustand des Tempels und durch die Zahl der Jahre.

334/716 Hosea – 3 (4).

Jesaja, 4 (2),48. Ich habe es lange Zeit zuvor verkündigt, damit man wüsste, dass ich es bin. 54. 60 (61) und letztes Kapitel.

Jaddua an Alexander.

335/706 Der größte Beweis für Jesus Christus besteht in den Prophezeiungen. Dafür hat Gott am meisten Sorge getragen, denn das Ereignis, das sie in Erfüllung gehen ließ, ist ein Wunder, das seit der Geburt der Kirche bis zum Ende fortbesteht. Daher hat Gott 1600 Jahre lang Propheten erweckt, und danach hat er während 400 Jahren all jene Prophezeiungen zusammen mit allen Juden zerstreut, die jene zu allen Orten der Welt trugen. Derart ist die Vorbereitung auf die Geburt Jesu Christi gewesen, und weil sein Evangelium von aller Welt geglaubt werden sollte, war es nicht nur notwendig, dass es Prophezeiungen gegeben hat, die zum Glauben führen sollten, sondern auch, dass diese Prophezeiungen in aller Welt verbreitet würden, damit alle Welt es annehmen sollte.

336/709 Man muss kühn sein, um ein und dasselbe Ereignis auf so viele Arten vorauszusagen.

Es war notwendig, dass die vier Reiche, die dem Götzendienst oder dem Heidentum anhingen, das Ende des Königreichs Juda und die siebzig Wochen (des Daniel) zur gleichen Zeit eintrafen, und dies alles, bevor der zweite Tempel zerstört sein würde.

337/753 Man glaubte, Herodes sei der Messias. Er hatte das Zepter von Juda genommen, doch er war nicht aus Juda. Das ließ eine bedeutende Sekte entstehen.

Sowohl Bar Kochba als auch ein anderer von den Juden angenommen. Und die Gerüchte, die es überall in jener Zeit gab.

Sueton. – Tacitus. Josephus.

Wie musste der Messias sein, da durch ihn ja das Zepter ewig bei Juda bleiben und das Zepter bei seinem Kommen von Juda genommen werden sollte?

Um zu bewirken, dass sie sehen und doch nichts sehen, dass sie hören und doch nichts hören, konnte nichts Besseres getan werden.

Die Griechen verfluchen jene, welche die Zeiträume zählen.

338/724 Voraussage.

Dass während des vierten Reichs, vor der Zerstörung des zweiten Tempels, ehe den Juden die Herrschaft in der siebzigsten Woche des Daniel genommen würde, während des Bestehens des zweiten Tempels die Heiden unterrichtet und zur Erkenntnis des von den Juden angebeteten Gottes geführt würden, dass jene, die ihn lieben, von ihren Feinden befreit und mit seiner Furcht und Liebe erfüllt sein würden.

Und es ist eingetroffen, dass während des vierten Reichs und vor der Zerstörung des zweiten Tempels usw. Gott von den Heiden in großer Zahl angebetet wird und dass diese ein engelhaftes Leben führen.

Die jungen Mädchen weihen Gott ihre Jungfräulichkeit und ihr Leben, die Männer verzichten auf alle Freuden. Wovon Platon einige wenige auserwählte und hochgebildete Menschen nicht überzeugen konnte, davon werden Hunderttausende von Unwissenden durch eine geheime Kraft, durch die Wirkung weniger Worte überzeugt.

Die Reichen geben ihren Besitz auf, die Kinder verlassen das fürsorgliche Elternhaus, um in eine ungastliche Wüste zu ziehen, usw. Siehe bei dem Juden Philon.

Was bedeutet das alles? Es ist, was so lange zuvor vorausgesagt worden ist; seit 2000 Jahren hatte kein Heide den Gott der Juden angebetet, und in der vorausgesagten Zeit betet die heidnische Menge diesen einzigen Gott an. Die Tempel werden zerstört, selbst die Könige unterwerfen sich dem Kreuz. Was bedeutet das alles? Der Geist Gottes ist über die Erde ausgegossen.

Den Rabbinen selbst zufolge nahm kein Heide seit der Zeit des Moses bis zu Jesus Christus den Glauben an; nach

Jesus Christus glaubt die heidnische Menge an die Bücher Mose, gehorcht ihrem Wesen und Geist und verwirft nur das Unnütze in ihnen.

339/738 Da die Propheten verschiedene Zeichen angegeben hatten, die alle beim Erscheinen des Messias eintreffen sollten, mussten alle diese Zeichen zur gleichen Zeit eintreffen. So musste das vierte Reich gekommen sein, wenn die siebzig Wochen des Daniel vollendet wären und das Zepter dann von Juda genommen würde.

Und all dies ist ohne jede Schwierigkeit eingetroffen, und als der Messias kommen sollte, ist dann Jesus Christus auch gekommen, der sich selbst Messias genannt hat, und all dies geschieht ferner ohne Schwierigkeit, und das bezeichnet deutlich die Wahrheit der Prophezeiung.

340/720 *Non habemus regem nisi Caesarem.* (»Wir haben keinen König denn den Kaiser.« Joh 19,15.) Also war Jesus Christus der Messias, denn sie hatten keinen anderen König mehr als einen Fremden, und sie wollten gar keinen anderen.

341/723 Prophezeiungen.

Die siebzig Wochen des Daniel sind doppeldeutig in Bezug auf ihren Anfangspunkt, weil dies in prophetischen Worten gesagt ist. Und in Bezug auf den Endpunkt, weil die Chronologen voneinander abweichen. Aber dieser ganze Unterschied beläuft sich auf höchstens 200 Jahre.

342/637 Prophezeiungen.

Das Zepter wurde durch die babylonische Gefangenschaft durchaus nicht gebrochen, weil sie bald zurückkehrten und dies vorausgesagt war.

343/695 Prophezeiungen. Der große Pan ist tot.

344/756 Was kann man anderes als Ehrfurcht für einen Menschen empfinden, der Ereignisse klar voraussagt, die wirklich eintreffen, und der seine Absicht offen bekennt, sowohl zu verblenden als auch zu erleuchten, und der Dunkles den klaren Dingen hinzusetzt, die wirklich eintreffen.

345/727a *Parum est ut* (»Es ist ein Geringes, dass [du mein Knecht bist]«, Jes 49,6) … Berufung der Heiden Jes 52,1.5).

346/729 Voraussagen.

Es ist vorausgesagt, dass der Messias in seiner Zeit einen neuen Bund aufrichten würde, der den Auszug aus Ägypten vergessen ließe (Jer 23,7). – Jeremia 23,5. – Jesaja 43,16. – Und er würde sein Gesetz nicht in Äußerlichkeiten, sondern in den Herzen aufrichten (Jes 51,7), er würde seine Furcht, die nur äußerlich gewesen war, mitten in ihr Herz geben (Jer 31,31–33) …

Wer erkennt in alldem nicht das christliche Gesetz?

347/735 Prophezeiungen.

Dass die Juden Jesus Christus verwerfen würden und dass sie darum von Gott verworfen würden; dass der auserwählte Weinstock nur Herlinge bringen würde (Jes 5,2–4); dass das auserwählte Volk gottlos, undankbar und ungläubig sein würde: *Populum non credentem et contra-*

dicentem. (»Dem Volk, das sich nicht sagen lässt und widerspricht«, Röm 10,21; Jes 65,2.)

Dass Gott sie mit Blindheit schlagen würde und dass sie am hellen Mittag wie die Blinden im Dunkeln tappen würden. (5. Mose 28,28 f.)

Dass ein Vorläufer vor ihm kommen würde. (Mal 3,1.)

348/718 2. Chronik: das ewige Königreich des Geschlechtes Davids durch alle Weissagungen und eidlich zugesichert. Und das ist im weltlichen Sinne nicht erfüllt. Jeremia 33,20.

25 Besondere Bilder

349/652 Besondere Bilder.

Zweifaches Gesetz, zweifache Gesetzestafeln, zweifacher Tempel, zweifache Gefangenschaft.

350/623 *(Japheth eröffnet das Geschlechtsregister.)*

Joseph kreuzt die Arme und zieht den Jüngeren vor.

26 Christliche Moral

351/537 Das Christentum ist sonderbar; es befiehlt dem Menschen, sich selbst als gemein, ja sogar abscheulich zu erkennen, und es befiehlt ihm, nach Gottähnlichkeit zu verlangen. Ohne ein solches Gegengewicht würde diese Erhöhung ihn entsetzlich eitel machen, oder diese Erniedrigung würde ihn entsetzlich gemein machen.

352/526 Elend führt zur Verzweiflung.

Stolz führt zur Anmaßung.

Die Menschwerdung Christi zeigt dem Menschen die Größe seines Elends an der Größe des Heilmittels, das notwendig gewesen ist.

353/529 Keine Erniedrigung, die uns unfähig zum Guten macht, und auch keine Heiligkeit, die frei vom Bösen ist.

354/524 Es gibt keine für den Menschen besser geeignete Lehre als jene, die ihn über seine doppelte Fähigkeit unterrichtet, die Gnade zu empfangen und zu verlieren, und das wegen der doppelten Gefahr – der Verzweiflung oder des Stolzes –, der er stets ausgesetzt ist.

355/767 Bei allem, was es auf Erden gibt, hat er nur teil an den Unannehmlichkeiten und nicht an den Annehmlichkeiten. Er liebt seine Nächsten, doch seine christliche Liebe beschränkt sich nicht auf diesen engen Bereich, sie wird auch seinen Feinden und überdies den Feinden Gottes zuteil.

356/539 Welcher Unterschied besteht in Bezug auf den Gehorsam zwischen einem Soldaten und einem Kartäusermönch? Denn beide sind ja gleichermaßen gehorsam und abhängig, und sie unterziehen sich gleichermaßen mühevollen Pflichtübungen, doch der Soldat hofft stets, ein Befehlshaber zu werden, und wird es nie, denn selbst die Feldherren und Fürsten sind stets Sklaven und Abhängige, aber er hofft ständig darauf und bemüht sich, es zu erreichen, während der Kartäusermönch stattdessen das Gelübde ablegt, stets nur abhängig zu sein. So unterscheiden sie sich nicht durch ihre fortwährende Knechtschaft, der beide immer unterliegen, wohl aber durch die Hoffnung, die der eine immer und der andere niemals hat.

357/541 Niemand ist so glücklich, so vernünftig, so tugendhaft und so liebenswert wie ein wahrer Christ.

358/538 Mit welch geringem Stolz glaubt sich ein Christ eins mit Gott. Mit welch geringer Abscheu vergleicht er sich mit den Erdenwürmern. Welch schöne Art, das Leben und den Tod, Gutes und Böses zu empfangen.

359/481 Die Beispiele edelmütigen Todes bei den Lakedämoniern und anderen berühren uns kaum, denn was kann uns das geben?

Doch das Beispiel des Todes der Märtyrer berührt uns, denn das sind Glieder von uns selbst. Wir sind mit ihnen gemeinschaftlich verbunden. Ihre Entschlossenheit kann die unsrige hervorbringen, und nicht allein durch das Beispiel, sondern auch, weil ihr vielleicht die unsrige zu verdanken ist.

Nichts davon gilt bei den Beispielen der Heiden. Wir haben keine Beziehung zu ihnen. Wie wir nicht reich werden, wenn wir einen Fremden sehen, der es ist, wohl aber, wenn wir sehen, dass unser Vater oder Ehegatte es ist.

360/482 Anfang der denkenden Glieder. Moral.

Als Gott den Himmel und die Erde geschaffen hatte, die das Glück ihres Daseins nicht empfinden, wollte er Wesen schaffen, die ihn erkennen und gemeinsam einen Leib von denkenden Gliedern bilden sollten. Denn unsere Glieder empfinden ja nicht das Glück ihrer Gemeinschaft, ihres bewundernswerten Einvernehmens, der Sorgfalt, mit der die Natur ihnen Fähigkeiten eingibt und sie wachsen und dauern lässt. Wie glücklich wären sie, wenn sie es empfänden, wenn sie es sähen, doch sie brauchten einen eigenen Verstand, um das zu erkennen, und guten Willen, um sich dem Willen der allumfassenden Seele anzuschließen. Wenn sie Verstand erhalten hätten und sich seiner bedienten, um die Nahrung in sich selbst zurückzuhalten, ohne sie an die übrigen Glieder weiterzuleiten, so wären sie nicht nur ungerecht, sondern auch elend, und sie würden sich eher hassen als lieben, da ja ihr Glück wie auch ihre Pflicht darin besteht, in die Führung durch die allumfassende Seele einzuwilligen, der sie angehören, denn diese liebt sie mehr, als sie sich selbst lieben.

361/209 Bist du weniger ein Sklave, weil dein Herr dich liebt und dir schmeichelt? Da hast du ein rechtes Glück, Sklave, dein Herr schmeichelt dir. Bald wird er dich schlagen.

362/472 Der eigene Wille wird niemals zufriedenstellen, wenn er Macht über alles hätte, was er verlangt, doch man ist im gleichen Augenblick zufriedengestellt, da man auf ihn verzichtet. Ohne ihn kann man nicht unzufrieden sein; durch ihn kann man nicht zufrieden sein.

363/914 Sie lassen die Begierde handeln und halten die Bedenken zurück, während man umgekehrt vorgehen müsste.

364/249 Es ist abergläubisch, wenn man seine Hoffnung auf Formalitäten setzt, doch es ist hochmütig, wenn man sich ihnen nicht unterwerfen will.

365/496 Die Erfahrung lässt uns einen ungeheuren Unterschied zwischen Andachtsübungen und Güte erkennen.

366/747*b* Zwei Arten von Menschen in jeder Religion. (Siehe: Beständigkeit.) Aberglaube, Begierde.

367/672 Gegen den Formalismus.

Als Petrus und die Apostel über die Abschaffung der Beschneidung beraten, wobei es darum ging, dem Gesetz Gottes zuwiderzuhandeln, fragen sie nicht nach den Propheten, sondern einzig nach der Aufnahme des Heiligen Geistes in der Person der Unbeschnittenen.

Sie halten es für sicherer, dass Gott jene annimmt, die er mit seinem Geist erfüllt, als dass man das Gesetz befolgen müsse.

Sie wussten, dass der Endzweck des Gesetzes allein der Heilige Geist ist, und da man also durchaus ohne Beschneidung seiner teilhaftig werden konnte, war diese nicht notwendig.

368/474 Glieder. Damit beginnen:

Um die Liebe zu leiten, die man sich selbst schuldet, muss man sich einen Leib aus lauter denkenden Gliedern vorstellen, denn wir sind ja Glieder des Ganzen, und man muss erkennen, wie jedes Glied sich selbst lieben sollte, usw.

369/611 Staat.

Der christliche und selbst der judäische Staat haben nur Gott zum Herrn gehabt, wie der Jude Philon in *Über die Monarchie* hervorhebt.

Wenn sie kämpften, so geschah das nur um Gottes willen, und sie hofften grundsätzlich nur auf Gott. Sie hielten ihre Städte nur für Gottes Eigentum und bewahrten sie für Gott. 1. Chronik 19,13.

370/480 Um zu bewirken, dass die Glieder glücklich sind, müssen sie einen Willen haben und diesen auf den Leib ausrichten.

371/473 Man stelle sich einen Leib aus lauter denkenden Gliedern vor.

372/483 Ein Glied zu sein bedeutet, Leben, Dasein und Bewegung nur durch den Geist des Leibes zu haben. Und für den Leib hat das abgetrennte Glied, das den Leib, zu dem es gehört, nicht mehr erkennt, nur noch ein vergehendes und sterbendes Dasein. Dennoch glaubt es, ein Ganzes zu sein, und da es für sich keinen Leib erkennt, von dem es abhängen könnte, glaubt es, nur von sich selbst abzuhängen, und es will sich selbst zum Mittelpunkt und Leib machen. Da es aber in sich selbst kein Lebensprinzip besitzt, geht es nur in die Irre und erstaunt über die Ungewissheit seines Daseins, es fühlt deutlich, dass es kein Leib ist, und erkennt trotzdem nicht, dass es das Glied eines Leibes ist. Sollte es schließlich sich selbst verstehen lernen, so ist es gleichsam zu sich selbst heimgekehrt und liebt sich selbst nur noch um des Leibes willen. Es bedauert seine früheren Verirrungen.

Seiner Natur gemäß könnte es etwas anderes nur seinetwegen, und um es sich dienstbar zu machen, lieben, weil jedes Ding sich selbst über alles liebt.

Indem es jedoch den Leib liebt, liebt es sich selbst, weil es ein Dasein nur in ihm, durch ihn und für ihn hat. *Qui adhaeret deo unus spiritus est.* (»Wer aber dem Herrn anhangt, der ist ein Geist mit ihm.« 1. Kor 6,17.)

Der Leib liebt die Hand, und wenn die Hand einen Willen hätte, müsste sie sich auf die gleiche Art lieben, wie die Seele sie liebt; jede Liebe, die darüber hinausgeht, ist ungerecht.

Adhaerens deo unus spiritus est. (»Wer aber dem Herrn anhangt, der ist ein Geist mit ihm.« 1. Kor 6,17.) Man liebt sich, weil man ein Glied Jesu Christi ist; man liebt Jesus Christus, weil er der Leib ist, zu dessen Gliedern man gehört. Alles ist eins. Das eine ist im anderen wie die drei Personen der Dreieinigkeit.

373/476 Man soll allein Gott lieben und allein sich selbst hassen.

Wenn dem Fuß immer unbekannt geblieben wäre, dass er zum Leib gehört und dass es einen Leib gibt, von dem er abhängt, wenn er nur sich selbst kennen und lieben gelernt hätte und nun erfahren sollte, dass er zu einem Leib gehört, von dem er abhängt, welche Reue und welche Bestürzung über sein früheres Leben empfände er, dem Leib unnütz gewesen zu sein, der ihm das Leben eingegeben hat, der ihn vernichtet hätte, wenn er ihn verworfen und von sich gelöst hätte, wie er selbst sich von ihm gelöst hatte. Welch inständige Bitten brächte er vor, um weiter in ihm erhalten zu bleiben! Und mit welcher Ergebenheit würde er sich von dem Willen beherrschen lassen, der den Leib lenkt, so weit, dass er damit einverstanden wäre, abgetrennt zu werden, wenn es sein müsste! Oder er würde seine Eigenschaft eines Gliedes verlieren; denn jedes Glied muss bereitwillig um des Leibes willen zugrunde gehen, der das Einzige ist, um dessentwillen alles ist.

374/475 Wenn Füße und Hände einen eigenen Willen hätten, so verhielten sie sich nur ihrer Ordnung gemäß, wenn sie diesen eigenen Willen dem Hauptwillen, der den ganzen Leib lenkt, unterwürfen. Wenn sie davon abweichen, bringt es ihnen Unordnung und Unglück; wenn sie aber nur das Wohl des Leibes wollen, sorgen sie für ihr eigenes Wohl.

375/503 Die Philosophen haben die Laster geweiht, indem sie diese Gott selbst zuschrieben; die Christen haben die Tugenden geweiht.

376/484 Zwei Gesetze genügen, um das ganze christliche Gemeinwesen besser als mit allen politischen Gesetzen zu ordnen.

27 Schlussfolgerung

377/280 Wie weit ist es doch von der Gotteserkenntnis bis zur Gottesliebe.

378/470 Wenn ich ein Wunder gesehen hätte, sagen sie, würde ich mich bekehren. Wie können sie versichern, dass sie etwas tun würden, was ihnen unbekannt ist. Sie bilden sich ein, diese Bekehrung bestehe darin, Gott anzubeten, als wäre man mit ihm in einer Beziehung und einem Gespräch, wie sie es sich vorstellen. Die wahrhaftige Bekehrung besteht darin, sich vor diesem höchsten Wesen, das man so oft erzürnt hat und das euch von Rechts wegen jederzeit verderben kann, zu demütigen und anzuerkennen, dass man ohne es nichts vermag und dass man von ihm nichts als Ungnade verdient hat. Sie besteht in der Erkenntnis, dass es einen unüberwindlichen Gegensatz zwischen Gott und uns gibt und dass es ohne einen Mittler keine Beziehung mit ihm geben kann.

379/825 Die Wunder dienen nicht zur Bekehrung, sondern zur Verdammnis (Thomas von Aquin, *Summa theologica*, 1. Teil, Frage 113, Artikel 10, ad 2).

380/284 Wundert euch nicht, wenn ihr seht, dass einfältige Leute glauben, ohne vernünftig zu überlegen. Gott gibt ihnen, dass sie ihn lieben und sich selbst hassen. Er neigt ihr Herz zum Glauben. Niemals wird man mit heilsamer und treuer Zuversicht glauben, wenn Gott nicht das Herz dazu neigt, und sobald er es dazu neigt, wird man glauben.

Und das wusste David genau. *Inclina cor meum, Deus, in* (»Neige mein Herz, Gott, zu [deinen Zeugnissen]«, Ps 119,36) usw.

381/286 Diejenigen, die glauben, ohne die Testamente gelesen zu haben, glauben, weil sie eine innere, zutiefst heilige Anlage dazu haben und weil das, was sie von unserer Religion hören, damit übereinstimmt. Sie fühlen, dass ein Gott sie geschaffen hat. Sie wollen allein Gott lieben, sie wollen allein sich selbst hassen. Sie fühlen, dass sie von sich aus dazu nicht die Kraft haben, dass sie unfähig sind, zu Gott zu gelangen, und dass sie, wenn Gott nicht zu ihnen kommt, jeder Gemeinschaft mit ihm unfähig sind, und sie hören in unserer Religion, dass man allein Gott lieben und allein sich selbst hassen solle, da aber alle verderbt und unfähig seien, zu Gott zu gelangen, sei Gott Mensch geworden, um sich mit uns zu vereinigen. Mehr ist nicht nötig, um Menschen zu überzeugen, die diese Anlage im Herzen tragen und die eine derartige Kenntnis von ihrer Pflicht und ihrem Unvermögen haben.

382/287 Erkenntnis Gottes.

Diejenigen, die, wie wir sehen, Christen sind, ohne dass sie Weissagungen oder Beweise kennen, urteilen dennoch ebensogut darüber wie diejenigen, die derartige Kenntnisse haben. Sie urteilen darüber mit dem Herzen, wie die anderen darüber mit dem Geist urteilen. Gott selbst neigt sie zum Glauben, und daher sind sie sehr wirksam überzeugt.

(Man wird sagen, dass diese Art, darüber zu urteilen, nicht sicher sei und dass die Häretiker und die Ungläubigen irregehen, indem sie diesem Weg folgen.)

(Man wird antworten, dass die Häretiker und die Ungläubigen dasselbe sagen; doch hierauf antworte ich, dass wir Beweise haben, wie Gott wahrhaftig jene, die er liebt, prägt und dazu neigt, an die christliche Religion zu glauben, und dass die Ungläubigen keinen Beweis für ihre Behauptungen haben, und wenn daher unsere Lehrsätze im Wortlaut ähnlich sind, so unterscheiden sie sich darin, dass dem einen jeder Beweis fehlt und der andere sehr zuverlässig bewiesen ist.)

(Eorum qui amant. [»⟨Es möge wohl gehen⟩ denen, die ⟨dich⟩ lieben!« Ps 122,6.] – *Gott neigt das Herz jener, die er liebt. – Deus inclina corda eorum.* [»Neige ihre Herzen, Gott.«] – *Jenen, der ihn liebt. – Jenen, den er liebt.)*

Ich gestehe gern, dass einer von diesen Christen, die ohne Beweise glauben, vielleicht nichts hat, womit er einen Ungläubigen überzeugen kann, der von sich aus ebenso viel sagen mag, doch diejenigen, welche die Beweise für die Religion kennen, werden unschwer beweisen, dass dieser Gläubige wahrhaftig von Gott inspiriert wird, mag dieser es auch nicht selbst beweisen können.

Denn da Gott durch seine Propheten gesagt hat (die unstreitig Propheten sind), dass er im Reiche Jesu Christi seinen Geist über die Heiden ausgießen wollte und dass die Söhne, die Töchter und die Kinder der Kirche weissagen sollten (Joel 3,1), gibt es keinen Zweifel, dass der Geist Gottes auf jenen ruht und durchaus nicht bei den anderen ist.

Abteilung II

Nichteingeordnete Papiere

Serie I

383/197 So unempfindlich zu sein, dass man die interessanten Dinge geringschätzt, und dem Gegenstand gegenüber unempfindlich zu werden, der uns am meisten interessiert.

384/630 Die Makkabäer, nachdem es keine Propheten mehr gehabt hatte.

Die Massoreten nach Jesus Christus.

385/707 Doch es reichte nicht aus, dass es diese Prophezeiungen gab, sie mussten auch noch an allen Orten verbreitet und in allen Zeiten bewahrt werden.

Und damit man sein Kommen nicht für eine Fügung des Zufalls hielte, musste es vorausgesagt werden.

Es ist viel ruhmvoller für den Messias, dass sie die Zuschauer und selbst die Werkzeuge seines Ruhms sind, und noch dazu, dass Gott sie dafür vorbehalten hat.

386/203 *Fascinatio nugacitatis.* (»[Denn] die bösen Beispiele verführen und verderben [einem das Gute]«, Weish 4,12.)

Damit die Leidenschaft nicht schaden kann, sollen wir so handeln, als gäbe es nur acht Lebenstage.

387/241 Ordnung.

Ich hätte viel größere Angst, wenn ich mich irrte und

entdeckte, dass die christliche Religion wahr ist, als wenn ich mich irrte, indem ich sie wahr glaubte.

388/740 Die beiden Testamente schauen auf Jesus Christus, das Alte in seiner Erwartung und das Neue auf sein Vorbild, alle beide schauen auf ihn als ihren Mittelpunkt.

389/794 Warum ist Jesus Christus nicht auf sichtbare Art erschienen, anstatt den Beweis für sich selbst aus den vorhergehenden Weissagungen herzuleiten?

Warum hat er sich in Bildern voraussagen lassen!

390/617 Beständigkeit.

Man bedenke, dass die Erwartung oder die Anbetung des Messias von Anbeginn der Welt ununterbrochen fortbestanden hat, dass sich Menschen fanden, die gesagt haben, Gott hätte ihnen offenbart, dass ein Erlöser geboren werden müsse, der sein Volk erretten werde. Dass darauf Abraham gekommen ist und gesagt hat, ihm sei offenbart worden, dass jener aus der Nachkommenschaft eines seiner Söhne geboren werde, und dass Jakob erklärt hat, von seinen zwölf Söhnen werde es Juda sein, von dem er geboren werde, dass Moses und seine Propheten darauf gekommen sind und die Zeit und die Art seines Erscheinens erklärt haben. Dass sie gesagt haben, das Gesetz, das sie hätten, bestehe nur so lange, wie man jenes des Messias erwarte, bis zu ihm werde es sich fortdauernd erhalten, das andere aber werde ewiglich währen, dass also ihr Gesetz oder dasjenige des Messias, wofür das erste die Verheißung war, immer auf Erden bestehen werde und dass es tatsächlich immer bestanden hat, dass schließlich Jesus Christus mit allen vorausgesagten Begleitumständen gekommen ist. Das ist bewundernswert.

391/749 Wenn das den Juden so klar vorausgesagt ist, wie kommt es dann, dass sie nicht daran geglaubt haben, oder warum sind sie nicht ausgerottet worden, weil sie sich einer so klaren Sache widersetzten? Ich antworte: Zuerst einmal ist es vorausgesagt worden, sowohl, dass sie nicht an eine so klare Sache glauben würden, wie auch, dass sie nicht ausgerottet würden. Und nichts ist ruhmvoller für den Messias, denn es reichte nicht aus, dass es Propheten gegeben hatte, ihre Weissagungen mussten auch frei von jedem Verdacht bewahrt werden, nun aber … usw.

392/644 Bilder.

Da Gott sich ein heiliges Volk schaffen wollte, das er von allen anderen Nationen absondern und von seinen Feinden befreien, es in eine Ruhestätte führen würde, hat er verheißen, es zu tun, und hat durch seine Propheten die Zeit und die Art seines Kommens vorausgesagt. Um jedoch die Hoffnung seiner Auserwählten in allen Zeiten zu stärken, hat er sie dessen Bild schauen lassen, ohne ihnen jemals Zusicherungen seiner Macht und seines Willens für ihr Heil vorzuenthalten, denn mit der Erschaffung des Menschen war Adam dessen Zeuge und der Bewahrer der Verheißung des Erlösers, der vom Weibe geboren werden sollte.

Als die Menschen der Schöpfung noch so nahe waren, dass sie ihre Schöpfung und ihren Sündenfall nicht vergessen haben konnten, und als diejenigen, die Adam gesehen hatten, nicht mehr auf der Welt waren, hat Gott Noah gesandt und, während er die ganze Erde überschwemmte, ihn durch ein Wunder errettet, das sowohl die Macht zur Genüge bezeichnete, die er hatte, die Welt zu retten, als auch den Willen, den er hatte, es zu vollbringen und aus der Nachkommenschaft des Weibes jenen geboren werden zu lassen, den er verheißen hatte.

Dieses Wunder genügte, um die Hoffnung der (Auserwählten) zu stärken.

Als die Erinnerung an die Sintflut bei den Menschen noch so frisch war, da Noah noch lebte, gab Gott Abraham seine Verheißungen, und da Sem noch lebte, sandte Gott Moses usw.

393/442 Die wahre Natur des Menschen, sein wahres Glück, die wahre Tugend und die wahre Religion sind Dinge, deren Erkenntnis sich nicht trennen lässt.

394/288 Anstatt euch zu beklagen, dass Gott sich verborgen hat, werdet ihr ihm Dank sagen, dass er sich so sehr offenbart hat, und ihr werdet ihm auch noch Dank sagen, dass er sich nicht den hochmütigen Weisen offenbart hat, die unwürdig sind, einen so heiligen Gott zu erkennen.

Zwei Arten von Menschen gelangen zur Erkenntnis, diejenigen, die demütigen Herzens sind und die ihre Niedrigkeit lieben, auf welch hoher oder niedriger Geistesstufe sie auch stehen mögen, oder diejenigen, die genügend Geist haben, um die Wahrheit zu sehen, welche Einwände sie auch gegen sie haben.

395/478 Wenn wir an Gott denken wollen, gibt es da nichts, was uns ablenkt, was uns in Versuchung führt, an etwas anderes zu denken? All dies ist böse und wird mit uns geboren.

396/471 Es ist unrecht, dass man sich an mich anschließt, wenn man es auch gern und freiwillig tut. Ich würde jene enttäuschen, bei denen ich ein solches Verlangen weckte, denn ich kann niemandem als Endziel dienen und habe nichts, womit ich sie zufriedenstellen könnte. Bin ich nicht auf den Tod vorbereitet? Damit wird ja der Gegenstand ihrer Anhänglichkeit sterben. Wie ich also schuldig wäre, wenn ich den Glauben an etwas Falsches verbreitete, obwohl ich dazu im Guten überredete und man es gern glaubte und mir damit eine Freude bereitete; ebenso schuldig bin ich, wenn ich mich lieben lasse. Und wenn ich die Leute dafür gewinne, sich mir anzuschließen, muss ich diejenigen, die bereit wären, eine Lüge zu billigen, warnen, dass sie nicht an sie glauben dürfen, welchen Vorteil mir das auch immer einbringen könnte; und ebenso dürfen sie sich nicht an mich anschließen, denn sie sollen ihr Leben und ihre Bemühungen darauf verwenden, Gott zu gefallen oder ihn zu suchen.

Mademoiselle Périer hat das Original dieses Schreibens.

397/426 Da er die wahre Natur verloren hat, wird alles zu seiner Natur, wie auch, da er das wahrhaftige Glück verloren hat, alles zu seinem wahrhaftigen Glück wird.

398/525 Die Philosophen haben in ihren Vorschriften keine Gefühle bestimmt, die ein angemessenes Verhältnis zu den beiden Zuständen des Menschen haben.

Sie wollten Regungen reiner Größe wecken, und das ist nicht der Zustand des Menschen.

Sie wollten Regungen reiner Niedrigkeit wecken, und das ist nicht der Zustand des Menschen.

Regungen der Niedrigkeit sind nicht der Natur, sondern der Reue wegen notwendig, und nicht, um dabei stehenzubleiben, sondern, um sich der Größe zuzuwenden. Regungen der Größe sind nicht des Verdienstes, sondern der Gnade wegen notwendig, und das, nachdem man die Niedrigkeit hinter sich gebracht hat.

399/438 Wenn der Mensch nicht zu Gott geschaffen ist, warum ist er dann nur in Gott glücklich?

Wenn der Mensch zu Gott geschaffen ist, warum steht er dann in solchem Widerspruch zu Gott?

400/427 Der Mensch weiß nicht, welchen Platz er einnehmen soll, er hat sich offensichtlich verirrt und ist von seinem wahren Ort herabgesunken, ohne ihn wiederfinden zu können. Ruhelos und ohne Erfolg sucht er ihn überall in einer unergründlichen Finsternis.

401/437 Wir sehnen uns nach der Wahrheit und finden in uns nur Ungewissheit.

Wir streben nach dem Glück und finden nur Elend und Tod.

Wir sind unfähig, uns nicht nach Wahrheit und Glück zu sehnen, und wir sind der Gewissheit wie des Glücks unfähig.

Dieses Verlangen ist uns erhalten geblieben, um uns zu bestrafen, und auch, um uns empfinden zu lassen, von welchem Ort wir herabgesunken sind.

402/290 Beweise für die Religion.

Moral. / Lehre. / Wunder. / Prophezeiungen. / Bilder.

403/174 Elend.

Salomo und Hiob haben das Elend des Menschen am besten erkannt und am besten darüber gesprochen, der eine war der glücklichste Mensch und der andere der unglücklichste. Der eine kannte aus Erfahrung die Eitelkeit der Freuden, der andere die Wirklichkeit der Übel.

404/424 Alle diese Widersprüche, die mich am weitesten von der Kenntnis einer Religion zu entfernen schienen, haben mich gerade am ehesten zur wahrhaftigen Religion geführt.

405/421 Ich tadele gleichermaßen diejenigen, die sich entschließen, den Menschen zu loben, wie auch diejenigen, die sich entschließen, ihn zu tadeln, und diejenigen, die sich entschließen, sich zu zerstreuen, und ich kann nur denjenigen zustimmen, die unter Klagen suchen.

406/395 Instinkt, Vernunft.

Wir sind unfähig, Beweise zu liefern, das kann der ganze Dogmatismus nicht widerlegen.

Wir haben eine Vorstellung von der Wahrheit, die der ganze Pyrrhonismus nicht widerlegen kann.

407/465 Die Stoiker sagen: Haltet Einkehr in euch selbst, dort werdet ihr eure Ruhe finden. Und das ist nicht wahr.

Die anderen sagen: Geht nach außen und sucht das Glück in einer Zerstreuung. Und das ist nicht wahr: Die Krankheiten kommen.

Das Glück ist weder außerhalb von uns noch in uns; es ist in Gott und sowohl außerhalb von uns als auch in uns.

408/74 Ein Brief über die Torheit der menschlichen Wissenschaft und der Philosophie.

Diesen Brief vor die Zerstreuung stellen.

Felix qui potuit. (»Glücklich [der Mensch], der [das Wesen der Welt zu erfassen] vermochte«, Vergil, *Georg.* II,490.)

Felix nihil admirari. (»Glücklich, nichts zu bewundern«, nach: Horaz, *Epist.* I, VI,1.)

280 Arten des höchsten Gutes bei Montaigne.

409/220 Unwahrhaftigkeit der Philosophen, die nicht die Unsterblichkeit der Seele erörterten.

Unwahrhaftigkeit ihres Dilemmas bei Montaigne.

410/413 Dieser innere Krieg der Vernunft gegen die Leidenschaften hat dazu geführt, dass diejenigen, die Frieden haben wollten, sich in zwei Parteien geteilt haben. Die einen wollten den Leidenschaften entsagen und Götter werden, die anderen wollten der Vernunft entsagen und unvernünftige Tiere werden. Des Barreaux. Doch die einen und auch die anderen haben ihre Absicht nicht erreicht, und die Vernunft besteht unablässig weiter, sie klagt die Niedrigkeit und die Ungerechtigkeit der Leidenschaften an und stört die Ruhe jener, die sich ihnen hingeben. Und die Leidenschaften sind stets in denjenigen lebendig, die ihnen entsagen wollen.

411/400 Größe des Menschen.

Wir haben eine so große Vorstellung von der Seele des Menschen, dass wir es nicht ertragen können, von einer Seele verachtet und nicht von ihr geschätzt zu werden. Und das ganze Glück der Menschen besteht in dieser Wertschätzung.

412/414 Die Menschen sind so unfehlbar Narren, dass es einer andersartigen Narrheit wegen närrisch sein hieße, wenn man kein Narr wäre.

413/162 Wer die Eitelkeit des Menschen vollständig erkennen will, braucht nur die Ursachen und die Wirkungen der Liebe zu bedenken. Ihre Ursache ist ein »gewisses Etwas«. Corneille. Und ihre Wirkungen sind entsetzlich. Dieses »gewisse Etwas«, eine so unbedeutende Sache, dass man sie nicht erkennen kann, erschüttert die ganze Erde, die Fürsten, die Armeen, alle Welt.

Wenn die Nase der Kleopatra kürzer gewesen wäre, hätte das Gesicht der Erde sich vollständig verwandelt.

414/171 Elend.

Das Einzige, was uns über unser Elend hinwegtröstet, sind die Zerstreuungen. Und doch sind sie unser größtes Elend. Denn gerade sie sind das Haupthindernis, wenn wir über uns selbst nachdenken wollen, und sie stürzen uns unmerklich ins Verderben. Ohne Zerstreuungen litten wir an Langeweile, und diese Langeweile würde uns drängen, ein zuverlässigeres Mittel zu suchen, um uns davon zu befreien; die Zerstreuungen aber unterhalten uns und lassen uns unmerklich dem Tode anheimfallen.

415/130 Unruhe.

Wenn ein Soldat sich über die Mühe beklagt, die er zu bestehen hat, oder ein Ackersmann usw., so soll man sie ohne jede Tätigkeit lassen.

416/546 Die Natur ist verderbt.

Ohne Jesus Christus ist der Mensch notwendig in Sünde und Elend. Mit Jesus Christus ist der Mensch frei von Sünde und Elend.

In ihm sind all unsere Tugend und all unser Glück.

Ohne ihn gibt es nur Sünde, Elend, Verirrung, Finsternis, Tod und Verzweiflung.

417/548 Wir erkennen nicht allein Gott nur durch Jesus Christus, sondern wir erkennen auch uns selbst nur durch Jesus Christus; wir erkennen Leben und Tod nur durch Jesus Christus. Ohne Jesus Christus wissen wir nicht, was unser Leben und unser Tod, was Gott und wir selbst sind.

So erkennen wir nichts ohne die Heilige Schrift, die nur Jesus Christus zum Gegenstand hat, und sehen nur Dunkelheit und Verwirrung in der Natur Gottes und in der eigenen Natur.

Serie II

418/233 Das unendliche Nichts.

Unsere Seele ist in den Körper gestoßen, wo sie Zahl, Zeit und Ausdehnung vorfindet; sie denkt darüber nach und nennt das Natur und Notwendigkeit, und sie kann nichts anderes glauben.

Wenn man dem Unendlichen eine bestimmte Einheit hinzufügt, vergrößert diese es um nichts, nicht mehr als dies ein Fuß bei einem unendlichen Maß tut; das Endliche verschwindet vor dem Unendlichen und wird zu einem bloßen Nichts. So ist es mit unserem Geist vor Gott, so ist es mit unserer Gerechtigkeit vor der göttlichen Gerechtigkeit. Es gibt kein so großes Missverhältnis zwischen unserer Gerechtigkeit und jener Gottes wie zwischen einer Einheit und dem Unendlichen.

Gottes Gerechtigkeit muss unermesslich wie seine Barmherzigkeit sein. Nun ist aber die Gerechtigkeit den Verworfenen gegenüber weniger unermesslich, und sie muss weniger Anstoß erregen als die Barmherzigkeit den Auserwählten gegenüber.

Wir erkennen, dass es ein Unendliches gibt, und sein Wesen ist uns unbekannt; so wissen wir auch, dass es falsch ist, wenn man die Zahlen als endlich bezeichnet. Also ist es wahr, dass es bei den Zahlen ein Unendliches gibt, wir wissen aber nicht, was es ist. Es ist falsch, dass es eine gerade Zahl sei, und es ist falsch, dass es eine ungerade Zahl sei, denn fügt man ihm eine bestimmte Einheit hinzu, verändert es sein Wesen nicht. Trotzdem ist es eine Zahl, und jede Zahl ist gerade oder ungerade. Allerdings gilt das nur für jede endliche Zahl.

Also kann man sehr wohl erkennen, dass es einen Gott gibt, ohne zu wissen, was er ist.

Gibt es keine wesentliche Wahrheit, wenn man so viele wahre Dinge sieht, die doch nicht die Wahrheit selbst sind?

Wir erkennen also die Existenz und das Wesen des Endlichen, weil wir wie es selbst endlich sind und eine Ausdehnung haben.

Wir erkennen die Existenz des Unendlichen, und sein Wesen ist uns unbekannt, weil es wie wir eine Ausdehnung, aber keine Grenzen wie wir hat.

Wir erkennen jedoch weder die Existenz noch das Wesen Gottes, weil er keine Ausdehnung und keine Grenzen hat.

Durch den Glauben aber erkennen wir seine Existenz, und durch die Seligkeit werden wir sein Wesen erkennen.

Nun habe ich aber schon gezeigt, dass man sehr wohl die Existenz einer Sache erkennen kann, ohne ihr Wesen zu erkennen. Umwenden.

Sprechen wir jetzt so, wie es dem natürlichen Erkenntnisvermögen entspricht.

Wenn es einen Gott gibt, so ist er unendlich unbegreiflich, denn da er ja keine Teile und keine Grenzen hat, steht er in keinem Verhältnis zu uns. Wir sind also unfähig zu erkennen, was er ist und ob er ist. Wer wird es wagen, da dem so ist, die Lösung dieser Frage zu versuchen? Nicht wir, die in keinem Verhältnis zu ihm stehen.

Wer wird also die Christen tadeln, dass sie ihren Glauben nicht begründen können, sie, die sich ja gerade zu einer Religion bekennen, die sie nicht begründen können; wenn sie diese der Welt vortragen, erklären sie, dass sie eine Torheit, *stultitiam* (Torheit), ist, und dann beklagt Ihr Euch, dass sie keine Beweise für sie haben. Wenn sie diese bewiesen, würden sie nicht Wort halten. Gerade, da es ihnen an einem Beweis fehlt, fehlt es ihnen nicht an Urteilsvermögen. Ja, mag das auch diejenigen entschuldigen, die sie solcherart darbieten, und sie von dem Tadel befreien, dass sie diese ohne Vernunft vorführen, so entschuldigt es nicht diejenigen, die sie annehmen. Prüfen wir also diesen

Punkt. Und sagen wir: Gott ist, oder er ist nicht. Welcher Seite aber werden wir uns zuneigen? Die Vernunft kann dabei nichts ermitteln. Ein unendliches Chaos trennt uns davon. Man spielt ein Spiel auf das Ende dieser unendlichen Entfernung hin, wo sich entweder Bild oder Schrift zeigen werden. Was werdet Ihr wetten? Mit der Vernunft könnt Ihr nicht das eine und auch nicht das andere bewirken; mit der Vernunft könnt Ihr keins von beiden unwirksam machen.

Werft also nicht jenen Unwahrhaftigkeit vor, die eine Wahl getroffen haben, denn Ihr wisst nichts darüber. Nein, aber ich werde ihnen nicht vorwerfen, dass sie diese Wahl, sondern überhaupt eine Wahl getroffen haben, denn der eine, der sich für Bild entscheidet, ist gleichwohl ebenso wie der andere im Irrtum, sie haben alle beide unrecht; das Richtige ist, überhaupt nicht zu wetten.

Ja, aber man muss wetten. Das ist nicht freiwillig, Ihr seid mit hineingezogen. Wofür entscheidet Ihr Euch also? Prüfen wir nach; da man ja wählen muss, prüfen wir nach, was am wenigsten in Eurem Interesse liegt. Ihr habt zwei Dinge zu verlieren: das Wahre und das Gute, und zwei Dinge einzusetzen: Eure Vernunft und Euren Willen, Eure Erkenntnis und Eure Seligkeit, und Eure Natur hat zwei Dinge zu meiden: Irrtum und Elend. Eure Vernunft wird nicht schlimmer verletzt, weil man ja unbedingt wählen muss, wenn Ihr das eine eher als das andere wählt. Damit ist ein Punkt klargelegt. Aber Eure Seligkeit? Wägen wir Gewinn und Verlust, wenn wir uns für Bild entscheiden, dass Gott ist. Schätzen wir diese beiden Fälle ein: Wenn Ihr gewinnt, so gewinnt Ihr alles, und wenn Ihr verliert, so verliert Ihr nichts: Wettet also, ohne zu zögern, dass er ist. Das ist bewundernswert. Ja, man muss wetten, aber ich wette vielleicht zu hoch. Prüfen wir nach, weil es ja gleiche Aussichten auf Gewinn und Verlust gibt, wenn Ihr nur zwei Leben für eines zu gewinnen hättet, so könntet Ihr noch wetten, wenn es aber drei zu gewinnen gäbe?

Man sollte spielen (da Ihr ja genötigt seid zu spielen), und wenn Ihr gezwungen seid zu spielen, wäret Ihr unklug, Euer Leben nicht einzusetzen, um drei bei einem Spiel zu gewinnen, wo es gleiche Aussichten auf Verlust und Gewinn gibt. Aber es gibt ein ewiges glückliches Leben zu gewinnen. Und da dem so ist – wenn es unendlich viele Aussichten gäbe, von denen eine einzige für Euch wäre –, hättet Ihr immer noch recht, eines zu wetten, um zwei zu erhalten, und da Ihr verpflichtet seid zu spielen, handelt Ihr unvernünftig, falls Ihr es ablehnt, ein Leben für drei bei einem Spiel einzusetzen, wo es unter unendlich vielen Aussichten eine für Euch gibt, wenn es unendlich viele von unendlich glücklichen Leben zu gewinnen gäbe. Aber hier gibt es ja auch unendlich viele von unendlich glücklichen Leben zu gewinnen, es gibt eine Aussicht auf Gewinn gegenüber einer endlichen Zahl von Aussichten auf Verlust, und was Ihr einsetzt, ist endlich. Das hebt überall dort jede Entscheidung auf, wo das Unendliche ist und wo es nicht unendlich viele Aussichten auf Verlust gegenüber jener auf Gewinn gibt. Man darf nicht zögern, man muss alles aufwenden. Und wenn man also gezwungen ist zu spielen, muss man der Vernunft entsagen, um das Leben zu bewahren, oder es vielmehr für den unendlichen Gewinn einsetzen, der ebenso augenblicklich eintreffen kann wie der Verlust jener Nichtigkeit.

Denn es nützt nichts zu sagen, es sei ungewiss, ob man

gewinnen werde, und es sei gewiss, dass man etwas aufs Spiel setze, und der unendliche Unterschied, der bestehe zwischen der Gewissheit dessen, was man gefährde, und der Ungewissheit dessen, was man gewinnen werde, stelle das endliche Gut, das man gewiss gefährde, dem unendlichen gleich, das ungewiss sei. Dem ist nicht so. Jeder Spieler wagt mit Gewissheit, um mit Ungewissheit zu gewinnen, und dennoch wagt er mit Gewissheit das Endliche, um mit Ungewissheit das Endliche zu gewinnen, ohne sich an der Vernunft zu versündigen. Es gibt keinen unendlichen Unterschied zwischen dem, was man gewiss gefährdet, und der Ungewissheit des Gewinns: Das ist falsch. Allerdings gibt es einen unendlichen Unterschied zwischen der Gewissheit zu gewinnen und der Gewissheit zu verlieren, doch die Ungewissheit zu gewinnen steht in einem angemessenen Verhältnis zu der Gewissheit dessen, was man gefährdet, wie es dem Verhältnis der Aussichten auf Gewinn und Verlust entspricht. Und daher kommt es, dass, wenn es ebenso viele Aussichten auf der einen Seite wie auf der anderen gibt, die Chancen im Spiel auf beiden Seiten gleichstehen. Und dann ist die Gewissheit, dass man sich gefährdet, der Ungewissheit des Gewinns gleich und weit entfernt davon, etwa unendlich von ihr verschieden zu sein. Und darum besitzt unser Angebot eine unendliche Kraft, wenn man das Endliche bei einem Spiel zu wagen hat, wo es gleiche Aussichten auf Gewinn und Verlust gibt und man das Unendliche gewinnen kann.

Das ist beweiskräftig, und wenn die Menschen einige Wahrheiten aufnehmen können, diese ist eine davon.

Ich gestehe es ein, ich gebe es zu, aber besteht nicht außerdem eine Möglichkeit, die verdeckte Seite des Spiels zu sehen? Ja, die Heilige Schrift und das Übrige usw. Ja, aber mir sind die Hände gebunden, und mein Mund ist stumm, man zwingt mich zu wetten, und ich bin nicht frei, man macht mich nicht los, und ich bin so beschaffen, dass ich nicht glauben kann. Was soll ich also nach Eurer Meinung tun? – Das ist wahr, doch begreift wenigstens, dass Eure Unfähigkeit zu glauben von Euren Leidenschaften kommt. Da die Vernunft Euch ja dazu bewegt und Ihr es dennoch nicht erreichen könnt, bemüht Euch also, Euch nicht durch Vermehrung der Gottesbeweise, sondern durch Verminderung Eurer Leidenschaften zu überzeugen. Ihr wollt zum Glauben gelangen, und Ihr wisst den Weg zu ihm nicht. Ihr wollt Euch vom Unglauben heilen, und Ihr fragt nach den Mitteln dafür: Lernt von denjenigen usw., die wie Ihr gebunden waren und die nun ihr ganzes Gut einsetzen. Es sind Leute, die diesen Weg kennen, dem Ihr folgen möchtet, und sie sind von einem Übel geheilt, von dem auch Ihr genesen wollt; befolgt die Art, in der sie begonnen haben. Das heißt, sie handelten in allem so, als glaubten sie, sie gebrauchten Weihwasser, ließen Messen lesen usw. Ganz natürlich wird Euch eben das Gleiche zum Glauben führen und Euren Verstand demütigen. Aber gerade das fürchte ich ja. – Und warum? Was habt Ihr zu verlieren? Doch um Euch zu zeigen, dass dieser Weg zum Glauben führt: Das lässt die Leidenschaften abnehmen, die Euch so stark behindern, usw.

Ende dieses Gesprächs:

Welches Übel wird Euch nun aber daraus erwachsen, wenn Ihr diesen Entschluss fasst? Ihr werdet getreu, redlich, demütig, dankbar, wohltätig, ein aufrichtiger, wahrer Freund sein … Freilich werdet Ihr ohne vergiftete Freuden sein, ohne Ruhm und Vergnügungen, doch habt Ihr dafür nicht andere Freuden?

Ich sage Euch, dass Ihr dabei in diesem Leben gewinnt und dass Ihr bei jedem Schritt, den Ihr auf diesem Weg tut, die so große Gewissheit des Gewinns und die so große Nichtigkeit dessen, was Ihr aufs Spiel setzt, sehen werdet, dass Ihr schließlich erkennt, Ihr habt Euch bei der Wette für etwas Gewisses und Unendliches entschieden, wofür Ihr nichts hergegeben habt.

Oh, diese Rede begeistert und entzückt mich usw. Wenn diese Rede Euch gefällt und sie Euch machtvoll scheint, so wisst, dass sie von einem Menschen verfasst wurde, der vorher und nachher auf die Knie gefallen ist, um dieses unendliche und unteilbare Wesen, dem er sein ganzes Wesen unterwirft, zu bitten, dass es sich auch zu Eurem eigenen Wohl und zu seinem Ruhm Euer Wesen unterwirft und dass sich so die Macht mit dieser Niedrigkeit vereinigt.

419/89 Die Gewohnheit ist unsere Natur. Wer sich an den Glauben gewöhnt, ist ihm treu und kann nicht mehr anders, als die Hölle zu fürchten, und er glaubt nicht an sonstige Dinge.

Wer sich daran gewöhnt zu glauben, dass der König schrecklich ist usw.

Wer bezweifelt also, da unsere Seele gewöhnt ist, Zahl, Raum und Bewegung zu erkennen, dass sie dies und nur dies glaubt.

420/231 Glaubt Ihr, es sei unmöglich, dass Gott unendlich und ohne Teile sei? Ja. Ich will Euch also eine unendliche und unteilbare Sache zeigen: nämlich einen Punkt, der sich überall mit unendlicher Geschwindigkeit bewegt.

Denn er ist ein und derselbe an allen Orten, und er ist voll und ganz an jeder Stelle.

Diese Naturerscheinung, die Ihr zuvor für unmöglich hieltet, soll Euch erkennen lassen, dass es andere geben kann, die Ihr noch nicht kennt. Zieht aus Euren ersten Lernversuchen nicht den Schluss, dass Euch nichts zu wissen übrigbleibt, sondern, dass Euch unendlich viel zu wissen übrigbleibt.

421/477 Es ist falsch, dass wir es wert seien, von den anderen geliebt zu werden. Es ist ungerecht, dass wir es wollen. Würden wir vernünftig und unvoreingenommen geboren und uns selbst und die anderen kennen, so gäben wir unserem Willen nicht diese Neigung ein. Wir werden indes mit ihr geboren, wir werden also ungerecht geboren.

Denn alles nimmt sich selbst zum Ziel: Das ist gegen alle Ordnung.

Man muss das Allgemeine zum Ziel nehmen, und die selbstsüchtige Neigung ist der Anfang aller Unordnung, im Krieg, in der Staatsverwaltung, in der Wirtschaft, im Körper des einzelnen Menschen.

Der Wille ist also verderbt. Wenn die Glieder der natürlichen und bürgerlichen Gemeinwesen das Wohl der Körperschaft zum Ziel nehmen, so müssen die Gemeinwesen selbst eine andere, allgemeinere Körperschaft zum Ziel nehmen, deren Glieder sie sind. Man muss also das Allgemeine zum Ziel nehmen. Wir werden also ungerecht und verderbt geboren.

421a/606 Keine andere Religion als die unsrige hat gelehrt, dass der Mensch in Sünde geboren wird, keine Philosophenschule hat es gesagt, keine hat also die Wahrheit gesagt.

Keine Schule und keine Religion außer der christlichen hat immer auf Erden bestanden.

422/535 Man ist denjenigen zu großem Dank verpflichtet, die vor Fehlern warnen, denn sie demütigen und belehren, dass man geringgeschätzt worden ist; sie verhindern nicht, dass man es nicht auch in Zukunft sein wird, denn man hat ja viele weitere Fehler, um es zu sein. Sie bereiten eine tätige Besserung und die Befreiung von einem Fehler vor.

423/277 Das Herz hat seine Vernunftgründe, welche die Vernunft nicht kennt; man erfährt es an tausend Dingen.

Ich sage, dass das Herz von Natur aus das höchste Wesen liebt, und es liebt sich selbst von Natur aus, je nachdem, wie es dem einen oder dem anderen nachgibt, und es verhärtet sich nach eigener Wahl gegen das eine oder das andere. Ihr habt das eine verworfen und das andere bewahrt; liebt Ihr Euch aus Vernunftgründen?

424/278 Das Herz und nicht die Vernunft nimmt Gott wahr. Das heißt glauben. Gott ist dem Herzen und nicht der Vernunft wahrnehmbar.

425/604 Die einzige Lehre, die gegen den gesunden Menschenverstand und die Natur der Menschen ist, hat es als einzige unter den Menschen immer gegeben.

426/542 Allein die christliche Religion macht den Menschen zugleich liebenswert und glücklich; einem Ehrenmann ist nicht gegeben, zugleich liebenswert und glücklich zu sein.

Serie III

427/194 ... Sollen sie doch wenigstens erfahren, welches die Religion ist, die sie bekämpfen, ehe sie diese bekämpfen. Wenn diese Religion sich rühmte, einen unmissverständlichen Gottesbegriff zu haben und ihn offen und unverschleiert zu besitzen, so hieße es sie bekämpfen, wenn man sagte, man sehe in der Welt nichts, was ihn mit dieser Gewissheit bezeuge. Da sie aber im Gegenteil sagt, dass die Menschen im Finsteren und fern von Gott wandeln, dass er sich ihrer Erkenntnis verborgen habe, dass gerade dies der Name sei, den er sich in der Heiligen Schrift gebe, *Deus absconditus* (»ein verborgener Gott«, Jes 45,15); und wenn sie sich doch schließlich bemüht, diese zwei Dinge gleichermaßen zu begründen, nämlich, dass Gott in der Kirche wahrnehmbare Zeichen gesetzt habe, damit er denjenigen erkennbar würde, die ihn aufrichtig suchten, und dass er sie indes so verhüllt habe, dass nur diejenigen ihn bemerken werden, die ihn von ganzem Herzen suchen – welchen Vorteil können sie also daraus ziehen, wenn sie in ihrer Unachtsamkeit bekennen, die Wahrheit zu suchen, und ausrufen, dass nichts sie ihnen zeige, da doch diese Dunkelheit, in der sie sich befinden und die sie der Kirche vorwerfen, lediglich einen der Grundsätze bestätigt, die sie verficht, ohne den anderen anzutasten, und auch ihre Lehre bestätigt, sie somit nicht im Entferntesten vernichtet?

Um sie zu bekämpfen, müssten sie schreien, dass sie alle ihnen möglichen Anstrengungen unternommen haben, um sie überall zu suchen, selbst darin, was die Kirche zur Belehrung anempfehle, dass sie aber nichts Befriedigendes gefunden haben. Sprächen sie so, würden sie allerdings eine von deren Behauptungen bekämpfen. Doch hoffe ich hier darzulegen, dass kein vernünftiger Mensch so sprechen kann; und ich wage sogar zu sagen, dass niemand es jemals getan hat. Man weiß hinlänglich, wie diejenigen handeln, die diese Geistesart haben. Sie glauben, sie hätten große Anstrengungen unternommen, um sich zu unterrichten, wenn sie einige Stunden auf die Lektüre irgendeines Buches der Heiligen Schrift verwandt und irgendeinen Geistlichen über die Glaubenswahrheiten befragt haben. Danach rühmen sie sich, sie hätten in den Büchern und bei den Menschen vergebens gesucht. Ich würde ihnen aber wahrhaftig sagen, was ich schon oft gesagt habe, dass eine derartige Nachlässigkeit unerträglich ist. Es handelt sich hier doch nicht um das unbedeutende Interesse irgendeines fremden Menschen, bei dem man so verfahren könnte; es handelt sich um uns selbst und um unser Alles.

Die Unsterblichkeit der Seele ist etwas so überaus Wichtiges für uns, das uns so tief berührt, dass man jedes Empfinden verloren haben muss, wenn man ihr gegenüber gleichgültig ist und nicht wissen will, wie es sich mit ihr verhält. Je nachdem, ob ewige Güter zu erhoffen sind oder nicht, müssen all unsere Handlungen und Gedanken so unterschiedliche Bahnen einschlagen, dass es unmöglich ist, einen sinnvollen und verständigen Schritt zu unternehmen, wenn man sich nicht nach der Ansicht zu diesem Punkt richtet, der unser letztes Ziel sein muss.

Unser wichtigstes Interesse und unsere wichtigste Pflicht sind also, uns über diesen Gegenstand aufzuklären, von dem unser ganzes Verhalten abhängt. Und deshalb mache ich unter denjenigen, die davon nicht überzeugt sind, einen außerordentlich großen Unterschied zwischen denen, die sich mit all ihrer Kraft bemühen, sich darüber zu unterrichten, und denen, die dahinleben, ohne sich darum zu sorgen und ohne daran zu denken.

Ich kann nur Mitleid mit denen haben, die, in diesem Zweifel befangen, aufrichtig seufzen und die ihn als das schlimmste Unglück ansehen, die nichts unversucht lassen, um ihn zu überwinden, und deshalb aus diesem Bemühen ihre wichtigste und ernsthafteste Beschäftigung machen.

Jene aber, die zeitlebens nie an dieses Endziel des Lebens denken und die aus dem einzigen Grunde, dass sie in sich selbst nicht die Einsichten finden, die sie davon überzeugen können, es versäumen, diese anderswo zu suchen und erschöpfend zu prüfen, ob diese Meinung zu denen gehört, die das Volk durch leichtgläubige Einfalt annimmt, oder zu denen, die, wenn sie auch an sich dunkel sind, dennoch eine sehr feste und unerschütterliche Grundlage haben – jene beurteile ich ganz anders.

Diese Gleichgültigkeit bei einer Angelegenheit, bei der es um sie selbst, um ihr ewiges Leben, um ihr Alles geht, bewegt mich eher zum Zorn als zum Mitleid; sie erstaunt mich und erschreckt mich: Das ist für mich etwas Ungeheuerliches. Ich sage dies nicht aus dem gottesfürchtigen Eifer einer geistlichen Frömmigkeit. Ich meine im Gegenteil, dass man dieses Gefühl auf der Grundlage des menschlichen Eigennutzes und aus dem Interesse der Eigenliebe haben muss: Hierfür braucht man nur zu erkennen, was die am wenigsten aufgeklärten Menschen erkennen.

Man braucht keine allzu überragende Seele zu haben, um zu verstehen, dass es hier auf Erden keine wahrhaftige und beständige Freude gibt, dass all unsere Vergnügungen nichts weiter als Blendwerk sind, dass unsere Leiden unendlich sind und dass schließlich der Tod, der uns jeden Augenblick bedroht, uns unausbleiblich nach wenigen Jahren in die entsetzliche Notlage bringen muss, auf ewig entweder vernichtet oder unglücklich zu werden.

Nichts ist wirklicher und nichts furchtbarer als dies. Geben wir uns für so unerschrocken aus, wie wir wollen: Dieses Ende ist für das schönste Leben der Welt zu erwarten. Hierüber soll man Betrachtungen anstellen und danach sagen, ob es nicht unzweifelhaft ist, dass es in diesem Leben nur ein Glück gibt, das in der Hoffnung auf ein anderes Leben besteht, dass man nur in dem Maße glücklich ist, wie man sich ihm nähert, und dass, wie es für jene kein Unglück mehr geben wird, die sich des ewigen Lebens ganz gewiss waren, es auch kein Glück für jene gibt, die es nicht im Geringsten erkannt haben.

Also ist es ganz gewiss ein großes Übel, in diesem Zweifel zu verharren; doch ist es zumindest eine unerlässliche Pflicht zu suchen, wenn man sich in diesem Zweifel befindet; und darum ist jener, der zweifelt und nicht sucht, zugleich sehr unglücklich und sehr ungerecht. Wenn er damit ruhig und zufrieden ist, so soll er sich dazu bekennen und schließlich den Gegenstand seiner Freude und seiner Eitelkeit daraus machen; mir fehlen die Worte, um ein so abartiges Geschöpf zu bezeichnen.

Woher kann man solche Ansichten nehmen? Welchen Anlass zur Freude findet man darin, nur noch heilloses Elend zu erwarten? Welchen Anlass zur Eitelkeit, sich in unergründlicher Dunkelheit zu sehen, und wie kann es geschehen, dass ein vernünftiger Mensch zu einem derartigen Vernunftschluss kommt?

»Ich weiß nicht, wer mich in die Welt gesetzt hat, und auch nicht, was die Welt und ich selbst sind; ich bin schrecklich unwissend in allen Dingen; ich weiß nicht, was mein Körper, meine Sinne, meine Seele und selbst jener Teil meines Ichs sind, der denkt, was ich sage, der über alles und über sich selbst Betrachtungen anstellt und sich nicht mehr als das Übrige erkennt.

Ich sehe diese entsetzlichen Weiten des Weltalls, die mich einschließen, und ich finde mich an einen Winkel dieses gewaltigen Raums gefesselt, ohne dass ich weiß, warum ich an diesen Ort und nicht vielmehr an einen anderen gestellt bin und warum diese kurze Frist, die mir zu leben gegeben ist, mir gerade zu diesem Zeitpunkt und nicht vielmehr zu einem anderen der ganzen Ewigkeit, die mir vorausgegangen, und der ganzen Ewigkeit, die auf mich folgt, bestimmt ist. Ich sehe überall nur Unendlichkeiten, die mich wie ein Atom und wie einen Schatten einschließen, der nur einen unwiederbringlichen Augenblick lang dauert. Alles, was ich erkenne, ist, dass ich bald sterben muss; doch was ich am wenigsten begreife, ist gerade dieser Tod, dem ich nicht entgehen kann.

Da ich nicht weiß, woher ich komme, weiß ich auch nicht, wohin ich gehe; und ich weiß allein, dass ich, wenn ich diese Welt verlasse, für immer entweder ins Nichts oder in die Hand eines erzürnten Gottes falle, ohne zu wissen, welcher dieser zwei möglichen Zustände mir ewig zuteilwerden soll. So ist meine Lage: voller Schwäche und Ungewissheit. Und aus alldem habe ich den Schluss gezogen, dass ich all meine Lebenstage verbringen muss, ohne darüber nachzudenken, was mit mir geschehen soll. Vielleicht könnte ich einige Aufklärung in meinen Zweifeln finden, doch ich will mir damit keine Mühe machen und keinen Schritt tun, danach zu suchen; und später, während ich jene mit Geringschätzung behandle, die sich mit dieser Sorge herumplagen werden« – (welche Gewissheit sie auch immer haben mögen, so ist dies doch eher ein Grund zur Verzweiflung als zur Eitelkeit) –, »will ich, ohne vorauszuschauen und ohne mich zu fürchten, den Versuch machen, ein derart großes Ereignis zu bestehen, und mich widerstandslos zum Tode führen lassen, ohne Gewissheit über die Ewigkeit meines zukünftigen Zustandes zu haben.«

Wer würde einen Menschen zum Freund haben wollen, der so redet? Wer würde ihn unter den übrigen auswählen, um ihm seine Angelegenheiten anzuvertrauen? Wer würde sich in seinem Kummer an ihn wenden? Und für welchen Gebrauch seines Lebens könnte man ihn schließlich ausersehen?

Es ist wahrhaft ruhmvoll für die Religion, derart unvernünftige Menschen zum Feind zu haben; und deren Widerspruch ist ihr so wenig gefährlich, dass er im Gegenteil dazu dient, ihre Wahrheiten fester zu begründen. Denn der christliche Glaube geht beinahe nur so weit, dass er diese beiden Dinge fest begründet: die Verderbnis der Natur und die Erlösung durch Jesus Christus. Nun behaupte ich, dass sie, wenn sie nicht dafür zu gebrauchen sind, die Wahrheit der Erlösung durch die Heiligkeit ihrer Sitten zu bezeugen, sie doch wenigstens bewundernswert dazu dienen, die Verderbnis der Natur durch solch unnatürliche Ansichten zu bezeugen.

Nichts ist für den Menschen so wichtig wie sein Zustand; nichts ist ihm so furchtbar wie die Ewigkeit. Und dass es Menschen gibt, die dem Verlust ihres Daseins und der Gefahr ewigen Elends gegenüber gleichgültig sind, ist also durchaus nicht natürlich. Sie sind ganz anders bei allen übrigen Dingen: Sie fürchten selbst die geringfügigsten, sie sehen sie voraus und ahnen sie; und derselbe Mensch, der so viele Tage und Nächte wütend und verzweifelt zubringt, weil er ein Amt verloren hat oder sich irgendeine Verletzung seiner Ehre einbildet, ist gerade jener, der, ohne sich zu beunruhigen und zu erregen, weiß, dass er durch den Tod alles verlieren wird. Es ist etwas Ungeheuerliches zu sehen, dass es in demselben Herzen und zu derselben Zeit dieses Empfindungsvermögen für die kleinsten Dinge und diese sonderbare Unempfindlichkeit für die größten gibt. Das ist ein unbegreiflicher Zauber und zugleich eine übernatürliche Betäubung, die eine allmächtige, sie verursachende Kraft bezeugen.

Es muss eine sonderbare Umkehrung in der Natur des Menschen geben, dass man sich dieses Zustandes rühmen kann, von dem es unglaublich scheint, dass ein einziger Mensch darin verharren könnte. Die Erfahrung lässt mich jedoch eine so große Zahl von ihnen erkennen, dass dies überraschend wäre, wenn wir nicht wüssten, dass die meisten von jenen, die sich mit Derartigem abgeben, sich verstellen und tatsächlich nicht so sind. Es sind Leute, die gehört haben, die feinen Manieren der Welt bestünden darin, solcherart den Hitzkopf zu spielen. Das nennen sie

»das Joch abgeschüttelt haben«, und das wollen sie nachahmen. Doch man könnte ihnen unschwer begreiflich machen, wie sehr sie sich täuschen, wenn sie hierdurch Achtung gewinnen möchten. Mit diesem Mittel erwirbt man sie nicht, selbst nicht, so sage ich, unter den Leuten von Welt, die gesund über die Dinge urteilen und wissen, dass der einzige Weg, auf Erden erfolgreich zu sein, darin besteht, ehrenhaft, treu, klug und fähig zu erscheinen, seinem Freund eine nützliche Hilfe zu sein, weil die Menschen von Natur aus nur das lieben, was ihnen nützlich sein kann. Welchen Vorteil hat es nun aber für uns, wenn wir von einem Menschen hören, er habe also das Joch abgeschüttelt, er glaube nicht, dass es einen Gott gebe, der über seine Handlungen wache, er sehe sich selbst als den einzigen Herrn über sein Tun an, und er beabsichtige, nur sich selbst darüber Rechenschaft abzulegen? Meint er, er habe uns damit bewogen, künftig großes Vertrauen zu ihm zu haben und von ihm Tröstungen, Ratschläge und Hilfe in allen Nöten des Lebens zu erwarten? Beanspruchen sie, uns hoch erfreut zu haben, wenn sie uns sagen, sie seien der Ansicht, dass unsere Seele nur aus ein wenig Luft und Rauch bestehe, und wenn sie es uns noch dazu in stolzem und zufriedenem Ton sagen? Ist das also etwas, wovon man in heiterem Ton reden sollte? Und ist das nicht im Gegenteil etwas, wovon man traurig reden sollte, etwas, was man als die traurigste Sache der Welt behandeln müsste?

Wenn sie ernsthaft darüber nachdächten, würden sie erkennen, dass dies so unüberlegt, so dem gesunden Menschenverstand zuwider, so gegen die Ehrbarkeit und in jeder Hinsicht so weit von jenem guten Benehmen entfernt ist, um das sie sich bemühen, dass sie fähig wären, jene eher aufzurichten als zu verderben, die eine gewisse Neigung haben mögen, ihnen zu folgen. Und tatsächlich, lasst sie Rechenschaft über ihre Ansichten und die Gründe ablegen, um derentwillen sie an der Religion zweifeln; sie werden euch so unbedeutende und so gewöhnliche Dinge sagen, dass sie euch vom Gegenteil überzeugen werden. Gerade das hat ihnen jemand eines Tages sehr zutreffend gesagt: »Wenn ihr weiter so redet«, sagte er ihnen, »werdet ihr mich wahrhaftig zum Glauben bekehren.« Und er hatte recht, denn wer verabscheute es nicht, Ansichten zu vertreten, die so verächtliche Menschen zu ihren Genossen machen?

Diejenigen, die solche Ansichten nur vortäuschen, wären also sehr unglücklich, wenn sie ihre Natur unterdrücken, um sich zu den unverschämtesten unter den Menschen zu machen. Wenn es sie im Grunde ihres Herzens kränkt, dass sie keine größere Erkenntnis haben, so sollen sie es nicht verbergen: Diese Erklärung wird sie nicht beschämen. Man muss sich nur schämen, wenn man es unterlässt. Nichts bezeugt mehr eine außerordentliche Geistesohnmacht, als wenn man nicht erkennt, wie unglücklich ein Mensch ohne Gott ist; nichts bezeichnet mehr eine schlechte Herzensneigung, als wenn man nicht wünscht, dass die ewigen Verheißungen wahr seien; nichts ist feiger, als wenn man den Unerschrockenen gegen Gott spielt. Sollen sie also derart gottloses Handeln jenen überlassen, die schlecht genug veranlagt sind, um wirklich dessen fähig zu sein; sollen sie wenigstens redliche Menschen sein, wenn sie nicht Christen sein können, und endlich anerkennen, dass es nur zwei Arten von Menschen gibt, die man vernünftig nennen kann: entweder diejenigen, die Gott von ganzem Herzen dienen, weil sie ihn erkennen, oder diejenigen, die ihn von ganzem Herzen suchen, weil sie ihn nicht erkennen.

Diejenigen aber, die dahinleben, ohne ihn zu erkennen und ohne ihn zu suchen, halten sich selbst ihrer eigenen Sorge für so wenig wert, dass sie nicht der Sorge der anderen wert sind und dass man die ganze Nächstenliebe der von ihnen verachteten Religion haben muss, um sie nicht so sehr zu verachten, dass man sie ihrem Wahn überlässt. Da uns diese Religion jedoch verpflichtet, sie, solange sie auf Erden leben, stets als für die Gnade empfänglich anzusehen, die sie erleuchten kann, und zu glauben, dass sie in kurzer Zeit einen stärkeren Glauben als wir haben können und dass im Gegenteil wir der Verblendung verfallen können, in der sie sich befinden, müssen wir deshalb für sie tun, was wir möchten, dass man es für uns täte, wenn wir an ihrer Stelle wären, und sie aufrufen, Mitleid mit sich selbst zu haben und wenigstens einige Anstrengungen zu unternehmen, um zu versuchen, ob sie nicht zur Einsicht kommen. Mögen sie dieser Lektüre einige von jenen Stunden widmen, die sie sonst so nutzlos vertun: Welche Abneigung sie dem auch entgegenbringen mögen, vielleicht werden sie doch einiges finden, und zumindest werden sie dabei nicht viel verlieren. Diejenigen aber, die mit vollkommener Aufrichtigkeit und dem wirklichen Verlangen darangehen, die Wahrheit zu finden, werden, so hoffe ich, zufriedengestellt und sich von den Beweisen für eine so göttliche Religion überzeugen lassen, die ich hier zusammengetragen habe und bei denen ich ungefähr dieser Ordnung gefolgt bin …

428/195 Bevor ich auf die Beweise für die christliche Religion eingehe, halte ich es für notwendig darzustellen, wie ungerecht jene Menschen sind, die gleichgültig dahinleben, ohne die Wahrheit einer Sache zu erforschen, die so wichtig für sie ist und die sie so unmittelbar angeht.

Von all ihren Verirrungen ist es zweifellos diejenige, die sie am meisten der Torheit und Verblendung überführt und bei der es am leichtesten ist, sie durch die ersten Einsichten des gesunden Menschenverstandes und durch die natürlichen Empfindungen zu beschämen. Denn es ist unzweifelhaft, dass dieses Leben nur einen Augenblick währt, dass der Zustand des Todes ewig ist, von welcher Art er auch immer sein mag, und also all unsere Handlungen und Gedanken, der jeweiligen Beschaffenheit der Ewigkeit entsprechend, so unterschiedliche Bahnen einschlagen müssen, dass es unmöglich ist, einen sinnvollen und verständigen Schritt zu unternehmen, wenn man ihn nicht nach der Ansicht zu diesem Punkt richtet, der unser letztes Ziel sein muss.

Nichts ist offensichtlicher als dies und auch, dass also nach den Prinzipien der Vernunft das Betragen der Menschen ganz und gar unvernünftig ist, wenn sie keinen anderen Weg einschlagen. Auf dieser Grundlage soll man daher diejenigen beurteilen, die dahinleben, ohne an diesen letzten Zweck des Lebens zu denken, die sich unüberlegt und sorglos zu ihren Neigungen und Vergnügen treiben lassen, als könnten sie die Ewigkeit zunichtemachen, indem sie diese aus ihren Gedanken verbannen und nur darauf sinnen, sich allein für den Augenblick glücklich zu machen.

Diese Ewigkeit besteht dennoch weiter, und der Tod, der sie einleiten soll und der jene zu jeder Stunde bedroht, muss sie unausbleiblich nach kurzer Zeit in die entsetzliche Notlage bringen, auf ewig entweder vernichtet oder unglücklich zu werden, ohne dass sie wissen, welche von jenen Ewigkeiten ihnen für immer bereitet ist.

Das ist ein Zweifel, der eine schreckliche Auswirkung hat. Sie werden von der Gefahr ewigen Elends bedroht; und daraufhin, als wäre die Sache nicht der Mühe wert, versäumen sie es zu prüfen, ob dies zu den Meinungen gehört, die das Volk mit einer zu fügsamen Leichtgläubigkeit annimmt, oder zu denen, die an sich dunkel sind und doch eine sehr feste Grundlage haben, wenn sie auch verborgen ist. So wissen sie nicht, ob diese Sache wahr oder falsch ist und ob die Beweise stark oder schwach sind. Sie haben sie vor Augen; sie weigern sich, sie zu berücksichtigen, und in dieser Unwissenheit fassen sie den Entschluss, alles Notwendige zu tun, um diesem Unglück zu verfallen, wenn es dieses geben sollte, und darauf zu warten, beim Tode diese Erfahrung zu machen, und dennoch in diesem Zustand sehr zufrieden zu sein, es zu bekennen und sich schließlich dessen zu rühmen. Kann man ernsthaft an die Wichtigkeit dieser Angelegenheit denken, ohne ein so abartiges Verhalten zu verabscheuen?

Ein solch ruhiges Verharren in dieser Unwissenheit ist eine ungeheuerliche Sache, und deren Abartigkeit und Unvernunft muss man jene empfinden lassen, die damit ihr Leben verbringen, indem man sie ihnen selbst darstellt, um sie durch den Anblick ihrer Torheit zu beschämen. Denn folgendermaßen denken die Menschen, wenn sie sich dafür entscheiden, in der Unkenntnis dessen, was sie sind, zu leben und ohne nach Aufklärung zu suchen: »Ich weiß nicht«, sagen sie.

429/229 Das sehe ich, und das verwirrt mich. Ich schaue in alle Richtungen, und ich sehe überall nur Dunkelheit. Die Natur bietet mir nichts, was nicht Anlass zu Zweifel und Unruhe wäre. Sähe ich in ihr nichts, was auf eine Gottheit hindeutete, so würde ich mich gegen sie entscheiden; sähe ich überall die Zeichen eines Schöpfergottes, so würde ich ruhig im Glauben verharren. Da ich aber zu viel sehe, um zu verleugnen, und zu wenig, um Gewissheit zu haben, bin ich in einem beklagenswerten Zustand, in dem ich hundertmal gewünscht habe, dass, wenn ein Gott die Natur erhält, sie unzweideutig auf ihn hinwiese, und dass, wenn die Zeichen, die sie von ihm gibt, trügerisch sind, sie diese vollständig austilgte, dass sie alles oder nichts sagte, damit ich sehen könnte, welcher Seite ich mich anschließen muss. In dem Zustand, in dem ich mich befinde und wo ich nicht weiß, was ich bin und was ich tun soll, erkenne ich stattdessen weder meine Lage noch meine Pflicht. Mein Herz strebt ausschließlich nach der Erkenntnis, wo sich das wahre Glück befindet, damit es sich ihm widmen kann; für die Ewigkeit wäre mir nichts zu mühselig.

Ich beneide diejenigen, die ich so unbekümmert im Glauben leben sehe und die eine Gabe so schlecht gebrauchen, von der ich, wie mir scheint, einen so ganz anderen Gebrauch machen würde.

430/431 Kein anderer hat erkannt, dass der Mensch das herrlichste Geschöpf ist. Die einen, die recht gut seine tatsächliche Herrlichkeit erkannt haben, haben die niedrigen Gefühle, die den Menschen durch ihre eigene Natur gegeben sind, für Feigheit und Undankbarkeit gehalten; und die anderen, die recht gut erkannt haben, wie sehr diese Niedrigkeit wirklich vorhanden ist, haben jene Gefühle der Größe, die dem Menschen ebenso naturgegeben sind, als lächerlichen Hochmut bezeichnet.

»Hebt eure Augen auf zu Gott«, sagen die einen; »erkennt jenen, dem ihr ähnlich seid und der euch geschaffen hat, damit ihr ihn anbetet. Ihr könnt ihm ähnlich werden; die Weisheit wird euch ihm gleich machen, wenn ihr ihm folgen wollt.« – »Erhebt das Haupt, freie Menschen«, sagt Epiktet. Und die anderen sagen ihm: »Schlagt eure Augen nieder zur Erde, die ihr ein erbärmlicher Wurm seid, und betrachtet die Tiere, deren Gefährten ihr seid.«

Was soll also aus dem Menschen werden? Wird er Gott oder den Tieren gleichen? Welch entsetzlicher Unterschied! Was werden wir also sein? Wer sieht nicht an alldem, dass der Mensch sich verirrt hat, dass er von seiner Stätte herabgesunken ist, dass er ruhelos nach ihr sucht und sie nicht wiederfinden kann. Wer wird ihm also den Weg dorthin weisen? Die größten Männer haben es nicht vermocht.

431/560 Wir begreifen weder den herrlichen Zustand Adams noch das Wesen seiner Sünde und auch nicht deren Vererbung auf uns. Diese Dinge sind in einem ganz anderen Naturzustand als dem unseren geschehen und übersteigen unsere gegenwärtig vorhandene Fassungskraft.

All das zu wissen nützt uns nichts, um diesen Zustand zu überwinden; und alles, was zu erkennen für uns wichtig ist, besteht darin, dass wir elend, verderbt, von Gott getrennt, aber durch Jesus Christus erlöst sind; und dafür haben wir auf Erden bewundernswerte Beweise.

Die beiden Beweise für die Verderbnis und die Erlösung

gewinnt man so von den Gottlosen, die der Religion gegenüber gleichgültig leben, und von den Juden, die deren unversöhnliche Feinde sind.

Serie IV

432/194*a* und ***b*** (23) Denn die Eigenliebe ist etwas, was uns genug interessiert, um uns darüber zu beunruhigen, auf welchem Weg man Gewissheit bekommt, weil nach allen Übeln des Lebens ein unvermeidlicher Tod, der uns jeden Augenblick bedroht, *(uns)* unausbleiblich nach wenigen Jahren in die schreckliche Notlage *(bringen)* muss, *(auf ewig entweder vernichtet oder unglücklich zu sein)*.

(24) Die drei Zustände.

(25) Man soll darüber nicht sagen, dass dies ein Zeichen der Vernunft sei.

(26) Das ist alles, was ein Mensch tun könnte, der sicher wäre, dass diese Botschaft falsch ist, wenn er sich auch nicht darüber freuen, sondern verzagen sollte.

(27) Nichts anderes als das ist wichtig, und man vernachlässigt nur das.

(28) Unsere Phantasie lässt uns die Gegenwart so überaus wichtig erscheinen, da man über sie unablässig derart viele Betrachtungen anstellt, und sie lässt die Ewigkeit derart gering erscheinen, da man es versäumt, über sie Betrachtungen anzustellen, dass wir aus der Ewigkeit ein Nichts und aus dem Nichts eine Ewigkeit machen; und das alles hat so lebendige Wurzeln in uns, dass unsere ganze Vernunft uns nicht davor bewahren kann und dass …

(29) Ich würde sie fragen, ob es nicht wahr sei, dass sie an

sich selbst diese Grundlage des Glaubens bestätigen, den sie bekämpfen, und diese besteht darin, dass die Natur der Menschen verderbt ist.

433/783 ... Dann kommt Jesus Christus und sagt den Menschen, dass sie keine anderen Feinde als sich selbst haben, dass ihre Leidenschaften sie von Gott trennen, dass er komme, um diese zu töten und um ihnen seine Gnade zu gewähren, damit er aus ihnen allen eine heilige Kirche mache, dass er komme, um die Heiden und die Juden in diese Kirche einzuführen, und dass er komme, die Götzen der einen und den Aberglauben der anderen zu vernichten.

Dem widersetzen sich alle Menschen nicht allein durch den natürlichen Widerstand der Begierde; sondern vor allem vereinigen sich die Könige der Erde, um diese entstehende Religion auszurotten, wie dies vorausgesagt worden ist *(Prophezeiung: Quare fremuerunt gentes ... reges terrae ... adversus Christum).* (»Warum toben die Heiden ... die Könige der Erde ... wider den [Herrn und seinen] Gesalbten«, Ps 2,1 f.)

Alle, die groß auf Erden sind, vereinigen sich, die Gelehrten, die Weisen, die Könige. Die einen schreiben, die anderen verdammen, die Dritten töten. Und trotz all dieser Widerstände behaupten sich jene einfachen und machtlosen Leute gegen all diese Gewalten, und sie unterwerfen sich selbst jene Könige, jene Gelehrten, jene Weisen, und sie entfernen den Götzendienst von der ganzen Erde. Und all dies geschieht durch die Kraft, die es vorausgesagt hatte.

434/199 Man stelle sich eine Anzahl von Menschen in Ketten vor, die alle zum Tode verurteilt sind und von denen jeden Tag einige vor den Augen der anderen umgebracht werden, so dass die Übrigbleibenden ihre eigene Lage an jener ihrer Schicksalsgefährten erkennen und, einander schmerzerfüllt und hoffnungslos anblickend, erwarten, dass sie an die Reihe kommen. Das ist das Ebenbild der Lage der Menschen.

435/621 Als die Schöpfung und die Sintflut geschehen waren und Gott die Welt nicht mehr zerstören und sie auch nicht neu erschaffen oder ähnliche Zeichen seiner Größe geben wollte, begann er, auf der Erde ein Volk zu begründen, das eigens hierfür gebildet wurde und bis zu dem Volk fortbestehen sollte, das der Messias durch seinen Geist bilden würde.

Serie V

436/628 *Das hohe Alter der Juden.* – Welch ein Unterschied zwischen dem einen Buch und dem anderen! Es wundert mich nicht, dass die Griechen die *Ilias* oder die Ägypter und die Chinesen ihre Geschichtswerke geschaffen haben. Man braucht nur zu untersuchen, wie sie entstanden sind. Diese Verfasser sagenhafter Geschichten sind keine Zeitgenossen der Geschehnisse, über die sie schreiben. Homer verfasst einen Roman, den er als solchen vorstellt; denn niemand zweifelte daran, dass es Troja und Agamemnon ebenso wenig wie den goldenen Apfel gegeben hatte. Er hatte auch nicht die Absicht, ein Geschichtswerk daraus zu machen, sondern lediglich ein Unterhaltungsbuch; er schreibt zu seiner Zeit als Einziger, und die Schönheit des

Kunstwerks lässt das Ereignis überdauern: Alle studieren es und sprechen von ihm; man muss es kennen, jeder weiß es auswendig. 400 Jahre danach sind die Zeugen für die Ereignisse nicht mehr am Leben; niemand weiß mehr aus eigener Erfahrung, ob es eine Sage oder ein Geschichtswerk ist: Man hat es lediglich von seinen Vorfahren übernommen, es mag als wahr gelten.

Jedes Geschichtswerk, das nicht von einem Zeitgenossen geschrieben wird, ist verdächtig; so etwa sind die Bücher der Sibyllen und des Trismegistos und so viele andere, die Ansehen in der Welt genossen haben, unwahr und stellen sich in den späteren Zeiten als unwahr heraus. Nicht so verhält es sich mit den zeitgenössischen Autoren.

Es gibt einen großen Unterschied zwischen einem Buch, das ein Einzelner verfasst und das er unter dem Volk verbreitet, und einem Buch, das ein Volk selbst verfasst. Man kann nicht zweifeln, dass das Buch ebenso alt wie das Volk ist.

437/399 Man ist nicht elend ohne Gefühl: Ein zerstörtes Haus ist es nicht. Nur der Mensch ist elend. *Ego vir videns* (»Ich bin ein [elender] Mann, [der die Rute seines Grimmes] sehen muss.« Klgl 3,1.)

438/848 Wenn Gottes Erbarmen so groß ist, dass er uns zu unserem Heil unterrichtet, selbst wenn er sich verbirgt, welche Erleuchtung müssen wir dann wohl von ihm erwarten, wenn er sich offenbart?

439/565 Erkennt also die Wahrheit der Religion gerade an der Dunkelheit der Religion, an dem geringen Wissen, das wir von ihr haben, an der Gleichgültigkeit, die wir ihrer Erkenntnis gegenüber zeigen.

440/559*a* Das ewige Wesen existiert immer, wenn es einmal existiert.

441/201 Alle Einwände der einen wie der anderen richten sich nur gegen sie selbst und durchaus nicht gegen die Religion. Alles, was die Gottlosen sagen …

442/560*a* … So belehrt das ganze Weltall den Menschen, dass er entweder verderbt oder erlöst ist. Alles belehrt ihn über seine Größe oder sein Elend. Das Verlassensein von Gott zeigt sich bei den Heiden; der Beistand Gottes zeigt sich bei den Juden.

443/863 Alle irren umso gefahrvoller, als jeder einer Wahrheit folgt; ihr Fehler besteht nicht darin, dass sie einer Unwahrheit folgen, sondern, dass sie nicht auch einer anderen Wahrheit folgen.

444/557 Es ist also wahr, dass alles den Menschen über seine Lage belehrt, aber man muss es richtig verstehen: Denn es ist nicht wahr, dass alles Gott offenbart, und es ist nicht wahr, dass alles Gott verbirgt. Aber es ist gleichermaßen wahr, dass er sich jenen verbirgt, die ihn versuchen, und dass er sich jenen offenbart, die ihn suchen, denn die Menschen sind gleichermaßen Gottes unwürdig und für Gott empfänglich: unwürdig durch ihre Verderbnis, empfänglich durch ihre ursprüngliche Natur.

445/558 Welchen anderen Schluss werden wir aus all unseren Unklarheiten ziehen, als dass wir unwürdig sind?

446/586 Wenn es überhaupt nichts Dunkles gäbe, würde der Mensch seine Verderbnis nicht empfinden; wenn es überhaupt kein Licht gäbe, würde der Mensch nicht das geringste Heilmittel erhoffen. So ist es für uns nicht allein gerecht, sondern auch nützlich, dass Gott teils verborgen und teils offenbart ist, da es für den Menschen ja gleichermaßen gefährlich ist, Gott zu erkennen, ohne sein eigenes Elend zu erkennen, und sein eigenes Elend zu erkennen, ohne Gott zu erkennen.

447/769 Die Bekehrung der Heiden war allein der Gnade des Messias vorbehalten. Die Juden sollten so lange und erfolglos mit ihnen ringen: Alles, was Salomo und die Propheten darüber gesagt haben, war vergeblich. Die Weisen, wie etwa Platon und Sokrates, konnten sie nicht überzeugen.

448/559 Wenn von Gott nie etwas sichtbar geworden wäre, so würde dieser ewige Mangel doppelsinnig sein und ließe sich auf die Nichtexistenz jeder Gottheit ebenso gut wie darauf zurückführen, dass die Menschen unwürdig wären, sie zu erkennen; dass er sich aber zuweilen und nicht immer zeigt, hebt den Doppelsinn auf. Wenn er sich einmal zeigt, existiert er immer; und also kann man keinen anderen Schluss daraus ziehen, als dass es einen Gott gibt und die Menschen seiner unwürdig sind.

449/556 … Sie lästern gegen das, was sie nicht kennen. Die christliche Religion besteht aus zwei Hauptpunkten; es ist für die Menschen gleichermaßen wichtig, sie zu erkennen, und es ist für sie gleichermaßen gefährlich, sie nicht zu kennen; und es gehört gleichermaßen zu Gottes Barmherzigkeit, dass er Zeichen für beide gegeben hat.

Und doch nehmen sie für die Schlussfolgerung, dass es einen dieser Punkte nicht gebe, das zum Anlass, was es ihnen zur Pflicht machen würde, auf den anderen Punkt zu schließen. Die Weisen, die gesagt haben, dass es nur einen Gott gibt, wurden verfolgt und die Juden gehasst, noch mehr die Christen. Sie haben durch ihr natürliches Erkenntnisvermögen eingesehen, dass, wenn es auf Erden eine wahre Religion gibt, der Lauf aller Dinge zu ihr als zu ihrem Mittelpunkt hinstreben muss. Der Lauf aller Dinge muss die Festigung und die Größe der Religion zum Ziel haben; die Menschen müssen in sich selbst Gefühle haben, die mit dem in Einklang stehen, was sie uns lehrt; und schließlich muss sie derart das Ziel und der Mittelpunkt sein, zu dem alle Dinge hinstreben, dass derjenige, der ihre Grundsätze kennt, sowohl die ganze Natur des Menschen im Besonderen wie auch den ganzen Lauf der Welt im Allgemeinen erklären kann.

Und diese Grundlage nehmen sie zum Anlass, um die christliche Religion zu lästern, weil sie ihnen schlecht bekannt ist. Sie bilden sich ein, diese bestehe einfach in der Anbetung eines als groß, mächtig und ewig angesehenen Gottes, was eigentlich den Deismus ausmacht, der beinahe ebenso weit von der christlichen Religion wie der Atheismus, ihr vollständiges Gegenteil, entfernt ist. Und daraus schließen sie, dass diese Religion nicht wahr sei, weil sie nicht sehen, dass alle Dinge zur Begründung dieses Punktes beitragen und dass Gott sich den Menschen nicht mit der ganzen Klarheit offenbart, wie er es tun könnte.

Mögen sie jedoch daraus gegen den Deismus schließen, was sie wollen, sie werden daraus nichts gegen die christliche Religion schließen, die eigentlich im Mysterium des Erlösers besteht, und dieser, da er in sich die zwei Naturen vereinigt, die menschliche und die göttliche, hat die Menschen der Sündenverderbnis entrissen, um sie in seiner göttlichen Person mit Gott zu versöhnen.

Sie lehrt die Menschen also diese beiden Wahrheiten gleichermaßen: sowohl, dass es einen Gott gibt, zu dessen Erkenntnis die Menschen fähig sind, als auch, dass es in der Natur eine Verderbnis gibt, die sie seiner unwürdig macht. Es ist für die Menschen von gleicher Wichtigkeit, den einen wie den anderen Punkt zu erkennen; und es ist für den Menschen gleichermaßen gefährlich, Gott zu erkennen, ohne sein eigenes Elend zu erkennen, und sein eigenes Elend zu erkennen, ohne den Erlöser zu erkennen, der ihn davon heilen kann. Eine von diesen Erkenntnissen allein bewirkt entweder den Hochmut der Philosophen, die Gott, aber nicht ihr Elend erkannt haben, oder die Verzweiflung der Atheisten, die ihr Elend, aber keinen Erlöser erkennen.

Und da es also für den Menschen gleichermaßen notwendig ist, diese beiden Punkte zu erkennen, so gehört es auch gleichermaßen zu Gottes Barmherzigkeit, dass er sie uns erkennbar gemacht hat. Das tut die christliche Religion, darin eben besteht sie.

Auf dieser Grundlage soll man die Weltordnung prüfen und sehen, ob alle Dinge nicht zur Begründung der beiden Hauptpunkte dieser Religion dienen: Jesus Christus ist das

Ziel von allem und der Mittelpunkt, auf den alles zustrebt. Wer ihn erkennt, erkennt den Grund aller Dinge.

Diejenigen, die sich verirren, tun es nur, weil sie einen dieser beiden Punkte nicht sehen. Man kann also sehr wohl Gott ohne sein eigenes Elend und sein eigenes Elend ohne Gott erkennen; aber man kann Jesus Christus nicht erkennen, ohne Gott und zugleich sein eigenes Elend zu erkennen.

Und deshalb werde ich es hier nicht unternehmen, mit naturgegebenen Gründen entweder die Existenz Gottes oder die Dreieinigkeit oder auch die Unsterblichkeit der Seele und ebenso wenig irgendeine andere derartige Sache zu beweisen; nicht allein, weil ich mich nicht stark genug fühlen würde, um in der Natur etwas zu finden, womit ich verstockte Atheisten überzeugen könnte, sondern auch, weil diese Erkenntnis ohne Jesus Christus unnütz und unfruchtbar ist. Wenn ein Mensch überzeugt wäre, dass die Verhältnisse unter den Zahlen immaterielle und ewige Wahrheiten sind, die von einer ersten Wahrheit abhängen, der sie ihren Bestand verdanken und die man »Gott« nennt, so fände ich, dass er damit keinen großen Fortschritt zu seinem Heil gemacht hätte.

Der Gott der Christen ist seinem Wesen nach kein Gott, der lediglich ein Schöpfer geometrischer Wahrheiten und der Ordnung der Elemente wäre; das ist den Heiden und Epikureern eigen. Er ist seinem Wesen nach auch nicht lediglich ein Gott, der seine Vorsehung über das Leben und die Güter der Menschen walten lässt, um jenen eine glückliche Folge von Jahren zu geben, die ihn anbeten; das ist den Juden eigen. Aber der Gott Abrahams, der Gott Isaaks, der Gott Jakobs, der Gott der Christen ist ein Gott der Liebe und des Trostes; es ist ein Gott, der Herz und Seele derjenigen erfüllt, die ihm gehören; es ist ein Gott, der sie im Inneren ihr Elend und seine unendliche Barmherzigkeit fühlen lässt, der sich mit ihnen in ihrer tiefsten Seele vereinigt und sie mit Demut, Freude, Vertrauen und Liebe erfüllt, der sie unfähig macht, ein anderes Ziel als ihn selbst zu haben.

All jene, die Gott ohne Jesus Christus suchen und die bei der Natur stehenbleiben, finden entweder keine Erleuchtung, die sie befriedigen kann, oder sie schaffen sich schließlich ein Mittel, Gott zu erkennen und ihm ohne Mittler zu dienen, und dadurch verfallen sie entweder dem Atheismus oder dem Deismus, zwei Dinge, die der christlichen Religion beinahe in gleicher Weise ein Greuel sind.

Ohne Jesus Christus würde die Welt nicht weiterbestehen; denn sie müsste entweder zerstört oder wie eine Hölle werden.

Wenn die Welt weiterbestünde, um den Menschen von Gott zu unterrichten, so würde seine Göttlichkeit unbestreitbar aus ihr überall hervorleuchten; da sie aber nur durch Jesus Christus und für Jesus Christus weiterbesteht, um die Menschen sowohl über ihre Verderbnis wie auch über ihre Erlösung zu unterrichten, zeigt auf ihr alles glanzvolle Beweise für diese beiden Wahrheiten.

Was auf ihr sichtbar wird, zeigt weder einen vollständigen Ausschluss noch eine offenkundige Gegenwart der Gottheit, sondern die Gegenwart eines Gottes, der sich verbirgt. Alles trägt diesen Wesenszug.

Wird der Einzige, der die Natur erkennt, sie nur erkennen, um elend zu sein? Wird der Einzige, der sie erkennt, der einzige Unglückliche sein?

Es ist nicht nötig, dass er überhaupt nichts sieht; es ist auch nicht nötig, dass er genug von ihm sieht, um zu glauben, er besitze ihn; er soll vielmehr so viel von ihm sehen, um zu erkennen, dass er ihn verloren hat; denn um zu erkennen, dass man etwas verloren hat, muss man sehen und nicht sehen; und gerade das ist der Zustand, in dem sich die Natur befindet.

Welche Entscheidung er auch immer trifft, ich werde ihn dabei keineswegs in Ruhe lassen …

450/494 Die wahre Religion müsste Größe und Elend lehren, zu Selbstachtung und Selbstverachtung, zu Liebe und Hass bewegen.

Serie VI

451/620 Vorzüge des jüdischen Volkes.

Bei dieser Untersuchung erregt das jüdische Volk zuerst meine Aufmerksamkeit durch eine große Zahl von bewundernswerten und einzigartigen Dingen, die sich bei ihm zeigen.

Ich sehe zunächst, dass es ein Volk ist, das aus lauter Brüdern besteht, und während sich alle anderen Völker aus dem Zusammenschluss unzähliger Familien gebildet haben, stammt dieses, obgleich es so außergewöhnlich fruchtbar ist, insgesamt von einem einzigen Menschen ab, und da sie also alle untereinander ein Fleisch und Glieder eines Leibes sind, bilden sie aus einer einzigen Familie einen mächtigen Staat; das ist ohnegleichen.

Diese Familie oder dieses Volk ist das älteste, das es seit

Menschengedenken gibt, was ihm allem Anschein nach eine besondere Verehrung einträgt. Und das vor allem bei der Untersuchung, die wir vornehmen, da ja, wenn Gott sich den Menschen zu allen Zeiten mitgeteilt hat, man sich diesen zuwenden muss, um diese Überlieferung kennenzulernen.

Dieses Volk ist nicht nur aufgrund seines hohen Alters beachtenswert, sondern es ist auch einzigartig durch sein langes Leben, das sich von seinem Ursprung bis heute immer ununterbrochen erhalten hat, denn während die Völker Griechenlands und Italiens, Lakedaimons, Athens, Roms und die übrigen, die so lange danach entstanden sind, vor so langer Zeit untergegangen sind, bestehen diese noch immer und trotz der Übergriffe so vieler mächtiger Könige weiter, die hundertmal versucht haben, sie zu vernichten, wie ihre Geschichtsschreiber es bezeugen und wie es den natürlichen Zuständen nach während eines so langen Zeitraums leicht zu beurteilen ist. Trotzdem bestanden sie immer fort, und ihr Fortbestand ist vorausgesagt worden. Und da ihre Geschichte von den frühesten bis zu den neuesten Zeiten reicht, schließt sie in ihrer Dauer diejenige aller unserer Geschichten ein.

Das Gesetz, von dem dieses Volk sich regieren lässt, ist das älteste Gesetz der Welt und zugleich das vollkommenste und das einzige, das stets und ohne Unterbrechung in einem Staat befolgt worden ist. Das zeigen Josephus gegen Apion und der Jude Philon vortrefflich an verschiedenen Stellen, wo sie deutlich machen, dass es so alt ist, dass selbst der Name »Gesetz« den ältesten Völkern erst über tausend Jahre später bekannt wurde, so dass Homer, der die Geschichte so vieler Staaten geschrieben hat, ihn niemals benutzt hat. Und es ist leicht, seine Vollkommenheit einfach durch die Lektüre zu beurteilen, bei der man erkennt, dass man mit so viel Weisheit, Gerechtigkeit und Einsicht für alle Dinge vorgesorgt hat, dass die ältesten griechischen und römischen Gesetzgeber, da sie eine gewisse Kenntnis davon hatten, ihre wichtigsten Gesetze von jenem entlehnt haben, was sich an dem Gesetz zeigt, das sie die »Zwölftafelgesetze« nennen, und anhand der anderen Beweise, die Josephus hierzu angibt.

Dieses Gesetz ist jedoch gleichzeitig in Bezug auf die Ausübung ihrer Religion von allen das strengste und härteste; es zwingt dieses Volk, um es bei seiner Pflicht zu erhalten, bei Todesstrafe zur Befolgung von tausend umständlichen und beschwerlichen Vorschriften, so dass es sehr erstaunlich ist, dass es so viele Jahrhunderte lang sich beständig erhalten hat, und das bei einem rebellischen und unruhigen Volk wie diesem, während alle anderen Staaten ihre Gesetze, obwohl sie weitaus leichter zu befolgen waren, dann und wann verändert haben.

Das Buch, das dieses Gesetz, das erste von allen, enthält, ist selbst das älteste Buch der Welt, da jene Homers, Hesiods und die übrigen erst 600 oder 700 Jahre danach entstanden sind.

Serie VII

452/631 Aufrichtigkeit der Juden.

Sie bewahren liebevoll und treu dieses Buch, in dem Moses erklärt, sie seien zeit ihres Lebens undankbar gegen Gott gewesen, und er wisse, dass sie es nach seinem Tode noch mehr sein würden, aber er rufe Himmel und Erde wider sie zu Zeugen, dass er sie darin genug *(unterwiesen)* habe (5. Mose 31,27 f.).

Er erklärt, dass Gott sich endlich gegen sie erzürnen und sie unter alle Völker der Welt zerstreuen werde (5. Mose 28,64), denn da sie ihn erzürnt haben, indem sie jene Götter anbeteten, die nicht ihre Götter waren, werde er sie ebenso reizen, indem er ein Volk berufe, das nicht sein Volk sei (5. Mose 32,21), und er wolle, dass all seine Worte ewiglich bewahrt werden und dass sein Buch in die Bundeslade gelegt werde, um für immer als Zeuge wider sie zu dienen (5. Mose 31,26). – Jesaja. Jesaja sagt das Gleiche. 30,8.

Serie VIII

453/610 Um zu zeigen, dass die wahren Juden und die wahren Christen nur ein und dieselbe Religion haben.

Die Religion der Juden bestand – scheinbar – hauptsächlich in der Stammvaterschaft Abrahams, in der Beschneidung, den Opfern, den Zeremonien, der Lade, dem Tempel, in Jerusalem und schließlich im Gesetz und im Bund des Moses.

Ich sage, dass sie in keinem von diesen Dingen, sondern allein in der Liebe Gottes bestand, und dass Gott alle anderen Dinge verwarf.

Dass Gott nicht Abrahams Stammvaterschaft annehmen wird. Dass Gott die Juden wie die Fremden bestrafen wird, wenn sie ihn beleidigen.

5. Buch Mose 9,19. Werdet ihr Gottes vergessen und andern Göttern nachfolgen, so bezeuge ich über euch, dass ihr

umkommen werdet eben wie die Heiden, die Gott vor eurem Angesicht umgebracht hat. (5. Mose 8,19 f.)

Dass Gott die Fremden wie die Juden aufnehmen wird, wenn sie ihn lieben.

Jesaja 56,3. Dass der Fremde nicht sagen soll: Der Herr wird mich nicht aufnehmen. Die Fremden, die sich zum Herrn getan haben, dass sie ihm dienen und ihn lieben, die will ich zu meinem heiligen Berge bringen, und ihre Opfer sollen mir angenehm sein, denn mein Haus wird heißen ein Bethaus allen Völkern. (Jes 56,6 f.)

Dass die wahren Juden ihr Verdienst nur Gott und nicht Abraham anrechneten.

Jesaja 63,16. Bist du doch in Wahrheit unser Vater, denn Abraham weiß von uns nicht, und Israel kennt uns nicht. Du aber, Herr, bist unser Vater und unser Erlöser.

Moses selbst hat ihnen gesagt, dass Gott keine Person achten werde.

5. Buch Mose 10,17. Gott sagt: Ich achte keine Person und nehme kein Geschenk.

Der Sabbat war nur ein Zeichen, 2. Buch Mose 31,13, und zum Gedenken des Auszugs aus Ägyptenland. 5. Buch Mose 15,19. Also ist er nicht mehr notwendig, da man Ägypten ja vergessen soll.

Die Beschneidung war nur ein Zeichen. 1. Buch Mose 17,11.

Und daher kommt es, dass sie, als sie in der Wüste waren, nicht beschnitten wurden, weil sie sich nicht mit den anderen Völkern vermischen konnten. Und dass sie, nachdem Jesus Christus gekommen ist, nicht mehr notwendig ist.

Dass die Beschneidung des Herzens geboten ist.

5. Buch Mose 10,17. Jeremia 4,4. – So beschneidet nun eure Herzen, entfernt die Auswüchse eures Herzens und seid fürder nicht halsstarrig, denn euer Gott ist ein großer Gott, mächtig und schrecklich, der keine Person achtet.

dass Gott sagt, er werde es dereinst tun.

5. Buch Mose 30,6. Gott wird dein Herz beschneiden und das Herz deiner Nachkommen, dass du ihn liebest von ganzem Herzen.

Dass die am Herzen Unbeschnittenen gerichtet werden.

Jeremia 9,26. Denn Gott wird die unbeschnittenen Völker und das ganze Volk Israel richten, weil es ein unbeschnittenes Herz hat.

Dass das Äußerliche ohne das Innere zu nichts nütze ist.

Joel 2,13. *Scindite corda vestra* (»Zerreißet eure Herzen«) usw.

Jesaja 58,3 f. usw.

Die Liebe zu Gott wird im ganzen 5. Buch Mose empfohlen.

5. Buch Mose 30,19. Ich nehme Himmel und Erde zu Zeugen: Ich habe euch Leben und Tod vorgelegt, dass ihr das Leben erwählet, dass ihr Gott liebet und ihm gehorchet. Denn Gott ist euer Leben.

Dass die Juden, da ihnen diese Liebe fehlte, ihrer Verbrechen wegen verworfen und die Heiden an ihrer Stelle erwählt würden.

Hosea 1,10.

5. Buch Mose 32,20. Ich will mein Antlitz vor ihnen verbergen, da ich ihre letzten Verbrechen sah. Denn es ist ein boshaftes und ungläubiges Volk.

Sie haben mich zum Zorn gereizt durch die Dinge, die keine Götter sind, und ich werde sie zur Eifersucht reizen durch ein Volk, das nicht mein Volk ist, und durch eine Nation ohne Wissen und Einsicht.

Jesaja 65.

Dass die zeitlichen Güter falsch sind und dass es das wahre Gut bedeutet, mit Gott vereinigt zu sein.

Psalm 144,15.

Dass Gott ihre Feste missfielen. Amos 5,21.

Dass Gott die Opfer der Juden missfallen.

Jesaja 66.

1,11.

Jeremia 6,20.

David, *miserere* (»erbarme dich!«, Ps 51,3).

Das gilt selbst für die Opfer der Guten.

Expectavi (»[Herr,] ich warte [auf dein Heil]«, Ps 119,166).

Psalm 49,8–14.

Dass er nur aufgrund ihrer Verstocktheit die Opfer eingeführt hat. Micha zeigt das bewundernswert im Kapitel 6.

1. Samuel 15,22.

Hosea 6,6.

Dass Gott die Opfer der Heiden annehmen wird. Und dass Gott seinen Willen von den Opfern der Juden abwenden wird.

Maleachi 1,11.

Dass Gott einen neuen Bund durch den Messias schließen und dass der alte verworfen wird.

Jeremia 31,31.

Mandata non bona. (»Die Lehre, die nicht gut ist«, Hes 20,25.)

Dass man das Alte vergessen wird.

Jesaja 43,18 f.

65,17 f.

Dass man nicht mehr der Bundeslade gedenken wird.

Jeremia 3,15 f.

Dass der Tempel verworfen würde.

Jeremia 7,12–14.

Dass die Opfer verworfen und andere, reine Opfer eingeführt würden.

Maleachi 1,11.

Dass die Ordnung der aaronitischen Opferpriester verworfen und jene des Melchisedek durch den Messias eingeführt würde (Ps 110,4).

Dixit dominus. (»Sprach der Herr«, Ps 110,1.)

Dass dieses Priestertum ewiglich sein würde.

Ebenda.

Dass Jerusalem verworfen und Rom angenommen würde.

Dixit dominus. (»Sprach der Herr«, Ps 110,1.)

Dass der Name der Juden verworfen und ein neuer Name genannt würde.

Jesaja 65,15.

Dass dieser neue Name besser als jener der Juden und ewig sein würde.

Jesaja 56,5.

Dass die Juden ohne Propheten sein sollten. Amos.

Ohne Könige, ohne Fürsten, ohne Opfer, ohne Altar (Hos 3,4).

Dass die Juden gleichwohl stets als Volk weiterbestehen würden. Jeremia 31,36.

454/619 Ich sehe die christliche Religion auf eine vorhergehende Religion gegründet, und dazu finde ich folgende Tatsachen.

Ich spreche hier nicht von den Wundern Mose, Jesu Christi und der Apostel, weil sie zunächst nicht beweiskräftig scheinen und ich hier nur all die Grundlagen dieser christlichen Religion hervorheben will, die unzweifelhaft sind und die niemand, wer es auch immer sei, in Zweifel ziehen kann.

Gewiss ist, dass wir an einigen Orten der Welt ein eigentümliches Volk entdecken, das von allen anderen Völkern der Erde abgesondert ist und das sich das jüdische Volk nennt.

An mehreren Orten der Welt und in allen Zeiten sehe ich also Religionsstifter, doch weder haben sie eine Moral, die mir gefallen kann, noch Beweise, die mich fesseln können, und daher würde ich gleichermaßen die Religion Mohammeds wie diejenige Chinas und diejenige der alten Römer oder diejenige der Ägypter aus dem einzigen Grunde abgelehnt haben, dass die eine nicht mehr Zeichen der Wahrheit als die andere und auch nichts Weiteres aufzuweisen hat, was meine Entscheidung unabweislich bestimmen könnte. Die Vernunft kann sich weder der einen noch der anderen mehr zuneigen.

Wenn ich aber auch diese wechselhafte und absonderliche Vielfalt der Sitten und Glaubensvorstellungen in den verschiedenen Zeiten betrachte, so finde ich in einem Erdenwinkel ein eigentümliches Volk, das von allen anderen Völkern der Welt abgesondert ist, das älteste von allen, und dessen Geschichten den ältesten, die wir haben, um mehrere Jahrhunderte vorausgehen.

Ich finde also, dass dieses große und zahlreiche Volk von einem einzigen Menschen abstammt und einen einzigen Gott anbetet, sich von einem Gesetz leiten lässt, das sie, wie sie sagen, aus seiner Hand erhalten haben, *(und)* sie versichern, sie seien die Einzigen auf der Welt, denen Gott seine Geheimnisse offenbart habe. Alle Menschen seien verderbt und finden keine Gnade vor Gott, sie seien alle ihren Sinnen und ihrem eigenen Geist preisgegeben. Und daher kommen die seltsamen Verirrungen und die ständigen Veränderungen, die in ihren Religionen wie ihren Sitten auftreten. Sie selbst hingegen hätten unerschütterlich an ihrem Lebenswandel festgehalten, Gott aber werde die anderen Völker nicht ewiglich in dieser Finsternis lassen, es werde ein Erretter kommen für alle, und sie seien auf der Welt, um ihn den Menschen anzukündigen, sie seien eigens geschaffen, um die Vorboten und die Herolde der Ankunft dieses Großen zu sein und um alle Völker aufzurufen, sich mit ihnen in der Erwartung dieses Erretters zu vereinigen.

Es erstaunt mich, dieses Volk anzutreffen, und es scheint mir Aufmerksamkeit zu verdienen.

Ich betrachte dieses Gesetz, das sie, wie sie sich rühmen, von Gott haben, und ich finde es bewundernswert. Dies ist das erste Gesetz von allen, so dass, bevor selbst das Wort »Gesetz« bei den Griechen in Gebrauch kam, ungefähr tausend Jahre vergangen waren, seitdem sie es empfangen und ohne Unterbrechung befolgt hatten. So halte ich es für seltsam, dass das erste Gesetz der Welt sich auch als das vollkommenste erweist, dergestalt, dass die größten Gesetzgeber ihm die ihrigen entlehnt haben, wie es sich an den Zwölftafelgesetzen von Athen zeigt, die danach von den Römern übernommen wurden, und wie es leicht zu beweisen wäre, wenn nicht schon Josephus und andere diesen Gegenstand ausreichend behandelt hätten.

455/717 Prophezeiungen.

Eidliche Zusicherung, dass David stets Nachfolger haben werde.

Jeremia.

Serie X

456/618 Das ist eine Tatsache: Während die Philosophen sich alle in verschiedene Schulen absondern, finden sich Männer in einem Erdenwinkel, die zum ältesten Volk der Welt gehören und erklären, dass alle Menschen sich im Irrtum befinden, dass Gott ihnen die Wahrheit offenbart habe und dass diese immer auf Erden bleiben werde. In der Tat erlöschen alle anderen Schulen; diese eine besteht immer weiter, und seit 4000 Jahren erklären sie, sie hätten von ihren Vorfahren gehört, dass der Mensch aus der Gemeinschaft mit Gott zu einer völligen Entfremdung von Gott herabgesunken sei, dass dieser aber verheißen habe, sie zu erlösen, dass diese Lehre immer auf Erden bestehen würde und dass ihr Gesetz einen doppelten Sinn habe.

Dass sie 1600 Jahre lang Männer gehabt haben, an die sie als Propheten geglaubt haben, und diese hätten die Zeit und die Art seiner Ankunft vorausgesagt.

Dass sie danach 400 Jahre überall zerstreut gewesen

sind, weil Jesus Christus überall angekündigt werden musste.

Dass Jesus Christus in der vorausgesagten Art und Zeit gekommen ist.

Dass die Juden seitdem überall zu ihrer Verdammnis zerstreut sind und gleichwohl weiterbestehen.

457/572 Die Annahme, die Apostel seien Betrüger gewesen.
Die Zeit war klar, die Art dunkel vorausgesagt.
Fünf Beweise für Bildliches.
2000 Jahre. 1600 Jahre
lang Propheten.
400 Jahre lang Zerstreuung.

Serie XI

458/588*a* Widersprüche. Unendliche Weisheit und Torheit der Religion.

459/713*a* Zephanja 3,9: »Alsdann will ich den Völkern meine Worte geben, dass sie mir alle einträchtig dienen.«

Hesekiel 37,25: »Mein Knecht David soll ewiglich ihr Fürst sein.«

2. *Buch Mose* 4,22: »Israel ist mein erstgeborener Sohn.«

460/544 Der Gott der Christen ist ein Gott, der die Seele fühlen lässt, dass er ihr einziges Gut ist, dass all ihre Ruhe in ihm ist und dass sie nur Freude finden wird, wenn sie ihn liebt; und zugleich lässt er sie die Hemmnisse verabscheuen, die sie zurückhalten und daran hindern, Gott mit aller

Kraft zu lieben. Die Eigenliebe und die Begierde, die sie aufhalten, sind ihr unerträglich. Dieser Gott lässt sie fühlen, dass sie an ihrem Grunde diese Eigenliebe hat, die sie verdirbt, und dass er allein sie heilen kann.

461/584 Die Welt besteht weiter, um Barmherzigkeit und Gericht zu üben, und durchaus nicht, weil die Menschen auf Erden etwa so wandelten, wie sie aus Gottes Hand hervorgingen, sondern als Feinde Gottes, denen er aus Gnade genug Erleuchtung gibt, damit sie zu ihm zurückkehren können, wenn sie ihn suchen und ihm folgen wollen, damit er sie indes strafe, wenn sie sich weigern, ihn zu suchen oder ihm zu folgen.

462/739 Die Propheten haben vorausgesagt und sind nicht vorausgesagt worden. Danach sind die Heiligen vorausgesagt worden und haben nicht vorausgesagt. Jesus Christus ist vorausgesagt worden und hat vorausgesagt.

463/243 Es ist etwas Bewundernswertes, dass niemals ein kanonischer Autor sich der Natur bedient hat, um Gott zu beweisen. Alle streben danach, ihn durch den Glauben zu verkündigen. David, Salomo und die anderen haben niemals gesagt: »Es gibt keine Leere, also gibt es einen Gott.« Sie mussten klüger sein als die Klügsten, die seither aufgetreten sind und die sich alle dieses Beweises bedient haben. Das verdient große Beachtung.

464/419 Ich werde es keineswegs zulassen, dass er bei dem einen oder bei dem anderen Ruhe findet, damit er, wenn er ohne Halt und ohne Ruhe ist …

465/321 Diese Kinder sehen erstaunt, dass ihre Gefährten geachtet werden.

466/428 Wenn es ein Zeichen der Schwäche ist, Gott durch die Natur zu beweisen, achtet deshalb die Heilige Schrift nicht gering; wenn es ein Zeichen der Stärke ist, diese Widersprüche erkannt zu haben, achtet deshalb die Heilige Schrift hoch.

467/449 Ordnung.

Nach der Verderbnis sagen: Es ist gerecht, dass all jene, die sich in diesem Zustand befinden, ihn erkennen, sowohl diejenigen, die sich in ihm wohl fühlen, wie auch diejenigen, die sich in ihm unwohl fühlen, aber es ist nicht gerecht, dass alle die Erlösung sehen.

468/562 Auf Erden gibt es nichts, was nicht entweder das Elend des Menschen oder die Barmherzigkeit Gottes, entweder die Ohnmacht des Menschen ohne Gott oder die Macht des Menschen mit Gott zeigt.

469/577 *(Niedrigkeit.)*

Gott hat bewirkt, dass die Verblendung dieses Volkes dem Heil der Auserwählten dient.

470/404 Die größte Niedrigkeit des Menschen ist, dass er nach Ruhm strebt, doch gerade dies ist auch das größte Zeichen seiner Herrlichkeit; denn welchen Besitz er auf Erden auch haben, wie es auch um seine Gesundheit und seine hauptsächlichen Annehmlichkeiten stehen mag, er ist nicht zufrieden, wenn er von den Menschen nicht geachtet wird.

Er achtet die menschliche Vernunft so hoch, dass er, welchen Vorzug er auf Erden auch genießen mag, wenn er nicht ebenfalls einen vorzüglichen Platz in der menschlichen Vernunft einnimmt, nicht froh ist. Das ist der schönste Platz der Welt, nichts kann ihn von diesem Verlangen abbringen, und das ist die unauslöschlichste Eigenschaft des menschlichen Herzens.

Und diejenigen, welche die Menschen am meisten verachten und sie den Tieren gleichstellen, wollen dennoch, dass jene sie bewundern und an sie glauben, und sie widersprechen so durch ihr eigenes Empfinden sich selbst, da ihre Natur, die stärker als alles Übrige ist, sie eindringlicher von der Größe des Menschen überzeugt, als die Vernunft sie von ihrer Niedrigkeit überzeugt.

471/441 Was mich betrifft, so bekenne ich: Sobald die christliche Religion dieses Prinzip offenbart, dass die menschliche Natur verderbt und von Gott abgefallen ist, öffnet das die Augen, damit man überall das Kennzeichen dieser Wahrheit sieht; denn die Natur ist so beschaffen, dass sie überall, sowohl im Menschen wie auch außerhalb des Menschen, auf einen verlorenen Gott und auf die Verderbnis der Natur hinweist.

472/574 *Größe.* – Die Religion ist etwas so Großes, dass es gerecht ist, wenn diejenigen, die sich nicht die Mühe machen mochten, sie zu suchen, wenn sie dunkel ist, ihrer beraubt sind. Worüber beklagt man sich also, wenn sie so beschaffen ist, dass man sie finden kann, indem man sie sucht?

473/500 Das Verständnis der Worte gut und böse.

474/622 Als die Weltschöpfung allmählich in den Hintergrund trat, hat Gott für einen einzigartigen zeitgenössischen Geschichtsschreiber gesorgt und ein ganzes Volk zum Hüter dieses Buches bestellt, damit diese Geschichte die glaubwürdigste der Welt wäre und alle Menschen durch sie etwas, dessen Kenntnis so notwendig ist, lernen könnten und damit man es allein durch sie wissen könnte.

475/676 Der Schleier, der für die Juden über den Büchern liegt, ist auch für die schlechten Christen und für all jene darüber gebreitet, die sich selbst nicht hassen. Doch wie gut ist man vorbereitet, sie zu verstehen und Jesus Christus zu erkennen, wenn man sich selbst wirklich hasst!

476/688 Ich sage nicht, dass das *Mem* geheimnisvoll sei.

477/406 Der Stolz wiegt all unser Elend auf und überwindet es. Er ist ein seltsames Ungeheuer und eine deutlich sichtbare Verirrung. So ist der Mensch nun von seiner Stätte herabgesunken, und er sucht ruhelos nach ihr. Genau das tun alle Menschen. Prüfen wir, wer sie gefunden hat.

478/137 Ohne alle einzelnen Beschäftigungen zu untersuchen, genügt es, dass man sie zu den Zerstreuungen rechnet.

479/74*a* Für die Philosophen gibt es 280 höchste Güter.

480/590 Bei den Religionen muss man aufrichtig sein: wahre Heiden, wahre Juden, wahre Christen.

481/594 Gegen die Geschichte Chinas. Die Geschichtsschreiber Mexikos sprechen von den fünf Sonnen, deren letzte erst vor 800 Jahren erschienen sei.

Unterschied zwischen einem Buch, das von einem Volk empfangen wird, und einem, das ein Volk erschafft.

482/289 BEWEISE – 1. Durch die Verbreitung der christlichen Religion, die sich durch sich selbst so machtvoll und so sanft verbreitet hat, während sie doch der Natur so sehr zuwider ist. – 2. Die Heiligkeit, Erhabenheit und Demut einer Christenseele. – 3. Die Wunder der Heiligen Schrift. – 4. Jesus Christus im Besonderen. – 5. Die Apostel im Besonderen. – 6. Moses und die Propheten im Besonderen. – 7. Das jüdische Volk. – 8. Die Prophezeiungen. – 9. Die Beständigkeit: Keine andere Religion hat Beständigkeit. – 10. Die Lehre, die alles wohl begründet. – 11. Die Heiligkeit dieses Gesetzes. – 12. Durch den Lauf der Welt.

Nach alldem ist nicht zu bezweifeln, dass man sich – sobald man bedenkt, was das Leben und diese Religion sind – nicht weigern darf, der Neigung nachzugeben, ihr zu folgen, wenn sie uns ins Herz dringt; und es ist gewiss, dass es keinen Grund gibt, jene zu verlachen, die ihr folgen.

483/726 *Prophezeiungen.* (In Ägypten, *Pugio Fidei,*) Seite 659, *Talmud*: »Bei uns gibt es eine Überlieferung, dass bei der Ankunft des Messias das Haus Gottes, das zur Verkündigung seines Wortes bestimmt ist, voller Schmutz und Unrat sein und dass die Weisheit der Schriftgelehrten verderbt und entartet sein wird. Jene, die sich vor der Sünde fürchten, werden vom Volke verworfen und Narren und Toren geheißen werden.«

Jesaja 49 (1–26): »Höret mir zu, ihr Inseln, und ihr Völker in der Ferne, merket auf! Der Herr hat mich gerufen von Mutterleib an; er hat meines Namens gedacht, da ich noch im Schoß der Mutter war, und hat meinen Mund gemacht wie ein scharfes Schwert und spricht zu mir: Du bist mein Knecht, durch welchen ich will gepriesen werden. Ich aber dachte, ich arbeitete vergeblich und brächte meine Kraft umsonst und unnütz zu, wiewohl meine Sache des Herrn und mein Amt meines Gottes ist. Und nun spricht der Herr, der mich von Mutterleib an zu seinem Knechte bereitet hat, dass ich soll Jakob zu ihm bekehren, auf dass Israel nicht weggerafft werde (darum bin ich vor dem Herrn herrlich, und mein Gott ist meine Stärke), und spricht: Es ist ein Geringes, dass du mein Knecht bist, die Stämme Jakobs aufzurichten, ich habe dich zum Licht der Heiden gemacht, dass du seist mein Heil bis an der Welt Ende. So spricht der Herr zu der verachteten Seele, zu dem Volk, das man verabscheut, zu dem Knecht, der unter den Tyrannen ist. Die Fürsten und die Könige sollen dich anbeten, weil der Herr, der dich erwählt hat, treu ist.

So spricht der Herr: Ich habe dich erhört zur gnädigen

Zeit und habe dir am Tage des Heils geholfen und habe dich behütet und zum Bund unter das Volk gestellt, dass du das Land aufrichtest und die verstörten Erbe austeilest; zu sagen den Gefangenen: Geht heraus! und zu denen in der Finsternis: Kommt hervor! dass sie am Wege weiden und auf allen Hügeln ihre Weide haben. Sie werden weder hungern noch dürsten, sie wird keine Hitze noch Sonne stechen; denn ihr Erbarmer wird sie führen und wird sie an die Wasserquellen leiten. Ich will alle meine Berge zum Wege machen. Siehe, die Völker werden von ferne kommen, von Morgen, von Abend, von Mitternacht und von Mittag. Jauchzet, ihr Himmel, freue dich, Erde, denn der Herr hat sein Volk getröstet und erbarmt sich seiner Elenden.

Zion aber spricht: Der Herr hat mich verlassen, der Herr hat mein vergessen. Kann auch ein Weib ihres Kindleins vergessen, dass sie sich nicht erbarme über den Sohn ihres Leibes? Und ob sie desselben vergäße, so will ich doch dein nicht vergessen, Zion. Siehe, in die Hände habe ich dich gezeichnet; deine Mauern sind immerdar vor mir. Deine Baumeister werden eilen; aber deine Zerbrecher und Verstörer werden sich davonmachen. Hebe deine Augen auf umher und siehe: Alle diese kommen versammelt zu dir. So wahr ich lebe, spricht der Herr, du sollst mit diesen allen wie mit einem Schmuck angetan werden. Denn dein wüstes, verstörtes und zerbrochenes Land wird dir alsdann zu eng werden für die große Zahl deiner Bewohner, dass die Kinder deiner Unfruchtbarkeit werden noch sagen vor deinen Ohren: Der Raum ist mir zu eng; rücke hin, dass ich bei dir wohnen möge. Du aber wirst sagen in deinem Herzen: Wer hat mir diese Kinder in Fülle geboren? Ich war unfruchtbar, einsam, vertrieben und verstoßen. Wer hat mir diese erzogen? Siehe, ich war allein gelassen; wo waren denn diese? So spricht der Herr Herr: Siehe, ich will meine Hand zu den Heiden aufheben und zu den Völkern mein Panier aufwerfen; so werden sie deine Söhne in den Armen herzubringen und deine Töchter auf den Achseln hertragen. Und Könige sollen deine Pfleger, und ihre Fürstinnen deine Säugammen sein; sie werden vor dir niederfallen zur Erde aufs Angesicht und deiner Füße Staub lecken. Da wirst du erfahren, dass ich der Herr bin, an welchem nicht zuschanden werden, die auf mich harren. Kann man auch einem Riesen den Raub nehmen? Nun sollen die Gefangenen dem Riesen genommen werden und der Raub des Starken los werden; und ich will deinen Kindern helfen. Und ich will deine Feinde verderben; und alles Fleisch soll erfahren, dass ich bin der Herr, dein Heiland, und dein Erlöser der Mächtige in Jakob.«

Jesaja 50 (1–11): »So spricht der Herr: Wo ist der Scheidebrief, mit dem ich die Synagoge verstoßen habe? Und warum habe ich sie in die Hand eurer Feinde gegeben? Habe ich sie nicht um ihrer Sünden und ihres Übertretens willen verstoßen?

Denn ich kam, und niemand nahm mich an; ich rief, und niemand hörte. Ist mein Arm nun so kurz geworden, dass er nicht erlösen kann?

Darum werde ich die Zeichen meines Zorns erscheinen lassen; ich werde den Himmel mit Dunkel kleiden und seine Decke gleich einem Sack machen.

Der Herr Herr hat mir eine gelehrte Zunge gegeben, dass ich wisse mit dem Müden zu rechter Zeit zu reden. Er hat mir das Ohr geöffnet, dass ich auf seine Reden höre wie ein Jünger.

Der Herr Herr hat mir seinen Willen offenbart, und ich bin nicht ungehorsam gewesen.

Ich hielt meinen Rücken dar denen, die mich schlugen, und meine Wangen denen, die mich rauften; mein Angesicht verbarg ich nicht vor Schmach und Speichel. Aber der Herr Herr hilft mir; darum werde ich nicht zuschanden.

Er ist nahe, der mich gerechtspricht. Siehe, der Herr Herr hilft mir; wer ist, der mich will verdammen?

Alle Menschen werden vergehen und von der Zeit ausgelöscht. Wer Gott fürchtet, der soll darum seines Knechtes Stimme gehorchen. Der im Finstern wandelt, der hoffe auf den Herrn. Ihr alle aber zündet nur Gottes Zorn gegen euch an, gehet hin in das Licht eures Feuers und in die Flammen, die ihr angezündet habt! Solches widerfährt euch von meiner Hand; in Schmerzen müsst ihr liegen.«

Jesaja 51 (1–4): »Höret mir zu, die ihr der Gerechtigkeit nachjagt, die ihr den Herrn sucht: Schauet den Fels an, davon ihr gehauen seid, und des Brunnens Gruft, daraus ihr gegraben seid. Schauet Abraham an, euren Vater, und Sara, von welcher ihr geboren seid. Denn ich rief ihn, da er noch einzeln war und keine Kinder hatte, und segnete ihn und mehrte ihn. Sehet, welch großen Segen ich über Zion ausgegossen habe, und mit welch großen Gnaden und Tröstungen ich sie überhäuft habe.

Merke auf mich, mein Volk, höret mich, meine Leute! Denn von mir wird ein Gesetz ausgehen, und mein Recht will ich zum Licht der Völker gar bald stellen.«

Amos 8 (9–14): Nachdem der Prophet die Frevel Israels aufgezählt hat, sagt er, dass Gott geschworen habe, dafür Rache zu nehmen.

»Zur selben Zeit, spricht der Herr Herr, will ich die Sonne am Mittag untergehen lassen und das Land am hellen Tage lassen finster werden. Ich will eure Feiertage in Trauern und alle eure Lieder in Wehklagen verwandeln.

Ihr werdet alle in Trübsal und Leid sein, und ich will diesem Volk ein Trauern schaffen, wie man über einen einzigen Sohn hat; und sie sollen ein jämmerliches Ende nehmen. Siehe, es kommt die Zeit, spricht der Herr Herr, dass ich einen Hunger ins Land schicken werde, nicht einen Hunger nach Brot oder Durst nach Wasser, sondern nach dem Wort des Herrn, zu hören; dass sie hin und her von einem Meer zum andern, von Mitternacht gegen Morgen umlaufen und des Herrn Wort suchen, und doch nicht finden werden.

Zu der Zeit werden die schönen Jungfrauen und die Jünglinge verschmachten vor Durst, die jetzt schwören bei dem Fluch Samarias und sprechen: ›So wahr dein Gott zu Dan lebt! So wahr die Weise zu Beer-Seba lebt!‹ Denn sie sollen also fallen, dass sie nicht wieder aufstehen.«

Amos 3,2: »Aus allen Geschlechtern auf Erden habe ich allein euch als mein Volk erkannt.«

Daniel 12,7: Nachdem er das Reich des Messias in seiner ganzen Größe beschrieben hat, sagt er: »Wenn die Zerstreuung des Volks Israel ein Ende hat, soll solches alles geschehen.«

Haggai 2,4(–9): »Ihr, die dieses zweite Haus mit der Herrlichkeit des ersten vergleicht und es verachtet, seid getrost, spricht der Herr, du, Serubabel, und du, Josua, du Hoherpriester, sei getrost, alles Volk im Lande! Und arbeitet! Denn ich bin mit euch, spricht der Herr Zebaoth. Nach dem Wort, da ich mit euch einen Bund machte, da ihr aus Ägypten zoget, soll mein Geist unter euch bleiben. Fürchtet euch nicht! Denn so spricht der Herr Zebaoth: Es ist noch ein kleines dahin, dass ich Himmel und Erde, das Meer und das Trockene bewegen werde« (eine Ausdrucksweise, um eine große und außerordentliche Änderung zu bezeichnen). »Alle Heiden will ich bewegen. Da soll dann kommen aller Heiden Bestes; und ich will dies Haus voll Herrlichkeit machen, spricht der Herr Zebaoth.

Denn mein ist Silber und Gold, spricht der Herr Zebaoth« (das heißt, nicht dafür soll man mich ehren, wie es an anderer Stelle gesagt ist: »Allerlei Tier auf dem Felde ist vor mir« [Ps 50,11]; was nützt es, sie mir zum Opfer zu bringen?). »Es soll die Herrlichkeit dieses letzten Hauses größer werden, denn des ersten gewesen ist, spricht der Herr Zebaoth; und ich will Frieden geben an diesem Ort, spricht der Herr Zebaoth.«

5. *Buch Mose* 18,16(–19): »Am Horeb, am Tage der Versammlung, sprachet ihr: Wir wollen hinfort nicht mehr hören die Stimme des Herrn und das große Feuer nicht mehr sehen, dass wir nicht sterben. Und der Herr sprach zu mir: Sie haben wohl geredet. Ich will ihnen einen Propheten, wie du bist, erwecken aus ihren Brüdern und meine Worte in seinen Mund geben; der soll zu ihnen reden alles, was ich ihm gebieten werde. Und wer meine Worte nicht hören wird, die er in meinem Namen reden wird, von dem will ich's fordern.«

1. *Buch Mose* 49 (8–10): »Juda, du bist's; dich werden deine Brüder loben. Deine Hand wird deinen Feinden auf dem Halse sein; vor dir werden deines Vaters Kinder sich neigen. Juda ist ein junger Löwe. Du bist hoch gekommen, mein Sohn, durch große Siege. Er ist niedergekniet und hat sich gelagert wie ein Löwe und wie eine Löwin; wer will sich wider ihn auflehnen?

Es wird das Zepter von Juda nicht entwendet werden noch der Stab des Herrschers von seinen Füßen, bis dass der Held komme; und demselben werden die Völker anhangen.«

Serie XIII

484/711 Voraussagen besonderer Dinge.

Sie waren Fremdlinge in Ägypten ohne irgendeinen eigenen Besitz in jenem Lande noch anderswo. – *(Es gab nicht das geringste Anzeichen für das Königtum, das so lange Zeit danach bestanden hat, oder für diesen Hohen Rat aus siebzig Richtern, den sie »das Synhedrium« nannten, das, nachdem Moses es eingerichtet hatte, bis zur Zeit Jesu Christi fortbestanden hat. All diese Dinge waren von ihrem seinerzeitigen Zustand so weit entfernt, wie sie es nur sein konnten.)* Als Jakob im Sterben liegt und seine zwölf Söhne segnet, erklärt er ihnen, sie würden ein großes Land besitzen, und dem Geschlecht Juda sagt er im Besonderen voraus, dass die Könige, die sie dereinst regieren würden, aus seinem Stamm kommen und dass alle seine Brüder zu seinen Untertanen gehören würden. *(Und dass der Messias, der die Hoffnung der Völker sein sollte, von ihm geboren würde und dass das Königtum nicht von Juda entwendet würde und dass er nicht aufhören würde, der Herrscher und Gesetzgeber seiner Nachkommen zu sein, bis in seinem Geschlecht der erwartete Messias erscheinen sollte.)*

Derselbe Jakob gibt, da er über dieses zukünftige Land verfügt, als wäre er dessen Herr gewesen, Joseph ein Stück mehr als den anderen. »Ich habe dir«, sagt er, »ein Stück

Land gegeben vor deinen Brüdern« (1. Mose 48,22). Und als er dessen beide Söhne Ephraim und Manasse segnet, die Joseph zu ihm gebracht hatte, Manasse, den älteren, zu seiner Rechten und Ephraim, den jüngeren, zu seiner Linken, kreuzt er die Arme und legt die rechte Hand auf Ephraims Haupt und die linke auf Manasses Haupt, und derart segnet er sie, und nachdem Joseph ihm vorhält, dass er den Jüngeren vorziehe, antwortet Jakob ihm mit bewundernswerter Festigkeit: »Ich weiß wohl, mein Sohn, ich weiß wohl. Aber Ephraim wird größer denn Manasse werden« (1. Mose 48,19), was in der folgenden Zeit tatsächlich so sehr der Wahrheit entsprach, weil er als Einzelner beinahe so zahlreich wurde, dass zwei vollständige Geschlechter, die ein ganzes Königreich bildeten, gewöhnlich mit dem alleinigen Namen Ephraim genannt wurden. Derselbe Joseph nimmt, als er im Sterben liegt, seinen Kindern den Eid ab, seine Gebeine mit sich zu führen, wenn sie in jenes Land ziehen würden, wo sie erst 200 Jahre danach waren.

Moses, der all diese Dinge so lange, bevor sie geschehen waren, aufgeschrieben hat, hat selbst jedem Geschlecht die Erbteile jenes Landes zugewiesen, ehe sie es betreten hatten, als wäre er dessen Herr gewesen. *(Und er erklärt schließlich, dass Gott aus ihrem Volk und ihrem Geschlecht einen Propheten erwecken soll, dessen Vorbild er gewesen sei – der ihnen im Namen Gottes weissagt und ihnen all das genau vorausverkündigt, was ihnen in dem Lande widerfahren sollte, das sie bald nach seinem Tode betreten würden, die Siege, die Gott ihnen geben werde, ihre Undankbarkeit gegen Gott, die Strafen, die sie dafür empfangen werden, und ihre übrigen Schicksale.)*

Er bestellt Richter über sie, dass sie das Land zum Erbe austeilen. Er schreibt ihnen die gesamte politische Regierungsform vor, die sie einhalten werden, die Freistädte, die sie darin bauen werden, usw.

Serie XIV

485/722 Daniel 2 (27–46).

Das verborgene Ding, das du förderst von allen deinen Wahrsagern und Weisen, steht in ihrem Vermögen nicht zu sagen.

(Dieser Traum musste ihm sehr am Herzen liegen.)

Aber es ist ein Gott im Himmel, der kann verborgene Dinge offenbaren; der hat dir im Traum gezeigt, was in künftigen Zeiten geschehen soll.

So ist mir solch verborgenes Ding offenbart, nicht durch meine Weisheit, sondern durch die Offenbarung desselben Gottes, der es mir enthüllt hat, dass dir die Deutung angezeigt würde.

So war also dein Traum. Du sahest ein großes und hohes und schreckliches Bild, das vor dir stand. Des Bildes Haupt war von feinem Golde, seine Brust und Arme waren von Silber, sein Bauch und seine Lenden waren von Erz, seine Schenkel waren Eisen, seine Füße aber waren eines Teils Eisen und eines Teils Ton.

Solches sahest du, bis dass ein Stein herabgerissen ward ohne Hände; der schlug das Bild an seine Füße, die Eisen und Ton waren, und zermalmte sie.

Da wurden miteinander zermalmt das Eisen, Ton, Erz, Silber und Gold und wurden wie Spreu auf der Sommertenne, und der Wind verwehte sie. Der Stein aber, der das Bild schlug, ward ein großer Berg, dass er die ganze Welt füllte. Das ist der Traum. Nun wollen wir die Deutung vor dem König sagen.

Du, König, bist ein König aller Könige, dem der Gott des Himmels solche Macht und Stärke gegeben hat, dass alle Völker dich fürchten müssen. Du bist das goldene Haupt des Bildes, das du gesehen hast.

Nach dir wird aber ein anderes Königreich aufkommen, geringer denn deines. Darnach das dritte Königreich, das ehern ist, welches wird über alle Lande herrschen.

Das vierte aber wird hart sein wie Eisen; denn gleichwie Eisen alles zermalmt und zerschlägt, ja, wie Eisen alles zerbricht, also wird es auch diese alle zermalmen und zerbrechen.

Dass du aber gesehen hast die Füße und Zehen eines Teils Ton und eines Teils Eisen: Das wird ein zerteiltes Königreich sein; zum Teil wird's ein starkes Reich wie Eisen und zum Teil ein schwaches Reich wie Ton sein.

Und dass du gesehen hast Eisen mit Ton vermengt: Werden sie sich wohl nach Menschengeblüt untereinander mengen, aber sie werden doch nicht aneinander halten, gleichwie sich Eisen mit Ton nicht mengen lässt.

Aber zur Zeit solcher Königreiche wird der Gott des Himmels ein Königreich aufrichten, das nimmermehr zerstört wird; und sein Königreich wird auf kein ander Volk kommen. Es wird alle diese Königreiche zermalmen und verstören; aber es selbst wird ewiglich bleiben; wie du denn gesehen hast einen Stein, ohne Hände vom Berge herabgerissen, der das Eisen, Erz, Ton, Silber und Gold zermalmte.

Also hat der große Gott dem König gezeigt, wie es hernach gehen werde; und der Traum ist gewiss, und die Deutung ist recht.

Da fiel der König Nebukadnezar auf sein Angesicht usw.

Daniel 8 (3–11, 16–25).

Daniel sah den Kampf des Widders und des Ziegenbocks, der den anderen besiegte und auf Erden herrschte. Und da er am stärksten geworden war, zerbrach sein großes Horn, und an dessen statt wuchsen vier andere gegen die vier Winde des Himmels. Und aus einem wuchs ein kleines Horn; das ward sehr groß gegen Mittag, gegen Morgen und gegen das Land Israel. Und es wuchs bis an des Himmels Heer und warf etliche davon und von den Sternen zur Erde und zertrat sie. Ja, es wuchs bis an den Fürsten des Heeres und nahm von ihm weg das tägliche Opfer und verwüstete die Wohnung seines Heiligtums.

Das sah Daniel. Er erbat eine Erklärung dafür, und eine Stimme rief ihm dies zu: Gabriel, lege diesem das Gesicht aus, dass er's verstehe! Und Gabriel sagte ihm:

Der Widder, den du gesehen hast, sind die Könige in Medien und Persien. Der Ziegenbock aber ist der König in Griechenland. Das große Horn zwischen seinen Augen ist der erste König.

Dass aber vier an seiner statt standen, da es zerbrochen war, bedeutet, dass vier Königreiche aus dem Volk entstehen werden, aber nicht so mächtig, wie er war.

In der letzten Zeit ihres Königreichs, wenn die Übertreter überhandnehmen, wird aufkommen ein frecher und tückischer König. Der wird mächtig sein, doch nicht durch seine Kraft; er wird greulich verwüsten, und es wird ihm gelingen, dass er's ausrichte. Er wird das heilige Volk verstören. Und durch seine Klugheit wird ihm der Betrug geraten, und er wird viele verderben und wird sich auflehnen wider den Fürsten aller Fürsten; aber er wird ohne Hand zerbrochen werden.

Daniel 9,20(–27).

Als ich noch so redete und betete und meine und meines Volks Israel Sünde bekannte und lag mit meinem Gebet vor dem Herrn, meinem Gott, eben da ich so redete in meinem Gebet, flog daher der Mann Gabriel, den ich zuvor gesehen hatte im Gesicht, und rührte mich an um die Zeit des Abendopfers. Und er unterrichtete mich und redete mit mir und sprach: Daniel, jetzt bin ich ausgegangen, dich zu unterrichten. Denn da du anfingst zu beten, ging dieser Befehl aus, und ich komme darum, dass ich dir's anzeige; denn du bist lieb und wert. So merke nun darauf, dass du das Gesicht verstehest. Siebzig Wochen sind bestimmt über dein Volk und über deine heilige Stadt, so wird dem Übertreten gewehrt und die Sünde abgetan und die Missetat versöhnt und die ewige Gerechtigkeit gebracht und die Gesichte und Weissagungen versiegelt und der Hochheilige gesalbt werden. (Darnach wird dies Volk nicht mehr dein Volk sein und auch diese Stadt nicht mehr die heilige Stadt. – Die Zeit des Zorns wird vorüber sein, die Gnadenjahre werden für immer beginnen.)

So wisse nun und merke: Von der Zeit an, da ausgeht der Befehl, dass Jerusalem soll wiederum gebaut werden, bis auf den Gesalbten, den Fürsten, sind 7 Wochen und 62 Wochen (Die Hebräer pflegten die Zahlen zu teilen und die kleine an den Anfang zu stellen; diese 7 und 62 ergeben also 69 von jenen 70. Es wird also die 70. übrig bleiben, das heißt die 7 letzten Jahre, von denen er nachher sprechen wird), so werden die Gassen und Mauern wieder gebaut werden, wiewohl in kümmerlicher Zeit. Und nach den 62 Wochen (die auf die 7 ersten gefolgt sein werden) wird der Gesalbte ausgerottet werden (Christus wird also nach den 69 Wochen getötet werden, das heißt in der letzten Woche). Und das Volk eines Fürsten wird kommen und die Stadt und das Heiligtum verstören, dass es ein Ende nehmen wird wie durch eine Flut; und bis zum Ende des Streits wird's wüst bleiben.

Er wird aber vielen den Bund stärken eine Woche (das ist die übrigbleibende 70.) lang. Und mitten in der Woche (das heißt während der letzten dreieinhalb Jahre) wird das Opfer und Speisopfer aufhören. Und bei den Flügeln werden stehen Greuel der Verwüstung, bis das Verderben, welches beschlossen ist, sich über die Verwüstung ergießen wird.

Daniel 11 (2–24).

Der Engel sprach zu Daniel: Siehe, es werden (nach Cyrus, unter welchem dies geschrieben ist) noch drei Könige in Persien aufstehen (Kambyses, Smerdis, Darius); der vierte aber (Xerxes) wird größern Reichtum haben denn alle andern; und wenn er in seinem Reichtum am mächtigsten ist, wird er alles wider das Königreich in Griechenland erregen.

Darnach wird ein mächtiger König (Alexander) aufstehen und mit großer Macht herrschen, und was er will, wird er ausrichten. Und wenn er aufs Höchste gekommen ist, wird sein Reich zerbrechen und sich in die vier Winde des Himmels zerteilen – (wie er es vorhergesagt hatte, 7,6 und 8,8) –, nicht auf seine Nachkommen, auch nicht mit solcher Macht, wie seine gewesen ist; denn sein Reich wird ausgerottet und Fremden zuteilwerden, außer diesen (den vier mächtigsten Nachfolgern).

Und der König gegen Mittag (Ägypten), welcher ist seiner Fürsten einer (Ptolemäus, der Sohn des Lagos), wird mächtig werden; aber gegen ihn wird einer (Seleukus, der König Syriens) auch mächtig sein und herrschen, dessen Herrschaft wird groß sein. (Appianos sagt, er sei der mächtigste Nachfolger Alexanders.)

Nach etlichen Jahren aber werden sie sich miteinander befreunden; und die Tochter des Königs gegen Mittag (Berenike, die Tochter des Ptolemäus Philadelphus, des Sohnes des vorigen Ptolemäus) wird kommen zum König gegen Mitternacht (zu Antiochus Theos, dem König von Syrien und Asien, dem Neffen des Seleukus Lagidas), Einigkeit zu machen.

Aber ihr und ihren Nachkommen wird die Macht des Arms nicht bleiben; sondern sie wird übergeben werden samt denen, die sie gebracht haben, und ihren Kindern und Freunden. (Berenike und ihr Sohn wurden von Seleukus Kallinikos getötet.)

Es wird aber der Zweige einer von ihrem Stamm aufkommen (Ptolemäus Euergetes wird von demselben Vater wie Berenike geboren); der wird kommen mit Heereskraft und dem König gegen Mitternacht in seine Feste fallen und wird's ausrichten und siegen. Auch wird er ihre Götter und Bilder samt den köstlichen Kleinoden, silbernen und goldenen, wegführen nach Ägypten und etliche Jahre vor dem König gegen Mitternacht wohl stehenbleiben. (Wenn innere Angelegenheiten ihn nicht nach Ägypten zurückgerufen hätten, so hätte er Seleukus viel schlimmer beraubt, sagt Justinus.)

Und darum wird er wieder in sein Land umkehren. Aber die Söhne des anderen (Seleukus Keraunos, Antiochus Magnus) werden zornig werden und große Heere zusammenbringen.

Und ihr Heer wird kommen und wie eine Flut daherfahren. Da wird der König gegen Mittag (Ptolemäus Philopator) ergrimmen und wird auch einen großen Haufen zusammenbringen und streiten (gegen Antiochus Magnus) und siegen (in Raphia). Und seine Heere werden darum frech werden, und sein Herz wird sich überheben (dieser Ptolemäus schändete den Tempel. Josephus), dass er so viele Tausende darniedergelegt hat; aber damit wird er sein nicht mächtig werden.

Denn der König gegen Mitternacht (Antiochus Magnus) wird wiederum einen größern Haufen zusammenbringen, als der vorige war (während der junge Ptolemäus Epiphanes herrschte). Und zur selben Zeit werden sich viele wider den König gegen Mittag setzen; auch werden sich Abtrünnige (jene, die ihrer Religion entsagt hatten, um Euergetes gefällig zu sein, als er sein Heer nach Skopos entsandte) und Gewalttätige aus deinem Volk erheben und die Weissagung erfüllen, und werden fallen. (Denn Antiochus wird Skopos wieder einnehmen und sie besiegen.)

Und der König gegen Mitternacht wird die Bollwerke und die allerfestesten Städte zerstören; und die Mittagsheere werden's nicht können wehren.

Niemand wird ihm widerstehen können. Er wird im Land Israel verweilen, und es wird ihm nachgeben.

So wird er sich zum Herrn des ganzen Königreichs Ägypten machen wollen (da er Epiphanes seiner Jugend wegen geringschätzte, sagt Justinus).

Darum wird er sich mit ihm vertragen und wird ihm seine Tochter zum Weibe geben (Kleopatra, damit sie ihren

Ehemann verraten sollte. Hierzu sagt Appianos, dass er sich nicht zutraute, sich gewaltsam zum Herrn Ägyptens machen zu können, weil die Römer es beschützten, und ihm darum mit List nach dem Leben trachten wollte), dass er ihn verderbe; aber sie wird seiner Absicht nicht gehorchen.

So wird er sich in andere Unternehmungen stürzen und sich zum Herrn über einige Inseln (das heißt: Seestädte) machen wollen und deren viele gewinnen (wie Appianos sagt).

Aber ein großer Führer wird sich seinen Eroberungszügen widersetzen und wird ihn lehren aufhören mit Schmähen, dass er ihn nicht mehr schmähe (Scipio Africanus, der das Vordringen des Antiochus Magnus aufhalten wird, weil dieser die Römer in der Person ihrer Verbündeten beleidigte).

Also wird er wieder in sein Königreich umkehren, und dort wird er fallen und nicht mehr sein. (Er wurde von seinen Angehörigen getötet.)

Und an seiner statt wird einer aufkommen (Seleukus Philopator oder Soter, der Sohn des Antiochus Magnus), der wird ein Tyrann sein, der die Herrlichkeit des Königreichs, die das Volk ist, mit Steuern bedrücken wird; aber nach wenig Tagen wird er zerbrochen werden, doch weder durch Zorn noch durch Streit.

An des statt wird aufkommen ein Ungeachteter, welchem die Ehre des Königreichs nicht zugedacht war; der wird mitten im Frieden kommen und das Königreich mit süßen Worten einnehmen.

Und die Heere werden von ihm wie mit einer Flut überfallen und zerbrochen werden, dazu auch der Fürst, mit dem der Bund gemacht war. Denn nachdem er mit ihm befreundet ist, wird er listig gegen ihn handeln und wird heraufziehen und mit geringem Volk seine ruhigen Provinzen überwältigen, und es wird ihm ohne Furcht gelingen, dass er in die besten Städte des Landes kommen wird; und wird's also ausrichten, wie es weder seine Väter noch seine Voreltern tun konnten, mit Rauben, Plündern und Ausbeuten; und wird nach den allerfestesten Städten trachten, und das eine Zeitlang.

(Daniel 11,)25.

Serie XV

486/682 Jesaja 1,21. (»Wie geht das zu, dass die fromme Stadt zur Hure geworden ist? Sie war voll Rechts, Gerechtigkeit wohnte darin, nun aber – Mörder.«) Wandel vom Guten zum Bösen und Gottes Rache.

Jesaja 10,1. *Vae qui condunt leges iniquas.* (»Weh [den Schriftgelehrten], die unrechte Gesetze machen.«)

Jesaja 26,20. *Vade populus meus intra in cubicula tua, claude ostia tua super te, abscondere modicum ad momentum donec pertranseat indignatio.* (»Gehe hin, mein Volk, in deine Kammer und schließ die Tür nach dir zu; verbirg dich einen kleinen Augenblick, bis der Zorn vorübergehe.«)

Jesaja 28,1. *Vae coronae superbiae.* (»Weh der prächtigen Krone.«)

Wunder. *Luxit et elanguit terra.* (»Das Land liegt kläglich und jämmerlich«, Jes 33,9.)

Confusus est libanus et obsorduit (»Der Libanon steht schändlich zerhauen«), usw. Jesaja 33,9.

Nunc consurgam, dicit dominus, nunc exaltabor, nunc sublevabor. (»Nun will ich mich aufmachen, spricht der Herr; nun will ich mich emporrichten, nun will ich mich erheben.« Jes 33,10.)

Omnes gentes quasi non sint. (»Alle Heiden sind [vor ihm nichts und] wie ein Nichtiges [und Eitles geachtet].«) Jesaja 40,17.

Quis annuntiavit ab exordio ut sciamus et a principio ut dicamus: justus es. (»Wer kann etwas verkündigen von Anfang? – so wollen wir's vernehmen – oder weissagen zuvor? – so wollen wir sagen: Du redest recht!«) Jesaja 41,26.

Operabor et quis avertet illud. (»Ich wirke; wer will's abwenden?«) Jesaja 43,13.

Neque dicet forte mendacium est in dextera mea. (»Und [er wird seine Seele nicht erretten,] dass er dächte: Ist das nicht Trügerei, was meine rechte Hand treibt?«) Jesaja 44,20.

Memento horum Jacob et Israel quoniam servus meus es tu. Formavi te, servus meus es tu Israel, ne obliviscaris mei. (»Daran gedenke, Jakob und Israel; denn du bist mein Knecht. Ich habe dich bereitet, dass du mein Knecht seist; Israel, vergiss mein nicht.« Jes 44,21.)

Delevi ut nubem iniquitates tuas et quasi nebulam peccata tua, revertere ad me quoniam redemi te. (»Ich vertilge deine Missetaten wie eine Wolke und deine Sünden wie den Nebel. Kehre dich zu mir; denn ich erlöse dich.« Jes 44,22.)

Laudate caeli quoniam misericordiam fecit dominus … quoniam redemit dominus Jacob et Israel gloriabitur. (»Jauchzet, ihr Himmel, denn der Herr hat's getan … denn der Herr hat Jakob erlöst und ist in Israel herrlich.« Jes 44,23.)

Haec dicit dominus redemptor tuus, et formator tuus ex

utero, ego sum dominus, faciens omnia, extendens caelos solus, stabiliens terram, et nullus mecum. (»So spricht der Herr, dein Erlöser, der dich von Mutterleibe hat bereitet: Ich bin der Herr, der alles tut, der den Himmel ausbreitet allein und die Erde weit macht ohne Gehilfen.« Jes 44,24.)

In momento indignationis abscondi faciem meam parum per a te et in misericordia sempiterna misertus sum tui, dixit redemptor tuus dominus. (»Ich habe mein Angesicht im Augenblick des Zorns ein wenig vor dir verborgen; aber mit ewiger Gnade will ich mich dein erbarmen, spricht der Herr, dein Erlöser.«) Jesaja 54,8.

Qui eduxit ad dexteram Moysen brachio majestatis suae, qui scidit aquas ante eos ut faceret sibi nomen sempiternum. (»Wer führte Mose bei der rechten Hand durch seinen herrlichen Arm? Wer trennte die Wasser vor ihnen her, auf dass er sich einen ewigen Namen machte?«) Jesaja 63,12.

Sic adduxisti populum tuum ut faceres tibi nomen gloriae. (»Also hast du dein Volk geführt, auf dass du dir einen herrlichen Namen machtest.« Jes 63,)14.

Tu enim pater noster et Abraham nescivit nos, et Israel ignoravit nos. (»Bist du doch unser Vater; denn Abraham weiß von uns nicht, und Israel kennt uns nicht.«) Jesaja 63,16.

Quare indurasti cor nostrum ne timeremus te. (»Warum lässest du uns [, Herr, irren von deinen Wegen und] unser Herz verstocken, dass wir dich nicht fürchten?«) Jesaja 63,17.

Qui sanctificabantur et mundos se putabant … simul consumentur dicit dominus. (»Die sich heiligen und reinigen … sollen weggerafft werden miteinander, spricht der Herr.«) Jesaja 66,17.

Et dixisti absque peccato et innocens ego sum. Et propterea avertatur furor tuus a me. (»Doch sprichst du: Ich bin unschuldig; er wende seinen Zorn von mir.« Jer 2,35.)

Ecce ego judicio contendam tecum eo quod dixeris, non peccavi. (»Siehe, ich will mit dir rechten, dass du sprichst: Ich habe nicht gesündigt.«) Jeremia 2,35.

Sapientes sunt ut faciant mala, bene autem facere nescierunt. (»Weise sind sie genug, Übles zu tun; aber wohltun wollen sie nicht lernen.«) Jeremia 4,22.

Aspexi terram et ecce vacua erat, et nihili, et caelos et non erat lux in eis. (»Ich schaute das Land an, siehe, das war wüst und öde, und den Himmel, und er war finster.« Jer 4,23.)

Vidi montes et ecce movebantur et omnes colles conturbati sunt; intuitus sum et non erat homo et omne volatile caeli recessit. (»Ich sah die Berge an, und siehe, die bebten, und alle Hügel zitterten. Ich sah, und siehe, da war kein Mensch, und alle Vögel unter dem Himmel waren weggeflogen.« Jer 4,24 f.)

Aspexi et ecce Carmelus desertus et omnes urbes ejus destructae sunt a facie domini et a facie viae furoris ejus. (»Ich sah, und siehe, das Gefilde war eine Wüste; und alle Städte darin waren zerbrochen vor dem Herrn und vor seinem grimmigen Zorn.« Jer 4,26.)

Haec enim dicit dominus, deserta erit omnis terra sed tamen consummationem non faciam. (»Denn so spricht der Herr: Das ganze Land soll wüst werden, und ich will's doch nicht gar aus machen.« Jer 4,27.)

Ego autem dixi forsitan pauperes sunt et stulti ignorantes viam domini judicium dei sui. (»Ich dachte aber: Wohlan, der arme Haufe ist unverständig, weiß nichts um des Herrn Weg und um ihres Gottes Recht.« Jer 5,4.)

Ibo ad optimates et loquar eis. Ipsi enim cognoverunt viam domini. (»Ich will zu den Gewaltigen gehen und mit ihnen reden; die werden um des Herrn Weg [und ihres Gottes Recht] wissen.« Jer 5,5.)

Et ecce magis hi simul confugerunt jugum, ruperunt vincula. (»Aber sie allesamt hatten das Joch zerbrochen und die Seile zerrissen.« Jer 5,5.)

Idcirco percussit eos leo de silva pardus vigilans super civitates eorum. (»Darum wird sie auch der Löwe, der aus dem Walde kommt, zerreißen, … und der Parder wird um ihre Städte lauern.« Jer 5,6.)

Numquid super his non visitabo dicit dominus, aut super gentem hujuscemodi non ulciscetur anima mea. (»Sollte ich denn solches nicht heimsuchen, spricht der Herr, und meine Seele sollte sich nicht rächen an solchem Volk, wie dies ist?«) Jeremia 5,29.

Stupor et mirabilia facta sunt in terra. (»Es steht greulich und schrecklich im Lande.« Jer 5,30.)

Prophetae prophetabant mendacium et sacerdotes applaudebant manibus et populus meus dilexit talia, quid igitur fiet in novissimo ejus. (»Die Propheten weissagten falsch, und die Priester herrschten in ihrem Amt, und mein Volk hat's gern also. Wie will es euch zuletzt darob gehen?« Jer 5,31.)

Haec dicit dominus, state super vias et videte et interrogate de semitis antiquis, quae sit via bona et ambulate in ea et invenietis refrigerium animabus vestris, et dixerunt non ambulabimus. (»So spricht der Herr: Tretet auf die Wege und schauet und fraget nach den vorigen Wegen, welches der gute Weg sei, und wandelt darin, so werdet ihr Ruhe finden für eure Seele! Aber sie sprechen: Wir wollen's nicht tun!« Jer 6,16.)

Et constitui super vos speculatores audite vocem tubae, et dixerunt non audiemus. (»Ich habe Wächter über euch gesetzt: Merket auf die Stimme der Drommete! Aber sie sprechen: Wir wollen's nicht tun!« Jer 6,17.)

Audite gentes quanta ego faciam eis audi terra ecce ego adducam mala (»Darum so höret, ihr Heiden, und merket samt euren Leuten! Du, Erde, höre zu! Siehe, ich will ein Unglück [über dies Volk] bringen«, Jer 6,18 f.) usw.

Vertrauen auf die äußeren Sakramente. Jeremia 7,14.

Faciam domui huic in qua invocatum est nomen meum et in qua vos habetis fiduciam et loco quem dedi vobis et patribus vestris sicut feci silo. (»So will ich dem Hause, das nach meinem Namen genannt ist, darauf ihr euch verlasset, und dem Ort, den ich euren Vätern gegeben habe, eben tun, wie ich Silo getan habe.« Jer 7,14.)

Tu ergo noli orare pro populo hoc. (»Und du sollst für dies Volk nicht bitten.« Jer 7,16.)

Das Wesentliche ist nicht das äußere Opfer.

Quia non sum locutus cum patribus vestris et non praecepi eis in die qua eduxi eos de terra Egypti de verbo holocaustorum et victimarum. (»Denn ich habe euren Vätern des Tages, da ich sie aus Ägyptenland führte, weder gesagt noch geboten von Brandopfern und andern Opfern.« Jer 7,22.)

Sed hoc verbum praecepi eis dicens, audite vocem meam et ero vobis deus et vos eritis mihi populus et ambulate in omni via quam mandavi vobis, ut bene sit vobis, et non audierunt. (»Sondern dies gebot ich ihnen und sprach: Gehorchet meinem Wort, so will ich euer Gott sein, und ihr sollt mein Volk sein; und wandelt auf allen Wegen, die ich euch gebiete, auf dass es euch wohl gehe. Aber sie wollten nicht hören.« Jer 7,23 f.)

Vielzahl der Lehren.

Secundum numerum enim civitatum tuarum erant dei tui Juda et secundum numerum viarum Jerusalem posuisti aras confusionis, tu ergo noli orare pro populo hoc. (»Denn so manche Stadt, so manche Götter hast du, Juda; und so manche Gassen zu Jerusalem sind, so manchen Schandaltar habt ihr aufgerichtet [, dem Baal zu räuchern]. So bitte du nun nicht für dies Volk.« Jer 11,13 f.)

Non prophetabis in nomine domini et non morieris in manibus nostris. (»Weissage [uns] nicht im Namen des Herrn, willst du anders nicht von unsern Händen sterben!« Jer 11,21.)

Propterea hae dicit dominus. (»Darum spricht der Herr [Zebaoth] also.« Jer 11,22.)

Quod si dixerint ad te, quo egrediemur? dices ad eos, haec dicit dominus, qui ad mortem ad mortem, et qui ad gladium ad gladium, et qui ad famem ad famem, et qui ad captivitatem ad captivitatem. (»Und wenn sie zu dir sagen: Wo sollen wir hin? So sprich zu ihnen: So spricht der Herr: Wen der Tod trifft, den treffe er; wen das Schwert trifft, den treffe es; wen der Hunger trifft, den treffe er; wen das Gefängnis trifft, den treffe es.« Jer 15,2.)

Pravum est cor omnium et incrustabile, quis cognoscet illud? (»Es ist das Herz ein trotzig und verzagt Ding; wer kann es ergründen?« Jer 17,9.)

(Das heißt, wer kann seine ganze Bosheit ergründen, denn es ist ja bereits bekannt, dass es schlecht ist.)

Ego dominus scrutans cor et probans renes. (»Ich, der Herr, kann das Herz ergründen und die Nieren prüfen.« Jer 17,10.)

Et dixerunt venite et cogitemus contra Jeremiam cogita-

tiones, non enim peribit lex a sacerdote neque sermo a propheta. (»Aber sie sprechen: Kommt und lasst uns wider Jeremia ratschlagen; denn die Priester können nicht irren im Gesetz, [und die Weisen können nicht fehlen mit Raten,] und die Propheten können nicht unrecht lehren!« Jer 18,18.)

Non sis tu mihi formidini, tu spes mea in die afflictionum. (»Sei du mir nur nicht schrecklich, meine Zuversicht in der Not!«) Jeremia 17,17.

A prophetis enim Jerusalem egressa est pollutio super omnem terram. (»Denn von den Propheten zu Jerusalem kommt Heuchelei aus ins ganze Land.«) Jeremia 23,15.

Dicunt his qui blasphemant me: locutus est dominus, pax erit vobis et omni qui ambulat in pravitate cordis sui dixerunt: non veniet super vos malum. (»Sie sagen denen, die mich lästern: ›Der Herr hat's gesagt, es wird euch wohl gehen‹; und allen, die nach ihres Herzens Dünkel wandeln, sagen sie: ›Es wird kein Unglück über euch kommen.‹«) – Jeremia 23,17.

Serie XVI

487/727 Zu der Zeit des Messias.

Aenigmatis. (»Ein Rätsel.«) Hesekiel 17,2.

Sein Vorläufer. Maleachi 2.

Er wird als Kind geboren werden. Jesaja 9 (5).

Er wird in der Stadt Bethlehem geboren werden. Micha, 5 (1). Er wird hauptsächlich in Jerusalem auftreten und wird aus dem Geschlecht Judas und Davids geboren werden.

Er soll die Weisen und die Gelehrten verblenden. Jesaja 6 (10). – Jesaja 8,29. – Jesaja 29. – Jesaja 61. Und er soll den Armen und Geringen das Evangelium verkündigen, den Blinden die Augen öffnen und die Kranken heilen (Jes 61,1 f.; Lk 4,18 f.) – und die zum Licht führen, die in Finsternis schmachten. Jesaja 61.

Er soll den rechten Weg weisen und der Lehrer der Heiden sein. Jesaja 55 (4) – 42,1–7.

Die Weissagungen sollen den Gottlosen unverständlich sein. Daniel 12 (10). – Hosea, letztes Kapitel (14,10), aber denen verständlich, die klug und verständig sind.

Die Weissagungen, die ihn arm darstellen, stellen ihn auch als Herrn der Völker dar. Jesaja 16 ff., 53. – Sacharja 9,9.

Die Weissagungen, welche die Zeit vorhersagen, kündigen ihn nur als Herrn der Heiden und als Dulder und nicht als den auf den Wolken Thronenden oder als Richter an. Und diejenigen, die ihn solcherart als Richtenden und Herrlichen darstellen, bezeichnen nicht die Zeit.

Dass er das Opfer für die Sünden der Welt sein wird. Jesaja 39,53, usw.

Er soll der köstliche Eckstein sein. Jesaja 28,16.

Er soll der Stein des Anstoßes und des Ärgernisses sein. Jesaja 8 (14).

Jerusalem soll sich an diesem Stein stoßen (Jes 8,14 f).

Die Bauleute sollen diesen Stein verwerfen, Psalm 118,22.

Gott soll diesen Stein zum Eckstein machen (Ps 118,22).

Und dieser Stein soll zu einem ungeheuren Gebirge wachsen und die ganze Welt füllen. Daniel 2 (35).

Dass er also verworfen, verleugnet und verraten werden soll. (Ps) 109,8.

Dass er verkauft werden soll. Sacharja 11,12. Angespien (Jes 50,6), geohrfeigt, verspottet (Ps 22,8), in unendlich vieler Weise gekränkt und mit Galle getränkt (Ps 69,21 f.),

Psalm 60 (72), zerstochen, Sacharja 12 (10), dass seine Hände und Füße durchgraben werden sollen, dass er getötet und um seine Kleider das Los geworfen werden soll. Psalm (22) (17.19).

488/761 Die Juden haben, als sie ihn töteten, um ihn nicht als Messias anzuerkennen, ihm das letzte Zeichen des Messias verliehen.

Und indem sie ihn weiter verleugnen, sind sie zu unanfechtbaren Zeugen geworden. Und indem sie ihn töteten und ihn weiter ablehnen, haben sie die Weissagungen erfüllt.

488*a*/727 Dass er auferstehen würde (Ps 16,10) am dritten Tage. Hosea 6,2.

Dass er auffahren würde gen Himmel und sich zur Rechten Gottes setzen würde, Psalm 110 (1).

Dass die Könige sich gegen ihn waffnen würden. Psalm 2 (2).

Dass er, wenn er zur Rechten des Vaters sitzen wird, Sieger über seine Feinde sein sollte (Ps 72,11).

Dass die Könige der Erde und alle Völker ihn anbeten werden. Jesaja 60 (10).

Dass die Juden als Volk fortbestehen werden. Jeremia (31,36).

Dass sie ohne Könige usw. umherirren werden. Hosea 3 (4).

Ohne Propheten. Amos.

Dass sie das Heil erwarten und es nicht finden. Jesaja (59,11).

Berufung der Heiden durch Jesus Christus. – Jesaja 52,15.

Jesaja 55.

Jesaja 60.

Psalm 71.

Hosea 1,9. Ihr seid nicht mehr mein Volk, und ich werde nicht mehr euer Gott sein, nachdem ihr euch von der Zerstreuung an gemehrt habt. An den Orten, wo man nicht nach meinem Volk ruft, werde ich nach meinem Volk rufen.

Serie XVII

489/713 IMMERWÄHRENDE GEFANGENSCHAFT DER JUDEN.

Jeremia 11,11. Ich will ein Unglück über Juda gehen lassen, dem sie nicht sollen entgehen können.

Bilder.

Der Herr hatte einen Weinberg und wartete, dass er Trauben brächte, und er hat nur Herlinge gebracht (Jes 5,1 f).

Ich will ihn also zertreten und verwüsten. Sein Boden wird nur Dornen hervorbringen, und ich will den Wolken gebieten, dass sie nicht darauf regnen (Jes 5,5 f.).

Jesaja 5,7. Des Herrn Weinberg ist das Haus Israel, und die Männer Judas seine Pflanzung, daran er Lust hatte. Ich wartete auf Recht, und sie begehen nur Missetaten.

Jesaja 8 (13 f.).

Heiliget den Herrn mit Furcht und Schrecken. Fürchtet ihn allein, so wird er euch ein Heiligtum sein. Aber er wird ein Stein des Anstoßes und ein Fels des Ärgernisses den beiden Häusern Israel sein.

Zum Strick und Fall wird er den Bürgern zu Jerusalem sein, dass ihrer viele sich daran stoßen, fallen, zerbrechen, verstrickt und umkommen werden (Jes 8,14 f.).

Binde zu das Zeugnis, versiegle das Gesetz meinen Jüngern (Jes 8,16).

Denn ich hoffe auf den Herrn, der sein Antlitz verborgen hat vor dem Hause Jakob; ich aber harre sein (Jes 8,17).

Jesaja 29 (9 f.). Werdet bestürzt und verblendet euch, Volk Israel, taumelt, doch nicht von starkem Getränk! Denn der Herr hat euch einen Geist des harten Schlafs eingeschenkt und eure Augen zugetan; eure Propheten und Fürsten samt den Sehern hat er verhüllt.

Daniel 12 (10). Die Gottlosen werden's nicht achten; aber die Verständigen werden's achten.

Hosea sagt im letzten Kapitel, letzter Vers, nach vielen zeitlichen Segenssprüchen: Wer ist weise, der dies verstehe, usw.

Aller Propheten Gesichte werden euch wie die Worte eines versiegelten Buches sein, welches man gäbe einem, der lesen kann, und er spräche: Ich kann nicht, denn es ist versiegelt; oder gleich als wenn man's gäbe dem, der nicht lesen kann, und er spräche: Ich kann nicht lesen (Jes 29,11 f.).

Und der Herr spricht: Darum dass dies Volk mit seinen Lippen mich ehrt, aber ihr Herz fern von mir ist und sie mich fürchten nach Menschengeboten (Jes 29,13), so sind das Grund und Ursache dafür, denn beteten sie Gott mit ihrem Herzen an, würden sie die Weissagungen verstehen.

Darum will ich noch mehr zu allen Übriggebliebenen sammeln und über dies Volk ein seltsames Wunder und ein großes und schreckliches Zeichen kommen lassen, dass die

Weisheit seiner Weisen untergehe und der Verstand seiner Klugen verblendet werde (Jes 29,14).

WEISSAGUNGEN ALS BEWEIS FÜR DIE GÖTTLICHKEIT.

Jesaja 41.

Tretet herzu und verkündiget uns, was künftig ist, wenn ihr Götter seid, so wollen wir mit unserm Herzen auf eure Worte achten. Lasset uns hören, was am Anfang war, und verkündiget uns, was hernach kommen wird (Jes 41,22 f.).

So wollen wir merken, dass ihr Götter seid. Wohlan, tut Gutes oder Schaden, so wollen wir davon reden und miteinander schauen (Jes 41,23).

Aber ihr seid aus nichts, ihr seid nur ein Greuel usw. Jes 41,24).

Wer von euch kann uns anhand von zeitgenössischen Autoren lehren, was von Anfang und Ursprung an geschehen ist, so wollen wir ihm sagen: Du redest recht. Aber da ist kein Verkündiger, keiner, der die Zukunft voraussagte (Jes 41,26).

Jesaja 42 (8–10). Ich, der Herr, will meine Ehre keinem andern geben. Was ich zuvor habe verkündigt, ist gekommen; so verkündige ich auch Neues. Singet dem Herrn ein neues Lied, seinen Ruhm an der Welt Ende.

Lass hervortreten das blinde Volk, welches doch Augen hat, und die Tauben, die doch Ohren haben (Jes 43,8).

Lasst alle Völker sich versammeln. Wer ist unter ihnen und ihren Göttern, der uns das Vergangene und das Künftige verkündigen möge? Lasst sie ihre Zeugen darstellen und beweisen, so wird man's hören und sagen: Es ist die Wahrheit (Jes 43,9).

Ihr aber seid meine Zeugen, spricht der Herr, ihr und

mein Knecht, den ich erwählt habe, auf dass ihr wisset und mir glaubet und verstehet, dass ich's bin (Jes 43,10).

Ich habe es verkündigt und habe auch geholfen, ich allein habe diese Wunder vor euren Augen gewirkt; ihr seid meine Zeugen für meine Göttlichkeit, spricht der Herr (Jes 43,12).

Um euretwillen habe ich die Macht der Babylonier zerbrochen. Ich bin der Herr, der euch geheiligt und der euch geschaffen hat (Jes 43,14 f.).

Ich habe euch im Meer Weg und in starken Wassern Bahn gemacht, und ich habe die mächtigen Feinde, die euch widerstanden haben, ins Meer gestürzt und für immer zerschlagen (Jes 43,16 f.).

Aber gedenket nicht an diese alten Wohltaten und achtet nicht mehr auf das Vergangene (Jes 43,18).

Denn siehe, ich will ein Neues machen; jetzt soll es aufwachsen, und ihr werdet's erfahren, dass ich Weg in der Wüste mache und Wasserströme in der Einöde (Jes 43,19).

Dies Volk habe ich mir zugerichtet; es soll meinen Ruhm erzählen usw. (Jes 43,21).

Ich, ich tilge deine Übertretungen um meinetwillen und gedenke deiner Sünden nicht (Jes 43,25), denn erinnere dich um deinetwillen an deinen Undank, dass zu sehen ist, wie du gerecht willst sein (Jes 43,26). Dein erster Vater hat gesündigt, und deine Lehrer haben alle wider mich missgehandelt (Jes 43,27).

Jesaja 44 (6 f.). Ich bin der Erste, und ich bin der Letzte, spricht der Herr; wer ist mir gleich, der da rufe und verkündige und mir's zurichte, der ich von der Welt her die Völker setze? Lasset sie ihnen das Künftige und was kommen soll, verkündigen.

Fürchtet euch nicht. Habe ich's nicht dich hören lassen und verkündigt? Denn ihr seid meine Zeugen (Jes 44,8).

VORAUSSAGE DES CYRUS.

Um Jakobs, den ich erwählt habe, willen rief ich dich bei deinem Namen (Jes 45,4).

Jesaja 45,21. Machet euch herzu und ratschlaget miteinander. Wer hat dies lassen sagen von alters her und vorlängst verkündigt? Habe ich's nicht getan, der Herr?

Jesaja 46 (9 f.). Gedenket des Vorigen von alters her; denn ich bin Gott, und keiner mehr, ein Gott, desgleichen nirgend ist, der ich verkündige zuvor; was hernach kommen soll, und vorlängst, ehe denn es geschieht, und sage: Mein Anschlag besteht, und ich tue alles, was mir gefällt.

Jesaja 42,9. Siehe, was ich zuvor habe verkündigt, ist gekommen; so verkündige ich auch Neues; ehe denn es aufgeht, lasse ich's euch hören.

Jesaja 48,3(–5). Ich habe es zuvor verkündigt, dies Zukünftige; aus meinem Munde ist's gekommen, und ich habe es lassen sagen; ich tue es auch plötzlich, dass es kommt. Denn ich weiß, dass du hart bist, und dein Nacken ist eine eiserne Ader, und deine Stirn ist ehern; darum habe ich dir's verkündigt zuvor und habe dir es lassen sagen, ehe denn es gekommen ist, auf dass du nicht sagen könnest: Mein Götze tut's, und mein Bild und Abgott hat's befohlen.

Solches alles hast du gehört und siehst es, und verkündigst es doch nicht. Ich habe dir von nun an Neues sagen lassen und Verborgenes, das du nicht wusstest. Nun ist's geschaffen, und nicht vorlängst, und hast nicht einen Tag zuvor davon gehört, auf dass du nicht sagen könnest: Siehe, das wusste ich wohl (Jes 48,6 f.).

Denn du hörtest es nicht und wusstest es auch nicht, und dein Ohr war dazumal nicht geöffnet; ich aber wusste wohl, dass du verachten würdest und von Mutterleib an ein Übertreter genannt bist (Jes 48,8).

VERWERFUNG DER JUDEN UND BEKEHRUNG DER HEIDEN.

Ich werde gesucht von denen, die nicht nach mir fragten; ich werde gefunden von denen, die mich nicht suchten; und zu den Heiden, die meinen Namen nicht anriefen, sage ich: Hier bin ich, hier bin ich! (Jes 65,1.)

Ich recke meine Hände aus den ganzen Tag zu einem ungehorsamen Volk, das seinen Gedanken nachwandelt auf einem Wege, der nicht gut ist. Ein Volk, das mich entrüstet, ist immer vor meinem Angesicht, es opfert und räuchert den Götzen (Jes 65,2 f.) usw.

Solche sollen ein Rauch werden in meinem Zorn, ein Feuer, das den ganzen Tag brenne (Jes 65,5), usw.

Ich will ihnen ihre Missetaten und ihrer Väter Missetaten miteinander bezahlen; ich will ihnen allen zumessen ihr voriges Tun (Jes 65,6 f.).

So spricht der Herr: Um meiner Knechte willen werde ich nicht ganz Israel verderben. Gleich als wenn man Most in der Traube findet und spricht: »Verderbe es nicht, denn es ist ein Segen darin!«, also will ich es nicht alles verderben (Jes 65,8).

Sondern will aus Jakob Samen wachsen lassen und aus Juda, der meinen Berg besitze; denn meine Auserwählten sollen ihn besitzen und meine Knechte fruchtbares Land und wunderbar fette Felder zum Erbe haben (Jes 65,9).

Aber ich will alle andern ausrotten, weil ihr euren Gott vergessen habt, um fremden Göttern zu dienen. Ich rief euch, und ihr antwortetet nicht; ich redete, und ihr hörtet nicht, sondern erwähltet, was mir nicht gefiel (Jes 65,12).

Darum spricht der Herr Herr also: Siehe, meine Knechte sollen essen, ihr aber sollt hungern; siehe, meine Knechte sollen fröhlich sein, ihr aber sollt zuschanden werden; siehe, meine Knechte sollen vor gutem Mut jauchzen, ihr aber sollt vor Herzeleid schreien und vor Jammer heulen (Jes 65,13 f.).

Und sollt euren Namen lassen meinen Auserwählten zum Schwur; und der Herr Herr wird dich töten und seine Knechte mit einem andern Namen nennen, dass, welcher sich segnen wird auf Erden, der wird sich in dem wahrhaftigen Gott segnen (Jes 65,15 f.), usw.

Denn der vorigen Ängste ist vergessen (Jes 65,16).

Denn siehe, ich will einen neuen Himmel und eine neue Erde schaffen, dass man der vorigen nicht mehr gedenken wird noch sie zu Herzen nehmen (Jes 65,17).

Sondern ihr werdet euch ewiglich freuen und fröhlich sein über dem, was ich schaffe. Denn siehe, ich will Jerusalem schaffen zur Wonne und ihr Volk zur Freude, und ich will fröhlich sein über Jerusalem und mich freuen über mein Volk; und soll nicht mehr darin gehört werden die Stimme des Weinens noch die Stimme des Klagens (Jes 65,18 f.).

Ehe sie rufen, will ich antworten; wenn sie noch reden, will ich hören. Wolf und Lamm sollen weiden zugleich, der Löwe wird Stroh essen wie ein Rind, und die Schlange soll Erde essen. Sie werden nicht schaden noch verderben auf meinem ganzen heiligen Berge (Jes 65,24 f.).

Jesaja 56.

(So spricht der Herr: Haltet das Recht und tut Gerechtig-

keit; denn mein Heil ist nahe, dass es komme, und meine Gerechtigkeit, dass sie offenbart werde.) (Jes 56,1.)

(Wohl dem Menschen, der solches tut, und dem Menschenkind, der es festhält, dass er den Sabbat halte und nicht entheilige und halte seine Hand, dass er kein Arges tue!) (Jes 56,2.)

Und der Fremde, der zum Herrn sich getan hat, soll nicht sagen: Der Herr wird mich scheiden von seinem Volk (Jes 56,3).

Denn so spricht der Herr: Welche meine Sabbate halten und erwählen, was mir wohl gefällt, und meinen Bund fest fassen: Ich will ihnen in meinem Hause einen Ort und einen Namen geben, besser denn Söhne und Töchter; einen ewigen Namen will ich ihnen geben, der nicht vergehen soll (Jes 56,4 f.).

Um unserer Sünden willen ist das Recht fern von uns. Wir harren aufs Licht, siehe, so wird's finster, – auf den Schein, siehe, so wandeln wir im Dunkeln (Jes 59,9).

Wir tappen nach der Wand wie die Blinden. Wir stoßen uns im Mittag wie in der Dämmerung; wir sind im Düstern wie die Toten (Jes 59,10).

Wir brummen alle wie die Bären und ächzen wie die Tauben; denn wir harren aufs Recht, so ist's nicht da, – aufs Heil, so ist's ferne von uns (Jes 59,11).

Jesaja 66,18.

Und ich kenne ihre Werke und Gedanken. Es kommt die Zeit, dass ich sammle alle Heiden und Zungen, dass sie kommen und sehen meine Herrlichkeit.

Und ich will ein Zeichen unter sie geben und ihrer etliche, die errettet sind, senden zu den Heiden, gen Afrika, gen Lydien und Italien und Griechenland und zu den Völkern, da man nichts von mir gehört hat und die meine Herrlichkeit nicht gesehen haben. Und sie werden alle eure Brüder herzubringen (Jes 66,19 f.).

Verwerfung des Tempels.

Jeremia 7 (12–16).

Gehet hin an meinen Ort zu Silo, da vormals mein Name gewohnt hat, und schauet, was ich daselbst getan habe um der Bosheit willen meines Volks. Denn ich habe es weggeworfen und mir an einem andern Ort einen Tempel errichtet.

Und nun, weil ihr denn alle solche Stücke treibt, spricht der Herr, will ich dem Hause, das nach meinem Namen genannt ist, darauf ihr euch verlasset, und dem Ort, den ich euren Vätern gegeben habe, eben tun, wie ich Silo getan habe.

Und will euch von meinem Angesicht wegwerfen, wie ich weggeworfen habe alle eure Brüder, den ganzen Samen Ephraims, weggeworfen für immer.

Und du sollst für dies Volk nicht bitten.

Jeremia 7,22 (21–23).

Was nützt es euch, dass ihr Brandopfer und andere Opfer zuhauf tut? Denn ich habe euren Vätern des Tages, da ich sie aus Ägyptenland führte, weder gesagt noch geboten von Brandopfern und andern Opfern; sondern dies gebot ich ihnen und sprach: Gehorchet meinem Wort, so will ich euer Gott sein, und ihr sollt mein Volk sein.

Erst nachdem sie den goldenen Kälbern geopfert hatten, habe ich Opfer für mich geboten, um eine schlechte Sitte zum Guten zu wenden.

Jeremia 7 (4). Verlasst euch nicht auf die Lügen, wenn sie sagen: Hier ist des Herrn Tempel, hier ist des Herrn Tempel, hier ist des Herrn Tempel, sie sind …

490/721, Wir haben keinen König denn den Kaiser (Joh 19,15).

491/439 Die Natur ist verderbt.

Der Mensch handelt nicht der Vernunft gemäß, die sein Wesen ausmacht.

492/630 Die Aufrichtigkeit der Juden.

Seitdem sie keine Propheten mehr haben. Die Makkabäer.

Seit Jesus Christus. Die Massoreten.

Dieses Buch wird für euch Zeugnis ablegen.

Die unvollkommenen und Endbuchstaben.

Zum Nachteil ihrer Ehre sind sie aufrichtig und nehmen dafür den Tod auf sich. Das ist ganz beispiellos auf der Welt und hat auch keine Wurzeln in der Natur.

493/714 In Erfüllung gegangene Prophezeiungen.

1. Könige 13,2.

2. Könige 23,16.

Josua 6,26. – 1. Könige 16,34. – 5. Buch Mose 33.

Maleachi 1,11. Das Opfer der Juden verworfen, dafür das Opfer der Heiden (selbst außerhalb Jerusalems) und an allen Orten.

Moses sagt vor seinem Tod die Berufung der Heiden voraus. (5. Mose) 32,21. Und die Verwerfung der Juden.

Moses sagt voraus, was jedem Stamm widerfahren soll.

494/714 Die Juden als Gottes Zeugen. Jesaja 43,9. 44,8.

495/641 Es ist offenkundig ein Volk, das eigens geschaffen wurde, um dem Messias als Zeugen zu dienen. Jesaja 43,9. 44,8. Es bewahrt Bücher und liebt sie, und es versteht sie überhaupt nicht. Und das alles ist vorausgesagt; dass Gottes Ratschlüsse ihnen zwar anvertraut seien, aber als ein versiegeltes Buch.

496/714 Verhärte ihr Herz. Und wie? Indem man ihrer Begierde schmeichelt und ihnen Hoffnungen macht, dass man ihr freien Lauf lässt.

497/714 Prophezeiung.

Ihr sollt euren Namen lassen meinen Auserwählten zum Schwur; und ich werde sie mit einem andern Namen nennen (Jes 65,15).

498/715 Prophezeiung.

Amos und Sacharja. Sie haben den Gerechten verkauft, und darum sollen sie niemals wieder berufen werden.

Jesus Christus wird verraten.

Man wird Ägyptens nicht mehr gedenken.

Siehe: Jesaja 43,16.17.18.19. Jeremia 23,6.7.

Prophezeiung.

Die Juden sollen überall zerstreut werden. Jesaja 27,6.

Neues Gesetz. Jeremia 31,32.

Die zwei herrlichen Tempel. Jesus Christus wird zu ihnen kommen. Haggai 2,7.8.9.10. Maleachi. Grotius.

Berufung der Heiden. Joel 3,1. Hosea 2,24. 5. Buch Mose 32,21. Maleachi 1,11.

499/792 Welchen Menschen umgab jemals mehr Glanz?

Das ganze jüdische Volk sagt ihn vor seinem Kommen voraus. Das Volk der Heiden betet ihn nach seinem Kommen an.

Diese beiden Völker, die Heiden und die Juden, sehen ihn als ihren Mittelpunkt an. Und doch, welcher Mensch erfreute sich jemals weniger dieses Glanzes?

Von den dreiunddreißig Jahren seines Lebens verbrachte er dreißig, ohne öffentlich aufzutreten. In den letzten drei Jahren gilt er als ein Betrüger. Die Priester und die Vornehmen verwerfen ihn. Seine Freunde und seine nächsten Verwandten verachten ihn, schließlich stirbt er, nachdem ihn einer von den Seinen verraten hat, und er wird von einem Zweiten verleugnet und von allen verlassen.

Welchen Teil hat er also an diesem Glanz? Nie hat ein Mensch so großen Glanz gehabt, nie hat ein Mensch mehr Schmach erlitten. All dieser Glanz war nur für uns von Nutzen, um ihn für uns erkennbar zu machen, und er hat davon nichts für sich selbst gehabt.

Serie XIX

500/700 Es ist schön, mit den Augen des Glaubens die Geschichte des Herodes und die Caesars zu sehen.

501/659 Bilder.

Um zu zeigen, dass das Alte Testament – nur – bildlich ist und dass die Propheten mit den zeitlichen Gütern andere Güter bezeichnen wollten: Erstens wäre dies Gottes unwürdig; zweitens sprechen ihre Reden die Verheißung der zeitlichen Güter sehr klar aus, und dennoch sagen sie, dass ihre Reden dunkel seien und dass deren Sinn gar nicht verstanden werde. Daran erweist sich, dass dieser verborgene Sinn keineswegs derjenige ist, den sie offen aussprachen, und dass sie folglich von anderen Opfern, von einem anderen Erlöser usw. sprechen wollten. Sie sagen, man werde es erst am Ende der Zeiten verstehen. Jeremia 33, letztes Kapitel.

Der zweite Beweis ist, dass ihre Reden sich gegenseitig widersprechen und aufheben. Wenn man also annimmt, dass sie mit den Worten »Gesetz« und »Opfer« nicht einen anderen Sinn als den des Moses bezeichnen wollten, besteht ein offenkundiger und grober Widerspruch; da sie sich bisweilen in ein und demselben Kapitel widersprechen, wollten sie folglich etwas anderes damit bezeichnen.

Um nun aber den Sinn eines Autors zu verstehen …

502/571 Aus welchen Gründen haben sie Bilder gebraucht?

(Antwort: *Sie mussten zu einem fleischlichen Volk sprechen und es zum Bewahrer des geistlichen Testaments machen.*)

Damit man an den Messias glauben sollte, musste es vorhergehende Weissagungen geben, und sie mussten von unverdächtigen Leuten ausgesprochen werden, deren Umsicht, Treue und Eifer außerordentlich und die auf der ganzen Welt bekannt waren.

Um all dies erfolgreich auszuführen, hat Gott dieses fleischliche Volk erwählt, dem er die Prophezeiungen anvertraut hat, die voraussagen, dass der Messias als Erlöser und Spender der fleischlichen Güter, die dieses Volk liebte, kommen werde.

Und so hat es denn seine Propheten mit außerordentlicher Inbrunst verehrt und allen Menschen diese Bücher vorgelegt, die ihren Messias voraussagen, und so allen Völkern zugesichert, dass er kommen sollte, und das in der Art, wie sie in den Büchern vorausgesagt war, die sie für alle aufgeschlagen hielten. Und so sind die Angehörigen dieses Volkes, da die schmachvolle und armselige Ankunft des Messias sie enttäuschte, seine grausamsten Feinde gewesen, derart, dass es dasjenige Volk der Welt ist, das am wenigsten im Verdacht steht, uns zu begünstigen, und das am strengsten und eifrigsten, wie man es sich nicht entschiedener vorstellen kann, für sein Gesetz und für seine Propheten eintritt und das diese Bücher unverfälscht bewahrt.

So sind denn diejenigen, die Jesus Christus, der ihnen ein Ärgernis war, verworfen und gekreuzigt haben, auch diejenigen, die ebendiese Bücher bewahren, die von ihm zeugen und sagen, dass er verworfen und ein Ärgernis sein werde; also ist durch sie erwiesen, dass er es war, indem sie ihn ablehnten, und er ist sowohl von den gerechten Juden, die ihn aufgenommen, wie auch von den ungerechten, die ihn verworfen haben, zugleich bezeugt worden, denn das eine ist ja wie das andere vorausgesagt worden.

Ebendeshalb haben die Prophezeiungen einen verborgenen Sinn, den geistlichen, den dieses Volk hasste und der unter dem fleischlichen, den es liebte, verhüllt war. Wäre der geistliche Sinn entschleiert worden, so wären sie nicht fähig gewesen, ihn zu lieben, und da sie ihn nicht bewahren konnten, hätten sie durchaus nicht den Eifer besessen, ihre Bücher und ihre Zeremonien zu erhalten, und hätten sie jene geistlichen Verheißungen geliebt und sie unverfälscht bis zum Messias erhalten, so hätte ihr Zeugnis keine Kraft besessen, weil sie dessen Freunde gewesen wären.

Darum gerade war es gut, dass der geistliche Sinn verschleiert wurde; wäre dieser Sinn andererseits aber so vollständig verborgen, dass er sich überhaupt nicht gezeigt hätte, so hätte er dem Messias nicht als Beweis dienen können. Was ist also vollbracht worden?

Er ist unter dem zeitlichen Sinn in zahlreichen Schriftstellen verhüllt, und er ist in einigen sehr klar enthüllt; überdies werden die Zeit und der Zustand der Welt so klar vorausgesagt, dass er klarer als das Sonnenlicht erscheint, und dieser geistliche Sinn wird an einigen Stellen so klar ausgedrückt, dass man mit einer solchen Blindheit geschlagen sein musste, wie sie das Fleisch über den Geist ausbreitet, wenn dieser ihm unterworfen ist, um ihn nicht zu erkennen.

So ist nun die Fügung Gottes gewesen. Dieser Sinn wird in unzählig vielen Stellen von einem anderen verhüllt und nur selten, in einigen Stellen, enthüllt, dies aber gleichwohl in einer solchen Art, dass die Stellen, wo er verborgen ist, doppelsinnig sind und zu beidem passen, während die Stellen, wo er enthüllt ist, eindeutig sind und nur im geistlichen Sinn aufgefasst werden können.

So konnte dies also nicht zum Irrtum verleiten, und nur ein derart fleischliches Volk konnte dies daher falsch verstehen.

Wenn nämlich Güter in Fülle verheißen werden, was hinderte sie denn anderes daran, die wahren Güter darunter zu verstehen, als ihre Begierde, die diesen Sinn den Gütern der Erde beimaß? Jene aber, die keine anderen Güter als in Gott hatten, schrieben diese allein Gott zu.

Denn es gibt zwei Prinzipien, die den menschlichen Willen in die eine oder andere Richtung lenken: die Begierde und die christliche Liebe. Es ist nicht so, dass die Begierde mit dem Glauben an Gott und die christliche Liebe mit den Gütern der Erde unvereinbar wären, aber die Begierde bedient sich Gottes und hat ihre Freude an der Welt, und die christliche Liebe verfährt umgekehrt.

Nun gibt der Endzweck aber den Dingen ihren Namen; alles, was uns daran hindert, ihn zu erreichen, wird »Feind« genannt. So werden die Geschöpfe, mögen sie auch gut sein, Feinde der Gerechten werden, wenn sie diese von Gott wegführen, und Gott selbst ist der Feind derjenigen, deren Gelüste er stört.

Da also das Wort »Feind« vom Endzweck abhängt, verstanden die Gerechten darunter ihre Leidenschaften, und die Fleischlichen verstanden darunter die Babylonier, und so waren derartige Begriffe nur für die Ungerechten dunkel.

Und gerade das sagt Jesaja: *Signa legem in electis meis.* (»Versiegle das Gesetz meinen Jüngern.« Jes 8,16.)

Und dass Jesus Christus ein Stein des Ärgernisses sein werde (Jes 8,14), diejenigen aber selig sind, die sich nicht an ihm ärgern (Mt 11,6).

Hosea sagt es im letzten Kapitel vollkommen klar: »Wer ist weise, der dies verstehe? Denn die Wege des Herrn sind richtig, und die Gerechten wandeln darin; aber die Übertreter fallen darin.« (Hos 14,10)

503/675 »… fallen darin.« Und dieses Testament, das so beschaffen war, dass es die einen verblendete und die anderen erleuchtete, erwies gleichwohl gerade an denjenigen, die es verblendete, die Wahrheit, die von den anderen erkannt werden sollte. Denn die sichtbaren Dinge, die sie von Gott empfingen, waren so groß und so göttlich, dass er ganz offenkundig die Macht hatte, ihnen auch die unsichtbaren Dinge und einen Messias zu gewähren.

Denn die Natur ist ein Abbild der Gnade, und die sichtbaren Wunder sind Abbilder der unsichtbaren: *Ut sciatis, tibi dico surge.* (»Auf dass ihr aber wisset [, dass des Menschen Sohn Macht hat ...]: Ich sage dir, stehe auf«, Mk 2,10 f.)

Jesaja sagt im Kapitel 51, dass die Erlösung wie der Durchgang durch das Rote Meer sein werde (Jes 51,11).

Gott zeigte am Auszug aus Ägypten, am Durchgang durch das Meer, an der Niederlage der Könige, am Manna, an der ganzen Geschlechtsfolge Abrahams, dass er fähig war, zu erretten und das Brot vom Himmel kommen zu lassen; darum ist dieses Volk auch das Vorbild und die Darstellung desselben Messias, den es hasst und nicht erkennt ... usw.

Darum hat er uns schließlich gelehrt, dass all diese Dinge nur Bilder waren und was recht frei, ein rechter Israeliter die rechte Beschneidung, das rechte Brot vom Himmel usw. bedeuten.

Kirkerus – Usserius.

In diesen Verheißungen findet jeder, was er am Grunde seines Herzens bewahrt, die zeitlichen Güter oder die geistlichen Güter, Gott oder die Geschöpfe, doch mit diesem Unterschied, dass diejenigen, die in ihnen die Geschöpfe suchen, sie wohl darin finden, aber zugleich auch mehrere Widersprüche, das Verbot, sie zu lieben, und das Gebot, allein Gott anzubeten und ihn allein zu lieben, was nur ein und dasselbe ist, und dass schließlich für sie kein

Messias gekommen ist; diejenigen hingegen, die Gott in den Verheißungen suchen, finden ihn, und das ohne jeden Widerspruch zu dem Gebot, allein ihn zu lieben, und ein Messias ist in der vorausgesagten Zeit gekommen, um ihnen die Güter zu gewähren, die sie begehren.

Die Juden hatten also Wunder und Prophezeiungen, die sie in Erfüllung gehen sahen, und die Lehre ihres Gesetzes bestand darin, nur einen Gott anzubeten und zu lieben. Sie war auch beständig. Sie hatte also alle Zeichen der wahren Religion. Darum war sie es auch, jedoch muss man die Lehre der Juden von der Gesetzeslehre der Juden unterscheiden. Nun war die Lehre der Juden aber nicht wahr, obwohl sie Wunder, Prophezeiungen und Beständigkeit hatte, weil ihr dieser andere Punkt fehlte, allein Gott anzubeten und zu lieben.

Serie XX

504/260 Sie verbergen sich in der Menge und rufen die große Zahl zu Hilfe. Getümmel.

505/260 *Autorität.* Wenn ihr etwas von anderen gehört habt, sollt ihr daraus nicht im Entferntesten den Grundsatz eures Glaubens machen, denn ihr sollt nichts glauben, ohne dass ihr euch in den Zustand, als hättet ihr nie davon gehört, versetzt.

Gerade euer Einverständnis mit euch selbst sowie die stetige Stimme eurer Vernunft und nicht die der anderen sollen euch zum Glauben bewegen.

Es ist so wichtig zu glauben.

Hundert Widersprüche würden wahr sein.

Wenn das hohe Alter der Grundsatz des Glaubens wäre, so hatte man in der Antike folglich keine Grundsätze.

Wenn dieser Grundsatz das allgemeine Einverständnis wäre und die Menschen zugrunde gegangen wären.

Falsche Demut, Stolz.

Bestrafung derer, die sündigen, Irrtum.

Hebt den Vorhang.

Ihr mögt tun, was ihr wollt, wenn man doch entweder glauben, leugnen oder zweifeln muss.

Werden wir also keinen Grundsatz haben?

Wir urteilen über die Tiere, dass sie recht tun, was sie tun; wird es denn gar keinen Grundsatz geben, um über die Menschen zu urteilen?

Leugnen, Glauben und Zweifeln sind für den Menschen, was das Laufen für das Pferd ist.

506/90 *Quod crebro videt non miratur etiamsi cur fiat nescit; quod ante non viderit id si evenerit ostentum esse censet.* (»Was er häufig sieht, erstaunt ihn nicht, selbst wenn er dessen Ursache nicht kennt. Wenn sich aber etwas ereignet, was er nie gesehen hat, hält er es für ein Wunder.« Cicero, *De div.* II,27.)

Nae iste magno conatu magnas nugas dixerit. (»Wahrhaftig, mit aller Macht will dieser Mensch Salbadereien sagen.« Terenz, *Heaut.* III,5, 8.)

506*a*/87 *Quasi quicquam infelicius sit homine cui sua figmenta dominantur.* (»Was gibt es Unglücklicheres als einen Menschen, der Sklave seiner Hirngespinste ist.« Plinius II,7.)

507/363 *Ex senatus-consultis et plebiscitis scelera exercentur.* (»Durch Beschlüsse des Senats und des Volks werden Verbrechen begangen.« Seneca, *Epist.* 95.)

Nihil tam absurde dici potest quod non dicatur ab aliquo philosophorum. (»Man kann nichts derart Absurdes sagen, was nicht schon von irgendeinem Philosophen gesagt worden ist.« Cicero, *De div.* II,58.)

Quibusdam destinatis sententiis consecrati quae non probant cogantur defendere. (»*Qui certis quibusdam destinatisque sententiis addicti et consecrati sunt, ut etiam quae non probant, cogantur defendere.*« – »Die sich gewissen feststehenden und genau bestimmten Meinungen ganz ergeben und gewidmet haben, so sehr, dass sie genötigt sind, das zu verteidigen, was sie nicht billigen.« Cicero, *Tusc.* II,2.)

Ut omnium rerum sic litterarum quoque intemperantia laboramus. (»Wie in allem, so sind wir auch unmäßig im Studieren.« Seneca, *Epist.* 106.)

Id maxime quemque decet quod est cujusque suum maxime. (»Einem jeden steht das am besten an, was ihm am eigentümlichsten ist.« Cicero, *De offic.* I,31.)

Hos natura modos primum dedit. (»Solcherlei Arten erschuf die Natur am Anfang.« Vergil, *Georg.* II,20.)

Paucis opus est litteris ad bonam mentem. (»Ein gesunder Verstand braucht wenig Gelehrsamkeit.« Seneca, *Epist.* 106.)

Si quando turpe non sit tamen non est non turpe quum id a multitudine laudetur. (»[Nach meinem Urteil] muss das, was auch an sich nicht tadelnswürdig wäre, es schon dadurch werden, dass der dumme Haufen es preist.« Cicero, *De fin.* II,15.)

Mihi sic usus est, tibi ut opus est facto fac. (»So mach ich's.

Du magst es treiben, wie dir's die Umstände gebieten.« Terenz, *Heaut.* I,1,28.)

508/364 *Rarum est enim ut satis se quisque vereatur.* (»Es ist wahrlich selten, dass man sich selbst genug achtet.« Quintilian X,7.)

Tot circa unum caput tumultuantes deos. (»So viele Götter, die sich um einen einzigen Menschen tummeln.« Seneca der Ältere, *Suasoriae* I,4.)

Nihil turpius quam cognitioni assertionem praecurrere. (»Nichts ist abscheulicher, als wenn Behauptung [und Beifall] der Untersuchung [und Prüfung] zuvoreilen.« Cicero, *Acad.* I,12.)

Nec me pudet ut istos, fateri nescire quod nesciam. (»Auch schäme ich mich nicht, gleich ihnen, dass ich nicht weiß, was ich nicht weiß.« Cicero, *Tusc.* I,25.)

Melius non incipient. (»Lieber sollten sie nicht anfangen [als aufhören].« Seneca, *Epist.* 72.)

Serie XXI

509/49 Die Natur maskieren und verkappen. Es gibt keinen König, Papst oder Bischof mehr, sondern einen erhabenen Monarchen usw., kein Paris, sondern die Hauptstadt des Königreichs.

Es gibt Stellen, wo man Paris Paris nennen muss, und andere, wo man es die Hauptstadt des Königreichs nennen muss.

510/7 Je mehr Geist man hat, desto mehr findet man, dass es mehr originelle Menschen gibt. Die mittelmäßigen Leute finden überhaupt keinen Unterschied zwischen den Menschen.

511/2 Es gibt verschiedene Arten von scharfem Sinn, die einen haben ihn in einem bestimmten Bereich und nicht in den anderen Bereichen, in denen sie von der Vernunft abweichen.

Die einen ziehen die richtigen Schlussfolgerungen aus wenigen Prinzipien, und das zeigt einen scharfen Sinn.

Die anderen ziehen die richtigen Schlussfolgerungen aus den Problemen, bei denen viele Prinzipien gelten.

Die einen verstehen zum Beispiel die Wirkungen des Wassers richtig, wobei wenige Prinzipien gelten, doch die Schlussfolgerungen daraus sind von solcher Feinheit, dass nur ein außerordentlich scharfer Geist sie zu erfassen vermag, und diese wären deshalb vielleicht keine bedeutenden Geometer, weil die Geometrie eine große Anzahl von Prinzipien aufweist und eine Geistesart so beschaffen sein kann, dass sie wenige Prinzipien bis auf den Grund richtig erschließen kann und durchaus nicht jene Probleme zu durchschauen vermag, bei denen viele Prinzipien gelten.

Es gibt also zwei Geistesarten, die eine erfasst lebhaft und tiefgründig die Schlussfolgerungen aus den Prinzipien, und das ist der Geist der Genauigkeit. Die andere versteht eine große Anzahl von Prinzipien, ohne sie zu verwechseln, und das ist der Geist der Geometrie. Das eine ist Kraft und Schärfe des Geistes. Das andere ist Weite des Geistes. Nun kann aber das eine sehr wohl ohne das andere bestehen, denn der Geist kann stark und eng sein, und er kann auch weit und schwach sein.

Serie XXII

512/1 Unterschied zwischen dem geometrischen und dem feinsinnigen Geist.

Bei dem einen sind die Prinzipien fasslich, aber dem allgemeinen Gebrauch fremd, so dass es Mühe bereitet, den Kopf nach jener Richtung zu wenden, da die Gewohnheit fehlt: Aber wenn man ihn auch nur ein wenig dorthin wendet, erkennt man die Prinzipien genau; und man müsste einen ganz und gar verkehrten Geist haben, um falsche Vernunftschlüsse auf der Grundlage so gewichtiger Prinzipien, dass man sie fast unmöglich übersehen kann, zu gewinnen.

Bei dem feinsinnigen Geist hingegen sind die Prinzipien in allgemeinem Gebrauch und vor aller Augen. Man braucht nicht den Kopf zu wenden und sich auch keinen Zwang anzutun; es kommt nur darauf an, einen guten Blick zu haben, der aber muss wirklich gut sein: Denn die Prinzipien sind hier so hauchzart und so zahlreich, dass es fast unmöglich ist, einige von ihnen nicht zu übersehen. Nun führt aber die Nichtbeachtung eines Prinzips zum Irrtum; also muss man einen sehr scharfen Blick haben, um alle Prinzipien zu entdecken, und dann auch einen genauen Geist, um keine falschen Vernunftschlüsse auf der Grundlage der erkannten Prinzipien zu gewinnen.

Alle Geometer wären daher feinsinnig, wenn sie gute Augen hätten, denn sie gewinnen keine falschen Vernunftschlüsse auf der Grundlage jener Prinzipien, die sie erkennen. Und die Feinsinnigen wären Geometer, wenn sie ihren Blick den ungewohnten Prinzipien der Geometrie anpassen könnten.

Was also bewirkt, dass gewisse feinsinnige Geister keine Geometer sind, ist, dass sie sich durchaus nicht den Prinzipien der Geometrie zuwenden können; was aber bewirkt, dass Geometer keine feinsinnigen Geister sind, ist, dass sie nicht sehen, was vor ihnen liegt, und dass sie – weil sie an die genauen und gewichtigen Prinzipien der Geometrie und auch daran gewöhnt sind, erst mit Vernunftschlüssen zu beginnen, nachdem sie ihre Prinzipien gut erkannt haben und beherrschen – bei den auf Feinsinn beruhenden Problemen irregehen, wo die Prinzipien sich nicht auf diese Art beherrschen lassen. Man sieht sie beinahe gar nicht; mehr als man sie sieht, fühlt man sie; man hat unendlich viel Mühe, um sie dem Gefühl derjenigen zugänglich zu machen, die sie nicht von selbst fühlen. Das sind derart subtile und so vielschichtige Probleme, dass man einen sehr subtilen und sehr scharfen Sinn braucht, um sie zu fühlen und sie diesem Gefühl entsprechend gerecht und genau zu beurteilen, ohne dass man es meistens der Reihe nach wie in der Geometrie beweisen kann, weil man hier keine derartigen Prinzipien besitzt und es eine unendliche Mühe wäre, dies zu unternehmen. Man muss das Problem auf einmal, mit einem einzigen Blick, und nicht durch fortschreitende Vernunftschlüsse erfassen, wenigstens bis zu einem gewissen Grad. Und darum ist es selten, dass Geometer feinsinnige Geister sind und feinsinnige Geister Geometer, weil die Geometer jene subtilen Probleme geometrisch behandeln möchten und sich lächerlich machen, denn sie wollen mit den Definitionen beginnen und darauf mit den Prinzipien fortfahren, was nicht das richtige Vorgehen bei einer derartigen Denkarbeit ist. Damit ist nicht gesagt, dass der Geist dies nicht auch unternähme, aber er setzt es stillschweigend, natürlich und kunstlos ins Werk. Denn der Ausdruck dafür geht über die Vorstellungen aller Menschen hinaus, und das Gefühl dafür ist nur wenigen Menschen eigen. Die feinsinnigen Geister hingegen, die also gewohnt sind, mit einem einzigen Blick zu urteilen, sind so erstaunt, wenn man ihnen Lehrsätze vorträgt – von denen sie nichts begreifen und zu deren Verständnis man derart trockene Definitionen und Prinzipien bewältigen muss, deren bis ins Einzelne gehende Prüfung sie so durchaus nicht gewohnt sind –, dass sie davor zurückschrecken und die Lust dazu verlieren.

Die verkehrten Geister aber sind nie feinsinnig und nie Geometer.

Die Geometer, die lediglich Geometer sind, haben also einen scharfen Verstand, dies aber unter der Voraussetzung, dass man ihnen alles mit Definitionen und Prinzipien genau erklärt; sonst sind sie verschroben und unerträglich, denn sie zeigen nur auf der Grundlage eingehend geklärter Prinzipien einen scharfen Verstand.

Und die feinsinnigen Geister, die lediglich feinsinnig sind, können nicht die Geduld aufbringen, bei den Problemen der Spekulation und Phantasie bis zu den ersten Prinzipien zurückzugehen, die sie auf Erden nie gesehen haben und die ganz und gar ungebräuchlich sind.

513/4 Geometrie. Feinsinn.

Die wahre Beredsamkeit verlacht die Beredsamkeit, die

wahre Moral verlacht die Moral. Das heißt, die Moral des Urteils verlacht die Moral des Geistes, die keine Regeln hat.

Denn dem Urteil gehört das Gefühl an, wie die Wissenschaften dem Geist angehören. Der Feinsinn ist dem Urteil zu eigen, die Geometrie ist dem Geist zu eigen.

Über die Philosophie spotten heißt in Wahrheit philosophieren.

514/356 Die Nahrung des Körpers besteht aus kleinen Teilen.

Nahrungsfülle und wenig Gehalt.

Serie XXIII

515/48 Miszellen.

Wenn in einer Abhandlung sich Wörter wiederholt finden und man sie bei dem Versuch, sie durch andere zu ersetzen, als so treffend erkennt, dass man die Abhandlung sonst verunstalten würde, muss man sie stehenlassen, sie sind für diese Abhandlung bezeichnend. Und die Eigenart des Neides ist es, blind zu sein und nicht zu wissen, dass diese Wiederholungen an dieser Stelle kein Fehler sind, denn es gibt durchaus keine allgemeine Regel.

516/880 *(Papst.)* Man hat gern Gewissheit, man möchte gern, dass der Papst in Glaubenssachen unfehlbar sei und dass die ehrwürdigen Doktoren es in Sittlichkeitsfragen seien, damit man seine Sicherheit hat.

517/869 Wenn Augustinus heute käme und er ebenso wenig Autorität wie seine Verteidiger besäße, würde er nichts ausrichten. Gott leitet seine Kirche gut, hat er ihn doch mit Autorität vorausgeschickt.

518/378 Pyrrhonismus.

Der größte Geist wird der Torheit ebenso angeklagt wie die größte Geistlosigkeit; nichts außer der Mittelmäßigkeit ist gut: Die Mehrheit hat das festgelegt, und sie fällt über jeden her, der sich dem an irgendeinem Ende entzieht. Ich würde das nicht mit aller Gewalt versuchen, ich bin durchaus einverstanden, dass man mir diesen Platz zuweist und es mir verweigert, am unteren Ende zu sein, nicht deshalb, weil es unten ist, sondern, weil es ein Ende ist, denn ich würde mich ebenso weigern, an das obere gestellt zu werden. Wenn man die Mitte aufgibt, heißt das, man gibt die menschliche Natur auf.

Die Größe der menschlichen Seele besteht darin, sich in der Mitte halten zu können, und Größe heißt bei weitem nicht, dass man die Mitte aufgibt, vielmehr heißt Größe, die Mitte nicht im Geringsten aufzugeben.

519/70 *(Die Natur kann nicht …*

Die Natur hat uns so genau in die Mitte gestellt, dass wir, wenn wir die eine Waagschale verändern, auch die andere verändern. Je faisons [*patois*: ›ich machen‹], *zoa trekei* [griech.: ›die Tiere läuft‹].

Daher glaube ich, dass es Triebfedern in unserem Kopf gibt, die so angeordnet sind, dass man, wenn man die eine berührt, auch die entgegengesetzte berührt.)

520/375 *(Ich habe lange Zeit meines Lebens geglaubt, dass es eine Gerechtigkeit gibt, und darin habe ich mich nicht getäuscht, denn von ihr ist etwas vorhanden, soweit Gott es uns offenbaren wollte, doch ich fasste es nicht so auf, und ebendarin habe ich mich getäuscht, denn ich glaubte, unsere Gerechtigkeit sei ihrem Wesen nach rechtmäßig und ich hätte die Mittel, sie zu erkennen und zu beurteilen, doch ich habe so oft entdeckt, wie es mir an einem gerechten Urteil fehlte, dass ich schließlich mein Vertrauen zu mir selbst und darauf zu den anderen verlor. Ich habe gesehen, wie alle Länder und Menschen sich veränderten. Und nachdem mein Urteil über die wahre Gerechtigkeit sich sehr oft verändert hatte, habe ich also erkannt, dass unsere Natur nichts anderes als ständige Veränderung ist, und ich habe mich seitdem nicht mehr verändert. Und wenn ich mich doch veränderte, würde ich meine Überzeugung nur bestätigen. Der Pyrrhoniker Arkesilaos, der wieder Dogmatiker wird.)*

521/387 *(Es ist möglich, dass es wahrheitsgemäße Beweisführungen gibt, das ist jedoch nicht gewiss.*

Daher beweist dies nichts weiter, als dass es nicht gewiss ist, dass alles ungewiss sei. Zum Ruhme des Pyrrhonismus.)

522/140 *(Woher kommt es, dass dieser Mann, der über den Tod seiner Frau und seines einzigen Sohnes so betrübt ist und der diesen großen, ihn quälenden Rechtsstreit führt, nun ganz und gar nicht traurig ist und man ihn so von all diesen schmerzlichen und beunruhigenden Gedanken frei sieht? Man braucht nicht darüber zu erstaunen. Man hat ihm gerade einen Ball zugespielt, und er muss ihn seinem Gefährten zuwerfen. Er ist damit beschäftigt, ihn an der Dachschräge* *zu fangen, um eine Verfolgungsjagd zu gewinnen. Wie soll er denn an seine Angelegenheiten denken, wo er doch diese andere Angelegenheit zu erledigen hat? Das ist eine Sorge, die es verdient, diese große Seele zu beschäftigen und ihr jeden anderen Gedanken zu nehmen. Dieser Mann, der geboren wurde, um das Universum zu erkennen, um über alle Dinge zu urteilen, um einen ganzen Staat zu ordnen, ist nun beschäftigt und völlig von der Sorge beansprucht, einen Hasen zu fangen. Und wenn er sich nicht so weit erniedrigt und jederzeit angespannt sein will, wird er darum nur um so törichter sein, weil er sich dann über die Menschheit erheben will, und er ist ja schließlich nur ein Mensch, das heißt fähig zu wenigem und zu vielem, zu allem und zu nichts. Er ist weder Engel noch Tier, sondern Mensch.)*

523/145 *(Ein einziger Gedanke nimmt uns ganz in Anspruch; wir können nicht an zwei Dinge zugleich denken, was nach den Geboten der Welt, nicht nach Gottes Geboten unser Glück ist.)*

524/853 *(Man soll mäßig urteilen von Gottes Geboten, Pater. Paulus auf der Insel Malta.)*

525/325 Montaigne hat unrecht. Die Gewohnheit muss nur befolgt werden, weil sie Gewohnheit ist, und nicht, weil sie vernünftig oder gerecht wäre, doch das Volk gehorcht ihr aus dem einzigen Grunde, dass es sie für gerecht hält. Sonst würde es sie nicht mehr befolgen, obgleich sie die Gewohnheit ist, denn man will nur der Vernunft oder der Gerechtigkeit untertan sein. Ohne dies würde die Gewohnheit als Tyrannei angesehen, doch die Herrschaft der Vernunft und der Gerechtigkeit ist ebenso wenig tyrannisch wie diejenige des Vergnügens. Dies sind für den Menschen die natürlichen Grundsätze.

Es wäre also gut, dass man die Gesetze und Gewohnheiten befolgte, weil sie Gesetze sind *(so würde man sich nie empören, doch würde man sich ihnen vielleicht nicht unterwerfen wollen, man würde stets nach dem wahren Gesetz suchen)*; dass es wüsste, es gibt kein wahres und gerechtes Gesetz, das erst einzuführen wäre; dass wir nichts davon verstehen und dass wir also allein die geltenden Gesetze befolgen müssen. Das würde bewirken, dass man sie nie aufgäbe. Aber das Volk ist für diese Lehre unempfänglich, und da es also glaubt, dass man die Wahrheit finden könne und sie in den Gesetzen und Gewohnheiten liege, glaubt es an diese und sieht ihr hohes Alter als einen Beweis für ihre Wahrheit an (und nicht allein für ihre Autorität, was *[leichtfertig]* ist und der *[Vernunft und]* Wahrheit entbehrt). Also gehorcht es ihnen, aber es ist für Empörungen anfällig, sobald man ihm beweist, dass sie keinen Wert haben, was sich bei allen zeigen lässt, wenn man sie in einem bestimmten Licht betrachtet.

526/408 Das Böse ist leicht. Von ihm gibt es unendlich viel, das Gute ist beinahe einmalig. Doch eine gewisse Art des Bösen ist ebenso schwer zu finden wie das, was man das Gute nennt, und oft lässt man ein derart eigentümliches Böses nach diesem Kennzeichen für gut gelten. Man hat sogar eine ebenso außergewöhnliche Seelengröße nötig, um es zu erreichen, wie man sie braucht, um das Gute zu erreichen.

527/40 Man wählt Beispiele, um andere Dinge zu beweisen; wollte man nun die Beispiele beweisen, so würde man jene anderen Dinge wählen, damit sie hierfür als Beispiele dienen. Denn da man immer glaubt, die Schwierigkeit bestehe in dem, was man gerade beweisen will, findet man, die Beispiele seien verständlicher und eine Hilfe, um es zu verdeutlichen.

Ebenso muss man, wenn man etwas Allgemeines beweisen will, hierfür die besondere Regel eines Falles angeben; wenn man aber einen besonderen Fall beweisen will, wird man mit der (allgemeinen) Regel beginnen müssen. Denn man hält stets die Sache für dunkel, die man beweisen will, und diejenige für einleuchtend, die man zum Beweis benutzt, denn will man den Beweis für eine Sache antreten, so lässt man sich zuerst einmal von der Vorstellung beherrschen, sie sei also dunkel, und umgekehrt sei jene Sache, die sie beweisen soll, einleuchtend, und auf diese Art begreift man es leicht.

528/57 Ich habe mich bei solchen Komplimenten nicht wohl gefühlt: Ich habe Euch viel Mühe gemacht; ich fürchte, Euch zu langweilen; Ich fürchte, dass dies zu lang ist. Entweder reißt man mit, oder man verärgert.

529/105 Wie schwer ist es, einem anderen etwas zur Beurteilung vorzulegen, ohne durch die Art, wie man es ihm vorlegt, sein Urteil zu verderben. Wenn man sagt: Ich halte es für schön, ich halte es für dunkel, oder etwas Ähnliches, so lenkt man die Vorstellung zu diesem Urteil hin, oder man reizt sie zum Widerspruch. Es ist besser, nichts zu sagen, und dann urteilt der andere nach dem, was es ist, das heißt nach dem, was es dann ist, und nach dem, was die übrigen Umstände, deren Urheber man nicht ist, dazugetan haben. Doch wenigstens wird man selbst nichts dazugetan haben, wenn dabei nicht etwa dieses Schweigen auch seine Wirkung ausübt, je nach der Bedeutung und Auslegung, die der andere ihm seiner Laune entsprechend geben mag, oder je nachdem, welche Annahmen er aus den Gesten und dem Ausdruck des Gesichts oder dem Ton der Stimme ableiten mag, je nachdem er es verstehen mag, Physiognomien zu deuten; so schwer ist es, ein Urteil nicht aus seinem natürlichen Gleichgewicht zu bringen, oder vielmehr, ein so wenig sicheres und festes Gleichgewicht hat es.

530/274 Alle Überlegungen unserer Vernunft laufen darauf hinaus, dem Gefühl nachzugeben.

Die Einbildung ist jedoch dem Gefühl ähnlich und entgegengesetzt; somit kann man diese beiden Gegensätze nicht auseinanderhalten. Der eine sagt, mein Gefühl sei Einbildung, der andere, seine Einbildung sei Gefühl. Man brauchte eine Regel. Die Vernunft bietet sich dafür an, doch sie lässt sich in alle Richtungen beugen.

Und daher gibt es keine Regel.

531/85 Diejenigen Dinge, die uns am meisten in Anspruch nehmen, wie etwa, zu verbergen, dass man wenig Vermögen hat, sind oft fast nichts. Es ist eine Nichtigkeit, die von unserer Einbildung zu einem Berge aufgetürmt wird; geben wir unseren Vorstellungen eine andere Richtung, so entdecken wir es mühelos.

532/373 Pyrrhonismus.

Ich werde hier meine Gedanken ordnungslos aufschreiben, und nicht etwa in einer Verworrenheit, die unbeabsichtigt wäre. Das ist die wahre Ordnung, und sie wird gerade durch die Unordnung stets für meinen Gegenstand bezeichnend sein.

Ich würde meinem Gegenstand eine zu große Ehre erweisen, wenn ich ihn geordnet behandelte, da ich ja zeigen will, dass er hierfür ungeeignet ist.

533/331 Man denkt sich Platon und Aristoteles nur mit langen schulmeisterlichen Gewändern. Das waren umgängliche Leute, die wie die anderen mit ihren Freunden lachten. Und wenn sie daran Vergnügen gefunden haben, ihre Gesetze und ihre Staatslehren zu schaffen, so haben sie es spielend getan. Das war der am wenigsten philosophische und am wenigsten ernsthafte Teil ihres Lebens; der philosophischste war, einfach und ruhig zu leben.

Wenn sie über Staatskunst geschrieben haben, so war das, als wollten sie damit die Ordnung für ein Irrenhaus festlegen.

Und wenn sie sich den Anschein gegeben haben, darüber wie von etwas Großem zu sprechen, so, weil sie wussten, dass die Irren, zu denen sie sprachen, sich für Könige und Kaiser hielten. Sie gehen auf deren Grundsätze ein, um deren Irrsinn zu einem Übel abzumildern, das so klein wie möglich sein soll.

534/5 Diejenigen, die ohne Regel über ein Werk urteilen, sind den anderen gegenüber wie solche, die eine Uhr haben, es den anderen gegenüber sind. Der eine sagt: Es hat zwei Stunden gedauert; der andere sagt: Es hat nur eine Dreiviertelstunde gedauert. Ich sehe auf meine Uhr, und ich sage dem einen: Ihr langweilt Euch; und dem anderen: Die Zeit wird Euch fast gar nicht lang, denn es hat anderthalb Stunden gedauert. Und ich lache über diejenigen, die sagen, dass die Zeit mir lang werde und dass ich darüber nach meiner Einbildung urteile.

Sie wissen nicht, dass ich nach meiner Uhr darüber urteile.

535/102 Es gibt Laster, an denen wir nur infolge anderer Laster festhalten und die, sobald man den Stamm entfernt, wie Zweige mit fortgerissen werden.

536/579 Da Gott und (die Apostel) voraussahen, dass die Samenkörner des Hochmuts die Irrlehren entstehen ließen, und da er ihnen keine Gelegenheit geben wollte, dass sie aus Worten entstünden, die sich hierfür eignen, hat er in die Heilige Schrift und in die Gebete der Kirche solche Aussprüche und Samenkörner gelegt, die sich dazu im Widerspruch befinden und hernach ihre Früchte bringen sollten.

Ebenso gewährt er in der Moral die christliche Liebe, die Früchte gegen die Begierde trägt.

537/407 Wenn die Bosheit die Vernunft auf ihrer Seite hat, wird sie stolz und spreizt sich im ganzen Glanz der Vernunft.

Wenn der Ernst oder die strenge Wahl das wahre Glück nicht erreicht hat und man wieder der Natur folgen muss, so wird sie stolz, weil man zu ihr zurückgekehrt ist.

538/531 Derjenige, der den Willen seines Herrn kennt, wird wegen der Macht, die er durch dieses Wissen hat, mehr Schläge bekommen;

Qui justus est justificetur adhuc (»Wer fromm ist, der sei fernerhin fromm«, Offb 22,11),

wegen der Macht, die er durch die rechte Frömmigkeit hat.

Demjenigen, der am meisten empfangen hat, wird wegen der Macht, die er durch diese Hilfe hat, die größte Rechnung abverlangt.

539/99 Es gibt einen allgemeinen und wesentlichen Unterschied zwischen den Handlungen des Willens und allen anderen.

Der Wille ist eines der wichtigsten Werkzeuge des Glaubens, nicht, dass er etwa den Glauben schüfe, sondern, weil die Dinge wahr oder falsch sind, je nach der Seite, von der man sie betrachtet. Der Wille, der an der einen mehr Gefallen als an der anderen findet, hält den Geist davon ab, die Eigenschaften derjenigen Seite zu beachten, die er nicht gern sieht, und da der Geist also Hand in Hand mit dem Willen geht, bleibt er dabei stehen, die Seite zu betrachten, die dieser gernhat, und daher beurteilt er die Dinge nach dem, was er an ihnen sieht.

540/380 Alle guten Grundsätze sind in der Welt vorhanden; man versäumt es nur, sie anzuwenden.

Zum Beispiel bezweifelt man nicht, dass man sein Leben wagen muss, um das Gemeinwohl zu schützen, und manche tun dies; doch für die Religion tun sie es niemals.

Es ist zwar notwendig, dass es Ungleichheit unter den

Menschen gibt; doch wenn man dies zugesteht, sind Tür und Tor nicht nur der höchsten Gewalt, sondern auch der höchsten Tyrannei geöffnet.

Es ist notwendig, dem Geist ein wenig Erholung zu gönnen, doch das öffnet den größten Ausschweifungen die Tür.

Hierfür bezeichne man die Grenzen. Es gibt gar keine Endpunkte bei solchen Dingen. Die Gesetze wollen sie bestimmen, und der Geist kann es nicht ertragen.

541/120

(Die Natur schafft Abwechslung
und ahmt nach.
Die Kunst ahmt nach
und schafft Abwechslung.

542/370

Der Zufall bringt die Gedanken, und der Zufall nimmt sie. Kein Kunstgriff kann sie erhalten oder eingeben.

Ein Gedanke, den ich aufschreiben wollte, ist mir entfallen; darüber schreibe ich, während er mir entfallen ist.

543/938

Exkurs.

Unscheinbare Ausdrucksformen, das ist angemessen.

Zürnt Ihr mir, dass ich mich wohl davor gehütet habe? Die Patres und die . . .

Ich habe sie danach gebührend erwähnt, denn ich hatte nicht gewusst, dass sie . . .)

544/778 *Omnis judaeae regio, et Jerosolimitae universi et baptisabantur* (»[Und es ging zu ihm hinaus] das ganze jüdische Land und die von Jerusalem und ließen sich alle [von ihm] taufen«, Mk 1,5), wegen der Menschen jedes Standes, die zu ihm kamen.

Aus Steinen können Abrahams Kinder werden (Mt 3,9; Lk 3,8).

545/458 Alles in der Welt ist: des Fleisches Lust und der Augen Lust und hoffärtiges Leben (1. Joh 2,16). *Libido sentiendi, libido sciendi, libido dominandi.* (»Begierde des Gefühls, Begierde des Wissens, Begierde des Herrschens.«) Unselig ist das fluchbeladene Land, das diese drei Feuerströme eher in Brand setzen als bewässern. Selig sind jene, die auf diesen Flüssen nicht untergehen und nicht fortgerissen werden, sondern sich fest auf ihnen behaupten, nicht aufrecht stehend, wohl aber auf einer niedrigen und sicheren Grundlage sitzend, von der sie sich nicht erheben, bevor das Licht erscheint; nachdem sie dort aber in Frieden ausgeruht haben, strecken sie die Hand demjenigen entgegen, der sie aufheben soll, damit er sie aufrecht und fest in den Hallen des heiligen Jerusalems stehen lässt, wo der Stolz sie nicht mehr angreifen und niederringen kann; und die unterdessen weinen, nicht, weil sie alle vergänglichen Dinge dahinschwinden sehen, die von jenen Strömen fortgerissen werden, sondern, weil sie sich ihres teuren Vaterlandes, des himmlischen Jerusalems, erinnern, dessen sie unablässig in ihrer langen Verbannung gedenken.

546/515 Die Auserwählten werden ihre Tugenden und die Verworfenen die Größe ihrer Missetaten nicht kennen.

Herr, wann haben wir dich hungrig gesehen oder durstig (Mt 25,37.44) usw.

547/784 Jesus Christus wollte durchaus kein Zeugnis von den Dämonen oder von denjenigen haben, die nicht berufen waren, sondern von Gott und Johannes dem Täufer.

548/779 Wenn man sich bekehrte, so würde Gott heilen und vergeben.

Ne convertantur et sanem eos. (»... dass sie nicht ... sich bekehren und genesen«, Jes 6,10.) *Et dimittantur eis peccata.* (»Alle Sünden werden ihnen vergeben.«) Markus 3 (28).

549/780 Jesus Christus hat niemals verurteilt, ohne anzuhören.

Zu Judas sprach er: *Amice ad quid venisti.* (»Mein Freund, warum bist du gekommen?« Mt 26,50.) Desgleichen zu jenem, der kein hochzeitliches Kleid anhatte (Mt 22,12).

550/744 Betet, auf dass ihr nicht in Anfechtung fallet (Lk 22,40)! Es ist gefährlich, in Versuchung zu geraten. Und denjenigen, die versucht werden, geschieht das, weil sie nicht beten.

Et tu conversus confirma fratres tuos (»Und wenn du dermaleinst dich bekehrst, so stärke deine Brüder«, Lk 22,32.), doch zuvor: *Conversus Jesus respexit Petrum.* (»Und der Herr wandte sich und sah Petrus an.« Lk 22,61.)

Petrus bittet um die Erlaubnis, Malchus zu schlagen. Und er schlägt, bevor er die Antwort hört. Und Jesus Christus antwortet danach.

Das Wort »Galiläa«, das der Haufe der Juden wie zufällig

aussprach, als er Jesus Christus vor Pilatus verklagte, bietet Pilatus einen Anlass, Jesus Christus dem Herodes zu übersenden (Lk 23,1–7). Hierdurch wurde das Mysterium erfüllt, dass er von den Juden und von den Heiden gerichtet werden müsse (Ps 2,1 f.; Apg 4,27 f). Der scheinbare Zufall war die Ursache für die Erfüllung des Mysteriums.

551/84 Die Einbildung vergrößert die kleinen Dinge, bis sie infolge einer absonderlichen Überschätzung unsere ganze Seele erfüllen, und infolge einer leichtfertigen Anmaßung verkleinert sie die großen Dinge bis auf ihr eigenes Maß, wie etwa, wenn sie von Gott spricht.

552/107 *Lustravit lampade terras.* (»*Tales sunt hominum mentes, quali pater ipse / Juppiter auctifera lustravit lampade terras.*« – »Die Gedanken der Menschen gleichen den befruchtenden Strahlen der Sonne, mit denen Jupiter selbst, ihr Vater, die Erde erhellt hat.« Cicero, nach: Homer, *Odyssee* 18,135.) Das Wetter und meine Laune stehen miteinander kaum in Beziehung. Ich trage meine Nebel und mein schönes Wetter in mir selbst; sogar der gute und der schlechte Zustand meiner Angelegenheiten hat damit wenig zu tun. Zuweilen widersetze ich mich aus eigenem Antrieb dem Unglück. Der Ruhm, es zu bezwingen, lässt es mich heiter bezwingen, während ich zuweilen Überdruss im Glück zeige.

553/76 Gegen diejenigen schreiben, die in den Wissenschaften zu weit gehen. Descartes.

554/303 Die Gewalt ist die Königin der Welt und nicht die Meinung, doch die Meinung benutzt die Gewalt.

Die Gewalt schafft die Meinung. Die Trägheit ist unserer Meinung nach schön. Warum? Weil jemand, der auf dem Seil tanzen will, allein sein wird und ich einen größeren Anhang von Leuten zusammenbringen werde, die sagen, dies sei nicht schön.

555/47 Es gibt Leute, die gut reden und nicht gut schreiben. Das kommt, weil der Ort und die Zuhörer sie anfeuern und ihrem Geist mehr entlocken, als sie in ihm ohne diese Anfeuerung finden.

556/371 *(Als ich klein war, schloss ich mein Buch, und weil es mir manchmal geschah, ... während ich glaubte, es geschlossen zu haben, misstraute ich mir selbst.)*

557/45 Die Sprachen sind Chiffren, bei denen nicht die Buchstaben durch andere Buchstaben ersetzt werden, sondern die Wörter durch andere Wörter. So ist denn eine unbekannte Sprache entzifferbar.

558/114 Die Vielfalt umfasst einen so weiten Bereich wie alle Tonarten der Stimme, alle Arten zu gehen, zu husten, zu schnauben und zu niesen. Von den Früchten unterscheidet man die Weintrauben und unter diesen die Muskatellertrauben und dann die von Desargues und seinem Landgut Condrieu und dann auch noch diese veredelte Sorte. Ist das alles? Hat die Natur jemals zwei gleiche Trauben hervorgebracht und hat eine Traube zwei gleiche Beeren usw.?

Ich habe über eine Sache niemals genau das gleiche Urteil

abgegeben; ich kann ein Werk nicht beurteilen, während ich es schaffe. Ich muss es wie die Maler machen und mich einige Schritte von ihm entfernen, aber nicht zu weit. Wie viele also? Ratet …

559/27 Miszellen. Redekunst.

Diejenigen, die Antithesen aufstellen, indem sie die Wörter gewaltsam umdeuten, gleichen denjenigen, die der Symmetrie wegen blinde Fenster einbauen.

Ihre Regel ist nicht, richtig zu sprechen, sondern richtige Bilder zu schaffen.

560/552 Das Grab Jesu Christi.

Jesus Christus war tot, wurde aber am Kreuze gesehen. Im Grabe ist er tot und verborgen.

Jesus Christus ist allein von Heiligen begraben worden.

Jesus Christus hat im Grabe keine Wunder getan.

Nur Heilige gehen hinein in das Grab.

Dort und nicht am Kreuze wird Jesus Christus wieder lebendig.

Das ist das letzte Mysterium der Leidensgeschichte und der Erlösung.

(Jesus Christus lehrt als Lebender, Toter, Begrabener und Auferstandener.)

Jesus Christus hat auf Erden keine Stelle gehabt, wo er sein Haupt hinlegen konnte (Mt 8,20; Lk 9,58), außer im Grabe.

Erst als er im Grabe lag, haben seine Feinde aufgehört, ihn zu peinigen.

561/173 Man behauptet, die Verfinsterungen kündigen Unglück an, weil Unglücksfälle alltäglich sind; so ereignet sich denn Böses derart häufig, dass man oft richtig vorhersagt; wenn man stattdessen behauptete, dass sie Glück ankündigen, würde man oft die Unwahrheit sagen. Man schreibt das Glück nur seltenen Konstellationen zu. Also verfehlt man es recht selten, richtig vorherzusagen.

562/534 Es gibt nur zwei Arten von Menschen; die einen sind Gerechte, die sich für Sünder halten, die anderen sind Sünder, die sich für Gerechte halten.

563/886 Häretiker.

Hesekiel. Alle Heiden sagten Böses von Israel und der Prophet auch. Und es trifft nun nicht im Geringsten zu, dass die Israeliten das Recht hätten, ihm zu sagen: Du redest wie die Heiden, weil er seine größte Stärke gerade daraus macht, dass die Heiden wie er reden.

564/485 Die wahre und einzige Tugend ist also, sich selbst zu hassen, denn man ist seiner Begierde wegen hassenswert, und ein wahrhaft liebenswertes Wesen zu suchen, um es zu lieben. Da wir aber nicht lieben können, was außerhalb von uns ist, müssen wir ein Wesen lieben, das in uns ist und das doch nicht wir ist. Und das ist für einen jeden Menschen wahr. Nun ist aber allein das höchste Wesen so beschaffen. Das Reich Gottes ist in uns. Das höchste Gut ist in uns, es ist wir selbst, und es ist doch nicht wir.

565/591

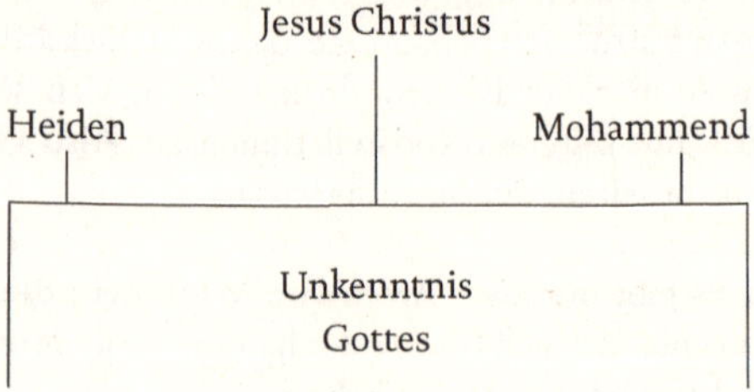

566/575 Alles wendet sich für die Auserwählten zum Guten.

Selbst die Dunkelheiten der Heiligen Schrift, denn jene ehren sie wegen der göttlichen Klarheiten. Und alles wendet sich für die anderen zum Bösen, selbst die Klarheiten, denn jene lästern sie wegen der Dunkelheiten, die sie nicht verstehen.

567/874 Man darf über die Frage, was der Papst ist, nicht nach einigen Aussprüchen der Kirchenväter urteilen (wie die Griechen das auf einem Konzil sagten, wichtige Lehrsätze!), sondern nach den Handlungen der Kirche und der Kirchenväter und nach den Kanones.

Die Einheit und die Vielheit, *duo aut tres in unum* (»zwei oder drei an einem [Ort]«, vgl. 1. Kor 14,23.27.29): Es ist ein Fehler, eines von beidem auszuschließen, wie es die Papisten tun, welche die Vielheit ausschließen, oder die Hugenotten, welche die Einheit ausschließen.

568/815 Es ist nicht möglich, im Widerspruch zu den Wundern vernunftgemäß zu glauben.

569/872 Der Papst ist der Erste. Welcher andere ist allen bekannt, bei welchem anderen wird von allen anerkannt, dass er die Macht hat, auf den ganzen Körper einzuwirken, weil er den Hauptast innehat, der auf alles einwirkt.

Wie leicht war es, dies in Tyrannei ausarten zu lassen. Darum hat Jesus Christus ihnen dieses Gebot gegeben: *Vos autem non sic.* (»Ihr aber nicht also! [Sondern der Größte unter euch soll sein wie der Jüngste, und der Vornehmste wie ein Diener.]« Lk 22,26.)

570/768 Jesus Christus ist von Joseph vorgebildet.

Unschuldig und der Liebling seines Vaters, von seinem Vater gesandt, dass er nach seinen Brüdern sähe, wird er von seinen Brüdern um zwanzig Silberlinge verkauft. Und gerade dadurch ist er ihr Herr, ihr Erlöser und der Erlöser der Fremden, ja der Erlöser der Welt geworden. Was nicht geschehen wäre, wenn sie nicht die Absicht gehabt hätten, ihn zu verderben, und ihn nicht verkauft und verworfen hätten.

Im Gefängnis ist der unschuldige Joseph zwischen zwei Missetätern. Jesus Christus ist am Kreuze zwischen zwei Schächern. Trotz scheinbar gleicher Umstände sagt er dem einen das Heil und dem anderen den Tod voraus. Trotz gleicher Missetaten rettet Jesus Christus die Auserwählten und verdammt die Verworfenen. Joseph sagt nur voraus, Jesus Christus vollbringt. Joseph bittet denjenigen, der gerettet werden soll, seiner zu gedenken, wenn er zu Ehren gekommen sei. Und derjenige, den Jesus Christus rettet, bittet ihn, seiner zu gedenken, wenn er in sein Reich gekommen sei.

571/775 Es ist Häresie, *omnes* immer mit »alle« zu erklären. Und es ist auch Häresie, es nicht manchmal mit »alle« zu erklären: *Bibite ex hoc omnes.* (»Trinket alle daraus.« Mt 26,27.) Die Hugenotten sind häretisch, indem sie es mit »alle« erklären. *In quo omnes peccaverunt.* (»... dieweil sie alle gesündigt haben«, Röm 5,12.) Die Hugenotten sind häretisch, indem sie die Kinder der Frommen ausnehmen. Man muss also den Kirchenvätern und der Tradition folgen, um zu wissen, wann das eine oder das andere zutrifft, denn nach beiden Seiten ist Häresie zu befürchten.

572/54 Miszellen. Redeweise.

Ich [...] wollte mich damit eingehend beschäftigen.

573/646 Die Synagoge ging keineswegs unter, weil sie Vorbild war.

Da sie aber nur Vorbild war, ist sie in Knechtschaft geraten.

Das Vorbild hat bis zur Wahrheit bestanden, damit die Kirche stets sichtbar wäre, entweder im Bilde, das sie verhieß, oder in der Wirklichkeit.

574/263 Ein Wunder, sagt man, würde meinen Glauben stärken; das sagt man, wenn man keines sieht.

Die Gründe, die, wenn man sie von weitem sieht, unseren Blick zu begrenzen scheinen, tun es jedoch nicht mehr, wenn man zu ihnen vorgedrungen ist, man sieht nun noch darüber hinaus. Nichts hält die Beweglichkeit unseres

Geistes auf. Keine Regel, sagt man, ohne irgendeine Ausnahme, keine noch so allgemeine Wahrheit, die nicht irgendeine Seite hätte, bei der sie nicht zutrifft. Es genügt, dass sie nicht vollkommen allgemeingültig ist, um uns einen Anlass zu geben, den vorliegenden Fall zur Ausnahme zu erklären und zu sagen: Das ist nicht immer wahr, also gibt es Fälle, bei denen das nicht gilt. Nun hat man nur noch zu zeigen, dass dieser Fall dazu gehört, und man muss sehr ungeschickt oder sehr unglücklich sein, wenn man nicht irgendeinen geeigneten Weg dafür findet.

575/651 Überspanntheiten der Apokalyptiker und der Präadamiten, Millenarier usw.

Wer überspannte Meinungen mit der Heiligen Schrift begründen will, wird sie zum Beispiel damit begründen:

Es ist gesagt, dass dieses Geschlecht nicht vergehen werde, bis dieses alles geschehe (Mt 24,34; Lk 21,32). Dazu werde ich sagen, dass nach diesem Geschlecht ein neues Geschlecht kommen wird und so immer weiter.

In der 2. Chronik wird von Salomo und vom König gesprochen, als wären dies zwei unterschiedliche Personen. Ich werde sagen, dass es zwei waren.

576/567 Die beiden entgegengesetzten Gründe. Damit muss begonnen werden, ohne dies versteht man nichts, und alles ist häretisch. Und selbst nach jeder Wahrheit muss man hinzusetzen, dass man sich der gegenteiligen Wahrheit erinnert.

577/234 Wenn man nur etwas für das Gewisse unternehmen sollte, so dürfte man nichts für die Religion unternehmen, denn sie ist nicht gewiss. Doch wie vieles unternimmt man für das Ungewisse: Seereisen, Schlachten. Ich sage also, dass man überhaupt nichts unternehmen sollte, denn nichts ist gewiss. Und dass es in der Religion mehr Gewissheit gibt als darin, dass wir den morgigen Tag erleben werden.

Denn es ist nicht gewiss, dass wir den nächsten Tag erleben, aber es ist gewiss möglich, dass wir ihn nicht erleben. Man kann nicht dasselbe über die Religion sagen. Es ist nicht gewiss, dass sie gewiss ist, aber wer wird die Behauptung wagen, es sei gewiss möglich, dass sie nicht gewiss sei?

Wenn man nun jedoch für den nächsten Tag und für das Ungewisse arbeitet, handelt man vernünftig, denn man muss für das Ungewisse wegen der bewiesenen Wahrscheinlichkeitsregel arbeiten.

Augustinus hat erkannt, dass man auf dem Meer, in einer Schlacht usw. sich für das Ungewisse abmüht – aber er hat nicht die Wahrscheinlichkeitsregel erkannt, die beweist, dass man es tun muss. Montaigne hat erkannt, dass man sich über einen hinkenden Geist empört und dass die Gewohnheit alles vermag, aber er hat nicht den Grund für diese Wirkung erkannt.

Alle diese Männer haben die Wirkungen, aber nicht die Ursachen erkannt. Sie sind im Verhältnis zu denjenigen, welche die Ursachen entdeckt haben, wie diejenigen, die nur Augen haben, im Verhältnis zu denjenigen, die Geist haben. Denn die Wirkungen sind gleichsam fühlbar, und die Ursachen sind allein dem Geist sichtbar. Und obgleich diese Wirkungen mit dem Geist erkannt werden, ist dieser Geist im Verhältnis zu jenem Geist, der die Ursachen erkennt, wie die körperlichen Sinne im Verhältnis zum Geist.

578/26 Die Beredsamkeit ist Gedankenmalerei, und diejenigen, die noch Weiteres hinzufügen, nachdem sie etwas gemalt haben, schaffen also anstatt eines Porträts ein Gemälde.

579/53 Eine Karosse, die man »umkippt« oder »umstürzt«, je nachdem, wie man es ausdrücken will.

»Ausgießen« oder »ausschütten«, je nachdem, wie man es ausdrücken will.

Verteidigungsrede Herrn Le Maistres über den Franziskaner gegen dessen Willen.

580/28 Symmetrie.

In jenem, was man mit einem Blick sieht.

Sie beruht darauf, dass es keinen Grund gibt, es anders zu machen.

Und sie beruht auch auf der menschlichen Gestalt.

Daher kommt es, dass man Symmetrie nur in der Breite und nicht in der Höhe oder Tiefe haben will.

581/12 Scaramouche, der nur an eine Sache denkt.

Der Doktor, der eine Viertelstunde weiterspricht, nachdem er alles gesagt hat, so sehr ist er von dem Verlangen zu sprechen erfüllt.

582/669 Unserer Schwäche wegen ein anderes Bild wählen.

583/56 Den Anteil erraten, den ich an Eurem Kummer nehme; der Herr Kardinal wollte durchaus nicht, dass man seine Gedanken erriete.

Ich habe einen Geist voller Unruhe; besser ist: Ich bin voller Unruhe.

584/15 Die Beredsamkeit, die mit Milde überzeugt und nicht mit Gewalt, als Tyrann und nicht als König.

585/32 Es gibt ein gewisses Muster von Gefälligkeit und Schönheit, das in einer gewissen Übereinstimmung zwischen unserer schwachen oder starken Natur – so, wie sie eben ist – und der Sache, die uns gefällt, besteht.

Alles, was nach diesem Muster geformt ist, erscheint uns gefällig, seien es Haus, Lied, Rede, Vers, Prosa, Frau, Vögel, Flüsse, Bäume, Zimmer, Kleider usw.

Alles, was nicht nach diesem Muster geschaffen ist, missfällt denjenigen, die Geschmack haben.

Und da es eine vollkommene Übereinstimmung zwischen einem Lied und einem Haus gibt, die nach diesem guten Muster geschaffen sind, weil sie diesem einzigen Muster gleichen, wenn auch jedes in seiner besonderen Art, gibt es ebenso eine vollkommene Übereinstimmung zwischen den Dingen, die nach den schlechten Mustern geschaffen wurden. Nicht etwa, weil es ein einziges schlechtes Muster gäbe, denn es gibt unendlich viele von ihnen, aber zum Beispiel gleicht jedes schlechte Sonett, nach welchem falschen Muster es auch immer geschaffen wurde, vollkommen einer Frau, die nach diesem Muster gekleidet ist.

Nichts macht besser verständlich, wie lächerlich ein falsches Sonett ist, als wenn man dessen Wesen und Muster bedenkt und sich hierauf eine Frau oder ein Haus vorstellt, die nach jenem Muster geformt sind.

586/33 Poetische Schönheit.

Wie man von poetischer Schönheit spricht, müsste man auch von geometrischer Schönheit und medizinischer Schönheit sprechen, aber davon spricht man nicht, und der Grund ist, dass man genau weiß, was der Gegenstand der Geometrie ist und dass er im Beweis besteht und was der Gegenstand der Medizin ist und dass er in der Heilung besteht; man weiß jedoch nicht, worin die Anmut besteht, die der Gegenstand der Poesie ist. Man weiß nicht, was dieses natürliche Muster ist, das man nachahmen muss, und da diese Kenntnis fehlt, hat man gewisse absonderliche Begriffe erfunden: Goldenes Zeitalter, Wunder unserer Tage, schicksalhaft usw. Und dieses Kauderwelsch nennt man poetische Schönheit.

Wer sich aber eine Frau nach diesem Muster – das darin besteht, kleine Dinge mit großen Worten zu sagen – vorstellt, wird ein hübsches Fräulein erblicken, das ganz mit Spiegeln und Ketten behängt ist und über das er lachen wird, weil man besser weiß, worin die Anmut einer Frau besteht als die Anmut der Verse, doch jene, die sich nicht darauf verstehen, würden das Fräulein in diesem Aufputz bewundern, und es gibt viele Dörfer, wo man das Fräulein für die Königin halten würde, und darum nennen wir auch die Sonette, die nach diesem Muster geschaffen wurden, Dorfköniginnen.

587/34 Man gilt in der Welt nicht als jemand, der sich auf Verse versteht, wenn man nicht das Berufszeichen der Poeten führt, und nicht als Mathematiker, wenn man nicht deren Berufszeichen führt usw. Ein universaler Geist aber will überhaupt kein Berufszeichen und macht kaum einen

Unterschied zwischen dem Stand eines Poeten und jenem eines Stickers.

Ein universaler Geist wird weder Poet noch Geometer usw. genannt. Aber er ist all das und kann über all jene urteilen. Man errät seine Gedanken durchaus nicht, und er wird von den Dingen sprechen, über die man geredet hat, als er hereingekommen ist. Man bemerkt an ihm eine Eigenschaft nicht deutlicher als eine andere, außer, wenn die Notwendigkeit besteht, dass man von ihr Gebrauch macht, dann aber erinnert man sich seiner. Denn es gehört ebenso zu dieser Wesensart, dass man durchaus nicht von ihm sagt, er spreche gut, wenn das Thema nicht die Redekunst ist, und dass man von ihm sagt, er spreche gut, wenn es um dieses Thema geht.

Man erteilt also einem Manne ein falsches Lob, wenn man von ihm bei seinem Eintritt sagt, er sei in der Poesie sehr bewandert, und es ist ein schlechtes Zeichen, wenn man sich nicht an einen Mann in dem Falle wendet, dass ein paar Verse zu beurteilen sind.

588/279 Der Glaube ist eine Gottesgabe. Denkt nicht, wir wollten behaupten, er sei eine Gabe der vernünftigen Überlegung. Die anderen Religionen sagen so etwas nicht von ihrem Glauben. Sie gaben nur die vernünftige Überlegung an, um zu ihm zu gelangen, und diese führt gleichwohl nicht zu ihm.

589/704 Der Teufel hat den Eifer der Juden vor der Ankunft Jesu Christi gehemmt, weil er ihnen das Heil gebracht hätte, aber nicht nach der Ankunft Jesu Christi.

Das jüdische Volk wurde von den Heiden verspottet und das christliche Volk verfolgt.

590/656 *Adam forma futuri.* (»... Adam, welcher ist ein Bild des, der zukünftig war.« Röm 5,14.) Die sechs Tage, um den einen zu schaffen, die sechs Zeitalter, um den anderen zu schaffen. Die sechs Tage, die Moses für die Erschaffung Adams schildert, sind nur das Bild der sechs Zeitalter, die zur Erschaffung Jesu Christi und der Kirche notwendig waren. Wenn Adam nicht gesündigt hätte und Jesus Christus nicht gekommen wäre, so hätte es nur einen einzigen Bund und ein einziges Zeitalter der Menschen gegeben, und die Schöpfung würde so dargestellt sein, als wäre sie in einer einzigen Zeit vollbracht worden.

591/186 *Ne si terrerentur et non docerentur improba quasi dominatio videretur.* (»Wenn man« [gegen die Häretiker] »sich des Schreckens und nicht der Belehrung bediente, so würde das wie eine Gewaltherrschaft angesehen.«) Augustinus, 4. Band, Brief 48 oder 49: *Contra mendacium, ad Consentium.* (»Gegen die Lüge, an Consentius.«)

Serie XXIV

592/750 Wenn die Juden alle von Jesus Christus bekehrt worden wären, hätten wir nur noch verdächtige Zeugen. Und wenn sie ausgerottet worden wären, hätten wir überhaupt keine Zeugen.

593/760 Die Juden lehnen ihn ab, jedoch nicht alle; die Heiligen nehmen ihn auf und nicht die Fleischlichen, und weit gefehlt, dass dies seinen Ruhm minderte, ist dies doch das letzte Wahrzeichen, das ihn vollendet. Wie der Grund, den sie dafür haben, und der einzige, der sich in allen ihren Schriften findet, im Talmud und bei den Rabbinen, nur der ist, dass Jesus Christus die Heiden nicht mit Waffengewalt bezwungen hat. *Gladium tuum potentissime.* (»[Gürte] dein Schwert [an deine Seite], du Held«, Ps 45,4.) Haben sie nur das zu sagen? Jesus Christus ist getötet worden, sagen sie, er ist unterlegen, und er hat die Heiden nicht gewaltsam bezwungen. Er hat sie uns nicht zur Beute gegeben. Er gibt überhaupt keine Schätze. Haben sie nur das zu sagen? Gerade dadurch ist er für mich liebenswert. Ich würde jenen nicht wollen, den sie sich vorstellen. Offenkundig hat sie nur das Laster daran gehindert, ihn aufzunehmen, und durch diese Weigerung sind sie unverwerfliche Zeugen, und was noch mehr ist, dadurch erfüllen sie die Prophezeiungen.

(Dadurch, dass dieses Volk ihn nicht aufgenommen hat, ist folgendes Wunder eingetroffen:

Die Prophezeiungen sind die einzigen fortdauernden Wunder, die man vollbringen kann, aber sie sind dem Widerspruch ausgesetzt.)

594/576 *(Ordnung.)* Das allgemeine Verhalten der Welt gegenüber der Kirche. Gott, der verblenden und erleuchten will.

Da die Erfüllung dieser Prophezeiungen deren Göttlichkeit bewiesen hat, müssen wir deshalb das Übrige auch glauben, und dadurch erkennen wir auf diese Art die Ordnung der Welt.

Als die Wunder der Schöpfung und der Sintflut in Vergessenheit gerieten, schickte Gott das Gesetz und die Wunder des Moses, die Propheten, die besondere Ereignisse prophezeien. Und um ein fortdauerndes Wunder vorzubereiten, bereitet er Prophezeiungen und deren Erfüllung vor. Da die Prophezeiungen aber verdächtig sein können, will er sie unverdächtig machen usw.

595/450 Wenn man sich nicht voller Hochmut, Ehrgeiz, Begierde, Schwäche, Elend und Ungerechtigkeit erkennt, ist man sehr blind. Und wenn man dies erkennt und nicht zugleich wünscht, davon befreit zu werden – was kann man von einem solchen Menschen sagen?

Was kann man also anderes als Achtung für eine Religion haben, die so genau die Fehler des Menschen erkennt, und was anderes als den Wunsch, eine Religion möge wahr sein, die für jene Fehler so begehrenswerte Heilmittel verheißt?

596/202 *(An denjenigen, die sich in der kummervollen Lage sehen, ohne Glauben zu sein, erkennt man, dass Gott sie nicht erleuchtet; aber an den anderen erkennt man, dass es einen Gott gibt, der sie verblendet.)*

597/455 Das Ich ist hassenswert. Ihr, Miton, verdeckt das, Ihr hebt es deshalb keineswegs auf. Ihr seid also immer noch hassenswert.

Durchaus nicht, denn indem man allen gegenüber so zuvorkommend auftritt, wie wir es tun, hat man keinen Grund mehr, uns zu hassen. Das ist wahr, wenn man an dem Ich nur das Missfallen hasste, das es uns einbringt.

Aber wenn ich es hasse, weil es sich zum Mittelpunkt von allem machen will, was ungerecht ist, so werde ich es immer noch hassen.

Mit einem Wort: Das Ich hat zwei Eigenschaften. Es ist an sich darin ungerecht, dass es sich zum Mittelpunkt von allem macht. Es ist den anderen dadurch lästig, dass es sie unterjochen will, denn jedes Ich ist ein Feind und möchte der Tyrann aller Übrigen sein. Ihr nehmt ihm die Lästigkeit, aber nicht die Ungerechtigkeit.

Und also macht Ihr es denen nicht liebenswert, die seine Ungerechtigkeit hassen. Ihr macht es nur den Ungerechten liebenswert, die in ihm nicht mehr ihren Feind finden. Und also bleibt Ihr ungerecht und könnt nur den Ungerechten gefallen.

598/868 Was uns verwirrt, wenn wir vergleichen, was sich einstmals in der Kirche ereignet hat und was man jetzt in ihr sieht, ist, dass man sich den heiligen Athanasius, die heilige Theresa und die übrigen Heiligen gewöhnlich so vorstellt, als hätten die Heiligkeit und die Jahre ihnen einen Strahlenkranz verliehen, da man sie vor uns wie Götter achtete. Jetzt, da die Zeit die Dinge abgeklärt hat, erscheint das so, doch zu der Zeit, als man diesen großen Heiligen verfolgte, war er ein Mann, der Athanasius hieß, und die heilige Theresa war ein junges Mädchen. Elia war ein Mensch gleich wie wir und denselben Leidenschaften wie wir unterworfen, sagt Petrus, um den Christen die Augen über diese falsche Vorstellung zu öffnen, die uns das Beispiel der Heiligen als unserem Zustand unangemessen zurückweisen lässt. Das waren Heilige, sagen wir, das ist nicht wie bei uns. Was hat sich denn damals ereignet? Der heilige Athanasius war ein Mann namens Athanasius, der mehrerer Verbrechen angeklagt und auf diesem oder jenem Konzil für diese oder jene Schuld verurteilt wurde. Alle Bischöfe stimmen dem zu und der Papst schließlich auch. Was sagt man denen, die sich dem widersetzen? Dass sie den Frieden stören, dass sie ein Schisma verursachen usw.

Vier Arten von Menschen; Eifer ohne Wissenschaft, Wissenschaft ohne Eifer, weder Wissenschaft noch Eifer, sowohl Eifer als auch Wissenschaft.

Die drei ersten verurteilen ihn, die letzten sprechen ihn frei und werden von der Kirche exkommuniziert, und gleichwohl erretten sie die Kirche.

Eifer, Einsicht.

599/908 Aber ist es *wahrscheinlich*, dass die *Wahrscheinlichkeit* sicher macht?

Unterschied zwischen Ruhe und Sicherheit des Gewissens.

Nichts gibt Sicherheit außer der Wahrheit; nichts gibt Ruhe außer der aufrichtigen Suche nach der Wahrheit.

600/440 Die Verderbnis der Vernunft zeigt sich an so vielen unterschiedlichen und närrischen Sitten. Die Wahrheit musste kommen, damit der Mensch nicht mehr in sich selbst lebte.

601/907 Die Kasuisten unterwerfen die Entscheidung der verderbten Vernunft und die Wahl der Entscheidungen dem verderbten Willen, damit alles, was es an Verderbtem in der Natur des Menschen gibt, an seinem Tun teilhaben soll.

602/885 Es wird zum Priester gemacht, wer es will, wie unter Jerobeam.

Es ist etwas Entsetzliches, dass man uns die Ordnung der heutigen Kirche als derart gut hinstellt und so ein Verbrechen daraus macht, wenn jemand sie verändern will. Früher war sie unfehlbar gut, und es findet sich, dass man sie verändern konnte, ohne eine Sünde zu begehen. Und nun darf man nicht wünschen, dass sie, so, wie sie eben ist, verändert wird!

Es ist sehr wohl erlaubt gewesen, die Gewohnheit zu verändern, Priester nur mit so großer Umsicht einzusetzen, dass es fast niemanden gab, der dessen würdig gewesen wäre, und da darf es nicht erlaubt sein, sich über die Gewohnheit zu beklagen, die so viele Unwürdige zu Priestern macht!

603/502 Abraham nahm nichts für sich selbst, sondern nur etwas für seine Knechte. Also nimmt der Gerechte von der Welt und vom Beifall der Welt nichts für sich selbst, sondern nur für seine Leidenschaften, deren er sich als Herr bedient, indem er der einen sagt:

Komm und geh, *sub te erit appetitus tuus* (»du aber herrsche über dein Verlangen«, nach: 1. Mose 4,7). Seine solcherart beherrschten Leidenschaften sind Tugenden; Geiz, Eifersucht und Zorn schreibt Gott sich selbst zu. Und das sind ebenso sehr Tugenden wie Güte, Barmherzigkeit und Beständigkeit, die ja auch Leidenschaften sind. Man muss sich ihrer wie Sklaven bedienen und, während man ihnen ihre Nahrung lässt, verhindern, dass die Seele von ihnen etwas annimmt. Wenn nämlich die Leidenschaften herrschen, so sind sie Laster, und dann geben sie der Seele von ihrer Speise ab, und die Seele nährt und vergiftet sich damit.

604/871 Kirche, Papst.

Einheit – Vielheit. Wenn man die Kirche als eine Einheit betrachtet, so ist der Papst als ihr Oberhaupt wie das Ganze; wenn man sie als Vielheit betrachtet, so ist der Papst nur ein Teil von ihr. Die Kirchenväter haben sie bald in der einen und bald in der anderen Hinsicht betrachtet. Und so haben sie unterschiedlich über den Papst gesprochen.

Sankt Cyprian, *sacerdos dei* (»Priester Gottes«, nach: Cyprianus, *Brief* 63).

Doch wenn sie eine dieser beiden Wahrheiten begründeten, so haben sie die andere nicht ausgeschlossen.

Die Vielheit, die sich nicht der Einheit beugt, ist Wirrnis.

Die Einheit, die nicht auf der Vielheit beruht, ist Tyrannei.

Beinahe nur noch in Frankreich ist es erlaubt zu sagen, dass das Konzil über dem Papst steht.

605/36 Der Mensch ist voller Bedürfnisse. Er liebt nur diejenigen, die sie alle befriedigen können. Das ist ein guter Mathematiker, wird man sagen, aber ich habe Mathematik nicht nötig; er würde mich mit einem Lehrsatz verwechseln. Das ist ein guter Kriegsmann: Er würde mich mit einer belagerten Festung verwechseln. Ich brauche also einen Ehrenmann, der sich auf alle meine Bedürfnisse insgesamt einstellen kann.

606/155 Selbst für die größten Herren ist ein wahrer Freund etwas sehr Vorteilhaftes, denn er kann Gutes von ihnen reden und sie verteidigen, wenn sie abwesend sind; daher müssen sie sogar alles tun, um einen zu haben; doch sollen sie gut wählen; verschwenden sie nämlich alle ihre Anstrengungen an Toren, so wird das unnütz für sie sein, was jene auch immer Gutes über sie sagen mögen. Und sie werden nicht einmal Gutes von ihnen reden, wenn sie sich als die Schwächeren fühlen, denn sie haben keine Macht, und darum werden sie aus Gemeinschaftstrieb übel von ihnen reden.

607/766 Bilder.

Heiland, Vater, Opferpriester, Opfer, Nahrung, König, Weiser, Gesetzgeber, gepeinigt, arm, der ein Volk schaffen musste, das er führen und nähren und in seine Heimat bringen sollte.

608/766 Jesus Christus: seine Pflichten.

Er musste allein ein großes, auserwähltes, heiliges und auserlesenes Volk schaffen, es führen, es nähren, es zur Stätte der Ruhe und der Heiligkeit bringen, es Gott heiligen, aus ihm den Tempel Gottes machen, es mit Gott versöhnen, es von dem Zorn Gottes erretten, es von der Knechtschaft der Sünde befreien, die sichtbar im Menschen herrscht, diesem Volke Gesetze geben, diese Gesetze in ihr Herz schreiben, sich Gott für sie darbringen, sich für sie opfern, ein Opfer ohne Fehl und zugleich selbst Opferpriester sein, da er selbst seinen Leib und sein Blut darbringen musste. Und Gott musste er gleichwohl Brot und Wein darbringen.

Ingrediens mundum. (»[Darum,] da er in die Welt kommt, [spricht er: ›Opfer und Gaben hast du nicht gewollt; den Leib aber hast du mir bereitet.‹]« Hebr 10,5.)

Stein auf Stein (vgl. Mk 13,2: »Nicht ein Stein wird auf dem andern bleiben«).

Was vorausgegangen ist, was sich nach ihm ereignet hat, da die Juden ja insgesamt fortbestehen und umherirren.

609/736 Prophezeiungen. *Transfixerunt.* (»… [und sie werden mich ansehen, welchen sie] zerstochen haben.«) Sacharja 12,10.

Dass ein Befreier kommen sollte, der dem Teufel den Kopf zertreten würde, der sein Volk von dessen Sünden erlösen würde, *ex omnibus iniquitatibus* (»[und er wird Israel erlösen] aus allen seinen Sünden«, Ps 130,8). Dass es ein Neues Testament geben sollte, das ewig sein würde, dass es ein anderes Priestertum nach der Weise Melchisedeks geben sollte und dass dieses ewig sein würde, dass Christus ruhmvoll, gewaltig, stark und gleichwohl so elend sein sollte, dass er nicht erkannt würde und man ihn nicht dafür halten würde, was er ist, dass man ihn zurückweisen und töten würde, dass sein Volk, das ihn dann verleugnet haben würde, nicht mehr sein Volk wäre, dass die Götzendiener ihn aufnehmen und bei ihm Zuflucht suchen würden, dass er Zion verlassen würde, um im Mittelpunkt des Götzendienstes zu herrschen, dass die Juden gleichwohl immer fortbestehen werden, dass er aus Juda kommen sollte und es keinen König mehr geben würde.

610–611/30 *(Man sehe die Reden im zweiten, vierten und fünften Brief des Jansenisten. Das ist erhaben und ernsthaft.)*

(Ich hasse gleichermaßen den Possenreißer und den Selbstgefälligen.) Man würde weder den einen noch den anderen zum Freunde nehmen.

Man zieht nur das Ohr zu Rate, weil es einem an Herz fehlt.

Sein Grundsatz ist die Haltung eines Ehrenmannes.

Poet und nicht Ehrenmann.

(Nach meinem achten Provinzialbrief glaubte ich, dass ich ausreichend geantwortet hätte.)

Schönheiten der Unterlassung, des Urteils.

612/219 Unzweifelhaft ist die Seele entweder sterblich oder unsterblich; das muss zu einem grundsätzlichen Unterschied in der Moral führen, und die Philosophen haben dennoch ihre Moral unabhängig davon ausgearbeitet.

Sie beratschlagen, wie man eine Stunde verbringen soll.

Platon, um auf das Christentum vorzubereiten.

613/443 Größe, Elend.

Je mehr Einsicht man hat, desto mehr Größe und Niedrigkeit entdeckt man im Menschen.

Die gewöhnlichen Menschen.

Die Höherstehenden.

Die Philosophen.

Sie erstaunen die gewöhnlichen Menschen.

Die Christen, sie erstaunen die Philosophen.

Wer wird also darüber erstaunen, wenn er sieht, dass die Religion nur das gründlich erkennen lehrt, was man selbst desto mehr anerkennt, je mehr Einsicht man hat.

614/664 Bildliches.

Gott hat sich der Begierde der Juden bedient, um sie Jesus Christus dienstbar zu machen *(der als Heilmittel für die Begierde wirkte)*.

615/663 Bildliches.

Nichts ähnelt der christlichen Liebe so sehr wie die Begierde, und nichts widerspricht ihr so sehr. Die Juden mit ihren vielen Gütern, die ihrer Begierde schmeicheln, stimmten also mit den Christen vollkommen überein, und sie widersprachen ihnen vollkommen. Und hierdurch besaßen sie die beiden Eigenschaften, die sie haben mussten, wenn sie zum einen mit dem Messias vollkommen übereinstimmten, um ihn vorzubilden, und wenn sie ihm zum anderen vollkommen widersprachen, um keine verdächtigen Zeugen zu sein.

616/660 Die Begierde ist für uns natürlich geworden und hat unsere zweite Natur bewirkt. Also gibt es zwei Naturen in uns, die eine gut, die andere böse. Wo ist Gott? Wo ihr nicht seid, und das Reich Gottes ist in euch. Rabbinen.

617/492 Wer in sich selbst nicht seine Eigenliebe und jenen Trieb hasst, der ihn bewegt, sich zu Gott zu machen, ist sehr verblendet. Wer sieht nicht, dass nichts der Gerechtigkeit und der Wahrheit so sehr widerspricht. Denn es ist falsch, dass wir dies verdienten, und es ist ungerecht und unmöglich, es zu erreichen, da alle ja dasselbe begehren. Dies ist also eine offenkundige Ungerechtigkeit, mit der wir geboren werden, von der wir uns nicht lösen können und von der wir gelöst werden müssen.

Dennoch hat keine andere Religion entdeckt, dass dies eine Sünde ist, und auch nicht, dass wir mit ihr geboren werden und dass wir verpflichtet sind, ihr zu widerstehen, und ebenso wenig hat eine andere Religion daran gedacht, uns die Heilmittel dafür zu geben.

618/479 Wenn es einen Gott gibt, muss man allein ihn und nicht die vergänglichen Geschöpfe lieben. Die Urteile der Gottlosen sind in der *Weisheit Salomos* nur darauf begründet, dass es überhaupt keinen Gott gebe. Lasst uns unter dieser Voraussetzung, sagt er, uns der Geschöpfe erfreuen. Das ist ein Notbehelf. Wenn es aber einen Gott gäbe, den man lieben könnte, hätte er keinen derartigen Schluss gezogen, sondern den genau entgegengesetzten. Und das ist die Schlussfolgerung der Weisen: Es gibt einen Gott, erfreuen wir uns also nicht der Geschöpfe.

Alles, was uns reizt, uns an die Geschöpfe zu binden, ist also böse, da es uns hindert, Gott entweder zu dienen, wenn wir ihn kennen, oder ihn zu suchen, wenn wir nichts von ihm wissen. Nun sind wir aber voller Begierde, also sind wir voll des Bösen, also müssen wir uns selbst und alles hassen, was uns treibt, uns an etwas anderes als an Gott allein zu binden.

619/394 Alle ihre Prinzipien sind wahr, die der Pyrrhoniker, der Stoiker, der Atheisten usw. ..., aber ihre Schlussfolgerungen sind falsch, weil die entgegengesetzten Prinzipien ebenfalls wahr sind.

620/146 Der Mensch ist sichtlich geschaffen, um zu denken. Dies ist seine ganze Würde und sein ganzes Verdienst; und seine ganze Pflicht ist es, richtig zu denken. Nun verlangt aber die Ordnung der Gedanken, dass man mit sich selbst, seinem Schöpfer und seinem Endzweck beginnt.

Woran aber denkt die Welt? Daran niemals, sondern an Tanz, Lautenspiel, Gesang, Verseschmieden, Ringelstechen usw. und daran, sich zu schlagen, sich zum König zu machen, ohne darüber nachzudenken, was es bedeutet, König zu sein, und was, Mensch zu sein.

621/412 Innerer Krieg im Menschen zwischen der Vernunft und den Leidenschaften.

Wenn es nur die Vernunft ohne Leidenschaften gäbe.

Wenn es nur die Leidenschaften ohne Vernunft gäbe.

Doch da er beides hat, kann er nicht ohne Krieg sein und kann nur mit dem einen Frieden haben, wenn er Krieg mit dem anderen führt.

Darum ist er auch immer zerrissen und mit sich selbst im Widerspruch.

622/131 Langeweile.

Nichts ist dem Menschen so unerträglich, als wenn er sich in vollkommener Ruhe befindet, ohne Leidenschaften, ohne Beschäftigungen, ohne Zerstreuungen, ohne Betriebsamkeit.

Dann fühlt er seine Nichtigkeit, seine Verlassenheit, seine Unzulänglichkeit, seine Abhängigkeit, seine Ohnmacht, seine Leere.

Sogleich werden vom Grunde seiner Seele die Langeweile, der Trübsinn, die Traurigkeit, der Kummer, der Verdruss und die Verzweiflung aufsteigen.

623/495 Wenn es eine übernatürliche Verblendung ist, dahinzuleben, ohne zu erforschen, was man ist, so ist es eine schreckliche Verblendung, ein schlechtes Leben zu führen und dabei an Gott zu glauben.

624/731 Prophezeiungen.

Dass Jesus Christus zur Rechten sitzen wird, während Gott ihm seine Feinde unterwirft (Ps 110,1).

Also wird er sie nicht selbst unterwerfen.

625/214 Ungerechtigkeit.

Dass die Anmaßung der Bedürftigkeit beigesellt ist, das ist eine außerordentliche Ungerechtigkeit.

626/462 Suche nach dem wahren Gut.

Die gewöhnlichen Menschen halten das Vermögen und die äußerlichen Güter oder wenigstens die Zerstreuungen für das wahre Gut.

Die Philosophen haben die Eitelkeit von alldem gezeigt und dem wahren Gut jenen Platz zugewiesen, den sie vermocht haben.

627/150 Die Eitelkeit ist so tief im menschlichen Herzen eingewurzelt, dass ein Soldat, ein Trossknecht, ein Koch, ein Lastträger sich rühmen und ihre Bewunderer haben wollen, und selbst die Philosophen wollen sie haben, und diejenigen, die dagegen schreiben, wollen den Ruhm erreichen, gut geschrieben zu haben, und diejenigen, die sie lesen, suchen den Ruhm, sie gelesen zu haben, und ich, der ich dies schreibe, hege vielleicht gerade dieses Verlangen, und vielleicht auch diejenigen, die es lesen werden …

628/153 Über den Wunsch, von denjenigen geachtet zu werden, mit denen man zusammen ist.

Der Stolz beherrscht uns mit so natürlicher Macht inmitten unseres Elends, unserer Verirrung usw. Wir verlieren mit Freude auch noch das Leben, wenn man nur darüber spricht.

Eitelkeit, Spiel, Jagd, Besuche, Komödien, falsche Verewigung des Namens.

629/417 Dieses doppelte Wesen des Menschen ist so sichtbar, dass manch einer gedacht hat, wir hätten zwei Seelen.

Ein einfaches Wesen schien ihnen nämlich unfähig zu solchen und so plötzlichen Umschwüngen von grenzenloser Anmaßung zu schrecklicher Niedergeschlagenheit des Herzens.

630/94 Die Natur des Menschen ist ganz Natur, *omne animal.* (Sir 13,19: »Ein jegliches Tier [hält sich zu seinesgleichen und jeglicher Mensch zu dem, der ihm am nächsten ist.«].)

Es gibt nichts, was man nicht zu etwas Natürlichem macht. Es gibt nichts Natürliches, was man nicht verschwinden lassen kann.

631/422 Es ist gut, dass man von der unnützen Suche nach dem wahren Gut matt und müde geworden ist, damit man dem Befreier die Arme entgegenstreckt.

632/198 Das Empfindungsvermögen des Menschen für die kleinen Dinge und die Unempfindlichkeit für die größten Dinge, ein Zeichen für eine sonderbare Umkehrung.

633/411 Ungeachtet der Erkenntnis all unseres Elends, das uns trifft und uns an der Gurgel packt, haben wir einen Trieb, den wir nicht unterdrücken können und der uns erhebt.

634/97 Das Wichtigste für das ganze Leben ist die Wahl des Berufs; und der Zufall entscheidet darüber.

Die Gewohnheit macht zu Maurern, Soldaten, Dachdeckern. Das ist ein ausgezeichneter Dachdecker, sagt man, und wenn man von den Soldaten spricht: Sie sind rechte Narren, sagt man, und die anderen behaupten im Gegenteil: Es gibt nichts Großes außer dem Krieg, die übrigen Menschen sind Taugenichtse. Da man in seiner Kindheit diese Berufe so sehr loben und alle übrigen mit Geringschätzung behandeln hörte, trifft man seine Wahl. Denn von Natur aus liebt man die Tugend und hasst die Torheit; gerade diese Worte werden den Ausschlag geben; man sündigt nur bei ihrer Anwendung.

So groß ist die Macht der Gewohnheit, dass man aus denjenigen, welche die Natur nur zu Menschen gemacht hat, Menschen aller Stellungen macht.

Denn es gibt Gegenden, wo alle Maurer sind, andere, wo alle Soldaten sind usw. Ohne Zweifel ist die Natur nicht so einförmig; also führt die Gewohnheit dazu, denn sie nötigt die Natur, und manchmal überwindet die Natur sie und lässt den Menschen auf seinem Instinkt beharren, jeder guten oder schlechten Gewohnheit zum Trotz.

Serie XXV

635/13 Man sieht die Verirrung und die Leidenschaft Cléobulines gern, weil sie diese nicht erkennt: Wenn sie sich nicht täuschte, würde sie missfallen.

636/42 Wenn man »Fürst« zu einem König sagt, so gefällt das, weil es ihn im Rang herabsetzt.

637/59 Die Fackel des Aufruhrs auslöschen: zu pomphaft. Die Ruhelosigkeit seines Genies: Zwei kühne Worte sind zu viel.

638/109 Wenn es einem gutgeht, wundert man sich, wie man es aushalten könnte, wenn man krank wäre. Wenn man krank ist, nimmt man fröhlich seine Medizin ein, das Übel entscheidet darüber; man hat nicht mehr die Leidenschaften und die Wünsche nach Zerstreuungen und Spaziergängen, welche die Gesundheit mit sich brachte und die mit den Zwängen der Krankheit unvereinbar sind. Die Natur gibt dann Leidenschaften und Wünsche ein, die dem augenblicklichen Zustand entsprechen. Nur die Ängste, die wir uns selbst eingeben, und nicht die Natur, beunruhigen uns, weil sie dem Zustand, in dem wir uns befinden, die Leidenschaften des Zustandes, in dem wir uns nicht befinden, hinzugesellen.

639/109 Da die Natur uns in jedem Zustand stets unglücklich macht, malen unsere Wünsche uns einen glücklichen Zustand aus, weil sie dem Zustand, in dem wir uns befinden, die Freuden des Zustandes hinzugesellen, in dem wir uns nicht befinden, und wenn wir diese Freuden erreichten, würden wir deshalb nicht glücklich sein, weil wir dann andere Wünsche hätten, die jenem neuen Zustand entsprächen.

Diesen allgemeinen Satz muss man im Einzelnen behandeln.

640/182 Diejenigen, die bei ärgerlichen Angelegenheiten immer zuversichtlich hoffen und sich über die glücklichen Schicksalsfügungen freuen, sind, wenn sie sich nicht gleichermaßen über die unglücklichen betrüben, verdächtig, dem Misslingen der Angelegenheit fröhlich entgegenzusehen, und sie sind entzückt, derartige Vorwände zu finden, damit sie Hoffnung zeigen und auch beweisen können, dass sie sich für die Angelegenheit interessieren, und damit sie durch die Freude, die sie für diese Angelegenheit vortäuschen, jene Freude verdecken können, die sie empfinden werden, wenn sie sehen, dass die Sache verloren ist.

641/129 Unsere Natur besteht in der Bewegung, die vollständige Ruhe ist der Tod.

642/448 (Miton) sieht wohl, dass die Natur verderbt ist und dass man allgemein nicht als Ehrenmann handelt, aber er weiß nicht, warum die Menschen nicht höher emporstreben.

643/159 Jene guten Taten, die man verbirgt, sind die schätzenswertesten. Wenn ich davon in der Geschichte einige entdecke, wie auf Seite 184, so gefallen sie mir sehr; aber schließlich sind sie nicht ganz und gar verborgen geblieben, da man ja von ihnen erfahren hat, und obgleich man alles getan hat, was man konnte, um sie zu verbergen, verdirbt doch dieses wenige, wodurch sie ans Licht gelangt sind, alles, denn gerade das Schönste an ihnen ist, dass man sie verbergen wollte.

644/910 Kann etwas anderes als das Wohlgefallen der Welt Euch dazu bringen, die Dinge für wahrscheinlich zu halten? Wollt Ihr uns einreden, dass dies die Wahrheit sei und dass, wenn es die Mode, sich zu duellieren, nicht gäbe, Ihr es für wahrscheinlich hieltet, dass man sich schlagen dürfe, wenn man die Sache innerhalb ihrer eigenen Ordnung betrachtet?

645/312 Recht ist, was Gültigkeit hat; und daher werden alle unsere geltenden Gesetze notwendig für gerecht gehalten, ohne dass man sie prüft, weil sie ja gelten.

646/95 *Gefühl.* Erinnerung und Freude sind Gefühle, und selbst die geometrischen Lehrsätze werden zu Gefühlen, denn die Vernunft lässt Gefühle natürlich werden, und die natürlichen Gefühle werden von der Vernunft erstickt.

647/35 *Ehrenmann.* Man soll von ihm nicht (sagen) dürfen, dass er ein Mathematiker, Prediger oder begabter Redner sei, vielmehr, dass er ein Ehrenmann ist. Nur diese allumfassende Eigenschaft gefällt mir. Wenn man einen Mann sieht und sich dabei an sein Buch erinnert, so ist das ein schlechtes Zeichen. Ich möchte, dass man auf irgendeine Eigenschaft nur aufmerksam wird, wenn die zufällige Gelegenheit und der Anlass, von ihr Gebrauch zu machen, es erfordern, *ne quid nimis* (»nichts im Übermaß«, Cicero), damit eine Eigenschaft nicht das Übergewicht erhält und zu einem besonderen Beinamen führt; man darf durchaus nicht daran denken, dass er gut spricht, außer, wenn es darum geht, gut zu sprechen, dann jedoch soll man daran denken.

648/833 Wunder.

Das Volk kommt von ganz allein zu diesem Schluss, Ihr aber müsst den Grund dafür angeben.

Es ist eine missliche Lage, zu einer Ausnahme von der Regel zu gehören; man soll sogar streng sein und sich der Ausnahme widersetzen; da es jedoch gleichwohl sicher ist, dass es Ausnahmen von der Regel gibt, muss man streng, aber gerecht über sie urteilen.

649/65 *Montaigne.* Was Montaigne an Gutem hat, kann man sich nur schwer aneignen. Was er an Schlechtem hat, ich meine, von den Sitten abgesehen, hätte sich in einem einzigen Augenblick verbessern lassen, wenn man ihm begreiflich gemacht hätte, dass er zu viele Geschichten erzählte und zu viel von sich selbst sprach.

650/333 Habt Ihr niemals Leute gesehen, die, um sich darüber zu beklagen, wie wenig Ihr von ihnen haltet, Euch prahlerisch Standespersonen als Beispiel nennen, die sie schätzen? Ich werde ihnen darauf antworten: Zeigt mir das Verdienst, wodurch Ihr jene Personen begeistert habt, und ich werde Euch ebenso schätzen.

651/369 Das Gedächtnis ist für alle Tätigkeiten der Vernunft notwendig.

652/14 Wenn eine natürliche Rede eine Leidenschaft oder eine Wirkung schildert, entdeckt man in sich selbst die Wahrheit dessen, was man hört; man hatte nicht gewusst, dass man sie in sich hatte, so dass man bewogen wird, denjenigen gernzuhaben, der sie uns fühlbar macht, denn er hat uns ja nicht vorgeführt, was Gutes in ihm ist, sondern in uns. Und so macht diese Wohltat ihn uns liebenswert, und außerdem neigt diese Geistesgemeinschaft, die wir mit ihm haben, das Herz notwendig dazu, ihn gernzuhaben.

653/913 Wahrscheinlichkeit.

Jeder kann etwas einbringen, niemand kann etwas aufheben.

654/939 Ihr beschuldigt mich niemals, dass ich über Escobar die Unwahrheit gesagt hätte, denn er ist wohlbekannt.

655/377 Die Reden über Demut sind Anlass zum Stolz für Ruhmsüchtige und zur Demut für Demütige. So sind auch die Reden über den Pyrrhonismus ein Anlass zur Bejahung für diejenigen, die ihn bejahen. Wenige sprechen demütig über die Demut, wenige keusch über die Keuschheit, wenige zweifelnd über den Pyrrhonismus. Wir sind nichts als Lüge, Zwiespältigkeit und Widerspruch, und wir verbergen und verstellen uns vor uns selbst.

656/372 Wenn ich meinen Gedanken aufschreiben will, entschlüpft er mir zuweilen; dies aber lässt mich meiner Schwäche gedenken, die ich immer wieder vergesse, und das belehrt mich ebenso sehr wie mein Gedanke, den ich vergessen habe, denn mir ist ja nur daran gelegen, meine Nichtigkeit zu erkennen.

657/452 Unglückliche zu beklagen widerspricht nicht der Begierde, im Gegenteil, man ist sehr zufrieden, dass man diesen Freundschaftsbeweis zu erbringen und den Ruf eines Mitfühlenden zu gewinnen hat, ohne dass man etwas dafür hergeben müsste.

658/391 Gespräch:

Solch große Worte für die Religion: »Ich leugne die Religion.«

Gespräch:

Der Pyrrhonismus ist für die Religion nützlich.

659/911 Muss man töten, um zu verhindern, dass es Böse gibt?

Das heißt, anstelle des einen zwei Böse zu schaffen: *Vince in bono malum.* (»Überwinde das Böse mit Gutem.« Röm 12,21.) Augustinus.

660/91 *Spongia Solis.*

Wenn wir eine Wirkung immer auf die gleiche Art eintreten sehen, schließen wir daraus auf eine naturgegebene Notwendigkeit, wie etwa, dass es morgen Tag sein wird usw., doch häufig straft die Natur uns Lügen und unterwirft sich nicht ihren eigenen Regeln.

661/81 Der Geist glaubt von Natur aus, und der Wille liebt von Natur aus, so dass, wenn ihnen die wahren Ziele fehlen, sie die falschen verfolgen müssen.

662/521 Die Gnade wird immer in der Welt sein, wie auch die Natur, so dass jene in gewisser Hinsicht natürlich ist. Und so wird es auch immer Pelagianer und immer Katholiken geben und immer Kampf.

Denn die erste Geburt schafft die einen, und die Gnade der zweiten Geburt schafft die anderen.

663/121 Die Natur beginnt immer wieder dieselben Dinge, die Jahre, Tage, Stunden, ebenso die Räume. Und die Zahlen folgen, eine der anderen hinzugefügt, aufeinander; so entsteht eine Art von Unendlichkeit und Ewigkeit. Nicht etwa, dass auch nur eines von alldem unendlich und ewig wäre, aber diese endlichen Daseinsformen vervielfachen sich bis ins Unendliche. So ist, wie mir scheint, nur die Zahl, die jene vervielfacht, unendlich.

664/94a Der Mensch ist im eigentlichen Sinne *omne animal.*

665/311 Die Macht, die auf Meinung und Einbildung gegründet ist, herrscht einige Zeit, und das ist eine milde Macht, der man freiwillig gehorcht. Die gewaltsame Macht herrscht immer. So ist die Meinung gleichsam die Königin der Welt, doch die Gewalt ist deren Tyrann.

666/931 Der wird wirklich verurteilt sein, der es von Escobar sein wird.

667/25 Beredsamkeit.

Notwendig sind Angenehmes und Wirkliches, doch muss dieses Angenehme *(ebenfalls wirklich sein und)* selbst dem Wahren entnommen werden.

668/457 Jeder ist für sich selbst alles, denn bei seinem Tode ist für ihn alles tot. Und daher kommt es, dass jeder glaubt, allen alles zu sein. Man muss die Natur nicht nach uns, sondern nach ihr selbst beurteilen.

669/188 In jedem Gespräch und in jeder Rede muss man denjenigen sagen können, die daran Anstoß nehmen: Worüber beklagt ihr euch?

670/46 Wer in Witzworten redet, ist ein schlechter Charakter.

671/44 Wollt Ihr, dass man Gutes von Euch denkt, so sprecht nicht davon.

672/124 Wir sehen die Dinge nicht nur aus anderen Blickwinkeln an, sondern auch mit anderen Augen; wir hüten uns davor, sie gleich zu finden.

673/123 Er liebt jene Frau nicht mehr, die er vor zehn Jahren geliebt hat. Das glaube ich gern: Sie ist nicht mehr dieselbe, und er auch nicht. Er war jung, und sie auch; nun ist sie ganz anders. So, wie sie damals war, würde er sie vielleicht noch lieben.

674/359 Wir können unsere Tugend nicht aus eigener Kraft bewahren, sondern durch das einander ausgleichende Gewicht zweier gegensätzlicher Laster, so, wie wir uns zwischen Winden aus zwei entgegengesetzten Richtungen weiter aufrecht halten. Nehmt eines dieser Laster fort, so verfallen wir in das andere.

675/29 Stil. Wenn man einen natürlichen Stil entdeckt, ist man ganz erstaunt und entzückt, denn man war darauf gefasst, einen Autor zu entdecken, und man findet einen Menschen. Stattdessen sind diejenigen, die Geschmack haben und glauben, wenn sie ein Buch entdecken, einen Menschen zu finden, ganz überrascht, einen Autor zu finden. *Plus poetice quam humane locutus es.* (»Du hast mehr in Versen geredet als so, wie vernünftige Menschen es tun.« Petronius, *Satiricon* 90.)

Jene ehren die Natur gebührend, die sie lehren, dass sie über alles reden kann, selbst über Theologie.

676/937 Die Welt muss sehr blind sein, wenn sie Euch glaubt.

677/873 Der Papst hasst und fürchtet die Gelehrten, die ihm gegenüber nicht durch ein Gelübde zum Gehorsam verpflichtet sind.

678/358 Der Mensch ist weder Engel noch Tier, und das Unglück will, dass derjenige, der ihn zum Engel machen möchte, ihn zum Tier macht.

679/894 *Provinzialbriefe.* Diejenigen, welche die Kirche lieben, beklagen sich über die Sittenverderbnis, die sie sehen, doch wenigstens bestehen die Gesetze weiter. Diese hier aber verderben die Gesetze. Das Vorbild wird verunstaltet.

680/63 Montaigne.

Die Fehler Montaignes sind groß. Unzüchtige Worte. Trotz Mademoiselle de Gournay taugt das nichts. Leichtgläubig: Menschen ohne Augen. Unwissend: Quadratur des Kreises, größere Welt. Seine Ansichten über Mord und Tod. Er legt dem Heil gegenüber eine von Furcht und Reue freie Gleichgültigkeit nahe. Da sein Buch nicht geschrieben wurde, um zur Frömmigkeit zu führen, war er nicht dazu verpflichtet, jedoch ist man stets verpflichtet, nicht von ihr abzubringen. Man kann seine ein wenig zwanglosen und wollüstigen Ansichten über einige Lebensumstände entschuldigen – 730. 331 –, seine ganz heidnischen Ansichten über den Tod aber nicht. Denn man muss auf jegliche Frömmigkeit verzichten, wenn man nicht wenigstens christlich sterben will. Nun denkt er aber in seinem ganzen Buch an nichts anderes, als feige und bequem zu sterben.

681/353 Ich bewundere durchaus nicht ein Übermaß an einer Tugend, wie etwa der Tapferkeit, wenn ich nicht zugleich ein Übermaß an der entgegengesetzten Tugend bemerke: wie etwa bei Epaminondas, den größte Tapferkeit und größte Milde auszeichneten, denn sonst heißt das nicht steigen, sondern sinken. Man zeigt keine Größe, weil man zu einem äußersten Endpunkt gelangt ist, sondern vielmehr, wenn man beide Endpunkte berührt und den ganzen Zwischenraum ausfüllt.

Doch vielleicht ist das nur eine plötzliche Regung der Seele, die von dem einen Endpunkt zum anderen hin- und herschnellt, und in Wirklichkeit ist sie immer nur an einem Punkt, wie ein glühendes Holzscheit. Das mag sein; aber wenigstens kennzeichnet das die Beweglichkeit der Seele, wenn es nicht ihre Weite kennzeichnet.

682/232 Unendliche Bewegung.

Die unendliche Bewegung, der Punkt, der alles erfüllt, der Augenblick der Ruhe. Unendlich ohne messbare Größe, unteilbar und unendlich.

683/20 Ordnung.

Warum soll ich so herangehen, dass ich meine Morallehre in vier und nicht vielmehr in sechs Teile gliedere? Warum soll ich bei der Tugend vier Arten und nicht vielmehr zwei Arten oder eine Art festlegen? Warum sie auf *abstine et sustine* (»enthalte dich [der Güter] und ertrage [die Übel]«, Epiktet) begründen und nicht vielmehr darauf, der Natur zu folgen, oder darauf, ohne Unrecht zu tun, sein persönliches Glück zu erreichen, wie Platon, oder auf etwas anderem?

Aber da haben wir, werdet Ihr sagen, alles in einem Wort eingeschlossen: Ja, doch das ist unnütz, wenn man es nicht erklärt. Und wenn man an dessen Erklärung geht, sobald man diese Vorschrift weiter erschließt, die alle übrigen enthält, kommen sie daraus in der ursprünglichen Verwirrung hervor, die Ihr vermeiden wolltet. Wenn sie also alle in einer eingeschlossen sind, sind sie darin verborgen und unnütz wie in einer Truhe, und ans Licht treten sie stets nur in ihrer natürlichen Verwirrung. Die Natur hat sie alle festgelegt, ohne die eine in der anderen einzuschließen.

684/21 Ordnung. Die Natur hat alle ihre Wahrheiten in sie selbst gelegt. Unsere Kunst schließt die einen in den anderen ein, aber das ist nicht natürlich. Eine jede nimmt ihren eigenen Platz ein.

685/401 Ruhm.

Tiere empfinden durchaus keine gegenseitige Bewunderung. Ein Pferd bewundert seinen Stallgenossen nicht. Das soll nicht heißen, es gebe zwischen ihnen beim Rennen keinen Wettstreit, aber das bleibt ohne Folgen; wenn sie nämlich im Stall sind, wird das schwerfälligere und grobschlächtigere deshalb seinen Hafer nicht an das andere abtreten, wie die Menschen verlangen, dass man es bei ihnen tun solle. Die Tugend jener ist sich selbst genug.

686/368 Wenn man sagt, Wärme sei lediglich die Bewegung einiger Körperchen und das Licht der *conatus recedendi*, den wir empfinden, so erstaunt uns das. Was denn! Die Lust soll nichts anderes sein als der Tanz der Lebensgeister! Wir haben uns davon eine so andersartige Vorstellung gemacht, und jene Empfindungen scheinen uns von diesen anderen so weit entfernt, über die wir sagen, dass sie die gleichen seien wie diejenigen, zu denen wir sie in Beziehung setzen. Die vom Feuer hervorgerufene Empfindung, diese Wärme, die auf uns einen ganz anderen Eindruck als die Berührung und die Wahrnehmung des Klangs und des Lichts macht, all dies scheint uns geheimnisvoll. Und dennoch ist das grob wie ein Steinwurf. Es ist wahr, diejenigen Lebensgeister sind winzig, die durch die Poren eindringen, und sie berühren andere Nerven, aber immer Nerven.

687/144 Ich hatte lange Zeit mit dem Studium der abstrakten Wissenschaften verbracht, und der geringe Austausch, den man dabei mit anderen haben kann, hatte es mir verleidet. Als ich das Studium des Menschen begonnen habe, erkannte ich, dass diese abstrakten Wissenschaften nicht dem Menschen angemessen sind und dass ich von meiner Lage weiter abirrte, wenn ich mich in sie vertiefte, als die anderen, wenn sie nichts von ihnen kannten. Ich habe den anderen verziehen, dass sie wenig von ihnen wissen, doch ich habe geglaubt, dass ich zumindest beim Studium des Menschen viele Gefährten fände und dass dies das wahre, ihm angemessene Studium sei. Ich habe mich täuschen lassen. Es gibt noch weniger Menschen, die sich diesem Studium widmen als dem der Geometrie. Nur weil man es nicht vermag, das zu studieren, bemüht man sich um das übrige. Aber bedeutet das nicht, dass dies immer noch nicht diejenige Wissenschaft ist, die der Mensch braucht, und dass es besser für ihn ist, sich selbst nicht zu kennen, um glücklich zu sein?

688/323 Was ist das Ich?

Ein Mensch, der sich ans Fenster setzt, um die Vorübergehenden zu betrachten: Wenn ich nun dort vorbeikomme, kann ich dann sagen, er habe sich dort hingesetzt, um mich zu sehen? Nein; denn er denkt nicht an mich im Besonderen; doch derjenige, der eine Person ihrer Schönheit wegen liebt, hat er sie selbst lieb? Nein: Denn die Pocken, die, ohne den Menschen zu töten, die Schönheit töten, werden bewirken, dass er sie nicht mehr liebt.

Und wenn man mich meines Urteils oder meines Gedächtnisses wegen liebt, hat man dann mich selbst lieb? *Mich*? Nein, denn ich kann diese Eigenschaften einbüßen, ohne mein eigenes Ich einzubüßen. Wo ist also dieses Ich, wenn es weder im Körper noch in der Seele liegt? Und wie kann man den Körper oder die Seele lieben, wenn es nicht dieser Eigenschaften wegen ist, die keinesfalls das sind, was das Ich ausmacht, da sie ja vergänglich sind? Denn würde man wohl die seelische Substanz eines Menschen als etwas Abstraktes lieben, welche Eigenschaften auch immer zu ihr gehörten? Das ist nicht möglich und wäre ungerecht. Man liebt also niemals den Menschen, sondern immer nur Eigenschaften.

Man spotte also nicht mehr über diejenigen, die sich ihrer Stellungen und Ämter wegen ehren lassen, denn man liebt einen Menschen nur angenommener Eigenschaften wegen.

689/64 Nicht bei Montaigne, sondern in mir selbst finde ich alles, was ich dort sehe.

690/506 Gott möge uns nicht unsere Sünden anrechnen, das heißt alle Auswirkungen und Folgen unserer Sünden, die entsetzlich sind, selbst bei den geringsten Vergehen, wenn man sie unbarmherzig verfolgen will.

691/432 Der Pyrrhonismus ist wahr. Denn schließlich wussten die Menschen vor Jesus Christus nicht, woran sie waren, und auch nicht, ob sie groß oder klein wären. Und diejenigen, die das eine oder das andere behauptet haben, wussten nichts davon und rieten ohne Vernunft und aufs Geratewohl. Und sie irrten sich sogar immer, indem sie das eine oder das andere ausschlossen.

Quod ergo ignorantes quaeritis religio annuntiat vobis. (»Was ihr also unwissend sucht, das verkündigt euch die Religion.« Nach: Apg 17,23.)

692/915 Montalte.

Lockere Grundsätze gefallen den Menschen so sehr, dass es sonderbar ist, dass die ihrigen missfallen. Das kommt, weil sie jede Grenze überschritten haben. Und außerdem gibt es viele Leute, welche die Wahrheit sehen und sie doch nicht erreichen können; aber es gibt wenige, die nicht wissen, dass die Reinheit der Religion unserer mannigfachen Verderbtheit widerspricht. Es ist lächerlich zu behaupten, dass für Sitten nach der Art Escobars eine ewige Belohnung verheißen sei.

693/906 Die Lebenslagen, in denen es am leichtesten ist, die Gebote der Welt zu halten, sind diejenigen, in denen es am schwierigsten ist, Gottes Gebote zu halten; und umgekehrt: Nichts ist nach den Geboten der Welt so schwierig wie ein frommes Leben; nichts ist nach Gottes Geboten leichter, als ein solches Leben zu führen. Nichts ist nach den Geboten der Welt leichter, als ein hohes Amt und große Güter zu haben; nichts ist schwieriger, als nach Gottes Geboten damit zu leben, ohne daran inneren Anteil zu nehmen und Geschmack zu finden.

694/61 *Ordnung.* – Ich hätte gern diese Abhandlung in einer Ordnung wie der folgenden dargelegt: Um die Eitelkeit aller Arten von Stellungen zu zeigen, die Eitelkeit des Lebens der gewöhnlichen Menschen zeigen und darauf die Eitelkeit des Lebens der Philosophen, Pyrrhoniker und Stoiker; aber die Ordnung würde dabei nicht eingehalten werden. Ich weiß ein wenig, was dies bedeutet und wie wenig Leute es verstehen. Keine menschliche Wissenschaft kann sie einhalten. Der heilige Thomas hat sie nicht eingehalten. Die Mathematik hält sie ein, aber in ihrer ganzen Tiefe ist sie unnütz.

695/445 Die Erbsünde ist den Menschen eine Torheit, aber man stellt sie auch als solche dar. Ihr dürft mir also nicht vorwerfen, dieser Lehre fehle es an Vernunft, denn ich stelle ja dar, dass sie ohne Vernunft ist. Aber diese Torheit ist weiser als alle Weisheit der Menschen, *sapientius est hominibus* (»[Denn die göttliche Torheit ist] weiser, als die Menschen sind«, 1. Kor 1,25). Denn was wird man ohne dies sagen, dass der Mensch sei? Sein ganzer Zustand hängt von diesem unerkennbaren Punkt ab. Und wie hätte er diesen Punkt mit seiner Vernunft wahrgenommen, da er doch etwas ist, das der Vernunft widerspricht, und da seine Vernunft doch, weit davon entfernt, ihn auf ihren Wegen zu finden, sich von ihm entfernt, wenn man ihn ihr vorführt?

696/22 Man behaupte nicht, dass ich nichts Neues gesagt habe; die Anordnung der Themen ist neu. Wenn man Ball spielt, so ist es ein und derselbe Ball, mit dem der eine wie der andere spielt, aber der eine schlägt ihn treffsicherer.

Ich würde mir ebenso gern sagen lassen, dass ich alte Wörter benutzt habe. Als ob dieselben Gedanken nicht durch eine neue Anordnung eine selbständige neue Abhandlung bildeten, wie auch dieselben Wörter durch ihre andere Anordnung neue Gedanken bilden.

697/383 Diejenigen, die ein ausschweifendes Leben führen, sagen denjenigen, die ein ordentliches Leben führen, sie seien es, die sich von der Natur entfernen, während sie von sich selbst glauben, dass sie ihr folgen, wie diejenigen, die an Bord eines Schiffes sind, glauben, dass jene, die am Ufer stehen, davonlaufen. Auf allen Seiten redet man das Gleiche. Man braucht einen festen Punkt, um darüber zu urteilen. Der Hafen beurteilt diejenigen, die an Bord eines Schiffes sind, doch wo werden wir in der Moral einen Hafen hernehmen?

698/119 *Die Natur ahmt sich selbst nach.* Die Natur ahmt sich selbst nach. Wenn ein Samenkorn in gute Erde gelegt wird, bringt es Frucht. Wenn ein Prinzip in einen guten Geist gelegt wird, bringt es Frucht.

Die Zahlen ahmen den Raum nach, und sie sind doch von so andersgearteter Natur.

Alles wird von ein und demselben Meister geschaffen und geleitet.

Die Wurzel, die Zweige, die Früchte; die Prinzipien, die Folgerungen.

699/382 Wenn alles sich gleichmäßig bewegt, so bewegt sich scheinbar nichts, wie auf einem Schiff. Wenn alle sich einem sittenlosen Leben zuwenden, scheint niemand sich ihm zuzuwenden. Derjenige, der innehält, macht wie ein fester Punkt auf die heftige Bewegung der anderen aufmerksam.

700/934 Ordensgeneräle.

Es genügt ihnen nicht, derartige Sitten in unseren Gotteshäusern einzuführen, *templis inducere mores.* Sie wollen nicht allein in der Kirche geduldet werden, vielmehr wollen sie, als wenn sie die Stärksten geworden wären, aus ihr diejenigen vertreiben, die nicht zu ihnen gehören …

Mohatra. Es bedeutet nicht, dass man Theologe wäre, wenn man sich darüber verwundert.

Wer hätte euren Ordensgenerälen gesagt, dass die Zeit so nahe wäre, da sie diese Sitten der allgemeinen Kirche auferlegen und sie die Verweigerung einer derartigen Unordnung »Krieg« nennen würden. *Et tanta mala pacem.* (« … [nannten sie doch solchen Krieg] und solch Übel Frieden.« Weish 14,22.)

701/9 Wenn man mit Nutzen tadeln und einem anderen beweisen will, dass er sich täuscht, so muss man beachten, von welcher Seite er die Sache betrachtet, denn gewöhnlich ist sie von dieser Seite her wahr, und man muss ihm diese Wahrheit zugestehen, ihm aber auch die Seite zeigen, aus deren Sicht sie falsch ist. Er gibt sich damit zufrieden, weil er sieht, dass er sich nicht getäuscht hat und dass er es dabei nur versäumt hat, alle Seiten zu sehen. Nun ärgert man sich nicht darüber, wenn man nicht alles sieht, doch man will sich nicht täuschen lassen, und vielleicht kommt dies daher, dass der Mensch von Natur aus nicht alles sehen kann und dass er sich von Natur aus nicht bei der Seite täuschen kann, die er betrachtet, da die Sinneseindrücke stets wahr sind.

702/507 *Gnade.* Die Regungen der Gnade, die Hartherzigkeit, die äußeren Umstände.

703/516 *Ruhm.* Römer 3,27. Der Ruhm ist ausgeschlossen. Durch welches Gesetz? Durch der Werke Gesetz? Nicht also, sondern durch des Glaubens Gesetz. Also steht der Glaube nicht in unserer Macht wie die Werke des Gesetzes, und er wird uns auf eine andere Art gegeben.

704/954 Venedig.

Welchen Vorteil werdet ihr daraus ziehen, wenn es so ist, dass die Fürsten es nötig haben und die Völker es verabscheuen? Wenn sie euch gebeten hätten und, um es zu erlangen, den Beistand der christlichen Fürsten angerufen hätten, so könntet ihr euch auf dieses (Ersuchen) etwas zugute halten. Dass aber die Fürsten sich fünfzig Jahre lang vergebens darum bemüht haben und dass es einer derart drängenden Notlage bedurfte, um es zu erlangen …

705/180 Die Großen und die Kleinen erleben dieselben Unglücksfälle, dieselben Kümmernisse und dieselben Leidenschaften, aber der eine ist oben auf dem Rad und der andere nahe an dessen Mitte, und so wird er von denselben Bewegungen weniger hin und her geschüttelt.

706/870 *Binden und lösen.* Gott wollte nicht ohne die Kirche von den Sünden freisprechen. Da sie an der Schuld teilhat, will er, dass sie an der Vergebung teilhabe. Er beteiligt sie an dieser Macht wie die Könige ihre Krongerichte; wenn sie indes ohne Gott freispricht oder bindet, ist sie nicht mehr die Kirche: Das ist wie beim Krongericht; denn obgleich der König einen Menschen begnadigt hat, muss dies dennoch vom Krongericht bestätigt werden; wenn das Krongericht aber die Bestätigung ohne den König vornimmt oder wenn es sich weigert, auf königliche Anordnung die Bestätigung vorzunehmen, so ist dies nicht mehr das Krongericht des Königs, sondern eine rebellische Körperschaft.

707/898 Sie können keine Beständigkeit erreichen, und sie streben nach der Universalität, und darum führen sie zur Verderbnis der ganzen Kirche, damit sie selbst heilig werden.

708/877 *Päpste.* Die Könige verfügen über ihr Reich, aber die Päpste können nicht über das ihre verfügen.

709/175 Wir kennen uns selbst so wenig, dass manche meinen, sie würden bald sterben, wenn es ihnen gutgeht, und manche meinen, es gehe ihnen gut, wenn sie kurz vor dem Tod stehen, wobei sie das nahende Fieber und das Geschwür, das sich gerade bilden will, nicht spüren.

710/24 Redekunst.

Man soll den Geist durchaus nicht ablenken, außer, um ihn ruhen zu lassen, dies aber zu der Zeit, wenn es angebracht ist; man soll ihn ruhen lassen, wenn es sein muss, und nicht sonst. Denn wer ihn zur Unzeit ruhen lässt, der ermüdet, und wer zur Unzeit ermüdet, lässt ruhen, denn dabei zieht man sich von allem zurück. So gern bewirkt die böse Begierde das ganze Gegenteil von dem, was man bei uns erreichen will, ohne uns Vergnügen zu bereiten, das ja die Währung ist, für die wir alles geben, was man will.

711/301 *Gewalt.* Warum folgt man der Mehrheit? Etwa, weil sie mehr Vernunft habe? Nein, aber mehr Gewalt.

Warum folgt man den altüberlieferten Gesetzen und den altüberlieferten Meinungen? Etwa, weil sie gesünder seien? Nein, aber sie sind einzigartig und reißen uns die Vielfalt an ihrer Wurzel aus.

712/530 Jemand sagte mir eines Tages, er empfinde große Freude und Vertrauen, wenn er aus der Beichte komme. Ein anderer sagte mir, dass er sich weiter fürchte. Ich dachte darüber, aus diesen beiden ließe sich ein Guter machen, und jeder von ihnen hätte den Fehler, dass er nicht das Gefühl des anderen teilte. Oft geschieht das ebenso bei anderen Dingen.

713/923 Nicht die Absolution allein vergibt im Sakrament der Buße die Sünden, sondern auch die Reue, und diese ist nicht wahrhaftig, wenn sie nicht nach dem Sakrament strebt.

So ist es nicht der eheliche Segen, der bei der Zeugung die Sünde verhindert, sondern der Wunsch, Kinder für Gott zu zeugen, der wahrhaftig ganz allein in der Ehe ist.

Und wie ein Reuiger ohne Sakrament mehr auf die Absolution vorbereitet ist als ein Unbußfertiger mit dem Sakrament, so etwa waren Lots Töchter, die nur den Wunsch nach Kindern hatten, ohne Ehe reiner als Eheleute ohne den Wunsch nach einem Kind.

714/944 *Papst*. Es gibt einen Widerspruch, denn zum einen sagen sie, dass man der Tradition folgen müsse, und sie würden es nicht wagen, das zu verwerfen, und zum anderen werden sie sagen, was ihnen gerade gefällt. Man wird immer an jenes Erste glauben, denn das hieße ja ebenso gut, dass man im Widerspruch zu ihnen steht, wie wenn man nicht daran glaubt.

715/118 Ein hauptsächliches Talent, das alle übrigen lenkt.

716/215 Den Tod fürchten, wenn man außer Gefahr ist, und nicht, wenn man in Gefahr schwebt, denn man muss ein Mann sein.

717/17 Flüsse sind laufende Wege, die dorthin tragen, wohin man gehen will.

718/830 Die Prophezeiungen waren doppelsinnig: Sie sind es nicht mehr.

719/788 Und ich will lassen übrig bleiben 7000 (1. Kön 19,18). Ich liebe diese Anbeter, die der Welt und selbst den Propheten unbekannt sind.

720/912 Allumfassend.

Moral und Redekunst sind besondere, aber allumfassende Wissenschaften.

721/917 Wahrscheinlichkeit.

Die Inbrunst der Heiligen, mit der sie die Wahrheit suchten, war unnütz, wenn das Wahrscheinliche sicher ist.

Die Furcht der Heiligen, die stets dem Sichersten gefolgt waren.

Die heilige Theresa, die stets ihrem Beichtvater gefolgt war.

722/922 Wahrscheinliches.

Ob man Gott aufrichtig sucht, prüfe man durch den Vergleich mit den Dingen nach, denen man zugetan ist.

Es ist wahrscheinlich, dass dieses Fleisch mich nicht vergiften wird.

Es ist wahrscheinlich, dass ich meinen Prozess nicht verlieren werde, wenn ich ihn nicht betreibe.

Wahrscheinlich.

Wenn es wahr wäre, dass die ernsthaften Autoren und die Vernunftgründe ausreichten, so sage ich, dass sie nicht ernsthaft und nicht vernünftig sind.

Was denn! Ein Ehemann darf, Molina zufolge, seine Frau ausnutzen! Ist der Vernunftgrund, den er hierfür angibt, vernünftig, und ist es der entgegengesetzte, den Lessius angibt, auch noch?

Werdet Ihr es also wagen, Ihr, Euch über die Erlasse des Königs hinwegzusetzen? Indem Ihr also behauptet, dass es nicht bedeute, sich im Duell zu schlagen, wenn man ein freies Feld aufsucht und dort auf einen anderen Mann wartet?

Dass die Kirche sehr wohl das Duell verboten hat, aber nicht, spazieren zu gehen.

Und ebenso den Wucher, aber nicht …

Und die Simonie, aber nicht …

Und die Rache, aber nicht …

Und die Sodomiten, aber nicht …

Und das *quam primum*, aber nicht …

723/69 Zwei Unendlichkeiten. Mitte.

Wenn man zu schnell oder zu langsam liest, versteht man nichts.

724/352 Was die Tugend eines Menschen vermag, soll man nicht an seinen außergewöhnlichen Anstrengungen, sondern an seinem gewöhnlichen Leben messen.

725/884a Sünder ohne Buße, Gerechte ohne christliche Liebe, ein Gott, der über den Willen der Menschen keine Macht hat, eine Prädestination ohne Mysterium.

726/876 Papst. Gott tut keine Wunder im gewöhnlichen Leben seiner Kirche. Und es wäre ein sonderbares Wunder, wenn ein Einzelner Unfehlbarkeit besäße; dass aber die Vielheit sie besitzt, das erscheint so natürlich, dass Gottes Fügung in der Natur wie auch in all seinen anderen Werken verborgen bleibt.

727/904 Aus der Ausnahme machen sie die Regel. Hat man in der alten Kirche die Absolution vor der Buße erteilt? Verfahrt so im Sinne einer Ausnahme! Doch aus der Ausnahme macht ihr eine Regel ohne Ausnahme; so wollt ihr denn nicht einmal mehr, dass die Regel als Ausnahme gelte.

728/31 Alle falschen Schönheiten, die wir an Cicero tadeln, haben Bewunderer, und das in großer Zahl.

728a/31 Wunder, Sankt Thomas, Band III, Buch VIII, Kap. 20.

729/931 Kasuisten.

Ein ansehnliches Almosen, eine angemessene Buße.

Wenn man auch nicht bestimmen kann, was gerecht ist, erkennt man doch deutlich, was es nicht ist. Die Kasuisten sind lächerlich, wenn sie glauben, das so auslegen zu können, wie sie es tun.

Leute, die sich daran gewöhnen, schlecht zu sprechen und schlecht zu denken.

Ihre große Zahl bezeichnet bei weitem nicht ihre Vollkommenheit, sie bezeichnet vielmehr das Gegenteil.

Die Demut eines Einzelnen bewirkt den Stolz vieler.

Serie XXVI

730/754 *In Einklang gebrachte Widersprüche. Homo existens (te deum facis).* (»... dass du ein Mensch bist [und machst dich selbst zu Gott].« Joh 10,33.)

Scriptum est dii estis et non (potest solvi scriptura). (»Steht nicht geschrieben [in eurem Gesetz: ›Ich habe gesagt:] Ihr seid. Götter‹? ... und [die Schrift kann] doch nicht [gebrochen werden].« Joh 10,34–35.)

In Einklang gebrachte Widersprüche. Haec infirmitas non est ad (mortem) sed ad vitam. (»Die Krankheit ist nicht zum [Tode], sondern zum Leben«, nach: Joh 11,4.)

Lazarus dormit, et deinde dixit Lazarus mortuus est. (»Lazarus [, unser Freund,] schläft ... Da sagte [es ihnen Jesus frei heraus:] Lazarus ist gestorben.« Joh 11,11.14.)

731/196 Diesen Leuten fehlt es an Herz.

Man würde keinen von ihnen zu seinem Freunde machen.

732/38 Poet und nicht Ehrenmann.

733/862 Die Kirche ist stets von einander widersprechenden Irrlehren bekämpft worden. Doch dies vielleicht niemals gleichzeitig, wie es heute der Fall ist, und wenn sie mehr darunter leidet, weil es derart viele Irrlehren gibt, so bringt ihr das auch den Vorteil, dass sie sich gegenseitig zerstören.

Sie klagt über beide, doch aufgrund des Schismas sehr viel mehr über die Kalvinisten.

Es ist gewiss, dass zu den beiden gegnerischen Richtungen manche gehören, die getäuscht worden sind. Man muss ihnen die Augen öffnen.

Der Glaube umfasst mehrere Wahrheiten, die einander scheinbar widersprechen; lachen hat seine Zeit, und weinen hat seine Zeit (Pred 3,4) usw. *Responde ne respondeas* (»Antworte ... antworte nicht«, Spr 26,5.4) usw.

Deren Quelle ist die Vereinigung der zwei Naturen in Jesus Christus.

Und auch die zwei Welten. Die Erschaffung eines neuen Himmels und einer neuen Erde (Offb 21,1). Neues Leben, neuer Tod.

Alle Dinge werden zum zweiten Mal, und dieselben Namen bleiben bestehen.

Und schließlich die zwei Menschen, die in den Gerechten sind. Denn sie sind die zwei Welten und sowohl ein Glied wie auch ein Ebenbild Jesu Christi. Und so sind ihnen all diese Namen angemessen: gerechte Sünder, lebender Toter, toter Lebender, verworfener Auserwählter usw.

Es gibt also sowohl im Glauben wie auch in der Moral eine große Zahl von Wahrheiten, die einander scheinbar widersprechen und die alle in einer bewundernswerten Ordnung fortbestehen.

Die Quelle aller Häresien ist der Ausschluss einiger von diesen Wahrheiten.

Und die Quelle aller Einwände, welche die Häretiker gegen uns vorbringen, ist, dass sie einige unserer Wahrheiten nicht kennen.

Und gewöhnlich ist es so: Da sie die Beziehung zweier gegensätzlicher Wahrheiten nicht begreifen können und glauben, die Anerkennung der einen bringe den Ausschluss der anderen mit sich, folgen sie der einen und schließen die andere aus, wobei sie denken, wir gingen genau entgegengesetzt vor. Nun ist aber ein derartiger Ausschluss die Ursache für ihre Häresie; und weil sie nicht wissen, dass wir an der anderen Wahrheit ebenfalls festhalten, verursacht dies ihre Einwände.

2. Beispiel. Vom heiligen Altarsakrament glauben wir, weil die Substanz des Brotes gewandelt und in die Substanz des Leibes Unseres Herrn übergeführt wird, dass Jesus Christus dabei wirklich gegenwärtig ist: Das ist eine der Wahrheiten. Eine andere ist, dass dieses Sakrament auch ein Bild des Kreuzes und der Herrlichkeit sowie eine Gedächtnisfeier für beides ist. Das ist der katholische Glaube, er umfasst diese zwei scheinbar gegensätzlichen Wahrheiten.

Da die gegenwärtige Häresie nicht begreift, dass dieses Sakrament alles in einem enthält – sowohl die Gegenwart Jesu Christi wie auch ihr Bild – und dass es Opfer und Gedächtnisfeier eines Opfers ist, glaubt sie, dass man eine dieser Wahrheiten nicht annehmen könne, ohne aus diesem Grunde die andere auszuschließen.

Sie halten sich an diesen einzigen Punkt, dass dieses Sakrament bildlich ist, und darin sind sie nicht häretisch. Sie denken, dass wir diese Wahrheit ausschließen. Und daher kommt es, dass sie gegen uns so viele Einwände aufgrund der Stellen bei den Kirchenvätern vorbringen, die davon sprechen. Schließlich leugnen sie die Gegenwart Jesu Christi, und darin sind sie häretisch.

1. – Beispiel. Jesus Christus ist Gott und Mensch. Da die Arianer dies nicht miteinander in Verbindung bringen können und es für unvereinbar halten, sagen sie, er sei Mensch, und darin sind sie katholisch; aber sie leugnen, dass er Gott ist, und darin sind sie häretisch. Sie behaupten, wir leugneten seine menschliche Natur, und darin sind sie unwissend.

3. Beispiel. Der Ablass.

Deshalb besteht das am schnellsten wirkende Mittel, um die Häresien zu verhindern und alle Wahrheiten zu lehren, wie auch das sicherste Mittel, sie zu widerlegen, darin, sie alle zu erklären.

Denn was werden die Häretiker sagen?

Um zu erfahren, ob eine Ansicht die eines Kirchenvaters ist …

734/817 Titel.

Woher kommt es, dass man so vielen Lügnern glaubt, die behaupten, sie hätten Wunder gesehen, und dass man niemandem von denjenigen glaubt, die behaupten, sie hätten Geheimmittel, mit denen sie den Menschen unsterblich machen oder ihn verjüngen könnten?

Als ich darüber nachgedacht habe, woher es kommt, dass man so vielen Betrügern so großen Glauben schenkt, die behaupten, sie hätten Heilmittel, was so weit geht, dass man oft sein Leben in ihre Hände gibt, habe ich bemerkt, dass der wahre Grund hierfür ist, dass es wahre Heilmittel gibt, denn es wäre nicht möglich, dass es so viele falsche gäbe und man ihnen so viel Glauben schenkte, wenn es nicht auch wahre Heilmittel gäbe. Wenn es niemals ein Heilmittel für irgendein Übel gegeben hätte und alle Übel unheilbar gewesen wären, so hätten die Menschen sich unmöglich eingebildet, sie könnten derartige Heilmittel verabreichen, und mehr noch, unmöglich hätten so viele andere denjenigen vertraut, die sich rühmten, derartige Heilmittel zu haben. Wenn sich jemand ebenso rühmte, er könne den Tod verhindern, würde ihm niemand glauben, weil es dafür keinerlei Beispiel gibt. Da es jedoch eine große Zahl von Heilmitteln gegeben hat, die sich nach der Erkenntnis selbst der größten Männer als wahr erwiesen haben, hat sich dadurch der Glaube der Menschen dem gebeugt, und da man dies als möglich erkannte, hat man daraus geschlossen, dass es sie wirklich gebe, denn das Volk urteilt gewöhnlich so: Etwas ist möglich, also existiert es. Denn da dies nicht im Allgemeinen abzuleugnen ist, weil es besondere Wirkungen gibt, die wahr sind, glaubt das Volk – das nicht unterscheiden kann, welche von diesen besonderen Wirkungen die wahren sind – an alle. Was bewirkt, dass man an so viele falsche Wirkungen des Mondes glaubt, ist ebenfalls, dass es wahre Wirkungen gibt, wie etwa die Flut beim Meer. Ebenso verhält es sich mit den Prophezeiungen, den Wundern, den Traumdeutungen, den Zauberkünsten usw., denn hätte es bei alldem nie etwas Wahres gegeben, so hätte man nie etwas davon geglaubt, und also muss man, anstatt zu folgern, dass es überhaupt keine wahren Wunder gebe, weil es so viele falsche gibt, im Gegenteil sagen, dass es gewiss wahre Wunder gibt, gerade weil es so viele falsche gibt, und dass es nur deshalb falsche gibt, weil es wahre gibt. In der gleichen Art muss man über die Religion urteilen, denn es wäre nicht möglich, dass die Menschen so viele falsche Religionen ersonnen hätten, wenn es nicht eine wahre Religion gäbe. Der Einwand, den man dagegen vorbringt, ist, dass die Wilden eine Religion haben, doch darauf antwortet man, dass sie diese nur vom Hörensagen kennen, wie es sich an der Sintflut, der Beschneidung, dem Andreaskreuz usw. erweist.

735/818 Als ich darüber nachgedacht habe, woher es kommt, dass es so viele falsche Wunder, falsche Offenbarungen, Zauberkünste usw. gibt, habe ich bemerkt, der wirkliche Grund ist, dass es wahre gibt, denn es wäre nicht möglich, dass es so viele falsche Wunder gäbe, wenn es keine wahren gibt, und nicht so viele falsche Religionen, wenn es nicht eine wahre gibt, denn wäre von alldem nie etwas vorhanden gewesen, so ist es gleichsam unmöglich, dass die Menschen es ersonnen hätten, und noch weniger möglich, dass so viele andere daran geglaubt hätten. Da jedoch tatsächlich sehr große Wahrheiten vorhanden waren und die großen Männer daher an sie glaubten, ist dieser Eindruck der Grund gewesen, dass beinahe alle dafür empfänglich wurden, auch an die falschen zu glauben, und also muss man, anstatt zu folgern, dass es überhaupt keine wahren Wunder gebe, weil es so viele falsche gibt, im Gegenteil sagen, dass es wahre Wunder gibt, gerade weil es so viele falsche gibt, und dass es nur deshalb falsche gibt, weil es wahre gibt, und dass es ebenso nur deshalb falsche Religionen gibt, weil es eine wahre gibt. Dem Einwand, dass die Wilden eine Religion haben, den man dagegen vorbringt, ist aber zu entgegnen, dass sie die wahre Religion nur vom Hörensagen kennen, wie es sich am Andreaskreuz, an der Sintflut, der Beschneidung usw. erweist. Das kommt daher, dass der menschliche Geist, der sich auf dieser Seite von der

Wahrheit unterworfen findet, dadurch empfänglich wird für alle Unwahrheiten dieser …

736/96 Wenn man daran gewöhnt ist, unzutreffende Gründe zu benutzen, um Naturerscheinungen zu beweisen, will man nicht mehr die zutreffenden Gründe anerkennen, sobald sie entdeckt sind. Das Beispiel, das man hierfür gegeben hat, bezog sich auf den Blutkreislauf, bei dem man erklären wollte, warum die Vene unterhalb der Abbindung anschwillt.

737/10 Man überzeugt sich gewöhnlich besser mit den Gründen, die man selbst gefunden hat, als mit denjenigen, die anderen eingefallen sind.

738/341 Liancourts Geschichte vom Hecht und vom Frosch. Sie machen es stets so und niemals anders, noch tun sie sonst etwas Geistiges.

739/864 Die Wahrheit ist in der heutigen Zeit so verdunkelt und die Lüge so eingebürgert, dass, wenn man die Wahrheit nicht liebt, man sie nicht erkennen kann.

740/583 Die (Bösen) sind Leute, welche die Wahrheit kennen, sie aber nur so weit verteidigen, wie sie ihren Vorteil dabei finden, im Übrigen jedoch lassen sie von ihr ab.

741/340 Die Rechenmaschine bringt Wirkungen hervor, die sich dem Denken stärker annähern als alles, was die Tiere tun; aber sie bewirkt nichts, was zu der Behauptung veranlassen könnte, dass sie wie die Tiere einen Willen habe.

742/108 Wenn die Menschen auch überhaupt keinen Vorteil von dem haben, was sie sagen, darf man daraus nicht unbedingt schließen, dass sie nicht lügen, denn es gibt Menschen, die einfach lügen, um zu lügen.

743/859 Es bereitet Vergnügen, sich auf einem vom Sturm umtosten Schiff zu befinden, wenn man die Gewissheit hat, dass es keinesfalls untergehen wird; die Verfolgungen, welche die Kirche heimsuchen, sind von dieser Art.

744/18 Wenn man nicht weiß, ob eine Sache wahr ist, tut es gut, dass es einen allgemein verbreiteten Irrtum gibt, der den Geist der Menschen in eine bestimmte Richtung lenkt, wie dies etwa für den Mond gilt, dem man den Wechsel der Jahreszeiten, das Fortschreiten der Krankheiten usw. zuschreibt, denn die Hauptkrankheit des Menschen ist die ruhelose Neugier auf jene Dinge, die er nicht wissen kann, und für ihn ist es nicht so schlimm, wenn er sich im Irrtum befindet, als wenn er von dieser nutzlosen Neugier beherrscht wird.

745/18*a* Die Schreibweise Epiktets, Montaignes und Salomon de Tulties ist die gebräuchlichste, die am leichtesten für sich einnimmt, am längsten im Gedächtnis bleibt und sich am besten zitieren lässt, weil sie ganz aus Gedanken zusammengesetzt ist, die auf der Grundlage der gewöhnlichen Gespräche des Lebens entstanden sind, wie man etwa, wenn man über den allgemein verbreiteten Irrtum, den es in der Welt gibt, sprechen wird, dass der Mond alles verursache, nie den Hinweis versäumen wird, dass Salomon de Tultie gesagt hat, wenn man nicht wisse, ob eine Sache wahr sei, tue es gut, dass es einen allgemein verbreiteten Irrtum gebe usw. (der die andere Seite dieses Gedankens ist).

746/787 Darüber, dass Josephus, Tacitus und die übrigen Geschichtsschreiber nicht von Jesus Christus gesprochen haben.

Weit davon entfernt, dass dies gegen ihn spräche, spricht dies im Gegenteil für ihn. Denn es ist sicher, dass Jesus Christus gelebt und seine Religion großes Aufsehen erregt hat und dass jene Männer ihn sehr wohl kannten, und somit ist klar ersichtlich, dass sie ihn entweder nur vorsätzlich übergangen haben, oder auch, dass sie von ihm gesprochen haben und dass man es unterschlagen oder verändert hat.

747/589 Darüber, dass die christliche Religion nicht die einzige ist.

Weit davon entfernt, dass dies ein Grund sei, der zu dem Glauben führe, dass sie nicht die wahre sei, lässt vielmehr gerade dies erkennen, dass sie es ist.

748/239 Einwand. Diejenigen, die auf das Heil hoffen, sind in dieser Hinsicht glücklich, aber sie haben die Furcht vor der Hölle als Gegengewicht. Antwort: Wer hat mehr Grund, die Hölle zu fürchten, derjenige, der nicht weiß, ob es eine Hölle gibt, und der mit Sicherheit der Verdammnis anheimfällt, wenn es sie gibt; oder derjenige, der eine sichere Überzeugung, dass es eine Hölle gibt, und die Hoffnung besitzt, errettet zu werden, wenn sie existiert.

749/456 Welch eine Urteilsverwirrung, die bewirkt, dass es niemanden gibt, der sich selbst nicht über alle anderen stellt und der sein eigenes Wohl und die Dauer seines Glücks und seines Lebens nicht mehr liebt als das Leben aller anderen!

750/176 Cromwell wollte schon die ganze Christenheit zerstören; die königliche Familie war verloren, und die seine wäre für immer mächtig gewesen, wenn es nicht ein kleines Sandkorn gegeben hätte, das sich in seinem Harnleiter festsetzte. Selbst Rom sollte schon vor ihm erzittern. Da dieser Harngrieß sich aber dort festgesetzt hatte, ist er gestorben, seine Familie erniedrigt, überall herrscht Frieden, und der König ist wieder an der Macht.

751/3 Diejenigen, die gewohnt sind, mit dem Gefühl zu urteilen, verstehen nichts von den Dingen der vernünftigen Überlegung. Denn sie wollen gleich anfangs alles mit einem Blick ergründen und sind durchaus nicht gewohnt, nach den Prinzipien zu suchen; die anderen hingegen, die gewohnt sind, auf der Grundlage von Prinzipien zu überlegen, verstehen nichts von den Dingen des Gefühls, da sie in ihm Prinzipien suchen und es nicht mit einem Blick erkennen können.

752/866 Zwei Klassen von Menschen setzen die Dinge miteinander gleich, wie etwa die Feiertage mit den Werktagen, die einfachen Christen mit den Priestern, alle Sünden untereinander usw. Und daraus schließen die einen, dass, was also etwas Böses bei den Priestern ist, es auch bei den einfachen Christen sei, und die anderen, dass, was bei den einfachen Christen nichts Böses ist, auch den Priestern erlaubt sei.

753/179 Als Augustus erfahren hatte, dass zu den Kindern, die Herodes hatte töten lassen und die nicht älter als zwei Jahre waren, dessen eigener Sohn gehört hatte, sagte er, es sei besser, das Schwein des Herodes als sein Sohn zu sein. Macrobius, Buch II, *Saturnalia*, Kap. IV.

754/501 Erste Stufe, getadelt zu werden, wenn man Böses tut, oder gelobt zu werden, wenn man Gutes tut. Zweite Stufe, weder gelobt noch getadelt zu werden.

755/258 *Unusquisque sibi deum fingit.* (»Jeder macht sich [aus demselben Ton] einen nichtigen Gott«, nach: Weish 15,8.)

Der Widerwillen ...

756/365 Denken.

Die ganze Würde des Menschen besteht im Denken, doch was ist dieses Denken? Wie töricht ist es?

Das Denken ist also seinem Wesen nach etwas Bewundernswertes und Unvergleichliches. Es müsste schon sonderbare Fehler haben, um verächtlich zu sein, doch es hat ja derartige Fehler, dass es nichts Lächerlicheres gibt. Wie ist es durch sein Wesen erhaben, wie ist es durch seine Fehler niedrig!

757/212 Das Dahinschwinden.

Es ist etwas Schreckliches, wenn man wahrnimmt, wie alles dahinschwindet, was man besitzt.

758/857 Klarheit. Dunkelheit.

Es gäbe zu viel Dunkelheit, wenn die Wahrheit keine sichtbaren Kennzeichen hätte. Eines der bewundernswertesten ist, dass sie sich stets in einer Kirche und einer sichtbaren Gemeinschaft erhalten hat. Es gäbe zu viel Klarheit, wenn in dieser Kirche nur eine Meinung vorhanden wäre. Diejenige Meinung, die immer bestanden hat, ist die wahre, denn die wahre hat in ihr immer bestanden, und keine falsche hat sich in ihr immer erhalten.

759/346 Das Denken macht die Größe des Menschen aus.

760/568 Einwand: Die Heilige Schrift ist offensichtlich voller Dinge, die nicht vom Heiligen Geist diktiert wurden.

Antwort: Sie schaden also dem Glauben durchaus nicht.

Einwand: Aber die Kirche hat entschieden, dass alles vom Heiligen Geist kommt.

Antwort: Ich antworte zweierlei: erstens, dass die Kirche dies niemals entschieden hat, und zum zweiten, dass, hätte sie es so entschieden, sich dies verteidigen ließe.

761/568*a* Es gibt viele verkehrte Geister.

762/568*a* Dionysius ist die christliche Liebe eigen, er war am richtigen Platz.

763/568 Meint Ihr, dass die im Evangelium erwähnten Prophezeiungen deshalb angeführt werden, um Euch zum Glauben zu bewegen? Nein, vielmehr sollen sie Euch vom Glauben abbringen.

764/11 Alle großen Zerstreuungen sind für das christliche Leben gefährlich; aber unter all jenen, welche die Welt erfunden hat, ist keine mehr zu fürchten als das Schauspiel. Es ist dies eine so natürliche und einfühlsame Darstellung der Leidenschaften, dass es sie erregt und in unserem Herzen weckt, besonders die Liebesleidenschaft; hauptsächlich, wenn man *(sie)* sehr keusch und sehr sittsam darstellt. Denn je unschuldiger sie den unschuldigen Seelen erscheint, desto mehr sind sie dafür empfänglich, sich von ihr rühren zu lassen; ihr Ungestüm gefällt unserer Eigenliebe, die sogleich das Verlangen aufkommen lässt, ebendieselben Wirkungen hervorzurufen, die man so schön dargestellt sieht; und man beruhigt gleichzeitig sein Gewissen mit der Begründung, dass die Gefühle, die man dort dargestellt sieht, sittsam seien, und sie nehmen den reinen Seelen die Furcht, die sich deshalb einbilden, es bedeute nicht, die Reinheit zu verletzen, wenn man sich einer Liebe hingibt, die ihnen so ehrbar scheint.

Man kommt also aus dem Schauspiel und hat das Herz so voll von all den Schönheiten und all den süßen Freuden der Liebe, während Seele und Geist so von deren Unschuld überzeugt sind, dass man ganz darauf vorbereitet ist, ihre ersten Eindrücke aufzunehmen oder vielmehr die Gelegenheit zu suchen, sie im Herzen eines anderen zu wecken, um die gleichen Freuden und die gleichen Opfer zu empfangen, die man im Schauspiel so schön geschildert sah.

765/39 Wenn der Blitz in die niedrig gelegenen Stellen einschlüge usw., so würde es den Poeten und jenen, die nur über derartige Dinge zu urteilen vermögen, an Beweisen fehlen.

766/8 Es gibt viele Leute, die hören die Predigt in derselben Weise an, wie sie die Vesper anhören.

767/306 Da die Würden der Herzöge, der Könige und der hohen Staatsbeamten wirklich und notwendig sind (weil die Macht alles bestimmt), gibt es sie immer und überall; doch da es nur ein Trugbild ist, das bewirkt, dass dieser oder jener sie innehat, ist dies nicht beständig und dem Wandel unterworfen usw.

768/345 Die Vernunft befiehlt uns weitaus gebieterischer als ein Herr, denn gehorcht man diesem nicht, ist man unglücklich, und gehorcht man jener nicht, ist man ein Dummkopf.

769/903 und ***903a*** (*State super vias et interrogate de semitis antiquis et ambulate in eis et dixerunt non ambulabimus, sed post cogitationes nostras ibimus.* [»Tretet auf die Wege ⟨und schauet⟩ und fraget nach den vorigen Wegen ⟨, welches der gute Weg sei,⟩ und wandelt darin … Aber sie sprechen: Wir wollen's nicht tun!« Jer 6,16. – »Aber ⟨sie sprechen: Daraus wird nichts;⟩ wir wollen nach unsern Gedanken wandeln …« Jer 18,22.]

Sie haben den Völkern gesagt: Kommt mit uns, folgen wir den Meinungen der neuen Autoren; die natürliche Vernunft wird unsere Führerin sein; wir wollen wie die anderen Völker sein, die alle ihrer natürlichen Einsicht folgen. Die Philosophen haben …)

Alle Religionen und Philosophenschulen der Welt haben die natürliche Vernunft als Führerin gehabt; allein die Christen sind verpflichtet worden, ihre Grundsätze außerhalb von sich selbst zu wählen und sich über jene zu unterrichten, die Jesus Christus den Alten für uns hinterlassen hat und die an die Gläubigen weiterüberliefert worden sind. Ein derartiger Zwang missfällt diesen guten Patres. Wie die anderen Völker wollen sie die Freiheit haben, ihren eigenen Einbildungen zu folgen. Vergebens rufen wir ihnen zu, wie die Propheten es einst den Juden sagten: »Geht doch mitten in die Kirche, unterrichtet euch über die Wege, welche die Alten ihr hinterlassen haben, und folgt diesen Pfaden.« Sie haben geantwortet wie die Juden: »Diese Wege wollen wir nicht gehen, sondern wir wollen den Gedanken unseres Herzens folgen.« Und sie haben gesagt: »Wir wollen wie die anderen Völker sein.«

Serie XXVII

770/103 Das Beispiel der Keuschheit Alexanders hat nicht so viele enthaltsam gemacht, wie durch das Beispiel seiner Trunksucht zu unmäßigen Trinkern wurden. Es ist keine Schande, wenn man nicht ebenso tugendhaft wie er ist, und es scheint entschuldbar, wenn man nicht lasterhafter als er ist. Man glaubt, nicht völlig den Lastern des großen Haufens verfallen zu sein, wenn man sich den Lastern derartiger großer Männer verfallen sieht. Dabei beachtet man jedoch nicht, dass sie darin zum großen Haufen gehören. Man hält sich an ihnen bei jenem Ende fest, mit dem sie am Volk festhalten. Denn so hoch sie auch immer stehen mögen, an irgendeiner Stelle sind sie doch mit den geringsten Menschen verbunden. Sie schweben nicht frei in der Luft und sind nicht ganz von unserer Gesellschaft abgesondert.

Nein, nein, wenn sie größer als wir sind, so deshalb, weil ihr Haupt höher reicht, aber ihre Füße stehen ebenso niedrig wie die unseren. Sie befinden sich alle auf derselben Ebene und stützen sich auf dieselbe Erde, und an diesem Ende sind sie ebenso niedrig wie wir, wie die Kleinsten, die Kinder, die Tiere.

771/355 Ständige Beredsamkeit langweilt.

Fürsten und Könige spielen zuweilen. Sie sitzen nicht immer auf ihrem Thron. Dort langweilen sie sich. Man muss die Größe aufgeben, damit man sie fühlt. Ständiges Einerlei erregt bei allem Überdruss. Die Kälte ist angenehm, weil man sich dann wärmen kann.

Die Natur geht schrittweise vor. *Itus et reditus* (»Kommen und Gehen«), sie vergeht und kehrt wieder, dann rückt sie weiter vor, dann wieder zweimal weniger weit und dann weiter als je zuvor usw. AAA.

Die Gezeiten des Meeres vollziehen sich so: AAAAAAA, der Lauf der Sonne scheint ebenso zu sein.

772/58 Ihr seid missgelaunt – entschuldigt bitte! – Ohne diese Entschuldigung hätte ich überhaupt nicht bemerkt, dass darin eine Beleidigung enthalten war.

Mit Verlaub, schlecht ist daran nur ihre Entschuldigung.

773/135 Nur der Kampf gefällt uns, nicht aber der Sieg.

Man sieht gern Tierkämpfen zu, aber nicht dem Sieger, wie er blutdürstig über den Besiegten herfällt. Was wollte man denn anderes sehen als das Ende nach dem Sieg? Und sobald er gekommen ist, wird man seiner überdrüssig. So ist es beim Spiel, so ist es bei der Suche nach der Wahrheit.

Bei Wortgefechten sieht man gern den Kampf der Meinungen, jedoch über die gefundene Wahrheit nachzudenken hat man durchaus nicht gern. Um Vergnügen zu bereiten, wenn man auf sie aufmerksam macht, muss man zeigen, wie sie aus dem Wortgefecht hervorgeht. Ebenso ist es bei den Leidenschaften ein Vergnügen, wenn man zwei gegensätzliche aufeinanderprallen sieht; sobald aber eine von beiden die Herrschaft hat, ist da nur noch rohe Gewalt.

Wir suchen nie die Dinge, sondern die Suche nach den Dingen. So taugen im Schauspiel die frohen, sorglosen Szenen nichts, und ebenso wenig äußerstes, hoffnungsloses Elend oder verrohte Liebesleidenschaften oder auch unbarmherzige Strenge.

774/497 Gegen diejenigen, die, da sie auf Gottes Barmherzigkeit vertrauen, gleichgültig bleiben und keine guten Werke tun.

Da Stolz und Trägheit die beiden Quellen unserer Sünden sind, hat Gott, um von ihnen zu heilen, uns zwei seiner Eigenschaften offenbart, seine Barmherzigkeit und seine Gerechtigkeit. Die eigentümliche Wirkung der Gerechtigkeit ist es, den Stolz zu brechen, wie heilig auch immer die Werke sein mögen, *et non intres in judicium* (»und gehe nicht ins Gericht [mit deinem Knechte]«, Ps 143,2) usw., und die eigentümliche Wirkung der Barmherzigkeit ist es, die Trägheit zu bekämpfen, indem sie zu den guten Werken auffordert, gemäß der Schriftstelle: Gottes Güte leitet zur Buße (Röm 2,4), und gemäß der anderen von den Niniviten: Tun wir Buße, dass wir sehen, ob er sich nicht zufällig unserer erbarmen wird (nach: Lk 11,32; Mt 12,41). Und die Barmherzigkeit billigt daher bei weitem nicht die lockeren

Sitten, sondern sie ist im Gegenteil jene Eigenschaft, die sie ausdrücklich bekämpft. Darum darf man nicht sagen: Wenn es bei Gott keine Barmherzigkeit gäbe, müsste man sich mit allen erdenklichen Mitteln um die Tugend bemühen; sondern man muss stattdessen gerade umgekehrt sagen, weil es Barmherzigkeit bei Gott gibt, muss man sich mit allen Mitteln bemühen.

775/899 *Gegen diejenigen, die Stellen in der Heiligen Schrift missbrauchen und es sich zunutze machen, dass sie in ihr irgendeine Stelle finden, die ihre Irrmeinung scheinbar begünstigt.* – Das Kapitel der Vesper, der Passionssonntag, das Gebet für den König.

Erklärung dieser Worte: »Wer nicht mit mir ist, der ist wider mich« (Lk 11,23). Und dieser anderen: »Wer nicht wider euch ist, der ist für euch« (Lk 9,50). Jemandem, der sagt: »Ich bin weder dafür noch dagegen«, muss man antworten …

776/858 Die Geschichte der Kirche muss eigentlich die Geschichte der Wahrheit genannt werden.

777/847 Eine der Antiphonen der Weihnachtsvesper: *Exortum est in tenebris lumen rectis corde.* (»Den Frommen geht das Licht auf in der Finsternis«, Ps 112,4.)

778/68 Man lehrt die Menschen nicht, wie man die Eigenschaften eines Ehrenmannes erwirbt, und man lehrt sie doch alles Übrige. Und sie setzen ihren Stolz niemals so sehr darein, etwas von dem Übrigen zu wissen, wie vielmehr darein, ein Ehrenmann zu sein. Sie setzen ihren

Stolz nur darein, das Einzige zu beherrschen, was sie nicht lernen.

779/88 Die Kinder, die vor dem Gesicht erschrecken, das sie selbst gekritzelt haben. Das sind Kinder; aber wie wird das, was in der Kindheit so schwach ist, in reiferem Alter überaus stark! Man verändert nur den Gegenstand der Einbildung. Alles, was sich durch seine Entwicklung vervollkommnet, geht auch durch seine Entwicklung zugrunde. Alles, was schwach gewesen ist, kann niemals vollkommen stark sein. Man mag noch so sehr behaupten: Er ist gewachsen, er hat sich verändert – trotzdem ist er auch derselbe geblieben.

780/62 Vorwort des ersten Teils.

Von jenen sprechen, die Abhandlungen über die Selbsterkenntnis geschrieben haben, von den Einteilungen bei Charron, die bekümmern und langweilen. Von dem Durcheinander bei Montaigne, dass er den Mangel einer direkten Methode deutlich gespürt hat. Dass er ihn vermied, indem er von Thema zu Thema sprang, dass er sich um einen weltmännischen Ton bemühte.

Wie töricht ist sein Vorsatz, sich selbst darzustellen, und das nicht beiläufig und gegen seine Grundsätze, wie es jedem geschieht, sich zu irren, sondern gerade seinen eigenen Grundsätzen entsprechend und nach seiner ursprünglichen und Hauptabsicht. Denn Torheiten zufällig und aus Schwäche zu sagen ist ein gewöhnliches Übel, sie jedoch absichtlich zu sagen, das ist nicht zu ertragen, und derartige zu sagen wie die folgenden …

781/242 Vorwort des zweiten Teils.

Von jenen sprechen, die Abhandlungen über diesen Gegenstand geschrieben haben.

Ich bewundere die Kühnheit, mit der diese Leute es versuchen, von Gott zu sprechen.

Sie wenden sich in ihren Reden an die Gottlosen, und dabei behandeln sie als ersten Punkt, wie man die Göttlichkeit durch die Werke der Natur beweist. Ich würde über ihren Versuch nicht erstaunen, wenn sie sich in ihren Reden an die Gläubigen wendeten, denn es ist gewiss, dass diejenigen, die den lebendigen Glauben im Herzen tragen, sogleich erkennen, dass alles, was existiert, nichts anderes als das Werk Gottes, den sie anbeten, ist; aber bei denjenigen, in denen dieses Licht erloschen ist und in denen man es wieder entzünden will, diesen Menschen, die des Glaubens und der Gnade beraubt sind, die – wenn sie mit all ihrer Einsicht bei allem suchen, was sie in der Natur sehen und was sie zu dieser Erkenntnis führen kann – nur Dunkelheit und Finsternis finden, diesen zu sagen, sie brauchten nur das geringste unter den Dingen, die sie umgeben, anzusehen, und sie würden Gott unverhüllt darin entdecken, und ihnen als ganzen Beweis für diesen großen und wichtigen Gegenstand den Lauf des Mondes und der Planeten anzugeben und zu behaupten, man habe mit einer derartigen Rede seine Beweisführung abgeschlossen, das bedeutet, ihnen Anlass zu dem Glauben zu geben, dass die Beweise für unsere Religion sehr schwach seien, und ich sehe aus Vernunft und Erfahrung, dass nichts geeigneter ist, bei ihnen Geringschätzung für unsere Religion zu wecken. Nicht in dieser Weise spricht davon die Heilige Schrift, welche die Dinge besser kennt, die Gottes sind. Sie sagt vielmehr,

Gott sei ein verborgener Gott, und er habe sie, seitdem die Natur verderbt wurde, in einer Verblendung gelassen, aus der sie nur durch Jesus Christus befreit werden können, ohne den jede Gemeinschaft mit Gott aufgehoben sei. *Nemo novit patrem nisi filius et cui filius voluit revelare.* (»… niemand kennet den Vater denn nur der Sohn und wem es der Sohn will offenbaren.« Mt 11,27.)

Gerade darauf macht uns die Heilige Schrift aufmerksam, wenn sie an so vielen Stellen sagt, dass diejenigen, die Gott suchen, ihn finden. Nicht von diesem Licht spricht man wie vom Tage am hellen Mittag. Man sagt nicht, dass diejenigen, die den Tag am hellen Mittag oder Wasser im Meer suchen, dies finden werden, und daher muss es durchaus so sein, dass Gott nicht derart deutlich in der Natur zu erkennen ist. Auch sagt sie uns an anderer Stelle: *Vere tu es deus absconditus.* (»Fürwahr, du bist ein verborgener Gott«, Jes 45,15.)

782/266 Wie viele Wesen haben wir mit den Vergrößerungsgläsern entdeckt, Wesen, die für unsere vormaligen Philosophen überhaupt nicht existierten! Man griff die Heilige Schrift offen wegen der großen Zahl an, die sie für die Sterne nennt, indem man sagte: Es gibt von ihnen eintausendzweiundzwanzig, wir wissen es.

Es gibt Gräser auf der Erde, wir sehen sie; vom Monde aus würde man sie nicht sehen. Und auf diesen Gräsern gibt es Haare und an diesen Haaren kleine Tiere, danach aber nichts weiter. – O du Vermessener!

Die Verbindungen sind aus Elementen zusammengesetzt, und die Elemente sind nicht zusammengesetzt. – O du Vermessener, das ist ein wenig zuverlässiges Kennzeichen.

Man darf nicht sagen, dass etwas existiert, was man nicht sieht. Man soll also wie die anderen reden, aber nicht wie sie denken.

783/357 Wenn man den Tugenden bis zu den äußersten Punkten auf beiden Seiten nachstreben will, so stellen sich Laster ein, die sich dabei unmerklich auf deren unmerklichen Wegen in Richtung zum unendlich Kleinen einschleichen, und es stellen sich scharenweise Laster in Richtung zum unendlich Großen ein, so dass man sich in den Lastern verliert und die Tugenden nicht mehr sieht. – Selbst die Vollkommenheit greift man an.

784/23 Die anders angeordneten Wörter ergeben eine andere Bedeutung. Und die anders angeordneten Bedeutungen ergeben andere Wirkungen.

785/776 *Ne timeas, pusillus grex* (»Fürchte dich nicht, du kleine Herde!« Lk 12,32); *Timore et tremore* (»... [schaffet, dass ihr selig werdet,] mit Furcht und Zittern.« Phil 2,12).

Quid ergo, ne timeas, modo timeas. (»Was also? Fürchte dich nicht, vorausgesetzt, dass du dich fürchtest.«)

Fürchte dich nicht, vorausgesetzt, dass du dich fürchtest; wenn du dich aber nicht fürchtest, so fürchte dich.

Qui me recipit, non me recipit sed eum qui me misit. (»Wer mich aufnimmt, der nimmt nicht mich auf, sondern den, der mich gesandt hat.« Mk 9,37.)

Nemo scit neque filius. (»[Von dem Tage aber und der Stunde] weiß niemand, ... auch der Sohn nicht [, sondern allein der Vater].« Mk 13,32.)

785a/776 *Nubes lucida obumbravit.* (»... [da] überschattete [sie] eine lichte Wolke«, Mt 17,5.)

Johannes sollte die Herzen der Väter zu den Kindern bekehren, und Jesus Christus sollte Zwietracht bringen; darin besteht kein Widerspruch.

786/865 Wenn es jemals eine Zeit gibt, in der man sich zu den beiden Gegensätzen bekennen muss, so ist es jene, in der man den Vorwurf erhebt, dass man einen von beiden übergehe; also haben die Jesuiten und die Jansenisten unrecht, wenn sie diese verschweigen, aber die Jansenisten haben mehr unrecht; denn die Jesuiten haben sich deutlicher zu beiden bekannt.

787/843 Monsieur de Condren. Es gibt, sagt er, durchaus keinen Vergleich zwischen der Gemeinschaft der Heiligen und jener der Heiligen Dreieinigkeit.

Jesus Christus sagt das Gegenteil.

788/486 Die Würde des Menschen beruhte im Stande der Unschuld darauf, die Geschöpfe zu benutzen und zu beherrschen, heute aber darauf, sich von ihnen zu trennen und sich ihnen zu unterwerfen.

789/50 Die Bedeutungen.

Ein und dieselbe Bedeutung verändert sich je nach den Worten, die sie ausdrücken. Die Bedeutungen empfangen ihre Würde von den Worten, anstatt sie diesen zu geben. Hierfür muss man Beispiele suchen.

790/627 Ich glaube, dass Josua als Erster im Volk Gottes diesen Namen trägt. Wie Jesus Christus als Letzter im Volk Gottes.

791/777 Die Wirkungen *in communi* (»im Allgemeinen«) und *in particulari* (»im Besonderen«).

Die Semipelagianer irren sich, wenn sie von *in communi* etwa sagen, das nur *in particulari* wahr ist, und die Kalvinisten, wenn sie etwas *in particulari* sagen, das, so scheint mir, *in communi* wahr ist.

Serie XXVIII

792/101 Ich nehme als Tatsache an, wenn alle Menschen wüssten, was die einen von den anderen sagen, so gäbe es keine vier Freunde auf der Welt. Das zeigt sich an den Streitigkeiten, die von den indiskreten Äußerungen, wie man sie zuweilen vorbringt, verursacht werden.

793/737 Aus diesem Grunde lehne ich alle anderen Religionen ab.

Dadurch finde ich eine Antwort auf alle Einwände.

Es ist gerecht, dass ein so reiner Gott sich nur denjenigen offenbart, deren Herz geläutert ist.

Darum erscheint diese Religion mir liebenswert, und ich finde sie bereits durch eine so göttliche Moral ausreichend bestätigt, doch ich entdecke in ihr noch mehr.

Ich finde die Tatsachen, dass es seit Menschengedenken hier ein Volk gibt, das weiterbesteht und älter als jedes andere Volk ist.

Den Menschen wird beständig verkündet, dass sie sich in einer allumfassenden Verderbnis befinden, dass aber ein Erlöser kommen werde.

Dass dies nicht ein einzelner Mensch sagt, sondern unendlich viele Menschen, und ein ganzes Volk sagt 4000 Jahre lang diese ausdrückliche Tatsache voraus; während seiner Zerstreuung wurden die Schriften 400 Jahre lang verbreitet.

Je mehr ich sie prüfe, desto mehr Wahrheit entdecke ich in ihnen. Ein ganzes Volk verkündigt ihn vor seiner Ankunft, ein ganzes Volk betet ihn nach seiner Ankunft an; sowohl, was vorausgegangen, wie auch, was danach geschah; und diese Synagoge, die ihm vorausgegangen ist *(und diese große Zahl der Juden)*, die elend und ohne Propheten sind, die auf ihn folgen und die, da sie alle seine Feinde sind, uns als bewundernswerte Zeugen für die Wahrheit dieser Prophezeiungen dienen, in denen ihr Elend und ihre Verblendung vorausgesagt sind. Schließlich haben sie keine Götterbilder und keinen König mehr.

Die schreckliche und vorausgesagte Finsternis, in der die Juden sind. *Eris palpans in meridie.* (»Und wirst tappen am Mittag [, wie ein Blinder tappt im Dunkeln]«, 5. Mose 28,29.) *Dabitur liber scienti litteras et dicet non possum legere.* (»… man gäbe das Buch einem, der lesen kann, … und er spräche: Ich kann nicht lesen.« Nach: Jes 29,11.)

Als das Zepter noch in der Hand des ersten fremden Usurpators war:

Das Gerücht von der Ankunft Jesu Christi.

Ich bewundere eine ursprüngliche und ehrwürdige Religion, die durchaus göttlich ist in ihrem Ansehen, ihrem Alter, ihrer Beständigkeit, ihrer Moral, ihrem Wandel, ihrer Lehre, ihren Wirkungen und …

Also strecke ich meinem Erlöser die Arme entgegen, der, nachdem er viertausend Jahre lang vorausgesagt worden, gekommen ist, um für mich zu der Zeit und mit all den Begleitumständen, die dafür verkündigt worden sind, zu leiden und zu sterben, und durch seine Gnade erwarte ich den Tod in Frieden, da ich hoffe, mit ihm auf ewig vereint zu sein, und unterdessen lebe ich freudig, entweder mit dem Guten, das er mir gnädig gewährt, oder mit den Leiden, die er mir zu meinem Besten schickt und die zu erdulden er mich durch sein Beispiel gelehrt hat.

794/393 Es stimmt heiter, wenn man daran denkt, dass es Leute auf der Welt gibt, die auf alle Gesetze Gottes und der Natur verzichtet haben und sich nun selbst solche gegeben haben, denen sie getreulich gehorchen, wie zum Beispiel die Soldaten Mohammeds usw., die Diebe, die Ketzer usw. und ebenso die Logiker.

Es scheint, als müsste ihre Zügellosigkeit ohne alle Grenzen und Schranken sein, da man sieht, dass sie sich über derart viele hinweggesetzt haben, die so gerecht und so heilig sind.

795/160 Das Niesen beansprucht alle Kräfte der Seele, ebenso wie das Buhlen, doch leitet man aus jenem nicht dieselben Schlussfolgerungen gegen die Größe des Menschen ab, weil es wider seinen Willen geschieht, und obgleich man es selbst herbeiführt, führt man es doch wider den eigenen Willen herbei. Es geschieht nicht in Hinblick auf diese Sache selbst, sondern zu einem anderen Zweck. Und daher ist es kein Zeichen der Schwäche des Menschen oder seiner Unterwerfung unter diese Handlung.

Es ist für den Menschen keine Schande, dem Schmerz zu erliegen, und es ist für ihn eine Schande, der Lust zu erliegen. Das kommt nicht daher, dass der Schmerz uns von einer anderen Ursache zugefügt wird und dass wir die Lust suchen. Denn man kann den Schmerz suchen und ihm absichtlich, ohne eine derartige Erniedrigung, erliegen. Woher kommt es also, dass es für die Vernunft ruhmvoll ist, dem Ansturm des Schmerzes zu erliegen, und dass es eine Schande für sie ist, dem Ansturm der Lust zu erliegen? Daher, dass nicht der Schmerz uns versucht und anzieht; wir selbst wählen ihn uns freiwillig aus und wünschen seine Herrschaft über uns, so dass wir dies in der Gewalt haben und der Mensch dabei sich selbst erliegt. Doch bei der Lust ist es der Mensch, der ihr erliegt. Nun machen aber nur Gewalt und Herrschaft den Ruhm aus, und nur die Unterwerfung macht die Schande aus.

796/314 Gott

hat alles um seinetwillen geschaffen.

Er hat um seinetwillen die Macht verliehen, zu strafen und zu belohnen.

Ihr könnt sie Gott oder Euch selbst zuschreiben.

Wenn Ihr sie Gott zuschreibt, so ist das Evangelium die Richtschnur.

Wenn Ihr sie Euch selbst zuschreibt, so werdet Ihr den Platz Gottes einnehmen.

Da Gott von Wesen umgeben ist, die von der christlichen Liebe erfüllt sind und ihn um die in seiner Macht stehenden Güter der christlichen Liebe bitten, so …

Erkennt Euch also selbst und wisset, dass Ihr nur ein König der Begierde seid und dass Ihr auf den Wegen der Begierde wandelt.

797/310 König und Tyrann.

Ich werde auch meine Hintergedanken haben.

Bei jedem Gang werde ich mich in Acht nehmen.

Von Menschen eingeführte Größe, Achtung vor derartiger Größe.

Das Vergnügen der Großen ist es, andere glücklich machen zu können.

Die Besonderheit des Reichtums ist es, dass er freigebig verschenkt werden kann.

Man muss das Besondere jeder Sache suchen. Die Besonderheit der Macht ist es, dass sie beschützen kann.

Wenn die Gewalt das Blendwerk angreift, wenn ein gemeiner Soldat das viereckige Barett eines Oberpräsidenten nimmt und es aus dem Fenster schleudert.

798/41 Epigramme Martials.

Der Mensch ist gern boshaft, dies aber nicht gegen die Einäugigen oder die Unglücklichen, sondern gegen die hochmütigen Glücklichen. Im entgegengesetzten Falle täuscht man sich, denn die Begierde ist die Quelle all unserer Regungen, und die menschliche Natur, …

Man muss denjenigen gefallen, die menschliche und zarte Empfindungen haben.

Das Epigramm auf die zwei Einäugigen ist nichts wert, denn es tröstet sie nicht und fügt nur dem Ruhm des Autors ein Quentchen hinzu.

Alles, was nur dem Autor nützt, ist nichts wert.

Ambitiosa recidet ornamenta. (»Den eitlen Schmuck wird er entfernen.« Horaz, [Ars, 447 f.] CX.)

799/612 1. Buch Mose 17 (7). *Statuam pactum meum inter me et te foedere sempiterno ut sim deus tuus.* (»[Und] ich will aufrichten meinen Bund zwischen mir und dir …, dass es ein ewiger Bund sei, also dass ich dein Gott sei«.)

Et tu ergo custodies pactum meum. (»So halte nun meinen Bund«, 1. Mose 17,9.)

800/532 Die Heilige Schrift hat für Stellen gesorgt, die in allen Lagen trösten und in jeder Lage die Furcht lehren können.

Die Natur scheint das Gleiche durch die beiden Unendlichkeiten in ihr selbst und durch die beiden Unendlichkeiten in der Moral bewirkt zu haben. Denn es wird immer oben und unten, Klügere und weniger Kluge, Höhergestellte und Elendere geben, um unseren Stolz zu erniedrigen und um uns aus der Verworfenheit aufzurichten.

801/666 *Fascinatio* (»[Denn die bösen Beispiele] verführen und verderben [einem das Gute]«, Weish 4,12) – *Somnum Suum* (»ihren Schlaf«, nach: Ps 76,6: »Die Stolzen müssen beraubt werden und *entschlafen* …«) – *figura hujus mundi* (»[Denn] das Wesen dieser Welt [vergeht]«, 1. Kor 7,31).

Die Eucharistie.

Comedes panem tuum (»[ein Land, da] du Brot [genug] zu essen hast«, 5. Mose 8,9) – *panem nostrum* (»[Gib uns] unser [täglich] Brot«, Lk 11,3).

Inimici dei terram lingent. (»… seine [Gottes] Feinde werden Staub lecken.« Ps 72,9.) Die Sünder lecken Staub, das heißt, sie lieben die irdischen Vergnügen.

Das Alte Testament enthielt die Bilder der zukünftigen Freude, und das Neue enthält die Mittel, diese zu erlangen.

Die Bilder waren die der Freude, die Mittel die der Buße, und gleichwohl wurde das Osterlamm gegessen mit wildem, bitterem Lattich, *cum amaritudinibus* (»mit bitteren Kräutern«, 2. Mose 12,8).

Singularis sum ego donec transeam. (»Ich bin allein, bis ich vorübergehe.« Ps 141,10.) Jesus Christus war vor seinem Tod fast ganz allein in seinem Martyrium.

802/122 Die Zeit heilt die Schmerzen und die Feindseligkeiten, weil man sich verändert. Man ist nicht mehr derselbe Mensch; der Beleidiger und auch der Beleidigte sind nicht mehr sie selbst. Das ist wie bei einem Volk, dessen Zorn man erregt hat und das man zwei Menschenalter später wiedersähe. Es sind immer noch Franzosen, jedoch nicht mehr dieselben.

803/386 Wenn wir jede Nacht dasselbe träumten, so würde uns dies ebenso tief berühren wie die Dinge, die wir jeden Tag sehen. Und wenn ein Handwerker sicher wäre, allnächtlich zwölf Stunden lang zu träumen, er sei König, so glaube ich, dass er beinahe ebenso glücklich wäre wie ein König, der allnächtlich zwölf Stunden lang träumte, er sei Handwerker.

Wenn wir allnächtlich träumten, uns verfolgten Feinde und uns quälten diese peinigenden Trugbilder, und wenn man jeden Tag mit mannigfaltigen Beschäftigungen verbrächte, wie etwa, wenn man auf Reisen ist, so würde man beinahe ebensoviel leiden, als wenn dies wahr wäre, und man würde das Schlafen fürchten, wie man das Erwachen fürchtet, da man dann Angst hat, derartige Missgeschicke tatsächlich zu erleiden. Und dies würde in der Tat beinahe die gleichen Übel wie die Wirklichkeit bereiten.

Da die Träume sich jedoch alle voneinander unterscheiden und Abwechslungen selbst in ein und demselben Traum auftreten, berührt das, was man in ihnen sieht, sehr viel weniger als das, was man im wachen Zustand sieht, und dies wegen der ungebrochenen Fortdauer, die allerdings nicht so ungebrochen und gleichbleibend ist, dass sie sich nicht auch veränderte, das jedoch weniger unvermittelt, wenn es nicht in seltenen Fällen so geschieht, als wäre man auf Reisen, und dann sagt man: Mir ist, als träumte ich; denn das Leben ist ein Traum, der etwas weniger unbeständig erscheint.

804/447 Soll man behaupten, weil man gesagt hatte, die Gerechtigkeit sei von der Erde verschwunden, dass die Menschen die Erbsünde erkannt haben? *Nemo ante obitum beatus.* (»… glücklich kein Sterblicher vor dem Tod.« Ovid, *Metamorphoses* III,135.) Heißt das, sie haben erkannt, dass mit dem Tode die ewige und eigentliche Glückseligkeit beginnt?

805/106 Wenn man die beherrschende Leidenschaft eines jeden kennt, ist man sicher, ihm zu gefallen, und gleichwohl hat jeder seine Einbildungen, die seinem eigenen Glück widersprechen und die gerade in seiner Vorstellung vom Glück liegen, und dies ist eine Absonderlichkeit, die Verwirrung stiftet.

806/147 Wir geben uns nicht mit dem Leben zufrieden, das wir in uns und in unserem eigenen Wesen haben. Wir wollen in der Vorstellung der anderen ein vorgetäuschtes Leben führen, und deshalb bemühen wir uns, Eindruck zu machen. Wir arbeiten unablässig daran, unser vorgetäuschtes Wesen zu verschönern und zu bewahren, und das wirkliche beachten wir nicht. Und wenn wir ruhig oder großmütig oder auch treu von Natur sind, bemühen wir uns eifrig, es allgemein bekannt zu machen, damit wir diese Tugenden unserem anderen Wesen beilegen, und wir selbst würden sie lieber ablegen, um sie dem anderen Wesen einverleiben zu können. Wir würden herzlich gern Feiglinge sein, wenn wir dafür den Ruf erwerben, tapfer zu sein. Es ist ein bedeutsames Zeichen der Nichtigkeit unseres eigenen Wesens, dass wir nicht mit dem einen ohne das andere zufrieden sind und dass wir oft das eine für das andere eintauschen. Denn wer nicht den Tod auf sich nehmen wollte, um seine Ehre zu bewahren, der würde in Schande geraten.

807/519 Johannes 8.

Multi crediderunt in eum. (»Da [er solches redete,] glaubten viele an ihn.« Joh 8,30.)

Dicebat ergo Jesus, si manseritis vere mei discipuli eritis et veritas liberabit vos. (»Da sprach nun Jesus [zu den Juden, die an ihn glaubten]: So ihr bleiben werdet [an meiner Rede], so seid ihr meine rechten Jünger [und werdet die Wahrheit erkennen], und die Wahrheit wird euch frei machen.« Joh 8,31–32.)

Responderunt semen Abrahae sumus et nemini servimus unquam. (»Da antworteten sie [ihm]: Wir sind Abrahams Samen, sind niemals jemandes Knecht gewesen«, Joh 8,33.)

Es gibt einen großen Unterschied zwischen den Jüngern und den rechten Jüngern. Man erkennt jene, wenn man ihnen sagt, dass die Wahrheit sie frei machen werde. Denn sie antworten, sie seien frei, und es stehe in ihrer Macht, sich der Knechtschaft des Teufels zu entledigen. Wohl sind sie Jünger, aber durchaus keine rechten Jünger.

808/245 Es gibt drei Mittel zu glauben: Vernunft, Gewohnheit und Eingebung. Die christliche Religion, die allein recht hat, nimmt als ihre wahren Kinder durchaus nicht diejenigen an, die ohne Eingebung glauben. Nicht etwa, dass sie Vernunft und Gewohnheit ausschlösse, im Gegenteil; aber man muss seinen Geist für die Beweise öffnen und sich durch Gewohnheit darin bestärken, jedoch muss man sich auch durch Demütigungen für die Eingebungen empfänglich machen, die allein die wahre und heilsame Wirkung hervorbringen können, *ne evacuetur crux Christi* (»auf dass nicht das Kreuz Christi zunichtewerde«, 1. Kor 1,17).

809/230 Es ist unbegreiflich, dass es Gott gibt, und es ist auch unbegreiflich, dass es ihn nicht gibt, dass die Seele mit dem Leib zusammen ist, dass wir überhaupt keine Seele haben, dass die Welt geschaffen ist, dass sie es nicht ist usw., dass es die Erbsünde gibt und dass es sie nicht gibt.

810/193 *Quid fiet hominibus qui minima contemnunt majora non credunt.* (»Was wird den Menschen geschehen, die das Kleinste geringschätzen und nicht an das Größere glauben?« Augustinus, Brief 137.)

811/741 Die zwei ältesten Bücher der Welt sind die des Moses und des Hiob. Das eine ist jüdisch und das andere heidnisch, und sie sehen alle beide Jesus Christus als ihren gemeinsamen Mittelpunkt und ihr Ziel an, Moses, indem er die Verheißungen Gottes an Abraham, Jakob usw. sowie dessen Weissagungen anführt, und Hiob: *Quis mihi det ut* (»Ach, dass meine [Reden geschrieben würden! ach, dass sie in ein Buch gestellt würden!]« Hiob 19,23) usw. *Scio enim quod redemptor meus vivit* (»Aber ich weiß, dass mein Erlöser lebt«, Hiob 19,25) usw.

812/798 Der Stil des Evangeliums ist bewundernswert in so vieler Hinsicht und unter anderem deshalb, weil es niemals irgendeine Schmähung gegen die Henker und Feinde Jesu Christi vorbringt. Denn es gibt keine einzige Schmährede der evangelistischen Geschichtsschreiber gegen Judas, Pilatus oder irgendeinen unter den Juden.

Wenn diese Mäßigung der evangelistischen Geschichtsschreiber wie auch so manche andere derart schöne Charakterzüge erheuchelt gewesen wären und sie dies nur vorgetäuscht hätten, um gerade darauf aufmerksam zu machen, so hätten sie, falls sie nicht gewagt hätten, es selbst vorzubringen, sich unfehlbar Freunde verschafft, die derartige Bemerkungen zu ihren Gunsten vorgebracht hätten; da sie aber ohne Verstellung und durch eine vollkommen selbstlose Regung so gehandelt haben, machten sie niemanden darauf aufmerksam, und ich glaube, dass manche von diesen Dingen bis jetzt überhaupt noch nicht bemerkt worden sind; und gerade das bezeugt den Gleichmut, mit dem dieser Gegenstand behandelt worden ist.

813/895 Nie tut man Böses so vollkommen und so freudig, als wenn man es im Einklang mit seinem Gewissen tut.

814/6 Wie man sich den Geist verdirbt, so verdirbt man sich auch das Gefühl.

Man bildet Geist und Gefühl durch Gespräche, man verdirbt sich Geist und Gefühl durch Gespräche. Die guten oder die schlechten Gespräche bilden oder verderben sie also. Wichtig ist daher vor allem, dass man richtig zu wählen versteht, um sie zu bilden und nicht zu verderben. Und man kann diese Wahl nur treffen, wenn man sie schon gebildet und nicht verdorben hat. Also ergibt das einen Teufelskreis, und glücklich sind diejenigen, die ihm entkommen.

815/259 Die gewöhnlichen Menschen haben die Fähigkeit, nicht an das zu denken, woran sie nicht denken wollen. Denkt nicht an die Schriftstellen über den Messias, sagte der Jude zu seinem Sohn. So verfahren oftmals unsere Nächsten; so erhalten sich die falschen Religionen, und so erhält sich für viele Leute selbst die wahre.

Aber es gibt einige, die nicht die Fähigkeit haben, sich so selbst vom Denken abzuhalten, und die umso mehr denken, je mehr man es ihnen verbietet. Diese geben die falschen Religionen und selbst die wahre auf, wenn sie keine wohlbegründeten Gedankengänge finden.

816/240 Ich würde bald die Vergnügungen aufgegeben haben, sagen sie, wenn ich den Glauben hätte. Und ich, ich sage Euch: Ihr würdet bald den Glauben haben, wenn Ihr die Vergnügungen aufgegeben hättet. Nun ist es aber an

Euch, den Anfang zu machen. Wenn ich es vermöchte, so würde ich Euch zum Glauben bringen. Ich kann es nicht bewirken und folglich auch nicht prüfen, ob es wahr ist, was Ihr sagt; Ihr aber könnt sehr wohl die Vergnügungen aufgeben und prüfen, ob es wahr ist, was ich sage.

817/615 Man hat gut reden: Man müsse anerkennen, dass die christliche Religion etwas Außerordentliches habe. Das kommt, weil Ihr in ihr geboren seid, wird man sagen. Ganz im Gegenteil widersetze ich mich ihr gerade aus diesem Grunde hartnäckig, aus Furcht, dass diese Voreingenommenheit mich verleitet; doch obgleich ich in ihr geboren bin, kann ich dennoch nicht umhin, es so zu beurteilen.

818/782 Der Sieg über den Tod. Was hülfe es dem Menschen, so er die ganze Welt gewönne und nähme doch Schaden an seiner Seele? (Mt 16,26; Mk 8,36.) Wer da sucht, seine Seele zu erhalten, der wird sie verlieren (Lk 17,33).

Ich bin nicht gekommen, das Gesetz aufzulösen, sondern zu erfüllen (Mt 5,17).

Die Lämmer haben nicht die Sünden von der Welt genommen, ich aber bin das Lamm, das die Sünden von ihr nimmt.

Mose hat euch nicht das Brot vom Himmel gegeben (Joh 6,32).

Mose hat euch nicht aus der Gefangenschaft geführt und euch nicht wirklich frei gemacht.

819/712 Bei den Prophezeiungen sind diejenigen über die besonderen Ereignisse vermischt mit denjenigen über den Messias, damit es den Weissagungen über den Messias nicht an einem Beweis fehlte und damit die besonderen Weissagungen nicht ohne Nutzen wären.

820/561 Es gibt zwei Arten, von den Wahrheiten unserer Religion zu überzeugen; die eine wirkt durch die Kraft der Vernunft, die andere durch die Autorität dessen, der spricht.

Man bedient sich nicht dieser, sondern jener Art. Man sagt nicht: Das muss geglaubt werden, denn die Heilige Schrift, die es sagt, ist göttlich; man sagt vielmehr, dass es aus diesem oder jenem Grunde geglaubt werden müsse, was schwache Beweismittel sind, da die Vernunft sich allem beugen kann.

Serie XXX

821/252 Denn man darf sich nicht verkennen, wir sind ebenso sehr automatisch handelnder Körper wie Geist. Und daher kommt es, dass das Mittel, um zu überzeugen, nicht allein die Beweisführung ist. Wie wenige bewiesene Dinge gibt es doch! Die Beweise überzeugen nur den Geist, die Gewohnheit macht unsere Beweise zu den stärksten und glaubwürdigsten. Sie lenkt den Leib in eine Richtung, und er zieht den Geist mit sich fort, ohne dass dieser darüber nachdenkt. Wer hat bewiesen, dass morgen Tag sein wird und dass wir sterben werden, und was glaubt man fester als dies? Also ist es die Gewohnheit, die uns davon überzeugt. Sie macht so viele zu Christen, sie macht zu Türken und zu Heiden, sie macht, dass man gewisse Berufe ergreift, Soldat wird usw. Es ist der in der Taufe empfangene Glaube, den die Christen den Heiden voraushaben. Man muss sich schließlich der Gewohnheit bedienen, wenn der Geist erst einmal erkannt hat, wo die Wahrheit ist, damit wir uns von diesem Glauben, der sich uns immerfort entzieht, durchtränken lassen und seinen Ton annehmen, denn es ist zu viel verlangt, wenn man dafür stets die Beweise gegenwärtig haben wollte. Man muss einen leichteren Glauben gewinnen, den der Gewöhnung, der ohne Gewalt, ohne Kunst und Beweisgrund auskommt, der uns die Dinge glauben lässt und alle unsere Kräfte diesem Glauben zuwendet, so dass unsere Seele ihm ganz natürlich erliegt. Wenn man nur durch die Stärke der Überzeugung glaubt und der Leib geneigt ist, an das Gegenteil zu glauben, so ist das nicht genug. Man muss also die beiden Teile unseres Wesens zum Glauben bewegen, den Geist durch die Vernunftgründe, bei denen es genügt, dass man sie einmal in seinem Leben erkannt hat, und den Leib durch die Gewohnheit und dadurch, dass man ihm nicht erlaubt, sich zum Gegenteil hinzuneigen. *Inclina cor meum deus.* (»Neige mein Herz, o Gott [, zu deinen Zeugnissen]«, Ps 119,36.)

Die Vernunft wirkt langsam und nimmt so viele Rücksichten auf so viele Prinzipien, die ihr stets gegenwärtig sein müssen, dass sie jederzeit ermattet oder irregeht, da ihr nicht alle ihre Prinzipien gegenwärtig sind. Das Gefühl wirkt nicht so; es wirkt in einem Augenblick und ist immer bereit zu wirken. Wir müssen also unseren Glauben in das Gefühl einbringen, sonst wird er immer schwankend sein.

432/194*a* und ***b*** (1.) *Man muss Mitleid mit den einen und den anderen haben, jedoch muss man für die einen ein Mitleid haben, das aus zärtlicher Zuneigung erwächst, und für die anderen ein Mitleid, das aus der Verachtung erwächst.*

(2.) *Man muss sehr wohl dieser Religion angehören, die sie verachten, um sie nicht zu verachten.*

(3.) *Das ist kein gutes Benehmen.*

(4.) *Dies zeigt, dass man ihnen nichts zu sagen hat, und zwar nicht aus Verachtung, sondern, weil sie keinen gesunden Menschenverstand haben. Gott muss sie rühren.*

(5.) *Die Leute dieser Art sind Akademiker und Schüler, und von allen Menschen, die ich kenne, haben sie den schlimmsten Charakter.*

(6.) *Ihr werdet mich zum Glauben bekehren.*

(7.–22.) *Ich entscheide mich dafür nicht aus Bigotterie, sondern mit Rücksicht auf die Eigenart des menschlichen Herzens, nicht als Eiferer für Frömmigkeit und Entsagung, sondern aus einem rein menschlichen Grundsatz und aus einer selbstsüchtigen und eigennützigen Regung.*

(8.) *Es ist nicht zu bezweifeln, dass es ohne die Erkenntnis Gottes kein Glück gibt; dass man umso glücklicher ist, je mehr man sich ihm nähert, und dass es das höchste Glück ist, ihn mit Gewissheit zu erkennen; dass man umso unglücklicher ist, je mehr man sich von ihm entfernt, und dass es das schlimmste Unglück wäre, sich des Gegenteils gewiss zu sein.*

(9.) *Zweifeln ist also ein Unglück; wenn man aber zweifelt, ist es eine unerlässliche Pflicht zu suchen, und daher ist derjenige, der zweifelt und nicht sucht, unglücklich und zugleich ungerecht; und wenn er dabei heiter und anmaßend ist, so fehlt mir ein Wort, um ein derart überspanntes Geschöpf zu bezeichnen.*

(10.) Ist es nicht genug, dass Wunder an einem Ort geschehen und dass die Vorsehung sich an einem Volk erweist?

(11.) Es ist indes gewiss, dass der Mensch seine ursprüngliche Natur so sehr verloren hat, dass darüber Freude in seinem Herzen aufkeimt.

(12.) *Ist dies etwas, worüber man freudig sprechen sollte? Dies ist etwas, wovon man also voll Trauer reden muss.*

(13.) *Ein rechter Grund, sich erhobenen Hauptes solcherart zu freuen und zu rühmen: Freuen wir uns also, leben wir ohne Furcht und Unruhe und warten wir auf den Tod, da dies ja ungewiss ist, und dann werden wir schon sehen, was mit uns geschehen wird. Ich sehe darin keine Folgerichtigkeit…*

(15.) *Ist es mutig für einen Sterbenden, wenn er in seiner Schwäche und seinem Todeskampf einen mächtigen und ewigen Gott beleidigt?*

(14.) Das gute Benehmen zielt darauf ab, keine Nachsicht zu haben, und das rechte Mitleid, Nachsicht für die anderen zu haben.

(16.) Wie glücklich wäre ich, wenn ich mich in einem solchen Zustand befände, dass man Mitleid mit meiner Torheit hätte und man so gütig wäre, mich gegen meinen Willen von ihr zu befreien.

(17.) *(Dies nicht zu bedauern und nicht zu lieben verrät so viel Geistesschwäche und so viel Böswilligkeit.)*

(18.) Was für ein Grund zur Freude, nichts weiter als Elend ohne Rettung zu erwarten! Was für ein Trost, wenn man daran verzweifelt, jemals einen Tröster zu finden!

(Wenn wir sie jedoch nicht rühren können, so werden sie dennoch nicht unnütz sein.)

(19.) Gerade diejenigen aber, die dem Ruhm der Religion am stärksten zu widersprechen scheinen, werden dabei nicht unnütz für die anderen sein.

(20.) Wir werden daraus den ersten Beweis machen, dass es hier etwas Übernatürliches gibt, denn eine derartige Verblendung ist nichts Natürliches. Und wenn ihre Torheit sie in einen solchen Widerspruch zu ihrem eigenen Glück bringt, wird sie doch dazu dienen, die anderen durch ein so grauenerregendes und jammervolles Beispiel und eine so bemitleidenswerte Torheit davor zu bewahren.

(21.) Sind sie so standhaft, dass sie bei allem, was sie berührt, unempfindlich sind? Stellen wir sie auf die Probe, wenn sie ihre Güter oder die Ehre verlieren. Was nun? Jene Standhaftigkeit ist eine Täuschung.

822/593 Geschichte Chinas.

Ich glaube nur den Geschichten, deren Zeugen sich erwürgen ließen.

(Wem von beiden kann man mehr glauben, Moses oder China?)

Es geht nicht darum, das im Allgemeinen zu betrachten; ich sage Euch, dass es dabei Dinge gibt, die verblenden, und andere, die erleuchten.

Allein durch diesen Ausspruch mache ich alle Eure Vernunfturteile zuschanden; China aber, sagt Ihr, schafft Unklarheiten. Und ich antworte: China schafft wohl Unklarheiten, doch es gibt dabei eine Erleuchtung zu finden. Sucht sie!

So wirkt alles, was Ihr sagt, für den einen Zweck und nicht gegen den anderen. Also ist das nützlich und nicht schädlich.

Man muss dies daher im Einzelnen betrachten. Man muss die Dokumente auf den Tisch legen.

823/217 Ein Erbe findet die Besitzurkunden seines Hauses. Wird er etwa behaupten, sie seien falsch, und wird er versäumen, sie zu prüfen?

824/522 Das Gesetz verpflichtete zu jenem, was es nicht gewährte; die Gnade gewährt jenes, wozu sie verpflichtet.

825/901 Das scheint es zu widerlegen. (?)

Humilibus dat gratiam (»Den Demütigen gibt er Gnade«, Jak 4,6; 1. Petr 5,5); *an ideo non dedit humilitatem* (»heißt das, dass er nicht die Demut gegeben hat«, Pascal)?

Sui eum non receperunt (»Die Seinen nahmen ihn nicht auf«, Joh 1,11), *quotquot autem non receperunt, an non erant sui* (»waren all jene aber, die ihn nicht aufnahmen, nicht die Seinen«, Pascal)?

Serie XXXI

826/673 *Fac secundum exemplar quod tibi ostensum est in monte.* (»Siehe zu, dass du es machst nach dem Bilde, das du auf dem Berge gesehen hast.« 2. Mose 25,40.)

Die Religion der Juden ist also nach dem Ebenbild der Wahrheit des Messias geschaffen worden, und die Wahrheit des Messias ist von der Religion der Juden, die deren Vorbild war, erkannt worden.

Bei den Juden gab es die Wahrheit nur bildlich; im Himmel ist sie enthüllt.

In der Kirche ist sie verhüllt und durch die Übereinstimmung mit dem Vorbild erkannt.

Das Vorbild ist nach der Wahrheit gestaltet worden.

Und die Wahrheit ist am Vorbild erkannt worden.

827/673 Der heilige Paulus sagt selbst, dass einige Leute die Ehe verbieten werden (1. Tim 4,3), und er selbst spricht darüber zu den Korinthern in einer Art, die eine Fallgrube ist (1. Kor 7). Denn hätte ein Prophet etwas und der heilige Paulus hierauf etwas anderes gesagt, so hätte man ihn verklagt.

828/304 Die Bande, die bewirken, dass die Achtung der einen mit den anderen verknüpft ist, sind im Allgemeinen Bande der Notwendigkeit; denn es muss unterschiedliche Rangstufen geben, da alle Menschen herrschen wollen und es nicht alle können, wohl aber einige wenige.

Stellen wir uns also vor, wir sehen, wie sie allmählich ihre Ordnung begründen. Zweifellos werden sie sich schlagen, bis die stärkere Partei die schwächere unterjocht und es schließlich eine herrschende Gruppe gibt. Ist dies aber einmal entschieden, so befehlen die Herren, die keine Fortsetzung des Krieges wollen, dass die Gewalt, die in ihrer Hand liegt, vererbt wird, wie es ihnen gefällt: Die einen vertrauen es der Wahl der Völker an, die anderen der Erbfolge nach dem Geburtsrecht usw.

Und dann beginnt die Einbildung ihre Rolle zu spielen. Bis dahin hat es die bloße Gewalt bestimmt. Nunmehr erhält sich die Gewalt durch die Einbildung in der Hand einer bestimmten Gruppe, der Edelleute in Frankreich, der Bürgerlichen in der Schweiz usw.

Nun sind aber diese Bande, die also die Achtung mit diesem oder jenem im Besonderen verknüpfen, Bande der Einbildung.

829/351 Jene großen Geistesanstrengungen, zu denen die Seele manchmal gelangt, sind etwas, woran sie nicht festhält; sie springt lediglich zu ihnen empor, nicht für immer wie auf einen Thron, sondern nur für einen Augenblick.

Abteilung III

Wunder

Serie XXXII

830/*Zusatz* XIII Die Punkte, nach denen ich den Herrn Abt von Saint-Cyran fragen muss, sind hauptsächlich die folgenden. Da ich aber keine Abschrift davon habe, müsste er sich die Mühe machen, dieses Schriftstück mit der Antwort, die er mir freundlicherweise geben wird, zurückzuschicken.

1. Ob es notwendig ist, damit eine Wirkung zu den Wundern zählt, dass sie über die Kraft der Menschen, der bösen Geister, der Engel und der ganzen geschaffenen Natur hinausgeht.

Die Theologen sagen, die Wunder seien übernatürlich entweder in ihrem Wesen, quoad substantiam, *so etwa, wenn sich zwei Körper gegenseitig durchdringen, wie auch, dass sich ein und derselbe Körper gleichzeitig an zwei Orten befindet; oder sie seien übernatürlich in der Art, wie sie bewirkt werden,* quoad modum, *so etwa, wenn sie von Mitteln bewirkt werden, die keine natürliche Kraft haben, um sie zu bewirken: so etwa, wenn Jesus Christus die Augen des Blinden mit Kot und die Schwiegermutter des Petrus, indem er sich über sie beugt, heilt und die Frau, die den Blutfluss hatte, indem sie den Saum seines Kleides berührt … Und die meisten Wunder, die er für uns im Evangelium getan hat, sind von dieser zweiten Art. So ist es auch bei der Heilung eines*

Fiebers oder einer anderen Krankheit, die in einem Augenblick oder vollkommener, als die Natur sie bewirkt, durch das Berühren einer Reliquie oder durch die Anrufung des Namens Gottes vollbracht wird, so dass der Gedanke desjenigen, der diese Schwierigkeiten aufführt, wahrhaftig ist und mit allen Theologen, selbst denjenigen der heutigen Zeit, übereinstimmt.

2. Ob es nicht genügt, dass es über die natürliche Kraft der Mittel, die man dabei verwendet, hinausgeht, da meine Ansicht ist, dass jede Wirkung zu den Wundern zählt, (wenn sie) die natürliche Kraft der Mittel, die man dabei verwendet, übersteigt. Also nenne ich die Heilung einer Krankheit wunderbar, die durch das Berühren einer heiligen Reliquie vollbracht wird, die Heilung eines Besessenen, die durch die Anrufung des Namens Jesu vollbracht wird usw., weil diese Wirkungen die natürliche Kraft der Worte übersteigen, mit denen man Gott anruft, wie sie auch über die natürliche Kraft einer Reliquie hinausgehen, *(welche)* die Kranken nicht heilen und die bösen Geister nicht austreiben können. Aber ich nenne es kein Wunder, wenn man die bösen Geister durch die Kunst des Teufels austreibt; denn benutzt man die Kunst des Teufels, um den Teufel auszutreiben, so übersteigt die Wirkung nicht die natürliche Kraft der Mittel, die man dabei verwendet; und daher bin ich zu der Auffassung gekommen, dass die wahre Bestimmung der Wunder diejenige ist, die ich soeben genannt habe.

Was der Teufel vollbringen kann, ist kein Wunder, so wenig wie das, was ein Tier vollbringen kann, obgleich der Mensch selbst es nicht vollbringen könnte.

3. Ob der heilige Thomas nicht dieser Erklärung wider-

spricht und ob er nicht die Meinung vertritt, dass eine Wirkung, um zu den Wundern zu gehören, die Kraft der ganzen geschaffenen Natur übersteigen muss.

Der heilige Thomas ist der gleichen Meinung wie die anderen, obgleich er die zweite Art von Wundern in zwei Teile gliedert: in die Wunder quoad subjectum (»in Bezug auf den Gegenstand«) *und in die Wunder* quoad ordinem naturae (»in Bezug auf die Naturordnung«). *Er sagt, die ersten seien diejenigen Wirkungen, welche die Natur durchaus vollbringen könne, dies aber nicht bei jedem Gegenstand, wie sie etwa Leben hervorbringen könne, dies aber nicht bei einem toten Körper; und die zweiten seien diejenigen Wirkungen, die sie bei einem Gegenstand hervorbringen könne, dies aber durch ein bestimmtes Mittel nicht mit solcher Schnelligkeit, wie etwa, ein Fieber oder eine Krankheit, wenn sie auch nicht unheilbar seien, in einem einzigen Augenblick und durch eine einzige Berührung zu heilen.*

4. Ob es den erklärten und offenbaren Ketzern möglich ist, wahre Wunder zu tun, um eine Irrlehre zu bestätigen.

Niemals können wahre Wunder durch irgendjemanden vollbracht werden, sei er Katholik oder Ketzer, Heiliger oder Bösewicht, um eine Irrlehre zu bestätigen, weil Gott dann durch sein Siegel die Irrlehre als falscher Zeuge oder vielmehr als falscher Richter bejahen und gutheißen würde; das steht für alle Zeiten fest.

5. Ob es den erklärten und offenbaren Ketzern möglich ist, solche Wunder wie die Heilung jener Krankheiten, die nicht unheilbar sind, zu vollbringen; ob sie zum Beispiel ein Fieber zu heilen vermögen, damit sie so eine unrichtige Behauptung bestätigen können; Pater Lingendes erkennt ihnen dieses Vermögen in seinen Predigten zu.

(Auf diese Frage ist keine Antwort gegeben worden.)

6. Ob es den erklärten und offenbaren Ketzern möglich ist, Wunder, die über die ganze geschaffene Natur hinausgehen, durch die Anrufung des Namens Gottes und durch eine heilige Reliquie zu tun.

Sie können es, um eine Wahrheit zu bestätigen, und dafür gibt es Beispiele in der Geschichte.

7. Ob es den verborgenen Ketzern – die sich nicht von der Kirche trennen und gleichwohl einer Irrlehre anhangen, sich jedoch nicht gegen die Kirche erklären, damit sie die Gläubigen leichter verführen und ihre eigene Partei stärken können – möglich ist, Wunder, die über die gesamte Natur hinausgehen, durch die Anrufung des Namens Jesu oder durch eine heilige Reliquie zu tun, oder ob sie solche Wunder tun können, die nur über den Menschen selbst hinausgehen, wie etwa, solche Leiden, die nicht unheilbar sind, augenblicks zu heilen.

Die verborgenen Ketzer haben nicht mehr Macht über die Wunder als die erklärten Ketzer; denn Gott – der als Einziger Wunder wirkt und vollbringt, welcher Art sie auch sein mögen, vorausgesetzt, dass es wahre Wunder sind – ist nichts verborgen.

8. Ob die Wunder, die durch den Namen Gottes oder durch die Einwirkung der göttlichen Dinge vollbracht werden, nicht die Zeichen der wahren Kirche sind und ob alle Katholiken dies nicht im Gegensatz zu den Ketzern bejaht haben.

Alle Katholiken erkennen das an und vor allem die jesuitischen Autoren. Man braucht nur Bellarmino zu lesen. Selbst wenn die Ketzer, was zuweilen, obgleich selten, geschehen ist, Wunder getan haben, so waren diese Wunder – weil sie nur vollbracht wurden, um die Wahrheit, welche die Kirche lehrt, und nicht die Irrmeinung der Ketzer zu bestätigen – doch Zeichen der Kirche.

9. Ob es niemals geschehen ist, dass es den Ketzern möglich war, Wunder zu tun, und welcher Art sie dann gewesen sind.

Von derartigen Wundern gibt es sehr wenig gesicherte; aber diejenigen, über die man spricht, sind nur wunderbar quoad modum, *das heißt natürliche Wirkungen, die auf eine wunderbare Art vollbracht werden, wie sie die Naturordnung übersteigt.*

10. Ob dieser Mann im Evangelium, der die Teufel im Namen Jesu Christi austrieb und von dem Jesus Christus sagte: »Wer nicht wider uns ist, der ist für uns« (Lk 9,50), ein Freund oder ein Feind Jesu Christi war und was die Ausleger des Evangeliums darüber sagen. Ich frage das, weil Pater Lingendes gepredigt hat, jener Mann stünde im Widerspruch zu Jesus Christus.

Das Evangelium bezeugt ausreichend, dass er nicht im Widerspruch zu Jesus Christus stand, und die Kirchenväter sind dieser Ansicht und auch nahezu alle jesuitischen Autoren.

11. Ob der Antichrist im Namen Jesu Christi oder in seinem eigenen Namen Zeichen tun wird.

Da er nicht im Namen Jesu Christi kommen wird, sondern in seinem eigenen Namen, wie das Evangelium sagt, wird er also keine Wunder im Namen Jesu Christi wirken, sondern in seinem eigenen Namen und gegen Jesus Christus, um den Glauben und dessen Kirche zu zerstören; aus diesem Grunde werden das keine wahren Wunder sein.

12. Ob die Orakel zu den Wundern gehört haben.

Die Wunder der Heiden und der Götzen waren nicht

wunderbarer als die übrigen Taten der bösen Geister und der Zauberer.

831/810 Das zweite Wunder kann das erste voraussetzen; das erste kann das zweite nicht voraussetzen.

Serie XXXIII

832/803 5. Wunder. Beginn.

Die Wunder dienen als Unterscheidung bei der Lehre, und die Lehre dient als Unterscheidung bei den Wundern.

Es gibt falsche und wahre Wunder. Man braucht ein Merkmal, um sie zu erkennen, sonst wären sie unnütz.

Nun sind sie aber nicht unnütz, und sie sind im Gegenteil grundlegend.

Nun muss aber der Grundsatz, den er uns nennt, so beschaffen sein, dass er nicht den Beweis zerstört, den die wahren Wunder für die Wahrheit liefern, die der Hauptzweck der Wunder ist.

Moses hat zwei Grundsätze genannt: dass die Voraussage nicht eintritt, 5. Buch Mose 18 (22), und dass die Wunder nicht zum Götzendienst führen, 5. Buch Mose 13 (1–4), und Jesus Christus hat einen Grundsatz genannt.

Wenn die Lehre als Grundsatz für die Wunder dient, so sind die Wunder unnütz für die Lehre.

Wenn die Wunder als Grundsatz dienen …

Einwand gegen den Grundsatz:

Die Unterscheidung der Zeiten: ein Grundsatz zur Zeit des Moses, ein anderer Grundsatz in der heutigen Zeit.

833/487 Jede Religion ist falsch, die in ihrem Glauben nicht einen Gott als Anfang aller Dinge anbetet und die in ihrer Moral nicht einen einzigen Gott als Zweck aller Dinge liebt.

834/826 Gründe, warum man nicht glaubt:

Johannes 12,37.

Cum autem tanta signa fecisset non credebant in eum. (»Und ob er wohl solche Zeichen [vor ihnen] getan hatte, glaubten sie doch nicht an ihn«, Joh 12,37.) *Ut sermo Isaiae impleretur.* (»Auf dass erfüllet würde der Spruch des [Propheten] Jesaja«, Joh 12,38.) *Excaecavit* (»Er hat [ihre Augen] verblendet«, Joh 12,40) usw.

Haec dixit Isaias quando vidit gloriam ejus et locutus est de eo. (»Solches sagte Jesaja, da er seine Herrlichkeit sah und redete von ihm.« Joh 12,41.)

Judaei signa petunt et graeci sapientiam quaerunt. (»Sintemal die Juden Zeichen fordern und die Griechen nach Weisheit fragen.« 1. Kor 1,22.)

Nos autem Jesum Crucifixum. (»Wir aber [predigen] den gekreuzigten Christus«, 1. Kor 1,23.)

Sed plenum signis, sed plenum sapientia. (»Aber voller Zeichen, aber voller Weisheit.« Pascal.)

Vos autem Christum, non crucifixum, et religionem sine miraculis et sine sapientia. (»Ihr aber [wollt] einen Christus, der nicht gekreuzigt wurde, und eine Religion ohne Wunder und ohne Weisheit.« Pascal.)

Was bewirkt, dass man die wahren Wunder nicht glaubt, ist der Mangel an christlicher Liebe. Johannes: *Sed vos non creditis quia non estis ex ovibus.* (»Aber ihr glaubet nicht; denn ihr seid von meinen Schafen nicht«, Joh 10,26.)

Was bewirkt, dass man die falschen Wunder glaubt, ist der Mangel an christlicher Liebe.

2. Brief an die Thessalonicher 2 (10).

Grundlage der Religion.

Das sind Wunder, was also? Spricht Gott etwa gegen die Wunder, gegen die Grundlagen des Glaubens, den man an ihn hat?

Wenn es einen Gott gibt, so musste der Glaube an Gott auf Erden bestehen; nun werden die Wunder Christi nicht vom Antichrist vorausgesagt, die Wunder des Antichrist aber werden von Jesus Christus vorausgesagt. Und wenn daher Jesus Christus nicht der Messias wäre, so hätte er sehr wohl zum Irrtum verleitet, der Antichrist aber darf durchaus nicht zum Irrtum verleiten.

Als Jesus Christus die Wunder des Antichrist vorausgesagt hat, hat er da geglaubt, das Vertrauen zu seinen eigenen Wundern zu zerstören?

Es gibt keinen Grund, an den Antichrist zu glauben, der nicht auch einer wäre, an Jesus Christus zu glauben, aber bei Jesus Christus gibt es Gründe, an ihn zu glauben, die bei dem anderen nicht vorhanden sind.

Moses hat Jesus Christus vorausgesagt und geboten, ihm zu folgen. Jesus Christus hat den Antichrist vorausgesagt und verboten, ihm zu folgen.

Unmöglich hätte man zur Zeit des Moses seinen Glauben dem Antichrist vorbehalten können, der jenen unbekannt war, aber in der Zeit des Antichrist ist es sehr leicht, an Jesus Christus zu glauben, den man schon kennt.

835/564 Die Prophezeiungen, ja selbst die Wunder und die Beweise für unsere Religion sind nicht so beschaffen, dass man sagen könnte, sie seien vollkommen überzeugend; aber sie sind auch derart, dass man nicht sagen kann, man sei ohne Vernunft, wenn man sie glaube. Also gibt es Klarheit und Dunkelheit, um die einen zu erleuchten und die anderen zu verblenden; jedoch ist die Klarheit so, dass sie die Klarheit der gegenteiligen Aussage übertrifft oder ihr wenigstens gleichkommt, so dass nicht die Vernunft entscheiden kann, ihr nicht zu folgen, und also können das nur die Begierde und die Bosheit des Herzens bewirken. Und durch dieses Mittel gibt es genug Klarheit, um zu verdammen, und nicht genug, um zu überzeugen, damit sichtbar wird, dass bei denjenigen, die ihr folgen, dies die Gnade und nicht die Vernunft bewirkt und dass bei denjenigen, die sie fliehen, dies die Begierde und nicht die Vernunft bewirkt.

Vere discipuli (»... [meine] rechten Jünger«, Joh 8,31), *Vere Israelita* (»... ein rechter Israeliter«, Joh 1,47), *Vere liberi* (»... [so seid ihr] recht frei«, Joh 8,36), *Vere cibus* (»... das rechte Brot [vom Himmel]«, Joh 6,32).

Ich setze voraus, dass man die Wunder glaubt.

836/855 Ihr verderbt die Religion entweder zugunsten Eurer Freunde oder zum Nachteil Eurer Feinde; Ihr bestimmt darüber nach Eurem Gutdünken.

837/823 Wenn es keine falschen Wunder gäbe, so würde es Gewissheit geben.

Wenn es überhaupt keinen Grundsatz gäbe, um die Wunder zu unterscheiden, so wären sie unnütz, und es gäbe keinen vernünftigen Grund zu glauben.

Nun gibt es nach Menschenmaß keine menschliche Gewissheit, wohl aber einen vernünftigen Grund.

838/671 Die Juden, die berufen waren, alle Königreiche der Heiden zu beherrschen (2. Chron 20,6), waren Sklaven der Sünde, und die Christen, deren Berufung es war, zu dienen und Knechte zu sein, sind die freien Kinder.

839/827 Richter 13,23. Wenn der Herr Lust hätte, uns zu töten, er hätte uns auch nicht solches alles erzeigt.

Hiskia, Sanherib.

Jeremia: Hananja, der falsche Prophet, stirbt im siebenten Monat (Jer 28,17).

2. Buch der Makkabäer 3: Als der Tempel von Plünderung bedroht ist, wird er wunderbar beschützt.

2. Buch der Makkabäer 15.

1. Buch der Könige 17 (24). Die Witwe zu Elia, der das Kind vom Tode auferweckt hatte: Nun erkenne ich, dass deine Worte wahr sind.

1. Buch der Könige 18 (19): Elia mit den Propheten Baals.

Niemals ist im Kampf um den wahren Gott und um die Wahrheit der Religion ein Wunder auf Seiten der Irrlehre geschehen, wohl aber auf Seiten der Wahrheit.

840/843 Hier ist nicht die Heimat der Wahrheit; unbekannt irrt sie unter den Menschen umher. Gott hat sie mit einem Schleier verhüllt, der sie jenen unkenntlich macht, die seine Stimme nicht vernehmen; Tür und Tor stehen den Lästerungen offen, und das sogar bei Wahrheiten, die doch wenigstens ganz offensichtlich sind. Wenn man die Wahrheiten des Evangeliums verkündigt, so verkündigt man entgegengesetzte Wahrheiten, und man verdunkelt die Probleme, so dass das Volk nicht unterscheiden kann. Und man fragt: Was habt Ihr, wodurch man Euch eher als den anderen glauben soll, welches Zeichen tut Ihr? Ihr habt nichts als Worte, und wir auch. Hättet Ihr Wunder, dann wäre es gut. Da es wahr ist, dass die Lehre von den Wundern gestützt werden muss, missbraucht man dies, um die Lehre zu lästern. Und wenn Wunder geschehen, sagt man, dass die Wunder ohne die Lehre nicht ausreichen, und dies ist eine andere Wahrheit, mit der man die Wunder lästern will.

Jesus Christus heilte den Blindgeborenen und tat eine große Anzahl von Wundern am Sabbat, wodurch er die Pharisäer verblendete, die sagten, man müsse über die Wunder nach der Lehre urteilen.

Wir haben Mose, woher aber dieser ist, wissen wir nicht (Joh 9,29).

Gerade das ist erstaunlich, dass ihr nicht wisst, woher dieser ist, und doch tut er solche Wunder.

Jesus Christus sprach nicht gegen Gott und auch nicht gegen Mose.

Der Antichrist und die falschen Propheten, die durch das Alte und das Neue Testament vorausgesagt wurden, werden offen gegen Gott und gegen Jesus Christus sprechen.

Gott würde nicht erlauben, dass jemand, der nicht (offen) gegen ihn ist und der ein verborgener Feind wäre, öffentlich Wunder tun könnte.

Nie sind in einem öffentlichen Streit, in dem die beiden Parteien von sich sagen, dass sie sich zu Gott, zu Jesus Christus und zur Kirche bekennen, die Wunder auf Seiten der falschen Christen geschehen, und nie blieb die andere Seite ohne Wunder.

Er hat den Teufel (Joh 10,20). Johannes 10,21: Und die anderen sprachen: Kann der Teufel auch der Blinden Augen auftun?

Die Beweise, die Jesus Christus und die Apostel der Heiligen Schrift entnehmen, sind nicht zwingend, denn sie sagen nur, Moses habe gesagt, es werde ein Prophet kommen (Joh 1,45; Apg 3,22), aber sie beweisen damit nicht, dass er es wäre, und gerade das war die ganze Frage. Diese Schriftstellen dienen also nur, um zu zeigen, dass man sich nicht im Gegensatz zur Heiligen Schrift befindet und dass sich hieraus kein Widerspruch zu ihr ergibt, aber nicht, um zu zeigen, dass eine Übereinstimmung vorliege. Nun ist es aber genug, dass ein Widerspruch ausgeschlossen ist, bevor die Wunder eintreten.

Es besteht eine gegenseitige Pflicht zwischen Gott und den Menschen. Man muss ihm das Wort *quod debui* (»Was sollte ich [noch mehr tun an meinem Weinberge, das ich nicht getan habe an ihm]?« Jes 5,4) vergeben. »Lasst uns miteinander rechten«, sagt Gott bei Jesaja (1,18).

1. Gott muss seine Verheißungen erfüllen usw.

Die Menschen schulden Gott, die Religion, die er ihnen sendet, anzunehmen.

Gott schuldet den Menschen, sie nicht zum Irrtum zu verleiten.

Nun würden sie aber zum Irrtum verleitet, wenn die Wundertäter eine Lehre verkündeten, die der Einsicht des gesunden Menschenverstandes nicht als deutlich falsch erschiene, und wenn nicht ein noch größerer Wundertäter schon gewarnt hätte, nicht an sie zu glauben.

Wenn es also eine Spaltung in der Kirche gab und wenn zum Beispiel die Arianer, die behaupteten, sich wie die Katholiken auf die Heilige Schrift zu stützen, Wunder getan hätten und nicht die Katholiken, so wäre man zum Irrtum verleitet worden.

Denn so, wie ein Mensch, der uns die Geheimnisse Gottes verkündet, nicht würdig ist, auf seine eigene Autorität hin Glauben zu finden, und die Ungläubigen gerade aus diesem Grunde an ihnen zweifeln, ebenso gibt es bei einem Menschen, der als Zeichen seiner Gemeinschaft mit Gott die Toten auferweckt, die Zukunft vorhersagt, die Meere versetzt, die Krankheiten heilt, keinen Ungläubigen, der sich ihm nicht unterwirft; und der Unglaube Pharaos und der Pharisäer ist die Wirkung einer übernatürlichen Verstocktheit.

Wenn man also von ein und derselben Seite die Wunder und die Lehre betrachtet und diese nicht verdächtig ist, so gibt es keine Schwierigkeit, aber wenn man von ein und derselben Seite die Wunder und die Lehre betrachtet und diese verdächtig ist, dann muss man nachprüfen, welche Seite die klarere ist. Jesus Christus war verdächtig.

Bar-Jesus mit Blindheit geschlagen. Die Macht Gottes übertrifft diejenige seiner Feinde.

Die jüdischen Beschwörer wurden von den Teufeln geschlagen, und diese sagten: »Jesum kenne ich wohl, und von Paulus weiß ich wohl; wer seid ihr aber?« (Apg 19,15.)

Die Wunder sind für die Lehre da, und die Lehre ist nicht für die Wunder da.

Wenn die Wunder wahr sind, kann man damit von jeder Lehre überzeugen? Nein, denn das wird nicht eintreten.

Si angelus. (»[Aber] wenn [auch wir oder] ein Engel [vom Himmel euch würde ein Evangelium predigen, das anders ist, als wir es euch gepredigt haben, der sei verflucht]!« Gal 1,8.)

Grundsatz:

Man muss über die Lehre nach den Wundern urteilen, man muss über die Wunder nach der Lehre urteilen.

All dies ist wahr, doch es steht miteinander nicht im Widerspruch.

Denn man muss die Zeiten unterscheiden.

Wie zufrieden seid Ihr doch, die allgemeinen Grundsätze zu kennen, denn Ihr meint, dadurch Verwirrung zu stiften und alles unnütz werden zu lassen. Man wird Euch daran hindern, Pater, die Wahrheit ist eine einzige und sichere.

Der Pflicht Gottes gemäß ist es unmöglich, dass ein Mensch, der seine schlechte Lehre verbirgt und nur eine gute vorträgt, sich dabei in Übereinstimmung mit Gott und der Kirche erklärt, Wunder tut, um unmerklich eine falsche und arglistige Lehre eindringen zu lassen. Das kann nicht sein.

Und noch weniger, dass Gott, der die Herzen kennt, Wunder zugunsten eines solchen Menschen täte.

841/829 Jesus Christus sagt, dass die Schrift von ihm zeuge, aber er bekundet nicht, worin dieses Zeugnis besteht.

Selbst die Prophezeiungen konnten Jesus Christus während seines Lebens nicht als Beweis dienen, und daher wäre man durchaus nicht schuldig gewesen, wenn man vor dessen Tode nicht an ihn glaubte, hätten nicht die Wunder ohne die Lehre genügt; nun waren aber diejenigen, die noch zu seinen Lebzeiten nicht an ihn glaubten, Sünder, wie er es selbst sagt, und ohne Entschuldigung (Joh 15,22). Also musste es für sie einen Beweis geben, dem sie sich widersetzten; nun hatten sie aber nicht die Heilige Schrift, sondern allein die Wunder; folglich genügen diese, wenn die

Lehre dem nicht widerspricht. Und man muss ihnen glauben.

Johannes 7,40. Streit zwischen den Juden, wie heute zwischen den Christen.

Die einen glauben an Jesus Christus, und die anderen glauben nicht an ihn, weil es in den Prophezeiungen hieß, er solle aus Bethlehem kommen.

Sie hätten besser achtgeben müssen, ob er nicht aus Bethlehem war; denn seine Wunder waren ja beweiskräftig, und deshalb hätten sie sich von diesen vermeintlichen Widersprüchen zwischen seiner Lehre und der Heiligen Schrift genau überzeugen müssen, und diese Unklarheit entschuldigte sie nicht, sondern verblendete sie.

Daher sind diejenigen, die sich weigern, eines vermeintlichen und eingebildeten Widerspruchs wegen den heutigen Wundern zu glauben, nicht entschuldigt.

Dem Volk, das an ihn aufgrund seiner Wunder glaubte, sagen die Pharisäer: Das Volk, das nichts vom Gesetz weiß, ist verflucht (Joh 7,49). Aber glaubt auch irgendein Oberster oder Pharisäer an ihn (Joh 7,48), denn wir wissen, dass aus Galiläa kein Prophet aufsteht (Joh 7,52)? Nikodemus antwortete: Richtet unser Gesetz auch einen Menschen, ehe man ihn verhört (Joh 7,51)?

842/588 Unsere Religion ist weise und töricht; sie ist weise, weil sie das größte Wissen besitzt und am stärksten auf den Wundern, Prophezeiungen usw. begründet ist; sie ist töricht, weil nichts von alldem bewirkt, dass man ihr angehört. Dies führt sehr wohl dazu, dass diejenigen verdammt sind, die ihr nicht angehören, aber es führt nicht dazu, dass diejenigen glauben, die ihr angehören. Was sie zum Glauben führt, ist das Kreuz – *ne evacuata sit crux* (»auf dass nicht das Kreuz [Christi] zunichtewerde«, 1. Kor 1,17).

Und daher sagt der heilige Paulus, der mit Weisheit und Zeichen gekommen ist, dass er nicht mit Weisheit oder Zeichen gekommen sei (1. Kor 2,1); denn er kam, um zu bekehren. Diejenigen aber, die nur kommen, um zu überzeugen, können sagen, dass sie mit Weisheit und Zeichen kommen.

843/836 Es ist ein großer Unterschied, nicht für Jesus Christus zu sein und es zu sagen oder keineswegs für Jesus Christus zu sein und vorzugeben, dass man ihm angehört. Die einen können Wunder tun und die anderen nicht, denn bei den einen ist offenkundig, dass sie gegen die Wahrheit sind, und bei den anderen nicht. Und daher sind die Wunder etwas viel Offenkundigeres.

844/837 Einen einzigen Gott lieben zu müssen ist etwas so Offenbares, dass keine Wunder nötig sind, um es zu beweisen.

845/861 Ein schöner Zustand der Kirche, wenn sie nur noch von Gott erhalten wird.

846/808 Jesus Christus hat bezeugt, dass er der Messias war, dies jedoch niemals, indem er seine Lehre durch die Heilige Schrift oder die Weissagungen bestätigte, sondern stets durch seine Wunder.

Er beweist durch ein Wunder, dass er die Sünden vergibt.

Freuet euch nicht eurer Wunder, sagt Jesus Christus,

freuet euch aber, dass eure Namen im Himmel geschrieben sind (Lk 10,20).

Hören sie Mose nicht, so werden sie auch nicht glauben, wenn jemand von den Toten aufstünde (Lk 16,31).

Nikodemus erkennt durch die Wunder Jesu Christi, dass dessen Lehre von Gott ist. *Scimus quia venisti a deo magister, nemo enim potest facere quae tu facis nisi deus fuerit cum illo.* (»[Meister,] wir wissen, dass du bist ein Lehrer von Gott gekommen; denn niemand kann die Zeichen tun, die du tust, es sei denn Gott mit ihm.« Joh 3,2.) Er urteilt nicht über die Wunder nach der Lehre, sondern über die Lehre nach den Wundern.

Die Juden hatten eine Lehre von Gott, wie wir eine Lehre von Jesus Christus haben. Und sie war ihnen durch Wunder und das Verbot bestätigt, irgendeinem Wundertäter zu glauben; und überdies bestand das Gebot, dass sie sich an die Hohenpriester wenden und sich an sie halten sollten. Und alle Gründe also, die wir haben, um den Wundertätern den Glauben zu verweigern, die hatten sie ihren Propheten gegenüber. Und gleichwohl waren sie sehr schuldig, die Propheten aufgrund ihrer Wunder und Jesus Christus abzulehnen. Und sie wären durchaus nicht schuldig gewesen, wenn sie überhaupt keine Wunder gesehen hätten. *Nisi fecissem peccatum non haberent.* (»Hätte ich nicht [die Werke] getan [unter ihnen, die kein anderer getan hat], so hätten sie keine Sünde«, Joh 15,24.)

Also beruht der ganze Glauben auf den Wundern.

Die Prophezeiung wird nicht Wunder genannt. Wie etwa Johannes sagt, dass Jesus Christus in Kana das erste Wunder tat, und dann davon spricht, dass Jesus Christus zu der Samariterin redet, der er ihr ganzes verborgenes Leben enthüllt, und hierauf heilt er den Sohn eines Mannes im Dienst des Königs. Und Johannes nennt dies das zweite Zeichen.

847/893 Wenn man die Wahrheit zeigt, bewirkt man, dass sie geglaubt wird; wenn man aber die Ungerechtigkeit der Herren zeigt, stellt man sie nicht ab; man gewinnt Sicherheit für sein Gewissen, wenn man die Unwahrheit zeigt; man gewinnt keine Sicherheit für seine Börse, wenn man die Ungerechtigkeit zeigt.

848/806 Die Wunder und die Wahrheit sind notwendig, weil man den ganzen Menschen mit Leib und Seele überzeugen muss.

849/665 Die christliche Liebe ist kein bildliches Gebot. Zu sagen, dass Jesus Christus, der gekommen ist, die Bilder aufzuheben, um die Wahrheit einzusetzen, nur gekommen sei, das Bild der Liebe zu bringen, um die Wirklichkeit, die zuvor bestanden hatte, aufzuheben, das ist entsetzlich.

Wenn nun das Licht Finsternis ist, wie groß wird dann die Finsternis sein (Mt 6,23)!

850/821 Es gibt einen beträchtlichen Unterschied zwischen versuchen und zum Irrtum verleiten. Gott versucht, aber er verleitet nicht zum Irrtum. Versuchen heißt, Gelegenheiten zu schaffen, die keine Notwendigkeit auferlegen und bewirken, dass man, wenn man Gott nicht liebt, etwas Bestimmtes tun wird. Zum Irrtum verleiten heißt, den Menschen in die Zwangslage zu versetzen, etwas Falsches zu schließen und diesem zu folgen.

851/842

Si tu es Christus dic nobis. (»Bist du Christus, so sage es uns.« Joh 10,24.)

Opera quae ego facio in nomine patris mei. (»Die Werke, die ich tue in meines Vaters Namen.« Joh 10,25.)

Haec testimonium perhibent de me. (»... die zeugen von mir.« Joh 10,25.)

Sed vos non creditis, quia non estis ex ovibus meis. (»Aber ihr glaubet nicht; denn ihr seid von meinen Schafen nicht.« Joh 10,26.)

Oves meae vocem meam audiunt. (»Denn meine Schafe hören meine Stimme.« Joh 10,27.)

Johannes 6,30: *Quod ergo tu facis signum, ut videamus et credamus tibi* (»Was tust du denn für ein Zeichen, auf dass wir sehen und glauben dir?«); *non dicunt: quam doctrinam predicas* (»sie sagen nicht: Welche Lehre predigst du?« Pascal).

Nemo potest facere signa, quae tu facis nisi deus fuerit cum illo. (»Niemand kann die Zeichen tun, die du tust, es sei denn Gott mit ihm.« Joh 3,2.)

2. Buch der Makkabäer 14,15:

Deus qui signis evidentibus suam portionem protegit. (»Gott, der ... seinem Erbteil mit offenbaren Zeichen hilft.«)

Volumus signum videre de caelo tentantes eum. (»[Die anderen aber] versuchten ihn und begehrten ein Zeichen von ihm vom Himmel.«) – Lukas 11,16.

Generatio prava signum quaerit, et non dabitur. (»Die böse [und ehebrecherische] Art sucht ein Zeichen; und es wird [ihr] kein Zeichen gegeben werden.« (Mt 12,39.)

Et ingemiscens ait, quid generatio ipsa signum quaerit.

(»Und er seufzte [in seinem Geist] und sprach: Was sucht doch dies Geschlecht Zeichen?« (Mk) 8,12. Es verlangte ein Zeichen in böser Absicht. *Et non poterat facere.* (»Und er konnte [allda] nicht [eine einzige Tat] tun.« Mk 6,5.) Und gleichwohl verheißt er ihnen das große und unvergleichliche Zeichen des Jona und seiner eigenen Auferstehung (Mt 12,39 f.).

Nisi videritis signa non creditis. (»Wenn ihr nicht Zeichen [und Wunder] sehet, so glaubet ihr nicht.« Joh 4,48.) Er tadelt sie nicht deshalb, weil sie nicht glauben, ohne dass es Wunder gibt, sondern, weil sie nicht glauben, ohne dass sie selbst die Augenzeugen der Wunder gewesen sind.

Der Antichrist: *In signis mendacibus* (»… mit allerlei lügenhaftigen [Kräften und] Zeichen [und Wundern]«, 2. Thess 2,9), sagt Paulus. 2. Brief an die Thessalonicher 2.

Secundum operationem satanae. (»… nach der Wirkung des Satans«, 2. Thess 2,9.) *In seductione iis qui pereunt eo quod charitatem veritatis non receperunt ut salvi fierent. Ideo mittet illis deus operationes erroris ut credant mendacio.* (»[Und] mit allerlei Verführung [zur Ungerechtigkeit] unter denen, die verloren werden, dafür dass sie die Liebe zur Wahrheit nicht haben angenommen, auf dass sie selig würden. Darum wird ihnen Gott kräftige Irrtümer senden, dass sie glauben der Lüge.« 2. Thess 2,10 f.) Wie in der Stelle bei Moses: *Tentat enim vos deus utrum diligatis eum.* (»Denn [der Herr, euer] Gott, versucht euch, dass er erfahre, ob ihr ihn … liebhabt.« 5. Mose 13,4.)

Ecce praedixi vobis (»Siehe, ich habe es euch zuvor gesagt«, Mt 24,25) *vos ergo videte* (»also [auch] wenn ihr [das alles] sehet«, Mt 24,33).

852/835 Im Alten Testament: wenn man euch von Gott abwenden will; im Neuen Testament: wenn man euch von Jesus Christus abwenden will.

Das sind die Umstände, die bezeichnen, wann man die Wunder vom Glauben auszuschließen hat; man darf hierfür keine anderen ausschließenden Gründe nennen.

Folgt daraus, dass sie das Recht hatten, den Glauben an alle Propheten, die ihnen erschienen sind, auszuschließen? Nein. Sie hätten gesündigt, wenn sie nicht den Glauben an diejenigen ausgeschlossen hätten, die Gott leugneten, und sie hätten gesündigt, wenn sie den Glauben an diejenigen ausgeschlossen hätten, die Gott nicht leugneten.

Sobald man also ein Wunder sieht, muss man sich entweder unterwerfen oder außergewöhnliche Kennzeichen für das Gegenteil haben. Man muss prüfen, ob sie Gott oder Jesus Christus oder auch die Kirche leugnen.

853/192 Miton vorwerfen, dass er sich nicht rührt, wenn Gott ihn verwerfen wird.

854/839 Glaubet doch den Werken, wollt ihr mir nicht glauben (Joh 10,38). Er verweist sie auf die Werke als auf das Wichtigste.

Es war den Juden so gut wie den Christen gesagt, dass sie den Propheten nicht immer glauben dürften; aber die Pharisäer und die Schriftgelehrten machen gleichwohl viel Aufhebens um seine Wunder, und sie versuchen zu beweisen, dass diese falsch oder vom Teufel gewirkt seien, während sie notgedrungen überzeugt worden wären, wenn sie anerkannt hätten, dass diese von Gott sind.

Wir müssen uns heute durchaus nicht die Mühe machen, diese Unterscheidung vorzunehmen; sie ist indes sehr leicht vorzunehmen. Diejenigen, die weder Gott noch Jesus Christus leugnen, tun keine Wunder, die nicht sicher wären.

Nemo facit virtutem in nomine meo et cito possit de me male loqui. (»[Denn es ist] niemand, [der] eine Tat tue in meinem Namen und möge bald übel von mir reden.« Mk 9,39.)

Doch wir brauchen diese Unterscheidung gar nicht vorzunehmen. Seht hier eine heilige Religion, seht hier einen Dorn aus der Krone des Heilands der Welt, über den der Fürst dieser Welt keine Macht hat, der Wunder tut durch die eigentümliche Macht dieses Blutes, das für uns vergossen wurde. Seht hier, dass Gott selbst dieses Haus erwählte, um in ihm seine Macht glanzvoll erscheinen zu lassen.

Nicht Menschen sind es, die diese Wunder dank einer unbekannten und ungewissen Kraft wirken, welche uns zu einer mühseligen Unterscheidung zwänge. Gott ist es selbst, es ist das Leidenswerkzeug seines einzigen Sohnes, der an verschiedenen Orten weilt und diesen hier erwählt hat, zu dem er von überallher die Menschen kommen lässt, damit sie hier diese wunderbaren Tröstungen in ihrer Schwachheit empfangen.

855/834 Johannes 6,26: *Non quia vidistis signum sed quia saturati estis.* (»[Ihr suchet mich] nicht darum, dass ihr Zeichen gesehen habt, sondern dass ihr [von dem Brot gegessen habt und] seid satt geworden.«) Jene, die Jesus Christus um seiner Wunder willen nachfolgen, ehren seine Macht, die diese vollbringt, in allen Wundern; jene aber, die zwar das Bekenntnis ablegen, ihm seiner Wunder wegen nachzufolgen, und die ihm in Wirklichkeit nur nachfolgen, weil er sie tröstet und mit den Gütern dieser Welt sättigt, jene ehren seine Wunder nicht, sobald sie ihnen unbequem sind.

Johannes 9 (16): *Non est hic homo a deo quia sabbatum non custodit. Alii: quomodo potest homo peccator haec signa facere.* (»Der Mensch ist nicht von Gott, dieweil er den Sabbat nicht hält. Die andern [aber sagten]: Wie kann ein sündiger Mensch solche Zeichen tun?«) Was von beidem ist klarer?

Dieses Haus ist Gottes, denn er tut darin außerordentliche Wunder.

Die anderen: Dieses Haus ist nicht Gottes, denn man glaubt darin nicht, dass die fünf Lehrsätze bei Jansenius stehen. Was von beidem ist klarer? *Tu quid dicis, dico, quia propheta est* (»Was sagst du [von ihm] …? Er [aber] sprach: Er ist ein Prophet«, Joh 9,17), *nisi esset hic a deo non poterat facere quidquam* (»wäre dieser nicht von Gott, er könnte nichts tun«, Joh 9,33).

856/828 Gegnerschaften.

Abel, Kain. / Moses, die Zauberer. / Elia, die falschen Propheten. / Jeremia, Hananja. / Micha, die falschen Propheten. / Jesus Christus, die Pharisäer. / Paulus, Bar-Jesus. / Die Apostel, die Beschwörer. / Die Christen und die Ungläubigen. / Die Katholiken, die Ketzer. / Elia, Henoch, der Antichrist. /

Stets bleibt die Wahrheit bei den Wundern siegreich. Die beiden Kreuze.

857/819 Jeremia 23,32. Die Wunder der falschen Propheten, im Hebräischen und bei Vatable. Es finden sich Flüchtigkeitsfehler.

»Wunder« bedeutet nicht immer wirklich Wunder. 1. Buch Samuel 14,15: Wunder bedeutet hier »Schrecken«, und so ist es im Hebräischen. Ebenfalls offenkundig bei Hiob 33,7, und überdies bei Jesaja 21,4; Jeremia 44,22.

Portentum (»Wunderzeichen«) bedeutet *simulacrum* (»Abbild; Götzenbild«). Jeremia 50,38, und so steht es im Hebräischen und bei Vatable.

Jesaja 8,18. Jesus Christus sagt, dass er und die Seinen mit Wundern kommen werden.

858/840 Die Kirche hat drei Arten von Feinden: die Juden, die ihrer Gemeinschaft nie angehört haben, die Ketzer, die sich von ihr getrennt haben, und die schlechten Christen, die sie im Inneren zerrütten. Diese drei Arten unterschiedlicher Gegner bekämpfen sie im Allgemeinen auf verschiedene Weise, hier aber kämpfen sie gleichermaßen gegen sie.

Da ihnen allen Wunder fehlen und die Kirche stets Wunder gegen sie hatte, haben sie alle das gleiche Interesse gehabt, sich den Wundern zu entziehen. Und sie haben sich alle dieser Ausflucht bedient, dass man nicht über die Lehre nach den Wundern, sondern über die Wunder nach der Lehre urteilen müsse. Es gab zwei Parteien unter jenen, die Jesus Christus hörten: die einen, die seiner Lehre um seiner Wunder willen folgten, die anderen, die sagten ... Es gab zwei Parteien zur Zeit Calvins. Gegenwärtig gibt es die Jesuiten usw.

859/852 Ungerechte Verfolger derjenigen, die Gott sichtlich schützt.

Wenn sie euch eure Unmäßigkeiten vorwerfen: »Sie sprechen wie die Ketzer.«

Wenn sie sagen, die Gnade Jesu Christi unterscheide uns: »Sie sind häretisch.«

Wenn Wunder geschehen: »Dies ist das Zeichen ihrer Häresie.«

Hesekiel.

Man sagt: »Seht, das Volk Gottes redet so.«

Hiskia.

Ehrwürdige Väter, all dies geschah als Bild. Die anderen Religionen gehen unter, diese geht keineswegs unter.

Die Wunder sind wichtiger, als Ihr meint. Sie haben zur Gründung der Kirche beigetragen und werden zur Erhaltung der Kirche weiter beitragen, bis der Antichrist kommt, bis zum Ende. Die zwei Zeugen.

Die Synagoge war das Vorbild, und darum ging sie keineswegs unter; und sie war nichts weiter als das Vorbild, und darum ist sie untergegangen. Sie war ein Vorbild, das die Wahrheit in sich barg, und darum hat sie fortbestanden, bis die Wahrheit ihr nicht mehr gehört hat.

Es ist gesagt: Glaubt an die Kirche; aber es ist nicht gesagt: Glaubt an die Wunder; denn dies ist natürlich, aber jenes nicht. Für das eine war ein Gebot nötig, nicht für das andere.

Im Alten und im Neuen Testament werden die Wunder durch die Verknüpfung mit den Bildern gewirkt, sie dienen dem Heil, oder sie sind unnütz, außer, um zu zeigen, dass man sich den Geschöpfen unterwerfen muss. / Das Bild der Sakramente.

860/807 Stets haben entweder die Menschen von dem wahren Gott gesprochen, oder der wahre Gott hat zu den Menschen gesprochen.

861/805 Die beiden Grundlagen: die eine innerlich, die andere äußerlich, die Gnade, die Wunder, alle beide übernatürlich.

862/883 Die Unglücklichen, die mich gezwungen haben, über die Grundlage der Religion zu sprechen.

863/814 Montaigne gegen die Wunder.
Montaigne für die Wunder.

864/884 Sünder ohne Buße geläutert, Gerechte ohne christliche Liebe geheiligt, alle Christen ohne die Gnade Jesu Christi, Gott ohne Macht über den Willen der Menschen, eine Vorherbestimmung ohne Mysterium, eine Erlösung ohne Gewissheit.

865/832 Wunder seien nicht mehr nötig, weil man solche bereits habe; wenn man aber nicht mehr der Tradition folgt, wenn man nur noch den Papst, sobald man diesen irregeführt hat, gelten lässt und wenn man somit die eigentliche Quelle der Wahrheit, welche die Tradition ist, ausgeschlossen und den Papst, der ihr Bewahrer ist, für sich eingenommen hat, dann kann die Wahrheit sich nicht mehr frei zeigen, dann sprechen die Menschen nicht mehr von der Wahrheit. Die Wahrheit muss selbst zu den Menschen sprechen. So geschah es zur Zeit des Arius.

Wunder unter Diokletian
und unter Arius.

866 Beständigkeit.

Stützt sich Euer Charakter auf Escobar?
Vielleicht habt Ihr Gründe, um sie nicht zu verurteilen.
Es genügt, dass Ihr erfahrt, was ich Euch darüber mitteile.

867/875 Wäre der Papst um seine Ehre gebracht, wenn er seine Erleuchtungen von Gott und aus der Tradition erhielte, und heißt es nicht vielmehr, ihn um seine Ehre zu bringen, wenn man ihn von dieser heiligen Gemeinschaft trennt, usw.?

868/890 Tertullian: *Nunquam ecclesia reformabitur.* (»Niemals wird die Kirche reformiert werden.«)

869/508 Um aus einem Menschen einen Heiligen zu machen, dazu bedarf es notwendig der Gnade; und wer daran zweifelt, weiß nicht, was ein Heiliger und was ein Mensch ist.

870/845 Die Häretiker haben stets diese drei Kennzeichen bekämpft, die sie selbst nicht haben.

871/844*a* Beständigkeit – Molina – Neuerung.

872/813 Wunder.

Wie ich jene hasse, welche die Zweifler an den Wundern spielen.

Hierüber spricht Montaigne an den beiden Stellen angemessen. An der einen Stelle erkennt man, wie vorsichtig er ist, und gleichwohl zeigt er seinen Glauben an der anderen Stelle und spottet über die Ungläubigen.

Wie es sich damit auch immer verhält: Wenn sie recht haben, fehlt es der Kirche an einem Beweis.

873/824 Entweder hat Gott die falschen Wunder zuschanden gemacht, oder er hat sie vorhergesagt. Und durch das eine wie das andere hat er sich über jenes, was nach unserer Betrachtungsweise übernatürlich ist, erhoben, und er hat uns selbst darüber erhoben.

874/881 Unfehlbar lehrt die Kirche das eine wie das andere, und Gott inspiriert dazu. Die Handlungen der Kirche dienen nur dazu, auf die Gnade oder die Verdammnis vorzubereiten. Was sie wirkt, genügt, um zu verdammen, nicht, um zu inspirieren.

875/820 *Omne regnum divisum* (»Ein jeglich Reich, [so es mit sich selbst] uneins [wird, das wird wüst]«, Lk 11,17), denn Jesus Christus wirkte gegen den Teufel und vernichtete dessen Herrschaft über die Herzen, wofür die Austreibung die bildliche Darstellung ist, um das Reich Gottes aufzurichten, und darum sagt er weiter: *in digito dei .... regnum dei ad vos.* (»[So ich aber] durch Gottes Finger [die Teufel austreibe, so kommt ja] das Reich Gottes zu euch.« Lk 11,20.)

Wenn der Teufel jene Lehre begünstigte, die ihn vernichtet, so wäre er mit sich selbst uneins, wie Jesus Christus sagte.

Wenn Gott jene Lehre begünstigte, welche die Kirche vernichtet, so wäre er mit sich selbst uneins.

876/300 Wenn ein starker Gewappneter seinen Hof bewacht, so bleibt sein Besitz in Frieden (Lk 11,21).

877/849 *Est et non est:*

Wird man das selbst beim Glauben so wie bei der Moral annehmen, wenn es sich bei den menschlichen Handlungen so wenig trennen lässt?

Wenn der heilige Xaver Wunder tut.

Ihr ungerechten Richter, macht nicht solche Gesetze für den Augenblick; richtet nach denjenigen, die eingeführt sind, und zwar von Euch selbst eingeführt.

Vae qui conditis leges iniquas. (»Weh [den Schriftgelehrten], die unrechte Gesetze machen«, Jes 10,1.)

Um eure Gegner zu schwächen, macht ihr die ganze Kirche wehrlos.

Vae qui conditis.

Sankt Hilarius: Ihr Elenden, die ihr uns zwingt, über die Wunder zu reden.

Fortdauernde falsche Wunder.

Wenn sie sagen, sie seien dem Papst gehorsam, so ist das Heuchelei.

Wenn sie bereit sind, alle Anordnungen des Papstes zu billigen, so reicht das nicht aus.

Wenn sie sagen, unser Heil hänge von Gott ab, so sind das Ketzer.

Wenn sie sagen, man dürfe wegen eines Apfels nicht töten, so bekämpfen sie die Moral der Katholiken.

Wenn Wunder bei ihnen geschehen, so ist dies keineswegs ein Zeichen der Heiligkeit, sondern es macht sie im Gegenteil der Häresie verdächtig.

Die Kirche hatte Bestand, indem entweder die Wahrheit unbestritten war, oder wenn sie bestritten wurde, hat es den Papst oder andernfalls die Kirche gegeben.

878/846 Erster Einwand. Ein Engel vom Himmel (Gal 1,8).

Man dürfe über die Wahrheit nicht nach den Wundern urteilen, sondern man müsse über das Wunder nach der Wahrheit urteilen.

Also seien die Wunder unnütz.

Nun sind sie aber nützlich, und man darf sich durchaus nicht gegen die Wahrheit stellen.

Was also Pater Lingendes gesagt hat, nämlich, Gott werde nicht dulden, dass ein Wunder zum Irrtum verleiten könne …

Wenn es in ein und derselben Kirche streitende Parteien geben wird, so entscheidet das Wunder.

Zweiter Einwand.

Aber der Antichrist wird Zeichen tun.

Die Zauberer Pharaos verleiteten nicht zum Irrtum.

Darum wird man aufgrund des Antichrist durchaus nicht zu Jesus Christus sagen können: Du hast mich zum Irrtum verleitet; denn der Antichrist wird seine Zeichen gegen Jesus Christus tun, und darum können sie nicht zum Irrtum verleiten.

Gott wird falsche Wunder entweder überhaupt nicht zulassen, oder er wird für größere sorgen.

(Von Anbeginn der Welt erhält sich Jesus Christus weiter, das ist mächtiger als alle Wunder des Antichrist.)

Wenn Wunder in ein und derselben Kirche auf Seiten

der Irregeleiteten geschähen, so würde man selbst zum Irrtum verleitet.

Das Schisma ist sichtbar, das Wunder ist sichtbar, aber das Schisma ist ein stärkeres Kennzeichen des Irrtums, als das Wunder ein Kennzeichen der Wahrheit ist; folglich kann das Wunder nicht zum Irrtum verleiten.

Aber außerhalb des Schismas ist der Irrtum nicht so deutlich sichtbar, wie das Wunder sichtbar ist; folglich würde das Wunder zum Irrtum verleiten.

Ubi est deus tuus. (»Wo ist nun dein Gott?« Ps 42,4.) Die Wunder zeigen ihn und leuchten auf wie ein Blitz.

879/138 Die Menschen sind von Natur aus Dachdecker und widmen sich allen Bestimmungen, außer, wenn sie in ihrer Stube sind.

880/831 Die fünf Lehrsätze waren doppelsinnig, sie sind es nicht mehr.

881/850 Die fünf Lehrsätze waren verurteilt, es geschah kein Wunder. Denn die Wahrheit wurde nicht angegriffen. Aber die Sorbonne, aber die Bulle.

Es ist unmöglich, dass jene, die Gott von ganzem Herzen lieben, die Kirche verleugnen, so offenkundig ist sie.

Es ist unmöglich, dass jene, die Gott nicht lieben, Gewissheit über die Kirche haben.

Die Wunder haben eine solche Macht, dass Gott warnen musste, man dürfe bei den Wundern keinen Gedanken gegen ihn fassen, so klar es auch immer ist, dass es einen Gott gibt.

Sonst hätten sie Verwirrung stiften können.

Und daher ist es auch bei weitem nicht so, dass diese Stellen im 13. Kapitel des 5. Buches Mose gegen die Autorität der Wunder wirken, vielmehr bezeichnet nichts stärker ihre Macht.

Und das Gleiche gilt für den Antichrist, dass verführt werden, wenn es möglich wäre, auch die Auserwählten (Mt 24,24).

882/222 Atheisten.

Welchen Grund haben sie für die Behauptung, man könne nicht auferstehen? Was ist schwieriger, geboren zu werden oder aufzuerstehen?, dass jenes, was niemals existiert hat, nun existiert oder dass jenes, was existiert hat, noch immer existiert? Ist es schwieriger, ins Dasein zu treten, als ins Dasein zurückzukehren? Die Gewohnheit lässt uns das eine leicht, die fehlende Gewohnheit das andere unmöglich erscheinen.

Eine dem Volk eigentümliche Art zu urteilen.

Warum soll eine Jungfrau nicht gebären können? Legt eine Henne nicht Eier ohne den Hahn? Was unterscheidet diese äußerlich von den anderen? Und wer hat uns gesagt, dass die Henne diesen Keim in ihnen nicht ebenso bilden kann wie der Hahn?

883/946 Es besteht ein solches Missverhältnis zwischen dem Verdienst, das er nach seiner Meinung hat, und seiner Dummheit, dass man nicht glauben kann, er schätze sich selbst so grundlegend falsch ein.

884/860 Nach so vielen Zeichen der Frömmigkeit wird ihnen auch noch die Verfolgung zuteil, die das beste Zeichen der Frömmigkeit ist.

885/936 Es ist gut, dass sie Ungerechtigkeiten begehen, damit es nicht so scheint, als hätten die Molinisten recht gehandelt, und deshalb darf man sie nicht schonen. Sie sind würdig, derartige Ungerechtigkeiten zu begehen.

886/51 Pyrrhoniker aus Starrsinn.

887/78 Descartes unnütz und ungewiss.

888/52 Niemand sagt »Höfling« außer denen, die es nicht sind, »Pedant« sagt kein Pedant, »Provinzler« sagt kein Provinzler, und ich möchte wetten, dass es der Drucker ist, der ihn in den Titel der *Briefe an einen Provinzler* aufgenommen hat.

889/165 Gedanken.

In omnibus requiem quaesivi. (»Bei diesen allen habe ich Wohnung gesucht«, Sir 24,11.)

Wenn unsere Lage wirklich glücklich wäre, müssten wir unsere Gedanken nicht durch Zerstreuungen davon ablenken, um uns glücklich zu machen.

890/436*a* Alle Beschäftigungen der Menschen sind darauf gerichtet, ein gutes Vermögen zu haben, und sie haben doch keine Urkunde, um es von Rechts wegen zu besitzen, und auch keine Macht, um es sicher zu besitzen. Ebenso ist es bei der Wissenschaft und den Vergnügungen: Wir haben keine Wahrheit und keinen Besitz.

891/804 Wunder.

Es ist eine Wirkung, welche die natürliche Kraft der dafür benutzten Mittel übersteigt. Und kein Wunder ist eine Wirkung, welche die natürliche Kraft der dafür benutzten Mittel nicht übersteigt. Also tun jene, die durch die Anrufung des Teufels heilen, kein Wunder. Denn dies übersteigt die natürliche Kraft des Teufels nicht; aber ...

892/822 Abraham, Gideon: Ein Zeichen steht höher als die Offenbarung.

Die Juden wurden verblendet, als sie über die Wunder nach der Schrift urteilten.

Gott hat seine wahren Anbeter niemals verlassen.

Ich folge Jesus Christus lieber als jedem anderen, weil bei ihm Wunder, Weissagung, Lehre und Beständigkeit usw. sind.

Donatisten: kein Wunder, das zu der Behauptung zwingt, dass es der Teufel sei.

Je mehr man Gott, Jesus Christus und die Kirche einzeln behandelt.

893/573 Verblendung durch die Heilige Schrift.

Die Schrift, sprachen die Juden, sagt, dass niemand weiß, woher Christus kommen wird. Johannes 7,27. Und bei Johannes 12,34 heißt es: Die Schrift sagt, dass Christus ewiglich bleibe, und dieser sagt, dass er sterben werde. Also, sagt Johannes, glaubten sie nicht, obwohl er solche Wunder getan hatte, damit der Spruch des Jesaja erfüllt würde (Joh 12,37 f.): Er hat ihre Augen verblendet (Joh 12,40) usw.

894/844 Die drei Kennzeichen der Religion: Beständigkeit, guter Lebenswandel, Wunder.

Sie zerstören die Beständigkeit durch die Wahrscheinlichkeit, den guten Lebenswandel durch ihre Moral und die Wunder, indem sie entweder deren Wahrheit oder deren Bedeutung zunichtemachen.

Wenn man ihnen glaubt, so würde die Kirche keine Beständigkeit, Heiligkeit oder Wunder brauchen.

Die Ketzer leugnen sie, oder sie leugnen deren Bedeutung, jene ebenso, aber man müsste schon ganz unaufrichtig sein, wenn man sie leugnen wollte, oder man müsste auch noch den Verstand verlieren, wenn man ihre Bedeutung leugnen wollte.

895/285 Die Religion ist jeder Geistesart angemessen. Die einen bleiben bei deren Begründung stehen, und diese Religion ist so beschaffen, dass schon allein ihre Begründung ausreicht, um ihre Wahrheit zu beweisen. Die anderen gehen bis zu den Aposteln weiter, die Kundigsten gehen bis zum Anfang der Welt zurück. Die Engel sehen sie noch besser und aus größerer Ferne.

896/390 Mein Gott, was sind das für alberne Reden! Hätte Gott die Welt geschaffen, um sie zu verdammen, würde er so viel von so schwachen Menschen fordern usw.? Der Pyrrhonismus ist das Heilmittel für dieses Übel, und er wird diese Eitelkeit zuschanden machen.

897/533 *Comminuentes cor.* (»Ein geängstetes, zerschlagenes Herz«, Ps 51,19.) Paulus. Das ist die christliche Wesensart. Alba hat Euch ernannt, ich kenne Euch nicht mehr. Corneille. Das ist die unmenschliche Wesensart. Die menschliche Wesensart ist das Gegenteil.

898/933 Diejenigen, die das auf Lateinisch geschrieben haben, sprechen Französisch.

Da man die schlechte Tat vollbracht hat, sie ins Französische zu übertragen, musste man die gute Tat vollbringen, sie zu verurteilen.

Es gibt eine einzige Häresie, die man in der Scholastik und in der Welt unterschiedlich erklärt.

899/844 Für Wunder, von denen man sagt, man habe sie gesehen, hat nie jemand den Märtyrertod auf sich genommen; denn für diejenigen Wunder, denen die Türken aus Tradition glauben, geht die Torheit der Menschen vielleicht bis zum Martyrium, doch nicht für diejenigen, die man gesehen hat.

900/887 Die Jansenisten gleichen den Häretikern in der Reform der Sitten, Ihr aber gleicht ihnen im Bösen.

901/841 Die Wunder dienen in Zweifelsfällen als Unterscheidung zwischen den Völkern der Juden und der Heiden, der Juden und der Christen, der Katholiken *(und)* der Ketzer, der Verleumdeten und der Verleumder, zwischen den beiden Kreuzen.

Doch den Ketzern würden die Wunder nichts nützen, denn die Kirche, die ihre Autorität von den Wundern erhalten hat, von denen der Glaube sich ganz erfüllen ließ, sagt uns, dass sie nicht den wahren Glauben haben. Es besteht kein Zweifel, dass sie ihn nicht haben, denn die ersten Wunder der Kirche schließen ja den Glauben an die ihrigen aus. Also steht Wunder gegen Wunder, und die ersten und die größten sind auf Seiten der Kirche geschehen.

902/841 Diese Nonnen hören mit Erstaunen, dass sie auf dem Weg der Verdammnis seien, dass ihre Beichtväter sie nach Genf führen und ihnen eingeben, Jesus Christus sei nicht im Abendmahl gegenwärtig und er sitze auch nicht zur Rechten des Vaters. Sie wissen, dass all dies falsch ist, und also bieten sie sich Gott in dieser Haltung dar: *Vide si via iniquitatis in me est.* (»Siehe, ob ich auf bösem Wege bin«, Ps 139,24.) Was geschieht daraufhin? Aus dieser Stätte, von der man behauptet, sie sei der Tempel des Teufels, macht Gott seinen Tempel. Man behauptet, man müsse die Kinder daraus entfernen, Gott heilt sie darin. Man behauptet, das sei der Hort der Hölle, Gott macht daraus die Weihestätte seiner Gnadengaben. Schließlich bedroht man sie mit dem ganzen Zorn und der ganzen Rache des Himmels, und Gott überhäuft sie mit seinen Gunstbeweisen. Man müsste den Verstand verloren haben, wenn man daraus schließen wollte, sie seien also auf dem Weg der Verdammnis.

Man hat hier zweifellos die gleichen Kennzeichen wie der heilige Athanasius.

903/851 Die Geschichte von dem Blindgeborenen.

Was sagt Paulus? Spricht er jederzeit von der Übereinstimmung mit den Prophezeiungen? Nein, sondern von seinem Wunder.

Was sagt Jesus Christus? Spricht er von der Übereinstimmung mit den Prophezeiungen? Nein, vor seinem Tod hatte er sie noch nicht erfüllt, sondern er sagt: *Si non fecissem* (»Hätte ich nicht [die Werke] getan [unter ihnen]«, Joh 15,24), glaubet doch den Werken (Joh 10,38).

Unsere ganz übernatürliche Religion hat zwei übernatürliche Grundlagen, sichtbar die eine, unsichtbar die andere.

Wunder mit der Gnade, Wunder ohne Gnade.

Die Synagoge, die als Vorbild der Kirche mit Liebe behandelt wurde und, weil sie nur deren Vorbild war, mit Hass, ist, als sie kurz vor dem Untergang stand, wieder erhoben worden, da sie sich gottgefällig erwies und also ein Vorbild war.

Die Wunder beweisen die Macht, die Gott über die Herzen hat, durch die Macht, die er über die Körper ausübt.

Niemals hat die Kirche ein Wunder bei den Ketzern bestätigt.

Die Wunder stützen die Religion. Sie haben als Unterscheidungsmerkmal bei den Juden gedient. Sie haben als Unterscheidungsmerkmal zugunsten der Christen, der Heiligen, der Unschuldigen, der wahren Gläubigen gedient.

Ein Wunder bei den Schismatikern ist nicht so sehr zu fürchten, denn das Schisma, das sichtbarer als das Wunder ist, kennzeichnet sichtbar ihre Irrlehre; wenn jedoch kein Schisma besteht und die Irrlehre umstritten ist, so dient das Wunder als Unterscheidungsmerkmal.

Si non fecissem quae alius non fecit. (»Hätte ich nicht [die Werke] getan [unter ihnen], die kein anderer getan hat [, so hätten sie keine Sünde]«, Joh 15,24.)

Diese Unglücklichen, die uns gezwungen haben, von den Wundern zu sprechen.

Abraham, Gideon.

Den Glauben durch Wunder bestätigen.

Judith, in der schlimmsten Bedrückung spricht endlich Gott. Wenn die christliche Liebe erkaltet und dadurch der

Kirche fast keine wahrhaftigen Anbeter bleiben, werden die Wunder solche erwecken.

Dies sind die äußersten Wirkungen der Gnade.

Wenn ein Wunder bei den Jesuiten geschähe.

Wenn das Wunder die Erwartung derjenigen täuscht, in deren Gegenwart es geschieht, und wenn es ein Missverhältnis zwischen der Stärke ihres Glaubens und dem Mittel des Wunders gibt, dann soll es sie dazu bewegen, sich zu ändern, aber ... usw. Sonst könnte man sagen, wenn die Eucharistie einen Toten auferweckte, dürfte man Kalvinist mit dem gleichen Recht werden, wie man Katholik bleiben dürfte; wenn das Wunder aber die Erwartung ganz erfüllt und wenn diejenigen, die hofften, dass Gott die Heilmittel segnete, sehen, dass sie ohne Heilmittel genesen sind ...

Gottlose.

Niemals ist auf Seiten des Teufels ein Zeichen geschehen, ohne dass auf Seiten Gottes ein mächtigeres Zeichen geschah oder ohne dass es wenigstens die Voraussage gegeben hätte, dass dies geschehen würde.

904/927 Die närrische Vorstellung, die Ihr von der Bedeutung Eurer Gesellschaft habt, hat Euch bewogen, diese entsetzlichen Wege zu beschreiten. Es ist ganz offensichtlich, dass dies Euch dazu gebracht hat, den Weg der Verleumdung zu wählen, denn Ihr tadelt ja bei mir die geringfügigsten Täuschungen, die Ihr bei Euch selbst entschuldigt, als entsetzlich, weil Ihr mich als einen einzelnen Menschen anseht und Euch selbst als *Imago*.

Es zeigt sich deutlich, Eure Lobeserhebungen sind der Fabeln würdige Narrheiten, wie etwa das Vorrecht, nicht verdammt zu werden.

Heißt das, Ihr ermutigt Eure Kinder, indem Ihr sie verdammt, wenn sie der Kirche dienen?

Es ist eine List des Teufels, die Waffen in eine andere Richtung zu lenken, mit denen jene Leute die Häresien bekämpften.

Ihr seid schlechte Politiker.

905/385 Pyrrhonismus.

Jede Sache ist hier teilweise wahr und teilweise falsch. Die grundsätzliche Wahrheit ist durchaus nicht so beschaffen, sie ist ganz rein und ganz wahr. Eine derartige Vermischung zerstört und vernichtet sie. Nichts ist reine Wahrheit, und also ist nichts wahr, wenn man die reine Wahrheit darunter versteht. Man wird sagen, es sei wahr, dass ein Mord etwas Schlechtes sei: Ja, denn wir erkennen das Schlechte und das Falsche deutlich. Aber wovon wird man sagen, dass es gut sei? Von der Keuschheit? Ich sage nein, denn die Welt würde zugrunde gehen. Von der Ehe? Nein, die Enthaltsamkeit hat einen höheren Wert. Davon, nicht zu töten? Nein, denn die Unordnung würde entsetzlich sein, und die Bösen würden alle Guten töten. Davon, zu töten? Nein, denn das zerstört die natürliche Ordnung. Wir haben Wahres wie Gutes nur teilweise und mit Schlechtem und Falschem vermischt.

906/916 Wahrscheinlichkeit.

Sie haben einige wahre Grundsätze, doch sie missbrauchen sie, nun muss aber der Missbrauch der Wahrheit ebenso streng wie die Verbreitung der Lüge bestraft werden.

Als gäbe es zwei Höllen, die eine für die Sünden, die man gegen die christliche Liebe begeht, die andere für die Sünden, die man gegen die Gerechtigkeit begeht.

907/55 Die öffnende Kraft eines Schlüssels, die Anziehungskraft eines Hakens.

908/262 Aberglaube und Begierde.

Gewissenszweifel, böse Gelüste.

Böse Furcht.

Diese Furcht ist nicht diejenige, die daher kommt, dass man an Gott glaubt, sondern diejenige, die daher kommt, dass man zweifelt, ob es ihn gibt oder nicht. Die gute Furcht kommt aus dem Glauben, die falsche Furcht aus dem Zweifel; die gute Furcht ist mit der Hoffnung vereint, weil sie aus dem Glauben hervorgeht und weil man auf den Gott vertraut, an den man glaubt; die böse Furcht ist mit der Verzweiflung vereint, weil man den Gott fürchtet, an den man nicht geglaubt hatte. Die einen fürchten, ihn zu verlieren, die anderen, ihn zu finden.

909/924 Wortbrüchige Leute ohne Glauben, ohne Ehre, ohne Wahrheit, zwiespältigen Herzens, Doppelzüngige und, wie man es euch in früherer Zeit vorhielt, jenem Amphibienwesen der Fabel ähnlich, das in einem Zwitterzustand zwischen den Fischen und den Vögeln erstarrte.

Port-Royal ist ebenso viel wert wie Wöltigerode.

So gerecht Euer Vorgehen aus diesem Blickwinkel auch ist, so ungerecht ist es, wenn man die christliche Frömmigkeit bedenkt.

Den Königen und Fürsten ist viel daran gelegen, im Rufe der Frömmigkeit zu stehen, und dazu müssen sie bei Euch beichten.

910/781 Die Bilder von der Erlösung als etwas Allumfassendem, wie etwa, dass die Sonne über allen leuchtet, kennzeichnen nur etwas Allumfassendes, doch die Bilder von den Ausschließungen, wie etwa die von der Erwählung der Juden und der gleichzeitigen Verwerfung der Heiden, kennzeichnen die Ausschließung.

911/781 Jesus Christus, der Heiland aller Menschen (1. Tim 4,10). Ja, denn er hat sich selbst gegeben wie ein Mensch, der all jene erlöst hat, die zu ihm kommen wollen (1. Tim 2,6). Bei denjenigen, die auf dem Wege sterben werden, geschieht das zu ihrem eigenen Unglück, aber was ihn betrifft, so hat er sich ihnen zur Erlösung gegeben.

Dies trifft bei einem solchen Beispiel zu, wo derjenige, der erlöst, und derjenige, der den Tod verhindert, zwei sind, nicht aber bei Jesus Christus, der das eine und das andere vollbringt. Nein, denn Jesus Christus ist als Erlöser vielleicht nicht der Herr aller Menschen, und also ist er in dem Maße, wie es in seiner Macht steht, der Erlöser aller Menschen.

912/781 Wenn man sagt, dass Jesus Christus nicht für alle Menschen gestorben sei, so missbraucht Ihr einen Fehler der Menschen, die diese Ausnahme sogleich auf sich beziehen, was bedeutet, dass man die Verzweiflung begünstigt, anstatt die Menschen davon abzubringen, um die Hoffnung zu begünstigen.

Denn man gewöhnt sich so an die innerlichen Tugenden durch diese äußerlichen Übungen.

Abteilung IV

In der ersten Abschrift nicht verzeichnete Fragmente

I Die Originalsammlung

Das Gedenkblatt (Mémorial)

913 Im Jahre des Heils 1654.

Montag, 23. November, Tag des heiligen Clemens, des Papstes und Märtyrers, und anderer im Martyrologium.

Vigil des heiligen Chrysogonus, des Märtyrers, und anderer.

Seit ungefähr halb elf Uhr abends bis ungefähr eine halbe Stunde nach Mitternacht.

Feuer.

Der Gott Abrahams, der Gott Isaaks und der Gott Jakobs (2. Mose 3,6),

nicht der Philosophen und der Gelehrten.

Gewissheit, Gewissheit, Empfinden, Freude, Frieden.

(Der Gott Jesu Christi.)

Der Gott Jesu Christi.

Deum meum et deum vestrum. (»[Ich fahre auf zu meinem Vater und zu eurem Vater, zu] meinem Gott und [zu] eurem Gott.« Joh 20,17.)

Dein Gott ist mein Gott (Ruth 1,16).

Vergessen der Welt und aller Dinge, nur Gottes nicht.

Er ist allein auf den Wegen zu finden, die im Evangelium gelehrt werden.

Größe der menschlichen Seele.

Gerechter Vater, die Welt kennt dich nicht; ich aber kenne dich (Joh 17,25).

Freude, Freude, Freude, Freudentränen.

Ich habe mich von ihm getrennt.

Dereliquerunt me fontem aquae vivae. (»Mich, die lebendige Quelle, verlassen sie.« Jer 2,13.)

Mein Gott, wirst du mich verlassen?

Möge ich nicht auf ewig von ihm getrennt sein.

Das ist aber das ewige Leben, dass sie dich, der du allein wahrer Gott bist, und den du gesandt hast, Jesum Christum, erkennen (Joh 17,3).

Jesus Christus.

Jesus Christus.

Ich habe mich von ihm getrennt, ich habe mich ihm entzogen, habe ihn verleugnet und gekreuzigt.

Möge ich niemals von ihm getrennt sein.

Er ist allein auf den Wegen zu bewahren, die im Evangelium gelehrt werden.

Vollkommene und süße Entsagung.

Usw.

Vollkommene Unterwerfung unter Jesus Christus und meinen geistlichen Berater.

Ewige Freude für einen Tag der Mühe auf Erden.

Non obliviscar sermones tuos. (»Ich [habe Lust zu deinen Rechten und] vergesse deiner Worte nicht.« Ps 119,16.) *Amen.*

914/882 Jedes Mal, wenn die Jesuiten den Papst irreführen werden, lässt man die ganze Kirche meineidig werden.

Der Papst kann sehr leicht irregeführt werden, weil er so

viele Geschäfte hat und den Jesuiten vertraut, und die Jesuiten können aufgrund von Verleumdungen sehr leicht irreführen.

915/902*a* Wegen der Unruhe bei den Feuillantinermönchen habe ich ihn besucht, sagte mein alter Freund; als ich von Andachtsübungen sprach, glaubte er, dass ich einige Neigung für sie empfände.

Und dass ich recht gut ein Feuillantinermönch sein könnte.

Und dass ich Nutzen bringen könnte, vor allem in dieser Zeit, indem ich gegen die Neuerer schriebe.

Wir sind seit kurzem gegen unser Generalkapitel aufgetreten, das anordnet, man müsste die Bulle unterzeichnen.

Dass er wünschte, Gott möge mir eine Erleuchtung schicken.

Pater, sollte man unterzeichnen?

916/920 3. Wenn sie nicht auf die Wahrscheinlichkeit verzichten, sind ihre guten Grundsätze ebenso wenig heilig wie die schlechten, denn sie sind auf menschlicher Autorität begründet. Und wenn sie also gerechter sind, werden sie wohl vernünftiger, aber nicht heiliger sein – sie gleichen dem wilden Stamm, auf den sie gepfropft sind.

Wenn meine Worte nicht zu Eurer Aufklärung dienen, so werden sie doch nützlich für das Volk sein.

Wenn diese schweigen werden, so werden die Steine schreien (Lk 19,40).

Schweigen ist die schwerste Verfolgung. Niemals haben die Heiligen geschwiegen. Es ist wahr, die Berufung ist notwendig, doch nicht aus den Gerichtsbeschlüssen soll man erfahren, ob man berufen ist, sondern aus dem Zwang zu reden. Nachdem nun aber Rom gesprochen hat und man meint, dass der Papst die Wahrheit verdammt habe, und nachdem sie dies geschrieben haben und die Bücher, die das Gegenteil gesagt haben, von der Zensur verurteilt sind, muss man umso lauter schreien, je ungerechter man von der Zensur verurteilt wird und je gewaltsamer man das Wort unterdrücken will, bis ein Papst kommt, der die beiden Parteien anhört und der die alten Verhältnisse zu Rate zieht, um Recht zu sprechen.

So werden die guten Päpste denn die Kirche noch voller Klageschreie finden.

Die Inquisition und die Gesellschaft Jesu sind die beiden Geißeln der Wahrheit.

Warum klagt Ihr sie nicht des Arianismus an, denn sie haben gesagt: Jesus Christus ist Gott; vielleicht verstehen sie es nicht dem Wesen nach, wie es gesagt ist: *Dii estis.* (»Ihr seid Götter«, Ps 82,6; Joh 10,34.)

Wenn meine Briefe in Rom verurteilt sind, so ist doch das, was ich in ihnen verurteile, im Himmel verurteilt.

Ad tuum domine Jesu tribunal appello. (»Dein Gericht, o Herr Jesus, rufe ich an.« Sankt Bernhard.)

Ihr selbst seid empfänglich für die Verderbnis.

Ich fürchtete, dass ich schlecht geschrieben hätte, da ich mich verurteilt sah, doch das Beispiel so vieler frommer Schriften lässt mich an das Gegenteil glauben. Es ist nicht mehr erlaubt, gut zu schreiben.

So verderbt oder so unwissend ist die Inquisition.

Man muss Gott mehr gehorchen als den Menschen (Apg 5,29).

Ich fürchte nichts, ich hoffe nichts. Die Bischöfe sind

nicht so. Port-Royal fürchtet, und es ist eine schlechte Politik, sie abzusondern. Denn sie werden daraufhin nichts mehr fürchten und um sich her größere Furcht verbreiten.

Ich fürchte nicht einmal Eure Verdammungsurteile; das sind Worte, wenn sie nicht auf jenen der Tradition begründet sind.

Verurteilt Eure Zensur alles? Wie denn, selbst meine Ehrfurcht? Nein, sagt also, was Ihr verurteilt, oder Ihr werdet nichts ausrichten, wenn Ihr nicht bezeichnet, was das Böse ist und warum es böse ist. Und gerade das auszuführen wird ihnen große Mühe machen.

Probabilismus.

Sie haben eine spaßhafte Erklärung für die Sicherheit gegeben, denn nachdem sie festgelegt haben, dass alle ihre Wege sicher seien, haben sie das nicht mehr sicher genannt, was in den Himmel führt, ohne dass die Gefahr bestünde, auf diesem Wege nicht dorthin zu gelangen; sondern das haben sie sicher genannt, was in den Himmel führt, ohne dass die Gefahr bestünde, von diesem Wege abzukommen.

917/540 Die Hoffnung der Christen, ein unendliches Gut zu besitzen, ist mit tatsächlicher Freude ebenso wie mit Furcht vermischt, denn das ist nicht wie bei jenen, die ein Reich erhoffen würden, von dem sie nichts hätten, wenn sie dessen Untertanen wären, sie erhoffen vielmehr die Heiligkeit und die Erlösung von der Ungerechtigkeit, und davon haben sie etwas.

918/459 Die Ströme Babylons verfließen, stürzen herab und reißen mit sich fort.

O heiliges Zion, wo alles beständig ist und nichts herabstürzt!

Man muss sich auf diesen Strömen niederlassen, nicht unter oder in ihnen, sondern auf ihnen, und nicht aufrecht stehend, sondern sitzend, weil man demütig ist, wenn man sitzt, und weil man in Sicherheit ist, wenn man sich auf ihnen befindet; in den Hallen Jerusalems aber werden wir aufrecht stehen.

Wie deutlich sieht man, ob diese Wonne beständig ist oder verfließt; wenn sie dahinschwindet, so ist sie ein Strom Babylons.

Das Mysterium Jesu

919/553 und **791** Jesus leidet in seiner Passion die Qualen, welche die Menschen ihm zufügen, doch als er mit dem Tode ringt, leidet er die Qualen, die er sich selbst bereitet. *Turbare semetipsum.* (»[Jesus] … betrübte sich selbst.« Joh 11,33.) Diese Marter wird ihm nicht von Menschenhand, sondern von einer allmächtigen Hand zugefügt, und man muss allmächtig sein, um sie zu ertragen.

Jesus sucht bei seinen drei liebsten Freunden wenigstens einigen Trost, und sie schlafen; er bittet sie, eine kurze Zeit mit ihm auszuhalten, und vollkommen achtlos stehen sie ihm nicht bei und leiden so wenig mit ihm, dass es sie nicht einmal einen Augenblick am Schlafen hindern konnte. Und so war Jesus allein dem Zorn Gottes ausgeliefert.

Jesus ist einsam auf Erden; nicht nur, dass niemand seine Leiden empfindet und teilt, sondern niemand weiß auch nur von ihnen. Der Himmel und er allein wissen darum.

Jesus ist nicht wie der erste Adam in einem Garten der Lüste, wo dieser sich und das ganze Menschengeschlecht ins Verderben stürzte; Jesus ist vielmehr in einem Garten der Qualen, wo er sich und das ganze Menschengeschlecht errettet hat.

Inmitten der schrecklichen Nacht erleidet er diese Marter und diese Verlassenheit.

Ich glaube, dass Jesus sich nur dieses eine Mal und sonst nie beklagt hat. Damals beklagt er sich aber, als hätte er seinen übergroßen Schmerz nicht mehr zurückhalten können. Meine Seele ist betrübt bis an den Tod (Mt 26,38).

Jesus sucht Gemeinschaft und Beistand bei den Menschen. Dies ist einmalig in seinem ganzen Leben, so scheint mir, doch er findet nichts dergleichen, denn seine Jünger schlafen.

Jesus wird bis an das Ende der Welt mit dem Tode ringen. Während dieser Zeit darf man nicht schlafen.

Als Jesus sich von allen Seiten verlassen sieht und entdeckt, dass seine Freunde – die, um mit ihm zu wachen, auserwählt waren – schlafen, betrübt er sich darüber wegen der Gefahr, der sie nicht ihn, sondern sich selbst aussetzen, und er ermahnt sie zu ihrem eigenen Heil und zu ihrem Wohl, zeigt ihnen gegenüber liebevolle Herzlichkeit, während sie sich undankbar erweisen. Und er ermahnt sie, dass der Geist willig, aber das Fleisch schwach sei.

Als Jesus sie abermals schlafend findet, ohne dass die Rücksicht auf ihn oder auf sie selbst sie davon abgehalten hätte, ist er so gütig, sie nicht aufzuwecken, und er lässt sie ruhen.

Jesus betet, als er sich des Willens seines Vaters nicht gewiss ist, und fürchtet den Tod. Als er jedoch dessen Willen erkannt hat, kommt er ihm entgegen und bringt sich ihm dar. *Eamus* (»Lasst uns gehen!« Mt 26,46), *processit* (»ging er hinaus«, Joh 18,4).

Jesus hat die Menschen einmal um etwas gebeten, und sie haben ihn nicht erhört.

Während seine Jünger schliefen, hat Jesus ihr Heil gewirkt. Er hat es für jeden einzelnen der Gerechten getan, während sie zum einen im Nichts vor ihrer Geburt und zum anderen in den Sünden seit ihrer Geburt schliefen.

Er betet nur einmal, dass der Kelch an ihm vorübergehen möge, und auch das noch voller Ergebenheit, und zweimal betet er, dass er kommen möge, wenn es nötig sei.

Jesus in der Betrübnis.

Als Jesus sieht, dass alle seine Freunde eingeschlafen sind und alle seine Feinde wachen, überantwortet er sich ganz seinem Vater.

Jesus sieht in Judas nicht dessen Feindschaft, sondern das Gebot Gottes, den er liebt, und er betrachtet jenen so wenig als seinen Feind, dass er ihn »Freund« nennt.

Jesus reißt sich von seinen Jüngern los, um die Todesleiden auf sich zu nehmen; man muss sich von seinen Nächsten und Vertrautesten losreißen, um ihm nachzufolgen.

Beten wir länger, da Jesus mit dem Tode ringt und die schlimmsten Qualen erduldet.

Wir rufen Gottes Barmherzigkeit an, nicht, damit er uns ruhig unseren Lastern überlässt, sondern, damit er uns von ihnen befreit.

Wenn Gott uns eigenhändig Herren gäbe, oh, wie gern würde man ihnen gehorchen müssen. Die Notwendigkeit und die Folgen sind dabei etwas Unfehlbares.

Tröste dich! Du würdest mich nicht suchen, wenn du mich nicht gefunden hättest.

In meinen Todesleiden dachte ich an dich; so viele Blutstropfen habe ich für dich vergossen.

Es heißt eher, mich zu versuchen, als dich selbst zu prüfen, wenn du daran denkst, ob du diese oder jene Sache, die fern von dir ist, gut ausführen würdest. – Ich werde sie in dir wirken, wenn sie sich ereignet.

Lass dich zu meinen Grundsätzen führen! Sieh, wie gut ich die Jungfrau und die Heiligen geführt habe, die mich in sich wirken ließen.

Der Vater liebt alles, was ich tue.

Willst du, dass es mich immer noch Blut meines menschlichen Wesens kostet, ohne dass du Tränen vergießt?

Deine Bekehrung ist meine Sache; fürchte nichts und bete dafür mit Vertrauen, ebenso wie für mich!

Ich bin für dich gegenwärtig durch mein Wort in der Heiligen Schrift, durch meinen Geist in der Kirche und durch die Erleuchtungen, durch meine Macht in den Priestern, durch mein Gebet in den Gläubigen.

Die Ärzte werden dich nicht heilen, denn am Ende wirst du sterben; ich aber bin es, der heilt und den Leib unsterblich macht.

Erdulde die Ketten und die Knechtschaft des Leibes! In der gegenwärtigen Zeit befreie ich dich allein von der geistigen Knechtschaft.

Ich bin mehr dein Freund als dieser und jener, denn ich habe für dich mehr als sie getan, und sie würden nicht erdulden, was ich für dich erduldet habe, und sie würden in der Zeit, da du ungläubig und grausam bist, nicht für dich sterben, wie ich es getan habe und wie ich es bereit bin zu tun und es in meinen Auserwählten – und im heiligen Altarsakrament tue.

Wenn du deine Sünden erkenntest, so würde dein Herz verzagen. Ich werde es also verzagen lassen, o Herr, denn auf dein sicheres Wort glaube ich, wie böse sie sind. Nein, denn ich, durch den du es erfährst, kann dich von ihnen heilen, und dass ich es dir sage, ist ein Zeichen, dass ich dich heilen will. Je mehr du für sie büßen wirst, desto mehr wirst du sie erkennen, und es wird dir gesagt werden: Siehe die Sünden, die dir vergeben sind.

Tu also Buße für deine verborgenen Sünden und für die geheime Bosheit jener Sünden, die du erkennst.

Herr, ich gebe dir alles.

Ich liebe dich inbrünstiger, als du die Zeichen deiner Schmach geliebt hast. *Ut immundus pro luto.* (»Wie ein Unreiner im Schlamm«, vgl. Horaz, *Epist.* I, II,26: »[Ulixes hätte gelebt] als ein räudiger [Hund, als ein Schwein] in der Suhle.«)

Mein sei dafür der Ruhm und nicht dein, du Wurm und Erde.

Bekunde deinem geistlichen Berater, dass selbst meine Worte für dich ein Anlass zum Bösen, zur Eitelkeit oder zur Neugier sind.

(Rückseite:) Die falsche Gerechtigkeit des Pilatus dient nur dazu, Jesus Christus leiden zu lassen. Denn seiner falschen Gerechtigkeit wegen lässt er ihn geißeln, und dann tötet er ihn. Es wäre besser gewesen, wenn er ihn gleich getötet hätte. So sind die falschen Gerechten. Sie tun gute und böse Werke, um der Welt zu gefallen und zu zeigen, dass sie Jesus Christus nicht vollständig angehören, denn sie schämen sich seiner, und bei den großen Versuchungen und in den schweren Zeiten töten sie ihn schließlich.

Ich erkenne in mir einen Abgrund des Stolzes, der Neugier und der Begierde. Es gibt keine Übereinstimmung zwischen mir und Gott und auch nicht zwischen mir und Jesus Christus, dem Gerechten. Aber er ist für mich zur Sünde gemacht worden (vgl. 2. Kor 5,21). All eure Geißelhiebe sind auf ihn gefallen. Er ist verächtlicher als ich, und anstatt mich zu verabscheuen, hält er sich ganz im Gegenteil für geehrt, dass ich auf ihn zugehe und ihm beistehe. Aber er hat sich selbst geheilt, und umso gewisser wird er mich heilen.

Meine Wundmale muss ich den seinen hinzufügen und mich mit ihm vereinen, und er wird mich erretten, da er sich selbst errettet.

Doch künftig soll man keine neuen hinzufügen.

Eritis sicut dii scientes bonum et malum (»Und werdet sein wie Götter und wissen, was gut und böse ist«, 1. Mose 3,5); alle Menschen machen sich zu Gott, wenn sie urteilen: »das ist gut oder böse«; und wenn sie sich über die Ereignisse zu sehr betrüben oder freuen.

Die kleinen Dinge wie große tun um der Majestät Jesu Christi willen, der sie in uns wirkt und der unser Leben lebt, und die großen wie kleine und leichte um seiner Allmacht willen tun.

920/957 Wir selbst haben überhaupt keine allgemeinen Grundsätze angenommen. Wenn Ihr unsere Ordenskonstitutionen anseht, werdet Ihr uns kaum kennenlernen: Sie machen uns zu Bettlern und schließen uns von den Höfen aus, und dennoch usw., aber das heißt nicht, dass man ihnen zuwiderhandelt, denn Gottes Herrlicheit ist überall.

Es gibt verschiedene Wege, um dorthin zu gelangen. Sankt Ignatius ist den einen gefolgt, und jetzt folgt man anderen. Danach war es besser, den übrigen zu folgen. Denn es hätte Schrecken verbreitet, wenn man an der Spitze begonnen hätte. Das ist wider die Natur.

Das heißt keinesfalls, die allgemeine Regel sei nicht, dass man sich an die Satzungen halten müsse, denn man würde so etwas missbrauchen; man fände wenige wie uns, die wir uns ohne Eitelkeit erheben können.

Unam sanctam. (»Die eine, heilige [Kirche]«.)

Die Jansenisten werden die Strafe dieser Bulle ertragen.

Pater Saint-Jure – Escobar.

Tanto viro. (Von einem solchen Manne.)

Acquaviva, 14. Dezember 1621. Tanner. Frage 2, Zweifelsfall 5, Anmerkung 86.

Clemens und Paul V. Gott schützt uns sichtbar.

Gegen die leichtfertigen Urteile und die Gewissenszweifel.

Die heilige Theresa, 474.

Rosenroman.

Falso crimine … (»Durch ein falsches Verbrechen.«)

Spitzfindigkeit, um zu bestehen.

Die ganze Wahrheit auf der einen Seite, wir weiten sie auf die beiden Seiten aus.

Zwei Hindernisse: das Evangelium und die Staatsgesetze; *a majori ad minus.* (»Vom Größeren auf das Kleinere [schließen]«.) *Junior.* (»Das Neuere.«)

Nicht über die persönlichen Laster sprechen.

Ein schöner Brief Acquavivas vom 18. Juni 1611.

Gegen die Lehrmeinungen des Probabilismus.

Sankt Augustinus. 282.

Und für Sankt Thomas, an den Stellen, wo er diese Gegenstände ausdrücklich behandelt hat.

Clemens placet. (»Clemens ordnet an.«) 277.

Und die Neuerungen.

Und es ist keine Entschuldigung für die Superioren des Jesuitenordens, dass sie es nicht gewusst hätten, denn sie mussten es wissen, 279–194. 192.

Für die Moral: 283. 288.

Die Gesellschaft Jesu ist von Bedeutung für die Kirche, 236.

Im guten und im Bösen, 156.

Acquoquiez hat den Frauen die Beichte abgenommen. 360.

921/518 In jeder Lage, ja selbst als Märtyrer, haben die Menschen sich vor der Heiligen Schrift zu fürchten.

Die schlimmste Strafe des Fegefeuers ist die Ungewissheit des Urteils.

Deus absconditus. (»[Du bist] ein verborgener Gott«, Jes 45,15.)

922/856 Über das Wunder.

Da Gott keine Familie glücklicher gemacht hat, möge er auch bewirken, dass er keine dankbarere findet.

923/905 Über die Beichten und Absolutionen ohne Zeichen der Reue.

Gott sieht nur auf das Innere, die Kirche urteilt nur nach dem Äußeren. Gott vergibt die Sünden, sobald er Reue im Herzen erkennt; die Kirche tut es, wenn sie diese in den Werken sieht. Gott wird eine im Inneren reine Kirche schaffen, die durch ihre innere und ganz geistliche Heiligkeit die innere Gottlosigkeit der Hochmütigen und der Pharisäer zuschanden macht. Und die Kirche wird eine Gemeinschaft von Menschen werden, deren äußere Sitten so rein sind, dass sie die Sitten der Heiden zuschanden machen; wenn es in ihr Heuchler gibt, die sich nicht so gut verstellt haben, dass sie deren Gift nicht erkennte, so duldet sie diese. Denn obgleich sie von Gott, den sie unmöglich täuschen können, nicht aufgenommen werden, sind sie es doch von den Menschen, die sie täuschen. Und so ist die Kirche durch deren Lebenswandel, der heilig scheint, nicht entehrt. Ihr aber ... Ihr wollt, dass die Kirche nicht urteilt (weder über das Innere, weil dies Gott allein zukomme, noch über das Äußere, weil Gott nur auf das Innere achte. Und da Ihr der Kirche so dic Möglichkeit jeder Auswahl unter den Menschen entzieht, bewahrt Ihr in ihr die Sittenlosesten und jene, die sie derart entehren, dass die Synagogen der Juden und die Schulen der Philosophen sie als Unwürdige ausgestoßen und als Gottlose verabscheut hätten.)

924/498 Es ist wahr, dass es Leid bringt, wenn man sich der Frömmigkeit zuwendet, doch dieses Leid kommt nicht von der Frömmigkeit, die sich allmählich in uns bildet, sondern von der Gottlosigkeit, die noch in uns bleibt. Wenn unsere Sinne sich nicht der Buße widersetzten und wenn unsere Verderbtheit sich nicht der Reinheit Gottes widersetzte, gäbe es darin nichts Leidvolles. Was uns betrifft, so leiden wir nur in dem Maße, wie das uns natürliche Laster sich gegen die übernatürliche Gnade wehrt; unser Herz fühlt sich zwischen diesen gegensätzlichen Gewalten zerrissen, doch es wäre ganz ungerecht, Gott, der uns zu sich emporzieht, diese Gewaltsamkeit anzulasten, anstatt sie der Welt zuzuschreiben, die uns zurückhält. Das ist wie bei einem Kind, das von seiner Mutter den Armen der Räuber entrissen wird und das in dem Leid, das es erduldet, die liebevolle und rechtmäßige

Gewalt derjenigen, die für seine Befreiung sorgt, lieben und nur die schmachvolle und tyrannische Gewalt derjenigen, die es unrechtmäßig zurückhalten, verabscheuen muss. Der grausamste Krieg, den Gott den Menschen im irdischen Leben bereiten konnte, besteht darin, sie ohne diesen Krieg zu lassen, den er bei seinem Kommen gebracht hat. Ich bin gekommen, Krieg zu bringen (nach: Mt 10,34; Lk 12,51), sagt er, und als Werkzeug dieses Krieges bin ich gekommen, Feuer und Schwert zu bringen. Vor ihm lebte die Welt in einem solchen falschen Frieden.

925/520 Das Gesetz hat die Natur nicht zerstört, sondern es hat sie belehrt. Die Gnade hat das Gesetz nicht zerstört, sondern sie bringt seine Erfüllung.

Der Glauben, den man in der Taufe empfängt, ist die Quelle des ganzen Lebens des Christen und der Bekehrten.

926/582 Sogar aus der Wahrheit macht man sich einen Götzen, denn die Wahrheit ohne die christliche Liebe ist nicht Gott, und sie ist sein Abbild und ein Götze, den man keineswegs lieben oder anbeten darf, und noch weniger darf man ihr Gegenteil, das die Lüge ist, lieben oder anbeten.

Ich kann wohl die vollkommene Dunkelheit lieben, doch wenn Gott mich an einen Zustand des Halbdunkels bindet, so missfällt mir dieses wenige an Dunkelheit, das sich darin befindet, und weil ich darin nicht den Wert einer gänzlichen Dunkelheit finde, gefällt dieser Zustand mir nicht. Das ist ein Fehler und ein Zeichen dafür, dass ich mir aus der Dunkelheit, die von Gottes Ordnung abgesondert ist, einen Götzen mache. Nun darf man aber nur innerhalb seiner Ordnung etwas anbeten.

927/505 Was würde es mir nützen.

Verabscheuenswerte.

Singlin.

Alles kann tödlich für uns sein, selbst jene Dinge, die geschaffen sind, um uns zu nützen, wie etwa die Mauern in der freien Natur uns töten können, und auch die Treppenstufen können uns töten, wenn wir nicht richtig laufen.

Die geringste Bewegung ist bedeutsam für die gesamte Natur, das ganze Meer wandelt sich um eines Steines willen. So ist bei der Gnade die geringste Handlung um ihrer Folgen willen für alles bedeutsam; darum ist alles bedeutsam.

Bei jeder Handlung muss man, außer der Handlung selbst, unseren gegenwärtigen, vergangenen und zukünftigen Zustand und den Zustand der anderen, für die sie bedeutsam ist, beachten. Und man muss die Zusammenhänge all dieser Dinge prüfen, und dann wird man wohl zurückgehalten werden.

928/499 Äußere Werke.

Nichts ist so gefährlich wie etwas, was Gott und den Menschen zugleich gefällt, denn die Zustände, die Gott und den Menschen gefallen, haben etwas, das Gott gefällt, und etwas anderes, das den Menschen gefällt, dies gilt etwa für die Größe der heiligen Theresa; was Gott gefällt, ist ihre tiefe Demut in ihren Offenbarungen, was den Menschen gefällt, sind ihre Erleuchtungen. Und so müht man sich ab, ihre Reden nachzuahmen – weil man glaubt, dass man damit ihren Zustand nachahmt – und folglich zu lieben, was Gott liebt, und sich in den Zustand zu versetzen, den Gott liebt.

Es ist besser, nicht zu fasten und dadurch gedemütigt zu werden, als zu fasten und dadurch selbstgefällig zu werden.

Pharisäer, Zöllner.

Was würde es mir nützen, mich daran zu erinnern, wenn mir das gleichermaßen schädlich wie nützlich sein kann und alles von Gottes Segen abhängt, den er nur jenen Dingen gibt, die für ihn und sowohl nach seinen Geboten als auch auf seinen Wegen getan werden.

Darum ist die Art, wie man etwas tut, ebenso wichtig wie die Sache selbst, und vielleicht noch wichtiger, denn Gott kann ja Gutes aus Bösem gewinnen, und ohne Gott gewinnt man Böses aus Gutem.

929/555 Vergleiche dich überhaupt nicht mit den anderen, sondern mit mir. Wenn du nämlich mich dabei in jenen nicht findest, mit denen du dich vergleichst, so vergleichst du dich mit einem Verabscheuenswerten. Wenn du mich dabei findest, so vergleiche dich damit; doch was wirst du dabei vergleichen? Wirst du es sein, oder werde ich es in dir sein? Wenn du es bist, so ist das ein Verabscheuenswerter; wenn ich es bin, so vergleichst du mich mit mir selbst. Nun bin ich aber Gott in allem.

Oft spreche ich zu dir und rate dir, weil dein Seelenhirt nicht mit dir sprechen kann, denn ich will nicht, dass es dir an einem Seelenhirten mangelt.

Und vielleicht tue ich es um seiner Gebete willen. Und so führt er dich, ohne dass du es siehst.

Du würdest mich nicht suchen, wenn du mich nicht besäßest.

Sorge dich also nicht.

(Ich habe von der Präsidentin Pascal den Betrag von 400 Livres erhalten.)

930/513 Warum hat Gott des Gebet eingesetzt?

1. Um seinen Geschöpfen die Würde des ursächlichen Zusammenhangs mitzuteilen.

2. Um uns zu lehren, von wem wir die Tugend empfangen haben.

3. Um uns der anderen Tugenden durch unsere Mühen würdig zu machen.

Um sich aber die höchste Macht vorzubehalten, gewährt er denjenigen, die er nach seinem Belieben aussucht, das Gebet.

Einwand: Aber man wird glauben, dass man das Gebet aus sich selbst gewonnen habe.

Das ist widersinnig, denn hat man den Glauben, so kann man keine eigenen Tugenden haben. Wie hätte man sonst den Glauben? Gibt es nicht einen größeren Abstand zwischen Unglauben und Glauben als zwischen Glauben und Tugend?

»Verdient«: Dieses Wort ist doppeldeutig.

Meruit habere redemptorem. (»Er hat verdient, einen Erlöser zu haben.« Karsamstagsmesse.)

Meruit tam sacra membra tangere. (»Er hat verdient, solch heilige Glieder anzurühren.« Karfreitagsmesse.)

Digna tam sacra membra tangere. (»Wert, solch heilige Glieder anzurühren.« Hymnus *Vexilla regis* [»Die Fahnen des Königs«].)

Non sum dignus (»Ich bin nicht wert«, Lk 7,6), *qui manducat indignus* (»welcher unwürdig isset«, 1. Kor 11,29).

Dignus est accipere. (»[Herr,] du bist würdig, zu nehmen [Preis und Ehre und Kraft]«, Offb 4,11.)

Dignare me. (»Halte mich für würdig.« Messe zu Ehren der Unbefleckten Gottesmutter Maria.)

Gott gibt nur, wie es seinen Verheißungen entspricht. Er hat verheißen, der Gerechten Gebet zu erhören (Spr 15,29).

Niemals hat er nur den Kindern der Verheißung die Gebete verheißen.

Sankt Augustinus hat ausdrücklich gesagt, dass dem Gerechten die Kräfte genommen werden.

Aber er hat es zufällig gesagt, denn es konnte geschehen, dass die Gelegenheit, es zu sagen, sich nicht geboten hätte. Doch seine Grundsätze machen deutlich, dass, als die Gelegenheit sich dafür fand, er es unmöglich nicht oder etwas Gegenteiliges sagen konnte. Es ist also mehr, wenn man gezwungen ist, es zu sagen, sobald die Gelegenheit sich dafür bietet, als wenn man es gesagt hat, sobald die Gelegenheit sich dafür bot, da das eine aus Notwendigkeit, das andere aus Zufall geschieht. Beides zusammen aber ist alles, was man verlangen kann.

931/550 *(Ich liebe alle Menschen wie meine Brüder, weil sie alle erlöst sind.)*

Ich liebe die Armut, weil er sie geliebt hat. Ich liebe die Güter, weil sie mir die Mittel geben, den Elenden beizustehen. Ich halte allen die Treue. Ich vergelte das Böse nicht jenen, die es mir antun, aber ich wünsche ihnen eine der meinen gleiche Lage, in der man von den Menschen weder Böses noch Gutes empfängt. Ich versuche, allen Menschen gegenüber gerecht, wahrhaftig, aufrichtig und treu zu sein, und ich empfinde herzliche Zärtlichkeit für diejenigen, mit denen Gott mich enger vereint hat.

Und sei es nun, dass ich allein bin oder unter den Augen

der Menschen, bei all meinen Taten habe ich Gott vor Augen, der sie richten muss und dem ich sie alle geweiht habe.

Das sind meine Gefühle.

Und alle Tage meines Lebens segne ich meinen Erlöser, denn er hat sie mir eingegeben und aus einem Menschen voller Schwäche, Elend, Begierde, Stolz und Ehrgeiz einen Menschen gemacht, der von all diesen Übeln durch die Kraft der Gnade befreit ist, welcher der ganze Ruhm dafür gebührt, da ich durch mich selbst nur Elend und Täuschung habe.

932/191 Und wird jener über den anderen spotten? Wer darf spotten? Und trotzdem spottet dieser nicht über den anderen, sondern hat Mitleid mit ihm.

933/460 Des Fleisches Lust und der Augen Lust und Stolz (1. Joh 2,16) usw.

Bei den Wesen gibt es drei Ordnungen: das Fleisch, den Geist und den Willen.

Die Fleischlichen sind die Reichen und die Könige. Sie haben den Leib zum Ziel.

Die Wissensdurstigen und die Gelehrten, sie haben den Geist zum Ziel.

Die Weisen, sie haben die Gerechtigkeit zum Ziel.

Gott soll über alles herrschen, und alles soll sich auf ihn beziehen.

Bei den Dingen des Fleisches herrscht im Grunde dessen Begierde.

Bei den Geistigen herrscht im Grunde der Wissensdurst.

Bei der Weisheit herrscht im Grunde der Stolz.

Das bedeutet nicht, dass man sich nicht seines Besitzes

oder seiner Kenntnisse rühmen könnte, doch ist dies kein rechtmäßiger Anlass zum Stolz, denn erkennt man einem Menschen zu, dass er gelehrt sei, wird man darum nicht versäumen, ihn zu überzeugen, dass er unrecht habe, hochmütig zu sein.

Der berechtigte Anlass zum Hochmut ist die Weisheit, denn man kann einem Menschen nicht zuerkennen, dass er Weisheit erworben habe, und doch sagen, er rühme sich zu Unrecht. Denn das geschieht durchaus zu Recht.

Darum ist es Gott allein, der die Weisheit gibt, und somit gilt: *Qui gloriatur in domino glorietur.* (»Wer sich rühmt, der rühme sich des Herrn!« 1. Kor 1,31.)

934/580 Die Natur hat Vollkommenheiten, um zu zeigen, dass sie das Abbild Gottes ist, und sie hat Mängel, um zu zeigen, dass sie nur sein Abbild ist.

935/490 Da die Menschen nicht die Gewohnheit angenommen haben, das Verdienst zu entwickeln, sondern nur, es zu belohnen, wo sie es entwickelt finden, urteilen sie über Gott nach sich selbst.

936/698 Man versteht die Prophezeiungen erst, wenn man sieht, dass die Geschehnisse eingetroffen sind; also dienen die Beweise für die Zurückgezogenheit, die Seelsorge, das Schweigen usw. nur denjenigen als Beweise, die sie bereits kennen und ihnen glauben.

Sankt Joseph ist so voller Innerlichkeit, als ein ganz äußerliches Gesetz galt.

Die äußeren Bußübungen bereiten auf die innere Buße vor, wie die Demütigungen auf die Demut, so auch die …

937/104 Wenn unsere Leidenschaft uns verleitet, etwas zu tun, so vergessen wir unsere Pflicht; wie man etwa ein Buch liest, wenn man es gernhat, während man etwas anderes tun sollte. Doch um sich an diese Pflicht zu erinnern, muss man sich vornehmen, etwas zu tun, was man verabscheut, und dann redet man sich damit heraus, dass man etwas anderes zu tun habe, und durch dieses Mittel erinnert man sich seiner Pflicht.

938/658 **20** V. Die Bilder des Evangeliums für den Zustand der kranken Seele sind Krankheiten des Leibes. Doch da ein Leib nicht krank genug sein kann, um jenen Zustand klar zu bezeichnen, waren mehrere dafür notwendig. So gibt es den Tauben, den Stummen, den Blinden, den Gichtbrüchigen, den toten Lazarus, den Besessenen: All dies zusammen findet sich in der kranken Seele.

939/897 Der Knecht weiß nicht, was sein Herr tut (Joh 15,15), denn der Herr sagt ihm allein, was er tun soll, und nicht den Endzweck. Deshalb unterwirft er sich sklavisch seinem Herrn und verstößt oftmals gegen den Endzweck. Jesus Christus aber hat uns den Endzweck genannt.

Und Ihr vernichtet diesen Endzweck.

940/790 Jesus Christus wollte nicht ohne die Formen des Rechts getötet werden, denn es ist weitaus schmachvoller, aus rechtlichen Gründen zu sterben als durch einen widerrechtlichen Aufruhr.

941/264 Man wird es durchaus nicht überdrüssig, alle Tage zu essen und zu schlafen, denn Hunger und Schlafbedürfnis entstehen immer aufs Neue, sonst würde man dessen überdrüssig werden.

So wird man der geistlichen Dinge überdrüssig, wenn es uns nicht nach ihnen hungert; Hunger nach der Gerechtigkeit, achte Seligpreisung (Mt 5,10).

942/941 Ende. Ist man sicher? Ist dieser Grundsatz sicher? Prüfen wir nach! Ein Zeugnis über sich selbst gilt nichts. Sankt Thomas.

943/554 24 Aa. Jesus Christus ließ, so scheint mir, nach seiner Auferstehung nur seine Wundmale berühren. *Noli me tangere.* (»Rühre mich nicht an!« Joh 20,17.) Wir sollen uns nur mit seinen Leiden vereinen.

Er hat sich im Abendmahl als Sterblicher zum gemeinschaftlichen Opfer, als Auferstandener den Jüngern in Emmaus, als zum Himmel Aufgefahrener der ganzen Kirche hingegeben.

944/250 Das Äußere muss mit dem Inneren vereint sein, damit man zu Gott gelangt; das heißt, man soll auf die Knie fallen, mit den Lippen beten usw., damit der stolze Mensch, der sich Gott nicht unterwerfen wollte, nun der Kreatur unterworfen sei. Von jenen Äußerlichkeiten die Hilfe zu erwarten bedeutet, abergläubisch zu sein; sie nicht mit dem Inneren vereinen zu wollen bedeutet, hochmütig zu sein.

945/661 Die Buße ist das einzige von allen Mysterien, das den Juden sichtbar erklärt worden ist, und dann tat es auch Sankt Johannes der Vorläufer, und hernach geschah es mit den übrigen Mysterien, um zu kennzeichnen, dass in jedem Menschen wie in der ganzen Welt diese Ordnung befolgt werden muss.

946/785 2. Jesus Christus in allen Menschen und in uns selbst erblicken. Jesus Christus als Vater in seinem Vater. Jesus Christus als Bruder in seinen Brüdern. Jesus Christus als Armer in den Armen. Jesus Christus als Reicher in den Reichen. Jesus Christus als Lehrer und Priester in den Priestern. Jesus Christus als Herrscher in den Fürsten usw. Denn durch seine Herrlichkeit ist er alles Große, da er Gott ist, und durch sein sterbliches Leben ist er alles Erbärmliche und Niedrige. Dafür hat er diesen unglücklichen Zustand auf sich genommen, um in allen Menschen und das Vorbild aller Lebenslagen sein zu können.

947/504 25 Bb. Ein anderer Grund: dass die christliche Liebe dies als eine Entziehung des Geistes Gottes und als eine schlechte Tat betrachtet, weil in ihm der Geist Gottes eingeschlossen oder die Gemeinschaft mit diesem unterbrochen ist, und er bereut es, indem er sich darüber betrübt.

Der Gerechte handelt aus Glauben bei den geringsten Dingen. Wenn er seine Diener zurechtweist, so hofft er, dass der Geist Gottes sie ändert, und er bittet Gott, sie zu züchtigen, und er erwartet von Gott ebenso viel wie von seinen Zurechtweisungen, und er bittet Gott, seine Züchtigungen zu segnen, und so ist es auch bei allem übrigen Tun.

948/668 Nur wenn man sich von der christlichen Liebe fernhält, hält man sich wirklich fern.

Unsere Gebete und unsere Tugenden sind Gott ein Greuel, wenn sie nicht die Gebete und die Tugenden Jesu Christi sind. Und unsere Sünden werden niemals Gegenstand der (Barmherzigkeit), sondern der Gerechtigkeit Gottes sein, wenn sie nicht (die Sünden) Jesu Christi sind.

Er hat unsere Sünden angenommen und hat uns (zu seinem) Bund zugelassen, denn ihm sind die Tugenden eigen (und die) Sünden fremd, und uns (sind) die Tugenden fremd, und unsere Sünden sind uns eigen.

Folgen wir einer anderen Richtschnur als der, welcher wir bisher gehorcht haben, um zu beurteilen, was gut ist. Wir hatten hierfür unseren Willen als Richtschnur; gehorchen wir nun Gottes Willen: Alles, was er will, ist gut und gerecht für uns; alles, was er nicht will (, ist schlecht und ungerecht).

Alles, was Gott nicht will, ist verboten. Die Sünden sind durch die allgemeine Erklärung Gottes verboten, dass er sie nicht wolle. Die anderen Sachen, bei denen er kein allgemeines Verbot erlassen hat und die man aus diesem Grunde als erlaubt bezeichnet, sind gleichwohl nicht immer erlaubt, denn hält Gott eine dieser Sachen von uns fern und erweist es sich durch das Ereignis, das eine Offenbarung des Gotteswillens ist, dass Gott uns etwas nicht gewähren will, so ist uns dies nun wie die Sünde verboten, denn Gottes Willen ist ja, dass wir das eine ebenso wenig wie das andere haben sollen. Allein diesen Unterschied gibt es zwischen den beiden Sachen, dass Gott mit Gewissheit niemals die Sünde will, während es andererseits nicht gewiss ist, dass er die andere Sache niemals will. Sobald Gott sie aber nicht will, müssen wir sie als Sünde ansehen, und sobald der Wille Gottes sich nicht offenbart, der allein die ganze Güte und die ganze Gerechtigkeit ist, lässt er diese Sache zu einer ungerechten und schlechten werden.

949/930 Man hat sie nämlich so menschlich wie irgend möglich behandelt, um zwischen der Liebe zur Wahrheit und der Pflicht der christlichen Liebe die Mitte zu wahren.

Die Frömmigkeit besteht nämlich nicht darin, niemals gegen seine Brüder aufzutreten. Es wäre sehr leicht usw.

Es ist eine falsche Frömmigkeit, den Frieden zum Nachteil der Wahrheit zu erhalten.

Es ist auch ein falscher Eifer, die Wahrheit zu erhalten, indem man der christlichen Liebe schadet.

Deshalb haben sie sich darüber nicht beklagt.

Ihre Grundsätze haben ihre Zeit und ihren Ort.

Der Eitelkeit ist das Bestreben eigen, aus deren Irrtümern zu erwachsen.

Durch ihre Fehler stimmen sie mit den Kirchenvätern überein.

Und durch ihre Qual mit den Märtyrern.

Und doch widerrufen sie nichts davon.

Sie brauchten nur jene kurze Zusammenfassung zu nehmen und sie zu widerrufen.

Sanctificant praelium. (»Sie predigen den heiligen Krieg«, nach: Micha 3,5.)

Monsieur Bourseys. Wenigstens können sie nicht widerrufen, dass sie sich der Verurteilung widersetzt haben.

950/951 In der Bulle *Cum ex apostolatus officio* (»Mit der aus dem Apostelamt erwachsenden Pflicht«), die 1558 von Paul IV. erlassen wurde:

Wir verfügen, verordnen, dekretieren und entscheiden, dass alle und jeder Einzelne von jenen, die zur Häresie oder zum Schisma verführt oder ihnen verfallen sind, und welchen Standes und Ranges sie auch sein mögen, Laien, Geistliche, Priester, Bischöfe, Erzbischöfe, Patriarchen, Primaten, Kardinäle, Grafen, Markgrafen, Herzöge, Könige und Kaiser, außer den obengenannten Verurteilungen und Strafen aus ebendiesem Grunde ohne jede rechtliche oder tatsächliche Vermittlung in allem, bei allem und auf immer ihrer Weihen, Bistümer, Pfründen, Ämter, ihrer königlichen oder kaiserlichen Herrschaft enthoben und für unfähig erklärt werden sollen, diese jemals wieder zurückzugewinnen. Überlassen wir sie zu ihrer Bestrafung dem Ermessen der weltlichen Macht und gewähren wir denjenigen, die sich aus wahrhaftiger Reue von ihrer Verirrung abwenden sollten, keine andere Gnade als die, dass sie dank der Güte und Milde des Heiligen Stuhls würdig geachtet werden, in einem Kloster eingeschlossen bei Wasser und Brot lebenslänglich zu büßen; für immer sollen sie aber jeder Würde, Weihe oder Prälatur, jedes gräflichen, herzoglichen oder königlichen Herrscheramtes enthoben bleiben. Und diejenigen, die sie verbergen und schützen, soll man aus ebendiesem Grunde zur Exkommunikation und Ehrlosigkeit verurteilen, jeder königlichen oder herzoglichen Herrschaft, allen Gutes und Besitzes entheben, und diese werden von Rechts wegen und als Eigentum denjenigen zufallen, die sich als Erste ihrer bemächtigen.

Si hominem excommunicatum interfecerunt, non eos homicidas reputamus, quod adversus excommunicatos zelo catholicae matris ardentes aliquem eorum trucidasse contigerit. (»Wenn sie einen Exkommunizierten getötet haben, betrachten wir sie nicht als Mörder, denn es steht ihnen in ihrem glühenden Eifer für die katholische Mutter und gegen die Exkommunizierten zu, einen von diesen totgeschlagen zu haben.«) 23, Frage 5 Urbans II.

951/950 *(Nachdem man sie gründlich geplagt hat, wird man Euch wieder nach Hause schicken.)*

(Das ist ein ebenso schwacher Trost wie derjenige, Berufung wegen Missbrauchs der Amtsgewalt einzulegen. Denn ein wichtiges Mittel der Berufung wegen Amtsmissbrauchs ist beseitigt,

weil darüber hinaus die meisten nicht die Möglichkeit haben werden, aus den fernsten Orten Périgords und Anjous herzukommen und ihre Sache vor dem Krongericht in Paris zu vertreten;

außerdem werden sie jederzeit Gerichtsbeschlüsse haben, um derartige Berufungen wegen Missbrauchs der Amtsgewalt zu verbieten.)

(Denn obgleich sie nicht erreichen können, was sie verlangt haben, macht diese Forderung dennoch ihre Macht deutlich, die umso größer ist, als diese sie bewogen hat, eine so ungerechte Sache zu verlangen, von der offensichtlich war, dass sie diese nicht erreichen könnten.

Das gibt also ihre Absicht nur noch deutlicher zu erkennen, wie auch die Notwendigkeit, dass man jene Bulle nicht registrieren und dadurch anerkennen darf, die nach ihrem Willen als Grundlage für diese neue Einrichtung dienen soll.)

(Hier handelt es sich nicht um eine einfache Bulle, sondern um eine Grundlage.

Beim Verlassen des Gerichtspalastes.)

121. Der Papst verbietet dem König, dessen Kinder ohne seine Erlaubnis zu verheiraten. 1294.

Scire te volumus. (»Wir wollen, dass du weißt.«) 1302.

Das Handbuch der Kindererziehung.

952/956 *Clemens placentium.* (?)

Unsere Ordensgeneräle fürchteten den Verfall wegen der äußerlichen Beschäftigungen. 208. 152. 150. Wegen des Hofes. 209. 203. 216. 218. Weil man nicht den sichersten und angesehensten Meinungen folgte. Sankt Thomas usw. 215. 218.

Stipendium contra Consti. (»Eine Spende [ist] gegen die Ordenskonstitutionen.«) 218.

Frauen. 225. 228.

Fürsten und Politik. 227. 168. 177.

Wahrscheinlichkeit. Neuerung. 279. 156 – Neuerung, Wahrheit.

Mehr, um sich die Zeit zu vertreiben und sich zu zerstreuen, als um den Seelen zu helfen. 158.

Laxe Lehrmeinungen. 160. Todsünde wird zur lässlichen Sünde. Vollkommene Reue. 102. Politik. 162. Vorgreifende Annahmen oder 162.

Die Bequemlichkeiten des Lebens nehmen bei den Jesuiten zu. 166.

Scheinbare und falsche Güter, die sie täuschen. 192, Zusatz.

(Und es ist keine Entschuldigung für die Superioren, dass sie nichts gewusst hätten von den …)

Pater Lemoine, 10 000 Taler außerhalb seiner Provinz.

Seht, wie schwach die menschliche Voraussicht ist! All die Dinge, von denen unsere ersten Ordensgeneräle den Untergang unserer Gesellschaft fürchteten, sind gerade das, wodurch sie gewachsen ist, durch die Großen, durch den Gegensatz zu unseren Konstitutionen, durch die Vielzahl der Ordensmitglieder, die Verschiedenartigkeit und Neuheit der Lehrmeinungen usw. 182. 157.

Politik. 181.

Der ursprüngliche Geist der Gesellschaft ist erloschen. 170. 171 bis 174. 183 bis 187. *Non è più quella.* (»Sie ist nicht mehr dieselbe.«) Vittelescus. 183. *(Altri tempi altre cure.)* (»Andere Zeiten, andere Sorgen«.)

Klagen der Ordensgeneräle. Keine von Sankt Ignatius. Keine von Laínez. Einige von Borgia und Acquaviva. Unendlich viele von Mutius usw.

Habt Ihr die richtige Vorstellung von unserer Gesellschaft?

Die Kirche hat so lange Zeit ohne diese Fragen bestanden.

Die anderen stellen solche Fragen, aber das ist nicht das Gleiche.

Welchen Vergleich soll es nach Eurer Meinung zwischen 20 000 Abgesonderten und 200 Millionen Vereinigter geben, die füreinander den Tod auf sich nehmen wollen? Eine unsterbliche Gemeinschaft.

Wir stehen uns bei bis zum Tode, Lamy.

Wir nötigen unsere Feinde, Pater Puys.

Alles hängt von der Wahrscheinlichkeit ab.

Die Welt will von Natur aus eine Religion, die jedoch sanft sein soll.

Ich bekomme Lust, es Euch mit einer seltsamen Annahme zu beweisen. Ich werde Euch also sagen: Wenn Gott uns nicht durch einen besonderen Ratschluss seiner Vorsehung zum Wohle der Kirche beistünde, so will ich Euch dennoch beweisen, dass wir, selbst wenn wir nur von menschlichen Kräften sprechen, nicht untergehen können.

Gesteht mir diesen Grundsatz zu, und ich werde Euch alles beweisen. Denn die Gesellschaft Jesu und die Kirche unterliegen dem gleichen Geschick.

Ohne diese Grundsätze beweist man nichts.

Man lebt nicht lange in offener Gottlosigkeit und von Natur aus auch nicht bei strengen Bußübungen.

Eine angepasste Religion ist geeignet, von Dauer zu sein. Man sucht sie aus Freigeisterei auf.

Ich weiß nicht, ob Privatpersonen, die nicht mit den Waffen herrschen wollen, etwas Besseres tun könnten.

Könige, Papst.

1. Buch der Könige. 246.

6, rechtschaffen und gutgläubig für die Frömmigkeit.

(231. *Jesuiten werden bei allem zu Rate gezogen.*)

(165. 166. 164. 165. *Verpflanzte.*)

6. 452. Könige als Nährväter.

4. Ihres Verdienstes wegen gehasst.

(Universität.)

(1. Buch der Könige.)

»Apologie der Universität«. 159. Spruch der Sorbonne.

Die Könige. 241. 228.

Erhängte Jesuiten, 112.

Die Religion. Und die Wissenschaft. (?)

Jesuita omnis homo. (»Der Jesuit ist jedermann.«)

(Kollegien – Kinder, die man auswählen kann.)

Kollegien, Eltern, Freunde, Kinder, die man auswählen kann.

Ordenskonstitutionen.

253. Armut. Ehrgeiz.

257. Hauptsächlich die Fürsten und die großen Herren, die schaden und nützen können.

12. Unnütze, Verworfene. / Freundliches Aussehen. / Reichtum, Adel usw.

Wie denn, hattet Ihr Angst, dass man es versäumte, sie früher aufzunehmen?

27.

47. Zum Ruhme Gottes seinen Besitz der Gesellschaft Jesu geben. Deklarationen.

51. 52. Einigkeit der Meinungen, Deklarationen, um sie der Gesellschaft Jesu zu unterwerfen und so die Einheitlichkeit zu bewahren. Nun besteht aber heute diese Einheitlichkeit in der Verschiedenartigkeit. Denn die Gesellschaft Jesu will es so.

117. Konstitutionen. Das Evangelium und der heilige Thomas. Deklarationen, irgendeine anpassungsfähige Theologie.

65. Wenige fromme Gelehrte; unsere Ältesten haben ihre Meinung geändert.

23. 74. Betteln.

19. Nichts den Eltern geben, sich dabei auf die Berater verlassen, die vom Superior eingesetzt wurden.

1. Keine Prüfung vornehmen. Deklarationen.

2. Völlige Armut, keine Messen; weder für eine Predigt noch als ausgleichendes Almosen.

4. Die Deklarationen haben die gleiche Autorität wie die Konstitutionen.

Ende. Jeden Monat die Konstitutionen lesen.

149. Die Deklarationen verderben alles.

154. Weder veranlassen, ständig Almosen zu geben, noch sie von Rechts wegen verlangen und auch keine Spende für den Opferstock. Deklaration *non tanquam Eleemozina* (»nicht als Almosen«).

200. 4. Uns über alles zu unterrichten.

190. Die Konstitutionen wollen keine Heerschar. In den Deklarationen wird die Heerschar erläutert.

Eine allumfassende und unsterbliche Gemeinschaft.

Liebevolle Hingabe an die große und von Gewissenszweifeln freie Gemeinschaft – gefährlich.

Durch die Religion würden wir alle reich sein, ohne unsere Konstitutionen sind wir auch arm.

Sowohl durch die wahre Religion als auch ohne sie sind wir stark.

953/958

Brief 16. *Aquavivae. De formandis concionatoribus.*	
S. 373. *Longe falluntur qui ad – irrigaturae.*	*(Dieses Zitat ist nicht zu finden.)* Die Kirchenväter lesen, um sie seiner Einbildung anzupassen, anstatt sein Denken dem der Kirchenväter nachzubilden.
Brief 1. *Mutii Vitelesci.*	
S. 389. *Quamvis enim probe norim – et absolutum.*	*(Dieses Zitat auch nicht – sie waren:* 373/389. *Sie sind alle beide ausgeschrieben.)*
S. 390. *Dolet ac queritur – esse modestiam.*	Bescheidenheit.
S. 392. *Lex ne dimidiata – reprehendit.*	Die Messe. Ich weiß nicht, was er sagt.
S. 408. *Ita feram illam – etiam irrumpat.*	Politik.
S. 409. *Ad extremum pervelim – circumferatur.*	Durch ein Unglück oder vielmehr ein eigentümliches Glück der Gesellschaft Jesu wird, was einer tut, allen zugeschrieben.

S. 410. *Quaerimoniae – deprehendetis.*	Den Bischöfen aufmerksam gehorchen, damit es nicht offenbar wird, dass wir nach dem Beispiel des heiligen Xaver beanspruchen, uns mit ihnen zu messen.
S. 412. *Ad haec si a litibus – aviditatis.*	Testamente, Prozesse.
S. 413. *Patris Borgiae – videbitur illam futuram.*	Sie übertreiben und erfinden sogar falsche Geschichten.
S. 415. *Ita res domesticas – nunc dimittis* usw.	
Brief 2. *Mutii Vitelesci.*	
S. 432. *Quarto nonnullorum – quam ardentissime possum urgere.*	Probabilität, *tueri pius potest, probabilis est auctore non caret.* (»Der Fromme kann sehen, dass es wahrscheinlich nicht an einem Urheber fehlt.«)
S. 433. *Quoniam vero de loquendi licentia – aut rare plectatur.*	Da man die Lästerer nicht bestraft.
Brief 3. *Mutii Vitelesci.*	
S. 437. *Nec sane dubium – nihil jam detrimenti acceperit.*	Damit die Gesellschaft Jesu nicht Schaden nimmt.
S. 440. *Ardentissime Deum exoremus – operari non est gravatus et tu fili hois* usw.	*(Mangelnder Gehorsam, weil sie nach Ansehen streben.)*
Hesekiel 37.	

S. 441. *Secundum caput – tanti facimus.*	Mangelnder Gehorsam, weil sie nach Ansehen streben.
S. 442. *Haec profecto una si deficiet – qui haec molitur.*	Mangelnder Gehorsam, nach dem Beistand der Großen streben.
S. 443. *Ex hoc namque vitio – importunum praebeas.*	Sie tun unanständige und der Stellung der Gesellschaft Jesu unangemessene Dinge und behaupten, dass die großen Herren sie deshalb bedrängen, aber sie sind es, die diese bedrängen, so dass man sie entweder zum Feind haben muss, wenn man sie ablehnt, oder die Gesellschaft Jesu zugrunde richten muss, wenn man es zulässt.
S. 443. *spectabit tertium caput – mutatus est color optimus.*	Keuschheit.
S. 445. *De paupertate – non adversentur veritati.*	Armut, laxe Lehrmeinungen, die der Wahrheit widersprechen.
S. 446. *Faxit Deus – atque si praetermitterentur.*	Weinberge usw.

954/925 Den Grund des Verdammungsurteils anhand der äußeren Erscheinungen prüfen; eine Hypothese aufstellen, die für alle annehmbar ist.

Das Ordenskleid macht die Lehre.

(Ihr nehmt so vielen Leuten die Beichte ab, die nur einmal im Jahr zur Beichte gehen.)

(Ich glaubte, dass *hier Meinung gegen Meinung stünde.)*

(Wenn man so böse ist, dass *man deshalb überhaupt keine Gewissensbisse mehr empfindet, sündigt man also nicht mehr.)*

(Ihr verfolgt also Monsieur Arnauld ohne Gewissensbisse.)

Ich misstraue dieser Lehre, denn sie erscheint mir zu sanft angesichts der Bosheit, die, wie man sagt, in mir sei.

(Warum wählt Ihr nicht irgendeine grobe Häresie aus!)

Ich misstraue ihrer Vereinigung angesichts ihrer Gegensätze in den Einzelheiten.

Ich werde abwarten, bis sie sich verständigt haben, bevor ich Partei ergreife. Für einen Freund würde ich zu viele Feinde haben. Ich bin nicht gelehrt genug, um ihnen zu antworten.

(Ich glaubte wohl, dass *man verdammt würde, weil man keine guten Gedanken gehabt hätte, dass es aber geschieht, weil man glaubt, dass niemand solche hat, das ist mir neu.)*

(Wozu dient das? Um die Gerechten zu trösten und vor der Verzweiflung zu erretten? Nein, denn niemand kann in der Lage sein, sich für gerecht zu halten.)

(Monsieur Chamillard wäre häretisch, was eine offenkundige Unwahrheit ist; denn er hat für Monsieur Arnauld geschrieben.)

Im Jahre 1647: die Gnade für alle; 1650 wurde sie seltener usw.

(Die Gnade bei Monsieur Cornet, bei Monsieur ...)

Luther: alles, außer der Wahrheit.

Wenn es in der Kirche überhaupt keine gleichartigen Fälle gegeben hätte, doch ich glaube dabei meinem Pfarrer.

Wenn sie auch nur im Geringsten lästig wird, machen sie daraus andere (Gnaden), denn sie verfügen darüber wie über ihr Werk.

Ein Einziger sagt die Wahrheit.

(Für jede Gelegenheit eine besondere Gnade; für jede Person, eine Gnade für die Großen, eine Gnade für die Schurken.)

Schließlich ist Monsieur Chamillard dem so nahe, dass, wenn es Stufen gibt, um ins Nichts hinabzusteigen, (diese hinreichende Gnade) auf der diesem am nächsten liegenden Stufe steht.

(Spaßhaft, deshalb häretisch zu sein.)

Alle wurden davon überrascht, denn man hat sie in der Heiligen Schrift oder bei den Kirchenvätern usw. nie entdeckt.

Seit wann, Pater, ist das ein Glaubensartikel? Höchstens erst, seitdem es die Worte »unmittelbare Fähigkeit« *(pouvoir prochain)* gibt. Und ich glaube, dass dieser Begriff, als er aufkam, diese Häresie bewirkt hat und dass er nur in dieser einzigen Absicht aufkam.

(Die Zensur verbietet allein, so vom heiligen Petrus zu sprechen, und nichts weiter. – Ich bin ihnen zu großem Dank verpflichtet.)

(Das sind kluge Leute. Sie haben befürchtet, dass die Briefe, die man an die Provinzler schreibt ...)

(Es lohnte sich nicht für ein Wort.)

(Kindische Einfalt.)

(Gelobt zu werden, ohne bekannt zu sein.)

(Bösartige Gläubiger.)

(Ich meine, dass es Hexenmeister sind.)

Luther *(alles, ausgenommen die Wahrheit.)*

Häretisches Glied.

Unam sanctam. (»Die eine, heilige [Kirche].«)

Die Illuminationen haben uns geschadet.

Ein Lehrsatz ist gut bei einem Autor und schlecht bei einem anderen. Ja, folglich gibt es jedoch andere schlechte Lehrsätze.

Manche Leute unterwerfen sich der Zensur, andere den Beweisgründen, und alle unterwerfen sich auch insgesamt den Beweisgründen. Es erstaunt mich, dass Ihr also nicht den allgemeinen Weg anstelle des besonderen gewählt habt oder diesen nicht wenigstens mit dem allgemeinen verbunden habt.

Vielzahl der Gnaden.

Jansenistische Übersetzer.

Augustinus hat davon am meisten wegen der Uneinigkeit unter seinen Feinden. Außerdem ist dies etwas, was man wie eine ununterbrochene Tradition von 12 000 Päpsten, Konzilien usw. ansehen kann.

Monsieur Arnauld muss folglich sehr viele schlimme Meinungen haben, damit er diejenigen Meinungen, denen er sich anschließt, auch verdirbt.

Die Zensur bringt ihnen den Nutzen, dass sie, wenn man sie von ihr verurteilen lässt, diese bekämpfen und dabei sagen werden, sie folgten dem Vorbild der Jansenisten.

Wie erleichtert ich bin; kein Franzose ist ein guter Katholik …

Die Litaneien. Clemens VIII., Paul V., Zensur. Gott schützt uns sichtbar.

Der Mensch ist ganz unverständig. Er kann nicht einmal eine Milbe erschaffen.

Anstelle Gottes die Gnade, um zu ihm zu gelangen.

955/929 *(Und man hält sich bereit, diejenigen aus der Kirche zu vertreiben, die dieses Bekenntnis verweigern.)* Alle erklären, dass diese Lehrsätze es seien. Monsieur Arnauld und seine Freunde versichern, er verurteile diese Lehrsätze als solche, wo sie auch immer zu finden seien, und wenn sie bei Jansenius stehen, verurteile er sie bei ihm.

Selbst wenn sie bei ihm nicht stehen und der häretische Sinn dieser Lehrsätze, die der Papst verurteilt hat, bei Jansenius zu finden sei, so verurteile er Jansenius.

Ihr aber gebt Euch mit diesen Versicherungen nicht zufrieden, nach Eurem Willen soll er bestätigen, dass diese Lehrsätze sich Wort für Wort bei Jansenius finden. Er hat geantwortet, er könne es nicht bestätigen, da er nicht wisse, ob es sich so verhalte, er habe sie bei Jansenius gesucht, wie dies auch unendlich viele andere getan hätten, ohne sie dort jemals zu entdecken. Sie haben Euch – Euch und alle anderen – gebeten, Ihr solltet angeben, auf welchen Seiten diese Lehrsätze stehen, *(und)* nie hat jemand das getan. Und trotzdem wollt Ihr ihn wegen dieser Weigerung aus der Kirche ausstoßen – obgleich er alles verurteilt, was sie verurteilt –, und das aus dem einzigen Grund, dass er nicht bestätigt, gewisse Worte oder ein gewisser Sinn seien in einem Buch vorhanden, in dem er dies niemals gefunden hat und in dem niemand es ihm zeigen will. Wahrhaftig, Pater, dieser Vorwand ist so haltlos, dass es wohl niemals in der Kirche ein so seltsames, so ungerechtes und so tyrannisches Verfahren gegeben hat.

(Die Kirche kann sehr wohl zu etwas nötigen.)

(Clemens VIII.)

(Si quis dixerit.) (»Wenn jemand gesagt haben wird.«)

Man braucht kein Theologe zu sein, um zu erkennen, dass ihre Häresie nur in dem Einspruch besteht, den sie gegen Euch erheben; den Beweis dafür habe ich an mir selbst, und den allgemeinen Beweis dafür erkennt man an all jenen, die Euch angegriffen haben.

Die Pfarrer von Rouen, Jansenisten.

Das Gelübde von Caen.

Ihr haltet Eure Absichten für so ehrenhaft, dass Ihr daraus den Gegenstand eines Gelübdes macht.

Vor zwei Jahren war ihre Häresie die Bulle, im vergangenen Jahr war es etwas Innerliches. Vor sechs Monaten war es das *totidem* (»ebendies«, »Wort für Wort«); gegenwärtig ist es der Sinn.

Erkenne ich nicht deutlich, dass Ihr sie nur zu Häretikern machen wollt? Das heilige Altarsakrament.

Ich habe Euch angegriffen und so für die anderen gesprochen.

Ihr seid überaus lächerlich, dass Ihr um die Lehrsätze so viel Lärm macht. Das ist ohne Bedeutung, man muss es verstehen.

Ohne Namen von Autoren, doch da man Eure Absicht kannte, haben siebzig Einspruch erhoben. Das Urteil datieren.

Damit derjenige, den Ihr nicht aufgrund seiner eigenen Worte zum Ketzer machen konntet, usw.

(Wer nimmt es mir übel, wenn ich beweise, dass all dies, selbst die abscheulichsten Äußerungen, von Euren Autoren stammt?)

Denn alles kommt an den Tag.

(Habt Ihr nichts anderes zu antworten und nur diese Art, es zu beweisen?)

Entweder weiß er, dass es so ist oder dass es nicht so ist, oder er zweifelt; entweder Sünder oder Ketzer.

Vorrede von Villeloin.

Jansenius, Aurelius, Arnauld, Provinzialbriefe.

(Eine Gemeinschaft von Verworfenen.)

(Man würde alle Opferstöcke von Saint-Merry aufbrechen, ohne dass Ihr deshalb weniger unschuldig wäret.)

(Nach Pelagius.)

(Auch das ist nicht sonderbar. Falsches Recht. Baronius.)

(Was mich angeht, so möchte ich lieber ein Betrüger sein als usw.)

Welchen Grund habt Ihr dafür? Ihr sagt, dass ich Jansenist sei, dass Port-Royal die fünf Lehrsätze verteidige und dass somit ich sie verteidige. Drei Lügen.

Wenn man nur auf die Heiden sieht.

Dasselbe Licht, das die übernatürlichen Wahrheiten enthüllt, enthüllt sie auch ohne Irrtum, während das Licht, das usw.

Wie sollte der Sinn des Jansenius sich in Lehrsätzen finden, die überhaupt nicht von ihm sind?

Und ich bitte Euch, mir nicht damit zu kommen, dass nicht Ihr es gewesen seid, *(sondern die Bischöfe,)* die all dies in Gang gesetzt haben. *(Ich würde Euch Dinge antworten, die weder Euch noch anderen gefielen.)* Erspart mir die Antwort.

Entweder steht das bei Jansenius oder nicht. Wenn es bei ihm steht, so ist er nun in diesem Punkt verurteilt, warum wollt Ihr ihn sonst verurteilen lassen?

Man soll nur einen der Lehrsätze Eures Paters Escobar verurteilen. Ich will dann Escobar in der einen Hand halten und das Verdammungsurteil in der anderen, und daraus werde ich ein formgerechtes Beweismittel machen.

Der Papst hat nicht zwei Dinge verurteilt, er hat nur den Sinn der Lehrsätze verurteilt.

Wollt Ihr behaupten, er habe ihn nicht verurteilt? Aber der Papst sagt, der Sinn des Jansenius sei darin enthalten. Ich sehe wohl, dass der Papst es wegen Eurer *totidem* (»Wort für Wort«) geglaubt hat, aber er hat es nicht unter Androhung der Exkommunikation gesagt.

Wie hätten er und auch die französischen Bischöfe es nicht glauben sollen? Ihr habt jene als *totidem* bezeichnet, und sie wussten nicht, dass Ihr imstande seid, es zu sagen, selbst wenn es sich nicht so verhielt.

Betrüger, man hatte meinen 15. Brief nicht gesehen.

956/928 Diana.

Diesen Nutzen bringt Diana.

11. Es ist erlaubt, die Pfründen, mit denen keine seelsorgerischen Pflichten verbunden sind, nicht den Würdigsten zu geben; das Konzil von Trient scheint das Gegenteil zu sagen. Doch er beweist es folgendermaßen: Denn verhielte es sich so, wären alle Prälaten im Stande der Verdammnis. Denn sie verfahren alle in dieser Art.

11. Der König und der Papst sind durchaus nicht verpflichtet, die Würdigsten auszuwählen. Verhielte es sich so, hätten der Papst und die Könige eine schreckliche Bürde zu tragen.

21. Und andererseits, wäre diese Lehrmeinung nicht wahr, so hätten die Beichtkinder und die Beichtväter sehr viel zu tun, und darum bin ich der Ansicht, dass man ihr in der Praxis folgen muss

(21. *Wäre diese Lehrmeinung in Bezug auf die Wiederherstellung der früheren Zustände wahr, oh, wie vieles müsste da wiederhergestellt werden!*)

Und an einer anderen Stelle, wo er die notwendigen Bedingungen anführt, die bewirken sollen, dass eine Sünde zu den Todsünden gehört, nennt er dabei so viele Umstände, dass man schwerlich eine Todsünde begehen kann, und nachdem er dies begründet hat, ruft er aus: »Oh, wie sanft und leicht ist das Joch des Herrn!« (Nach: Mt 11,30.)

11. Und man ist andererseits nicht verpflichtet, Almosen von seinem Überfluss zu geben, solange die Armen alltäglichen Nöten ausgesetzt sind. Wäre das Gegenteil wahr, so müsste man die Mehrzahl der Reichen und ihrer Beichtväter verdammen.

Diese Gründe hatten mich aufgebracht, als ich dem Pater sagte: »Aber was verhindert eigentlich zu sagen, sie seien es?«

Dafür hat er ebenfalls an dieser Stelle vorgesorgt, gab er mir zur Antwort, oder vielmehr, nachdem er gesagt hatte – 22 –, wäre dies wahr, so würden die Reichsten verdammt werden. Er setzt hinzu: Darauf antwortet Arragonius, dass sie es auch seien, und der Jesuit Bauny setzt noch weiter hinzu, dass ihre Beichtväter es gleichermaßen seien, doch ich antworte mit Valentia, einem weiteren Jesuiten, und anderen Autoren, dass es mehrere Gründe gibt, um diese Reichen und ihre Beichtväter zu entschuldigen.

Ich war von dieser Beweisführung entzückt, als er mir schließlich noch diese andere vortrug:

Wäre diese Lehrmeinung für die Wiederherstellung der früheren Zustände wahr, oh, wie vieles müsste da wiederhergestellt werden!

Oh, Pater, sagte ich ihm, ist das ein guter Grund. – Oh, sagte der Pater zu mir, da habe ich einen Menschen vor mir wie … – Oh, Pater, antwortete ich, wie viele verdammte Menschen gäbe es ohne Eure Kasuisten. *(Oh, erwiderte er, wie unrecht man hat, dass man uns nicht darüber reden lässt.)* – Oh, Pater, wie breit Ihr den Weg macht, der in den Himmel führt! Oh, wie viele Menschen ihn finden! Das ist ein …

957/512 In seinem Kauderwelsch ist sie ganz der Leib Jesu Christi, doch er kann nicht behaupten, dass sie der ganze Leib Jesu Christi sei.

Die Vereinigung zweier Dinge, ohne dass dabei eine Veränderung eintritt, bewirkt durchaus nicht, dass man behaupten könnte, das eine werde zum anderen.

So, wenn die Seele mit dem Körper vereint wird
und das Feuer mit dem Holz, ohne dass dabei eine Veränderung eintritt.

Eine Veränderung, die bewirkt, dass die Form des einen zur Form des anderen wird, ist aber notwendig.

So ist es bei der Vereinigung des göttlichen Wortes mit der menschlichen Natur Jesu Christi.

Denn mein Körper wäre ohne meine Seele nicht der Körper eines Menschen. Also wird meine Seele, wenn sie mit irgendeiner Materie vereint ist, meinen Körper schaffen.

Er unterscheidet nicht die notwendige Bedingung von der ausreichenden Bedingung; die Vereinigung ist notwendig, aber nicht ausreichend.

Der linke Arm ist nicht der rechte.

Die Undurchdringlichkeit ist eine Eigenschaft des Körpers.

Die Identität *de numero* (»hinsichtlich der Zahl«), im Hinblick auf die Gleichzeitigkeit, erfordert die Identität der Materie.

Wenn also Gott meine Seele mit einem Körper in China

vereinte, so würde derselbe Körper *idem numero* (»derselbe der Zahl nach«) in China sein.

Derselbe Fluss, der dort fließt, ist *idem numero* wie jener, der gleichzeitig in China fließt.

958/75 Teil 1, Buch 2, Kapitel I, Fortsetzung.

(Annahme: Es wird nicht schwierig sein, sie um eine weitere Stufe herabsteigen und sie lächerlich erscheinen zu lassen.)

Was gibt es Widersinnigeres, als zu behaupten, leblose Körper hätten Leidenschaften, Ängste und Schrecken, empfindungslose Körper ohne Leben, die sogar lebensunfähig sind, hätten Leidenschaften, die eine zumindest empfindungsfähige Seele voraussetzen, um jene in sich aufzunehmen. Sollte überdies der Gegenstand dieses Schreckens die Leere sein? Was gibt es in der Leere, das ihnen Angst machen könnte? Was gibt es Niedrigeres und Lächerlicheres?

Es ist nicht alles, dass sie in sich selbst ein Prinzip der Bewegung haben sollen, um die Leere zu meiden. Haben sie Arme, Beine, Muskeln und Nerven?

959/636 *Si* (»Wenn«) bezeichnet nicht die Gleichgültigkeit.

Maleachi.

Jesaja.

Jesaja: *Si volueris* (»Wollt ihr [mir gehorchen]«, Jes 1,19) usw.

In quacumque die. (»[Denn] welches Tages«, 1. Mose 2,17.)

960/362 und **921** *(Was habt Ihr gewonnen, wenn Ihr mich anklagt, über heilige Dinge zu spotten? Ihr werdet nicht mehr gewinnen, wenn Ihr mich des Betruges anklagt.)*

(Ich habe nicht alles gesagt, das sollt Ihr deutlich merken.)

Ich bin keineswegs ein Ketzer. Ich habe keineswegs die fünf Lehrsätze verteidigt. Ihr sagt es und beweist es nicht. Ich sage, dass Ihr es gesagt habt, und ich beweise es.

Ich habe Euch gesagt, dass Ihr Betrüger seid, und ich beweise es. Und dass Ihr es in Eurer Anmaßung nicht verbergt. Brisacier, Meynier, d'Alby. Und dass Ihr es anerkennt. *Elidere.* (»Auslöschen.«)

Als Ihr Monsieur Puys für einen Feind der Gesellschaft Jesu hieltet, war er ein unwürdiger Hirte seiner Kirche, unwissend, ketzerisch, unredlich und sittenlos; nunmehr ist er ein würdiger, redlicher und sittenstrenger Hirte geworden.

Verleumden, *haec est magna caecitas cordis* (»das ist die große Verblendung des Herzens«).

Das Böse darin nicht zu sehen, *haec est major caecitas cordis* (»das ist die noch größere Verblendung des Herzens«).

Es zu verteidigen, anstatt es wie eine Sünde zu beichten, *tunc hominem concludit profunditas iniquitatis* (»dann schließt der Abgrund der Sünde den Menschen ein«, Sankt Prosper[?]) usw. – 230, Prosper.

Die großen Herren entzweien sich in den Bürgerkriegen. Und Ihr ebenso im Bürgerkrieg der Menschen.

(Euch selbst will ich es sagen, damit es noch stärker wirkt.)

(Ich bin mir der Zustimmung derjenigen sicher, welche die Bücher prüfen, diejenigen aber, die nur die Titel lesen, und jene sind am zahlreichsten, jene könnten Euch auf Euer Wort glauben. [Man soll] nicht ... – dass Ordensgeistliche etwa Betrüger wären – durch beweiskräftige Zitate hat man bereits unseren Freunden die Augen geöffnet. Den anderen muss man die Augen durch das elidere *öffnen.)*

Ex senatus-consultis et plebiscitis. (»Durch Beschlüsse des Senats und des Volks [werden Verbrechen begangen].« Seneca, *Epist.* 95.)

Nach ähnlichen Stellen fragen.

Es freut mich sehr, dass Ihr das Gleiche wie ich verkündet.

Ex contentione (»… des Zankes [und Streites über das Gesetz entschlage dich]«, Tit 3,9), Paulus.

Me causam fecit. (»Er hat mir dafür eine Begründung gegeben.«)

(Ich sehe wohl, in welch schwieriger Lage Ihr seid, denn wolltet Ihr widerrufen, so wäre es damit abgetan, aber usw.)

Die Heiligen geben sich spitzfindigen Grübeleien hin, um an sich eine Schuld zu finden und ihre besten Taten anzuklagen, und diese geben sich spitzfindigen Grübeleien hin, um die schlimmsten Taten zu entschuldigen.

Behauptet nicht, dass dies im Meinungsstreit vorkomme. Man würde Eure Werke vollständig und auf Französisch drucken lassen; man wird alle darüber urteilen lassen.

Ein Gebäude, das außen ebenfalls schön ist, aber auf einem schlechten Fundament steht, die weisen Heiden haben es errichtet, und der Teufel täuscht die Menschen durch diese scheinbare Ähnlichkeit, die auf einem ganz anderen Fundament beruht.

Nie hat ein Mensch eine so gute Sache wie ich vertreten, und nie haben andere ein so schönes Angriffsziel abgegeben wie Ihr.

Die Leute von Welt glauben nicht, sie seien auf dem rechten Weg.

Je mehr Schwäche sie an meiner Person zeigen, desto glaubwürdiger machen sie meine Sache.

Ihr behauptet, ich sei ein Ketzer. Ist das erlaubt? Und

wenn Ihr überhaupt nichts von der menschlichen Gerechtigkeit befürchtet, fürchtet Ihr dann nicht, dass Gott mir Gerechtigkeit widerfahren lässt?

Ihr werdet die Kraft der Wahrheit spüren, und Ihr werdet Euch ihr beugen.

Ich bete, man möge mir die Gerechtigkeit widerfahren lassen, ihnen nicht mehr auf ihr Wort zu glauben.

Mit der Androhung, dass sie sonst eine Todsünde begehen, müsste man die Menschen zwingen, Euch zu glauben. *Elidere.*

Es ist Sünde, üblen Nachreden leichtfertig zu glauben.

Non credebant temere calumniatori. (»Sie glaubten nicht leichtfertig dem Verleumder.«) Augustinus.

Fecitque cadendo undique me cadere (»Er hat, indem er überall fiel, auch mich zu Fall gebracht«) durch den Grundsatz der üblen Nachrede.

In einer derartigen Verblendung liegt etwas Übernatürliches. *Digna necessitas.* (»[Aber] es musste [also gehen, dass sie zu solchem Ende kämen,] wie sie verdient hatten«, Weish 19,4.)

Ich bin allein gegen 30 000 – durchaus nicht. Habt Ihr den Gerichtshof auf Eurer Seite? Ihr habt den Betrug, ich habe die Wahrheit. – Das ist meine ganze Stärke. Verliere ich sie, so bin ich verloren, es wird mir nicht an Anklägern und Strafrichtern fehlen. Aber ich habe die Wahrheit, und wir werden sehen, wer den Sieg erringt.

Ich verdiene nicht, die Religion zu verteidigen, Ihr aber verdient nicht, den Irrtum zu verteidigen. Und … ich hoffe, dass Gott in seiner Barmherzigkeit nicht auf das Böse sieht, das sich in mir befindet, und auf das Gute sieht, das sich in Euch befindet, und uns deshalb allen die Gnade erweisen wird, dass die Wahrheit in meiner Hand nicht unterliegen wird und dass die Lüge nicht …

Mentiris impudentissime. (»Ihr lügt auf das schamloseste.«)

230. Es ist eine äußerst schwere Sünde, das zu verteidigen. *Elidere.*

340–23. Das Glück der Bösen.

Doctrina sua noscetur vir. (»Eines weisen Mannes Rat wird gelobt«, Spr 12,8.)

66. *Labor mendacii.* (»Sie fleißigen sich darauf, wie [einer den andern] betrüge«, Jer 9,5.)

80. Almosen.

Falsche Frömmigkeit, doppelte Sünde.

Elidere, Caramuel.

Ihr bedroht mich.

Da Ihr nur dieses eine Thema berührt habt, heißt das, Ihr billigt alles Übrige.

961/888 B. Ihr begreift die Prophezeiungen nicht, wenn Ihr nicht wisst, dass all das kommen soll, Fürsten, Propheten, Papst – und selbst die Priester –, und gleichwohl soll die Kirche weiterbestehen.

Dank der Gnade Gottes sind wir noch nicht so weit, wehe Euch Priestern! Aber wir hoffen, dass Gott uns Barmherzigkeit erweisen wird, damit wir überhaupt nicht so weit kommen.

1. Petrus, Kapitel 2. Falsche Propheten – frühere – Abbilder der zukünftigen.

962/902 Das muss wohl, sagte der Feuillantinermönch, nicht so gewiss sein, denn bestreitet man etwas, so bezeichnet das ja die Ungewissheit.

Sankt Athanasius, Sankt Chrysostomus.

Die Moral. Die Ungläubigen.

Die Jesuiten haben nicht die Wahrheit ungewiss gemacht, aber sie haben ihre eigene Gottvergessenheit gewiss werden lassen.

Der Widerspruch wurde stets aufrechterhalten, um die Bösen zu verblenden, denn alles, was gegen die Wahrheit oder die christliche Liebe verstößt, ist schlecht. Das ist der wahre Grundsatz.

963/940 Es ist dem Herzen des Menschen gleichgültig, ob er an drei oder vier Personen in der Trinität glaubt, aber nicht usw. Und daher kommt es, dass sie sich ereifern, um das eine zu verteidigen und nicht das andere.

Es ist gut, das eine zu tun, aber man darf das andere nicht lassen; derselbe Gott, der uns gesagt hat, usw.

Und wer daher nur das eine und nicht das andere glaubt, glaubt es nicht deshalb, weil Gott es gesagt hat, sondern weil seine Begehrlichkeit es nicht verweigert und er sehr zufrieden ist, das zu billigen und so ohne Mühsal ein Zeugnis für sein Gewissen zu erhalten, das ihm …

Das aber ist ein falsches Zeugnis.

964/953 Brief, wie die Jesuiten überall gewaltsam Niederlassungen errichtet haben.

Übernatürliche Verblendung.

Diese Moral, die als Kopf einen gekreuzigten Gott hat.

Das sind jene, die das Gelübde abgelegt haben, ihm *tanquam Christo* (»wie Christus«) zu gehorchen.

Die Entartung der Jesuiten.

Unsere Religion, die ganz göttlich ist.

Ein Kasuist als Spiegel.

Wenn Ihr es gut findet, so ist das ein gutes Zeichen.

Es ist etwas Sonderbares, dass es keine Möglichkeit gibt, ihnen die Vorstellung von der Religion zu vermitteln.

Ein gekreuzigter Gott.

Wenn sie diese strafbare Angelegenheit vom Schisma absondern, werden sie ihre Strafe finden.

Doch welche Verkehrung: Wenn die Kinder sich dazu bekennen, lieben sie ihre Verderber. Die Feinde verabscheuen sie.

Wir sind die Zeugen.

Was die große Zahl der Kasuisten betrifft, so ist das nicht im Entferntesten ein Grund, die Kirche anzuklagen, sondern es ist vielmehr für die Kirche ein Grund zu stöhnen.

Und damit wir nicht verdächtig werden.

Wie die Juden, welche die Bücher bewahren und den Heiden nicht verdächtig sind, bewahren sie ihre Konstitutionen für uns.

965/889 Wenn es somit einerseits wahr ist, dass ein paar sittenlose Ordensgeistliche und ein paar verderbte Kasuisten, die überhaupt nicht der Hierarchie angehören, in diese schlimmen Verfehlungen verwickelt sind, so ist es jedoch andererseits gewiss, dass die wahren Hirten der Kirche, welche die wirklichen Bewahrer des Wortes Gottes sind, es unwandelbar gegen die Anstrengungen derjenigen erhalten haben, die es vernichten wollten.

Und daher haben die Gläubigen keinen Vorwand, sich diesem sittenlosen Lebenswandel hinzugeben, der ihnen nur von fremder Hand, von diesen Kasuisten, statt der gesunden Lehre angeboten wird, die ihnen von der väterlichen Hand ihrer eigenen Seelenhirten dargereicht wird. Die Gottlosen wie auch die Häretiker haben keinen Grund, diese Missstände als Zeichen dafür auszugeben, dass die Vorsehung Gottes zugunsten seiner Kirche fehle; da die Kirche ja eigentlich in der Gemeinschaft der Hierarchie existiert, kann man deshalb bei weitem nicht aus den gegenwärtigen Zuständen schließen, Gott habe die Kirche der Verderbnis überlassen, sondern es hat sich niemals deutlicher als heute erwiesen, dass Gott sie sichtbar vor der Verderbnis schützt.

Wenn nämlich einige von jenen, die durch eine außerordentliche Berufung das Gelübde abgelegt haben, sich von der Welt zurückzuziehen und das Mönchsgewand anzulegen, um in einem vollkommeneren Zustand als der große Haufen der Christen weiterzuleben, in Verirrungen verfielen, die dem großen Haufen der Christen ein Greuel sind, und bei uns zu jenem wurden, was die falschen Propheten bei den Juden waren, so ist das ein besonderes und persönliches Unglück, das man allerdings beklagen muss, aus dem man aber nichts schließen darf, was gegen die Sorge spräche, die Gott für seine Kirche trägt, denn all diese Dinge sind ja so klar vorausgesagt worden und es ist seit so langer Zeit verkündigt, solche Versuchungen würden durch das Wirken derartiger Menschen aufkommen, dass man darin, wenn man gut unterrichtet ist, vielmehr Zeichen des Waltens Gottes erkennt und nicht, dass er uns vergessen hätte.

966/926 Man muss beide Parteien hören; dafür habe ich Sorge getragen.

Wenn man nur eine Partei gehört hat, steht man immer auf deren Seite, aber die Gegenpartei bewirkt, dass man seine Meinung ändert; stattdessen bekräftigt der Jesuit diese eine.

Nicht, was sie tun, sondern, was sie sagen.

Nur mich beschimpft man. Ich habe dagegen nichts einzuwenden. Ich weiß, wem ich darüber Rechenschaft geben muss.

Jesus Christus ist ein Stein des Anstoßes gewesen.

Verdammenswert, verdammt.

Politik.

Für die Absicht, das Los der Menschen zu erleichtern, haben wir zwei Hindernisse gefunden, das eine sind die inneren Gesetze des Evangeliums, das andere die äußeren Gesetze des Staates und der Religion.

Über die einen sind wir die Herren, bei den anderen sind wir folgendermaßen verfahren: *Amplianda, restringenda, a majori ad minus. Junior.* (»Indem man sie erweitert, indem man sie einschränkt, vom Größeren auf das Kleinere [schließen]. Das Neuere.« Kasuistische Lehrsätze.)

Probabel.

Sie urteilen wie jene, die am helllichten Mittag beweisen, dass es Nacht sei.

Wenn so schlechte Gründe wie diese probabel sind, so wird alles probabel sein.

1. Grund. *Dominus actuum conjugalium.* (»[Der Mann ist] der Herr der ehelichen Handlungen [seiner Frau].«) Molina.

2. Grund. *Non potest compensari.* (»[Unrecht oder Ehebruch] kann nicht [mit Geld] wiedergutgemacht werden.«) Lessius.

Keine heiligen, sondern abscheuliche Grundsätze gegenüberstellen.

Bauny, jemand, der Scheunen in Brand steckt.

Mascarenhas, das Konzil von Trient über die Priester im Zustand der Todsünde. *Quam primum.*

967/896 Vergebens hat die Kirche solche Worte wie Bannfluch, Häresie usw. eingeführt, man bedient sich ihrer gegen sie.

968/654 Unterschied zwischen Mittagessen und Abendbrot.

Bei Gott unterscheidet sich das Wort nicht von der Absicht, denn er ist wahrhaftig, und vom Wort unterscheidet sich auch nicht die Wirkung, denn er ist mächtig, und von der Wirkung unterscheiden sich auch nicht die Mittel, denn er ist weise. Bernhard, *Ultimi sermones* (»Letzte Predigten«), *In* (»Über«:) *Missus.* (»[Und im 6. Monat] ward [der Engel Gabriel] gesandt«, Lk 1,26.)

Augustinus, 5, *De civitate Dei* (»Über den Gottesstaat«) 10. Dieser Grundsatz gilt allgemein. Gott vermag alles, außer den Dingen, die, wenn er sie vermöchte, bewirkten, dass er nicht allmächtig wäre, wie etwa zu sterben, getäuscht zu werden usw., zu lügen usw.

Es gibt mehrere Evangelisten, um die Wahrheit zu bestätigen.

Ihre nützlichen Unterschiede.

Die Eucharistie nach der Einsetzung des Abendmahls. Die Wahrheit nach dem Bild.

Die Zerstörung Jerusalems als Vorbild für die Zerstörung der Welt.

Vierzig Jahre nach dem Tode Jesu.

Jesus weiß nicht von dem Tage als ein Mensch oder als ein Engel. Matthäus 24,36.

Jesus wurde von den Juden und den Heiden verurteilt.

Die Juden und die Heiden wurden von den zwei Söhnen (Lk 15,11) vorgebildet. Augustinus, 20, *De civitate Dei* 29.

969/514 Müht euch um euer Heil mit Furcht (Phil 2,12).

Er wird gnädig sein den Armen (Ps 72,13).

Petenti dabitur. (»Bittet, so wird euch gegeben«, Mt 7,7.)

Es ist daher in unserer Macht zu bitten; im umgekehrten Falle ist es daher nicht so, weil dann das Erreichen und nicht das Bitten in unserer Macht ist. Da das Heil nun nicht in unserer Macht ist, ist es auch nicht das Bitten, wenn das Erreichen es ist.

Der Gerechte sollte also nicht mehr auf Gott hoffen, denn er soll nicht hoffen, sondern sich mühen, das zu erreichen, was er erbittet.

Ziehen wir also daraus den Schluss – da der Mensch jetzt nicht in der Lage ist, diese unmittelbare Fähigkeit zu gebrauchen, und Gott nicht will, dass er sich dadurch von ihm entferne –, dass der Mensch sich nur durch eine wirksame Fähigkeit nicht von Gott entfernt.

Also haben diejenigen, die sich von Gott entfernen, nicht diese Fähigkeit, ohne die man sich nicht von ihm entfernt, und diejenigen, die sich nicht von ihm entfernen, haben diese wirksame Fähigkeit.

Wenn also diejenigen, die einige Zeit durch diese wirksame Fähigkeit im Gebet verharrt hatten, vom Beten ablassen, so fehlt ihnen nun diese wirksame Fähigkeit.

Und folglich entzieht Gott in dieser Hinsicht die erstgenannte Fähigkeit.

970/632 Über Esra.

Sage: Die Schriften seien zusammen mit dem Tempel verbrannt, das ist den Büchern der Makkabäer zufolge falsch: Jeremia hat ihnen das Gesetz mitgegeben.

Sage, er habe alles aus dem Gedächtnis vorgetragen; Josephus und Esra verzeichnen, dass er aus dem Buch las:

Baronius, *Annales ecclesiastici* (»Kirchenannalen«) 180: *Nullus penitus hebraeorum antiquorum reperitur qui tradiderit libros periisse et per Esdram esse restitutos nisi in 4 Esdr.* (»Unter den alten Hebräern wird keiner gefunden, der berichtet hätte, dass die Schriften verlorengegangen und von Esra wiederhergestellt worden wären, außer im 4. Buch Esra.« Baronius X–XVIII.)

Sage, er hätte die Buchstaben verändert.

Philon, in: *Vita Moysi* (»Leben Mose«): *Illa lingua ac caractere quo antiquitus scripta est lex sic permansit usque ad 70.* (»Die Sprache und die Buchstaben, mit denen von alters her das Gesetz geschrieben wurde, sind bis zur Septuaginta dieselben geblieben.«)

Josephus sagt, dass das Gesetz in Hebräisch war, als es von den Siebzig übersetzt wurde.

Als man unter Antiochus und Vespasian die Schriften vernichten wollte und als es keine Propheten mehr gab, konnte man es nicht erreichen, und unter den Babyloniern, als es keine Verfolgungen gab und als so viele Propheten auftraten, hätten sie zugelassen, dass es verbrannt wurde?

Josephus spottet über die Griechen, die nicht dulden würden …

Tertullian: *Perinde potuit abolefactam eam violentia ca-*

taclysmi, in spiritu rursus reformare: quemadmodum et hierosolymis babylonia expugnatione deletis, est omne instrumentum judaicae litteraturae per Esdram constat restauratum. (»[Noah] hat ebenso gut vermocht, das Buch [Henoch], das durch die Gewalt der Sintflut zerstört war, im Geiste wieder zu schaffen: Wie es gewiss ist, dass nach der babylonischen Eroberung und der Zerstörung Jerusalems die Gesamtheit des judäischen Schrifttums von Esra wiederhergestellt worden ist.«) Tertullian, Buch I. 1. *De cultu feminarum* (»Über den Putz der Frauen«), Kapitel 3.

Er sagt, Noah habe ebenso gut das durch die Sintflut verlorengegangene Buch Henoch im Geiste wiederherstellen können, wie Esra die während der babylonischen Gefangenschaft verlorengegangenen Schriften habe wiederherstellen können.

Θεὸς ἐν τῇ ἐπὶ Ναβουκοδόνοσορ αἰχμαλωσίᾳ τοῦ λαοῦ, διαφθαρεισῶν τῶν γραφῶν, ἐνέπνευσε Ἐσδρᾷ τῷ ἱερεῖ ἐκ τῆς φυλῆς Λευὶ τοὺς τῶν προγεγονότων προφητῶν πάντας ἀνατάξασθαι λόγους, καὶ ἀποκα-ταστῆσαι τῷ λαῷ τὴν διὰ Μωσέως νομοθεσίαν.

Er führt das an, um zu beweisen, dass es nicht unglaubhaft sei, dass die Siebzig die heiligen Schriften mit einer solchen Gleichartigkeit ausgelegt haben, wie man sie an ihnen bewundert. Eusebios I,5, *Kirchengeschichte*, Kapitel 8, und er hat dies Sankt Irenaeus entnommen, Buch 3, Kapitel 25.

Sankt Hilarius sagt in seiner Vorrede zu den Psalmen, dass Esra die Psalmen geordnet habe.

Der Ursprung dieser Überlieferung ist das 14. Kapitel des 4. Buches Esra.

Deus glorificatus est, et scripturae verae divinae creditae sunt, omnibus eamdem, et eisdem verbis et eisdem nominibus recitantibus ab initio usque ad finem uti et praesentes gentes cognoscerent quoniam per inspirationem dei interpretatae sunt scripturae. Et non esset mirabile deum hoc in eis operatum quando in ea captivitate populi quae facta est a Nabuchodonosor corruptis scripturis *et post 70 annos judaeis descendentibus in regionem suam, et post deinde temporibus Artaxerxis persarum regis* inspiravit Esdrae sacerdoti tribus levi praeteritorum prophetarum omnes rememorare sermones et restituere populo eam legem quae data est per Moysen. (»Gott ist verherrlicht worden, und den wahren göttlichen Schriften hat man geglaubt, die von allen gleichermaßen sowohl mit denselben Worten als auch mit denselben Namen vom Anfang bis zum Ende vorgetragen wurden, damit auch die gegenwärtigen Völker erführen, dass diese Schriften durch die Eingebung Gottes ausgelegt worden sind und es nicht erstaunlich wäre, dass Gott an ihnen dieses Werk getan hätte, weil ja in der Gefangenschaft des Volkes *unter Nebukadnezar die Schriften vernichtet waren* und die Juden siebzig Jahre später in ihre Heimat zurückkehrten, und er hernach, in den Zeiten des Perserkönigs Artaxerxes, *Esra, dem Priester aus dem Stamme Levi, eingegeben hat, er solle sich aller Reden der früheren Propheten wieder erinnern und dem Volke das Gesetz zurückbringen, das er durch Moses gegeben hatte.*« Lateinische Übersetzung Pascals aus dem griechischen Original des Eusebios.)

971/633 Gegen die Sage von Esra.
2. Buch der Makkabäer 2.

Josephus, *Jüdische Altertümer.* 11. 1. Cyrus wurde durch die Weissagung Jesajas veranlasst, das Volk freizugeben. – Die Juden erfreuten sich unter Cyrus in Babylon friedlich ihres Besitzes. Also konnten sie sehr wohl das Gesetz haben.

Josephus sagt in der ganzen Geschichte Esras kein einziges Wort über diese Wiederherstellung.

2. Buch der Könige. – 17,27.

972/634 Wenn die Sage von Esra glaubhaft ist, muss man also glauben, die Schrift sei die Heilige Schrift; denn diese Sage beruht nur auf der Autorität derjenigen, die von der Autorität der Siebzig sagen, diese bezeuge, dass die Schrift heilig sei.

Wenn diese Geschichte also wahr ist, geht unsere Rechnung dadurch auf; wenn nicht, so geht sie aus einem anderen Grunde auf. Und jene, welche die Wahrheit unserer Religion, die auf Moses beruht, vernichten möchten, begründen sie daher durch dieselbe Autorität, mit der sie diese angreifen. So besteht sie denn durch diese Fügung der Vorsehung immer weiter.

973/919 Solche Wirkungen haben die Sünden der Völker und der Jesuiten: Die Großen wünschten, dass man ihnen schmeichelt; die Jesuiten wünschten, dass die Großen sie lieben. Sie haben es alle verdient, dass sie dem Geist der Lüge preisgegeben werden, die einen, weil sie getäuscht haben, die anderen, weil sie sich täuschen ließen. Sie sind geizig, ruhmsüchtig und wollüstig gewesen: *Coacervabunt sibi magistros.* (»[Denn es wird eine Zeit sein, da sie die heilsame Lehre nicht leiden werden; sondern nach ihren eigenen Lüsten] werden sie sich selbst Lehrer aufladen«, 2. Tim 4,3.) Als würdige Schüler solcher Lehrer, *digni sunt* (»sie sind es wert«), haben sie Schmeichler gesucht und sie gefunden.

974/949 Wie der Frieden in den Staaten nur den Sinn hat, den Besitz der Völker sicher zu erhalten, hat ebenso der Frieden in der Kirche nur den Sinn, die Wahrheit sicher zu erhalten, die ihr Besitz und der Schatz ist, an dem ihr Herz hängt. Und wie es etwa bedeutete, gegen den Endzweck des Friedens zu verstoßen, wenn man Fremde in einen Staat eindringen ließe, dass sie ihn plündern können, und sich gegen sie nicht zur Wehr setzte, weil man befürchtete, die Ruhe des Staates zu stören (da der Frieden ja nur gerecht und nützlich ist, um den Besitz zu schützen, wird er ungerecht und schädlich, wenn er es zulässt, dass der Besitz verlorengeht, und der Krieg, der ihn verteidigen kann, wird dann gerecht und notwendig), gilt das ebenso in der Kirche, wenn die Wahrheit von den Feinden des Glaubens geschmäht wird und wenn man sie aus dem Herzen der Gläubigen reißen will, um den Irrtum darin herrschen zu lassen; hieße es, wollte man dann den Frieden bewahren, dass man der Kirche diente oder sie verriete? Hieße es, dass man sie verteidigte oder sie zerstörte? Und ist es nicht offensichtlich, dass, wie es ein Verbrechen ist, den Frieden zu stören, wenn die Wahrheit herrscht, es ebenso ein Verbrechen ist, den Frieden zu erhalten, wenn man die Wahrheit vernichtet? Es gibt also eine Zeit, da der Frieden gerecht ist, und eine andere, da er ungerecht ist. Und es steht geschrieben: »Friede hat seine Zeit, und Krieg hat seine Zeit« (Pred 3,8); und was der Wahrheit nützt, dient hierbei als Unterscheidung. Aber es gibt keine besondere Zeit für die Wahrheit und eine andere Zeit für den Irrtum, und es steht im Gegenteil geschrieben: »Die Wahrheit Gottes bleibt in Ewigkeit« (Ps 117,2; 119,90); und Jesus Christus, der sagt, er sei gekommen, Frieden zu bringen, sagt darum auch, er sei gekommen, Krieg zu bringen; aber er sagt nicht, er sei gekommen, sowohl die Wahrheit als auch die Lüge zu bringen. Die Wahrheit ist also der erste Grundsatz und der Endzweck der Dinge.

III Die Ausgabe von Port-Royal (1678)

975/275 Die Menschen halten oft ihre Einbildung für ihr Herz; und sie glauben, bekehrt zu sein, sobald sie nur daran denken, sich zu bekehren.

976/19 Das Letzte, was man findet, wenn man ein Werk schreibt, ist, dass man weiß, was man an den Anfang stellen muss.

IV Die Aktensammlungen Valliant

977/320 Die unvernünftigsten Dinge der Welt werden durch die Urteilsverwirrung der Menschen zu den vernünftigsten. Was ist wohl weniger vernünftig als die Wahl des erstgeborenen Sohnes einer Königin, um einen Staat zu lenken? Man wählt, um ein Schiff zu steuern, nicht denjenigen von den Reisenden aus, der dem vornehmsten Geschlecht entstammt. Ein solches Gesetz wäre lächerlich und ungerecht; weil die Menschen aber so sind und immer sein werden, wird dieses Gesetz vernünftig und gerecht, denn wen soll man sonst auswählen? Den Tugendhaftesten und Klügsten? Da geraten wir sogleich in ein Handgemenge; jeder behauptet, dieser Tugendhafteste und Klügste zu sein. Machen wir also diesen Rang von einer unbestreitbaren Voraussetzung abhängig. Von der, dass jemand der älteste Sohn des Königs ist; das ist einleuchtend, da gibt es keinen Streit. Die Vernunft kann nicht besser vorgehen, denn der Bürgerkrieg ist ja das größte Übel.

V Das Manuskript Périer

978/100 Das Wesen der Eigenliebe und dieses menschlichen *Ichs* besteht darin, nur sich selbst zu lieben und nur sich selbst zu achten. Was aber wird dieses *Ich* tun? Es kann nicht verhindern, dass der Gegenstand seiner Liebe voller Fehler und Elend ist; es will groß sein, und es erkennt sich als klein; es will glücklich sein, und es erkennt sich als elend; es will vollkommen sein, und es erkennt an sich eine Fülle von Unvollkommenheiten; es will der Gegenstand der Liebe und Wertschätzung der Menschen sein, und es sieht, dass seine Fehler nur ihre Abneigung und Geringschätzung verdienen. Diese missliche Lage, in der es sich befindet, erregt in ihm die ungerechteste und sträflichste Leidenschaft, die man sich vorstellen kann; denn es entbrennt in tödlichem Hass gegen jene Wahrheit, die es zurechtweist und seiner Fehler überführt. Es möchte sie gern vernichten, und da es sie nicht in ihr selbst zerstören kann, zerstört es sie, soweit es dies vermag, in seinem Bewusstsein und in dem der anderen; das heißt, es verwendet all seine Mühe darauf, seine Fehler vor den anderen wie vor sich selbst zu verbergen, und es kann nicht ertragen, dass man sie ihm zu erkennen gibt oder dass man sie überhaupt erkennt.

Unzweifelhaft ist es ein Übel, voller Fehler zu sein; ein noch weit größeres Übel ist es aber, wenn man voller Fehler ist und sie nicht anerkennen will, weil das bedeutet, dass man dem einen Übel noch das weitere einer absichtlichen Selbsttäuschung hinzufügt. Wir wollen nicht, dass die anderen uns täuschen; wir halten es für ungerecht, dass sie von uns höher geschätzt werden wollen, als sie es verdienen: Es ist also ebenso wenig gerecht, dass wir sie täuschen und von ihnen höher geschätzt werden wollen, als wir es verdienen.

Wenn sie nur Unvollkommenheiten und Mängel entdecken, die wir tatsächlich haben, ist es daher offensichtlich, dass sie uns durchaus kein Unrecht antun, denn nicht sie sind ja deren Ursache, und dass sie uns vielmehr Gutes erweisen, denn sie helfen uns ja, uns von einem Übel zu befreien, das darin besteht, dass wir nichts von diesen Unvollkommenheiten wissen. Es darf uns nicht betrüben, dass sie diese erkennen und dass sie uns geringschätzen, da es gerecht ist, und dass sie uns als die erkennen, die wir sind, und dass sie uns geringschätzen, wenn wir Geringschätzung verdienen.

Solche Gefühle sollten aus einem Herzen kommen, das voller Recht und Billigkeit wäre. Was müssen wir darum von dem unseren sagen, wenn wir in ihm eine ganz entgegengesetzte Neigung entdecken? Denn ist es etwa in Wirklichkeit nicht so, dass wir die Wahrheit und diejenigen, die sie uns sagen, hassen und es stattdessen gern sehen, wenn sie sich zu unserem Vorteil täuschen, und dass wir von ihnen für andere gehalten werden wollen, als wir es tatsächlich sind?

Hier ein Beweis, der mich schaudern lässt. Die katholische Religion verpflichtet nicht, dass man seine Sünden allen Menschen offenbaren müsse, ohne Unterschiede zu machen; sie duldet, dass man vor allen anderen Menschen verborgen bleibt; aber sie nimmt einen einzigen davon aus, dem man nach ihren Geboten den Grund seines Herzens offenbaren und sich so zeigen muss, wie man ist. Nur vor diesem einzigen Menschen auf der Welt, so befiehlt sie, muss man alle Täuschung fallenlassen, und sie verpflichtet ihn zu unverbrüchlicher Verschwiegenheit, die bewirkt, dass für ihn diese Kenntnis so ist, als hätte er sie nicht. Kann man sich etwas noch Barmherzigeres und Milderes vorstellen? Und gleichwohl ist die Verderbtheit des Menschen so groß, dass er selbst dieses Gesetz noch zu hart findet; und das ist ein Hauptgrund, warum ein großer Teil Europas sich gegen die Kirche empört hat.

Wie ungerecht und töricht ist doch des Menschen Herz, da er es schlecht findet, dass man ihn verpflichtet, vor einem Einzigen das zu tun, was er, wie es in gewisser Hinsicht gerecht wäre, vor allen Menschen tun sollte! Denn ist es etwa gerecht, dass wir sie täuschen?

Bei dieser Abneigung gegen die Wahrheit gibt es unterschiedliche Grade; man kann aber sagen, dass sie sich in einem gewissen Grade bei allen finden lässt, weil sie untrennbar mit der Eigenliebe verbunden ist. Es ist dies eine falsche Rücksichtnahme, die jene, die sich genötigt sehen, die anderen zu tadeln, verpflichtet, so viele Umschweife und Beschwichtigungsmittel zu wählen, um sie nur ja nicht zu verletzen. Sie müssen unsere Fehler verkleinern, sie scheinbar entschuldigen und Lobreden und Bekundungen der Zuneigung und Wertschätzung einflechten. Trotz alledem bleibt diese Medizin für die Eigenliebe bitter. Sie nimmt davon so wenig wie möglich und das stets widerwillig, oft sogar mit einem geheimen Groll auf diejenigen, die sie ihr verabreichen.

Daher kommt es, dass man – wenn man irgendeinen Vorteil darin sieht, von uns geliebt zu werden – vor einem Dienst an uns zurückschreckt, der, wie man weiß, uns unangenehm ist; man behandelt uns so, wie wir behandelt werden wollen: Wir hassen die Wahrheit, man verbirgt sie uns; wir wollen, dass man uns schmeichelt, man schmeichelt uns; wir lassen uns gern täuschen, man täuscht uns.

Dies führt dazu, dass jede Stufe des Glücks, die uns in einer Gesellschaft erhöht, uns weiter von der Wahrheit entfernt, denn man fürchtet es ja mehr, diejenigen zu verletzen, deren Wohlwollen nützlicher und deren Abneigung gefährlicher ist. Ein Fürst kann das Gespött ganz Europas sein, und er allein wird nichts davon wissen. Das erstaunt mich nicht: Wenn man die Wahrheit sagt, so ist das für jenen nützlich, dem man sie sagt, doch für jene nachteilig, die sie sagen, weil sie sich verhasst machen. Nun liegt aber jenen, die in der Umgebung der Fürsten leben, der eigene Vorteil mehr am Herzen als der des Fürsten, dem sie dienen; und daher hüten sie sich, ihm zu nützen, wenn sie dabei sich selbst schaden.

Dieses Unglück ist bei den vornehmsten Ständen zweifellos größer und alltäglicher; aber auch die niedrigsten bleiben davon nicht verschont, weil man sich immer irgendeinen Vorteil verspricht, wenn man sich bei den Menschen beliebt macht. So ist das menschliche Leben nur ein fortwährender Trug; man tut nichts anderes, als sich gegenseitig zu täuschen und zu schmeicheln. Niemand redet in unserer Gegenwart so über uns, wie er über uns redet, wenn wir abwesend sind. Die Eintracht unter den Menschen beruht nur auf diesen gegenseitigen Betrügereien; und wenige Freundschaften würden fortbestehen, wenn jeder wüsste, was sein Freund über ihn sagt, sobald er nicht dabei ist, obwohl jener dann aufrichtig und leidenschaftslos von ihm spricht.

Der Mensch ist daher in sich selbst wie vor den anderen nichts weiter als Verstellung, Lüge und Heuchelei. Er will also nicht, dass man ihm die Wahrheit sagt. Er vermeidet es, sie den anderen zu sagen; und all diese Neigungen, die so weit von Gerechtigkeit und Vernunft entfernt sind, haben in seinem Herzen eine natürliche Grundlage.

979/945 Der Tag des Gerichts.

Das also, Pater, nennt Ihr den Sinn des Jansenius; das also redet Ihr dem Papst und den Bischöfen ein!

Wenn die Jesuiten verderbt sein sollten und es wahr wäre, dass wir allein sind, so hätten wir umso mehr Grund, es zu bleiben.

Quod bellum firmavit, pax ficta non auferat. (»Was der Krieg gesichert hat, darf ein Scheinfrieden nicht rauben.«)

Neque benedictione, neque maledictione movetur, sicut angelus Domini. (»... [denn mein Herr, der König,] ist wie ein Engel Gottes, dass er Gutes und Böses hören kann.« 2. Sam 14,17.)

Man greift die größte aller christlichen Tugenden an, welche die Liebe zur Wahrheit ist.

Wenn die Unterschrift diese Bedeutung hat, so soll man mir erlauben, dass ich es erläutere, damit nichts zweideutig bleibt: Denn man muss zugeben, dass manche glauben, wenn man unterschreibe, bedeute das Zustimmung.

Wenn der Referent das Gerichtsurteil nicht unterschriebe, so wäre es aufgehoben; wenn die Bulle nicht unterschrieben wäre, so würde sie trotzdem gültig sein; das ist also nicht …

»Aber Ihr könnt Euch getäuscht haben?« Ich schwöre: Ich glaube, dass ich mich getäuscht haben kann; aber ich schwöre nicht, dass ich glaube, mich getäuscht zu haben.

Man ist nicht schuldig, wenn man nicht glaubt, und man wird schuldig sein, wenn man schwört, ohne zu glauben … welch sonderbare Fragen; er …

Es tut mir leid, dass ich Euch hierzu sagen muss: Ich schildere nur, was geschehen ist.

Escobar zufolge setzt sie das an die erste Stelle; sie aber fassen es nicht so auf: Und da sie Missfallen bekunden, so zwischen Gott und dem Papst zu stehen, …

980/918*a* Sie sagen, die Kirche sage, was sie nicht sagt, und sie sage nicht, was sie sagt.

981/918 Was wären die Jesuiten ohne die Probabilität, und was wäre die Probabilität ohne die Jesuiten?

Hebt die *Probabilität* auf – man kann der Welt nicht mehr gefallen; nehmt die *Probabilität* an – man kann ihr nicht mehr missfallen. Vormals war es schwer, den Sünden zu entgehen, und auch schwer, sie zu büßen; jetzt ist es leicht, ihnen durch tausend Kunstgriffe zu entgehen, und auch leicht, sie zu büßen.

982/918*b* Wir haben aus der Verschiedenartigkeit die Einheitlichkeit gemacht, denn wir sind alle einheitlich der Meinung, dass wir alle einheitlich geworden sind.

VI Die Manuskripte Guerrier

983/276 Monsieur de Roannez pflegte zu sagen: »Die Gründe fallen mir später ein, doch zuerst ist mir etwas angenehm, oder es stößt mich ab, ohne dass ich den Grund kenne, und trotzdem stößt es mich aus ebenjenem Grunde ab, den ich erst danach entdecke.« Ich glaube aber, dass dies nicht etwa aus jenen Gründen abstieß, die man später findet, sondern dass man jene Gründe nur findet, weil es abstößt.

984/216 Allein der plötzliche Tod ist zu fürchten, und aus diesem Grunde wohnen die Beichtväter bei den Großen.

985/942 ... Nun ist aber die Probabilität die notwendige Vorbedingung für die übrigen Grundsätze, wie etwa für den Lamys und den (vom) Verleumder.

A fructibus eorum (»An ihren Früchten [sollt ihr sie erkennen]«, Mt 7,16) ... – Urteilt über ihren Glauben nach ihrer Moral.

Die Probabilität vermag wenig ohne die verderbten Mittel, und die Mittel sind nichts ohne die Probabilität.

Es bereitet Freude, die Gewissheit zu haben, dass man

Gutes tun kann und dass man es versteht, Gutes zu tun: *»Scire et posse.«* (»Verstehen und können.«) Die Gnade und die Probabilität geben es, denn man kann Gott darüber Rechenschaft ablegen, da man Gewissheit über deren Autoren hat.

986/891 Man muss die Ketzer wissen lassen, die sich auf die Lehre der Jesuiten berufen, dass diese nicht die Lehre der Kirche ist … die Lehre der Kirche; und dass unsere Meinungsverschiedenheiten uns nicht von der Gemeinschaft trennen.

987/892 Wenn wir verurteilten, sobald wir anderer Meinung sind, so hättet Ihr recht. Die Einheitlichkeit ist ohne Meinungsunterschiede für die anderen nutzlos, die Meinungsunterschiede sind ohne Einheitlichkeit für uns verderblich. – Das eine ist schädlich nach außen, das andere nach innen.

988/488 … Doch es ist unmöglich, dass Gott jemals das Ende wäre, wenn er nicht der Anfang ist. Man richtet seine Augen nach oben, aber die Füße stützt man auf Sand: Und die Erde wird einstürzen, und man wird fallen, während man zum Himmel blickt.

989/935 *Die Jesuiten.* – Die Jesuiten haben Gott mit der Welt vereinen wollen, und sie haben nur die Verachtung Gottes und der Welt gewonnen. Denn im Hinblick auf das Gewissen ist das offenkundig; und im Hinblick auf die Welt sind sie keine geschickten Ränkeschmiede. Sie haben Macht, wie ich es oft gesagt habe, doch dies nur den anderen Ordensgeistlichen gegenüber. Sie werden den notwendigen Einfluss haben, um den Bau einer Kapelle zu veranlassen und eine Wallfahrtskirche zu haben, doch nicht den, um Bischofswürden oder den Oberbefehl über Festungen verschaffen zu können. Die Stellung, welche die Mönche in der Welt einnehmen, ist selbst nach ihrem eigenen Eingeständnis unsinnig (Pater Brisacier, *Benediktiner*). Indessen ... Ihr beugt Euch vor jenen, die mächtiger als Ihr sind, und Ihr bedrückt mit der ganzen Kraft Eures geringen Einflusses jene, die sich in der Welt auf weniger Kniffe und Ränke als Ihr verstehen.

990/948 Als sie die Bischöfe und die Sorbonne verführten, hat ihnen das zwar nicht den Vorteil geboten, deren Urteil gerecht zu machen, doch sehr wohl jenen anderen, ihre Richter ungerecht zu machen. Und daher werden sie, wenn man sie selbst in Zukunft dafür verurteilt, *ad hominem* (»direkt an den Gegner gerichtet«) sagen, dass diese Richter ungerecht seien, und so werden sie deren Urteil zurückweisen. Das nützt ihnen jedoch nichts. Da sie nämlich nicht folgern können, dass die Jansenisten aus dem einzigen Grunde zu Recht verurteilt seien, weil sie verurteilt sind, werden sie dann ebenso wenig folgern können, dass sie selbst zu Unrecht verurteilt seien, weil bestechliche Richter sie verurteilen. Denn ihre Verurteilung wird gerecht sein, nicht deshalb, weil sie von stets gerechten Richtern, sondern von hierin gerechten Richtern kommen wird; dies wird man durch die übrigen Beweise erhärten.

991/952 Da es die beiden hauptsächlichen Anliegen der Kirche sind, die Frömmigkeit der Gläubigen zu erhalten und die Ketzer zu bekehren, sehen wir mit tiefem Schmerz die Parteiungen, die sich heute bilden, um jene Irrlehren einzuführen, die am meisten geeignet sind, den Ketzern für immer den Eintritt in unsere Gemeinschaft zu verwehren und, was uns an frommen und katholischen Menschen verblieben ist, tödlich zu verderben. Dieser Angriff, den man heute so offen gegen die Wahrheiten der Religion und die Wahrheiten, die für das Heil am wichtigsten sind, unternimmt, erfüllt uns nicht allein mit Kummer, sondern auch mit Furcht und Schrecken, denn außer dem Gefühl, das jeder Christ angesichts dieser Sittenverderbnis haben muss, sind wir überdies verpflichtet, dafür Abhilfe zu schaffen und das Ansehen einzusetzen, das Gott uns gegeben hat, um zu erreichen, dass die Völker, die er uns anvertraut hat, usw.

992/946*a* Annat. Er spielt den von Unwissenheit freien Schüler und den von Anmaßung freien Lehrer.

993/909 Die ganze Gesellschaft ihrer Kasuisten zusammen kann dem Gewissen im Irrtum keine Sicherheit geben, und darum ist es wichtig, gute Führer zu wählen.

Daher werden sie doppelt schuldig sein: sowohl, weil sie Wegen gefolgt sind, denen sie nicht folgen durften, als auch, weil sie auf gelehrte Meister gehört haben, auf die sie nicht hören durften.

VII Bisher unveröffentlichte, von Jean Mesnard in verschiedenen Manuskripten wiederentdeckte Gedanken

I

Daher lassen die Jesuiten entweder Irrlehren annehmen, oder sie lassen beschwören, dass man selbst sie angenommen habe, und sie lassen entweder in den Irrtum oder in den Meineid verfallen, und so verderben sie entweder den Geist oder das Herz.

II

Denn obgleich sie ungefähr 2000 Jahre früher verkündet wurden, bewirkte die geringe Zahl der Geschlechter, die seither aufeinandergefolgt waren, dass sie für die Menschen, die in jener Zeit lebten, ebenso neu waren, wie es jetzt für uns diejenigen sind, die vor ungefähr 300 Jahren eingetroffen sind. Das kommt daher, weil das Leben der ersten Menschen so lang war. So dass Sem, der Lamech erlebt hat, usw. Dieser Beweis reicht aus, um die vernünftigen Menschen zu überzeugen, dass die Sintflut und die Schöpfung wahr sind, und das lässt die Vorsehung Gottes erkennen, der, als er sah, dass die Schöpfung allmählich in den Hintergrund trat, für einen Geschichtsschreiber gesorgt hat, den man als zeitgenössisch bezeichnen kann, und ein ganzes Volk zum Hüter seines Buches bestellt hat. Und was daran weiter Bewunderung verdient, ist, dass dieses Buch einmütig und ohne jeden Widerspruch nicht allein vom ganzen jüdischen Volk, sondern auch von allen Königen und allen Völkern der Erde angenommen wurde, die sich mit einer ganz eigentümlichen Achtung und Ehrfurcht zu ihm bekannt haben.

III

Es ist gut, die innerlich von der Gnade erneuerten Menschen zu bewegen, Werke der Barmherzigkeit und der Buße zu tun, die in einem angemessenen Verhältnis zu ihren Fähigkeiten stehen, denn das eine und das andere werden durch das angemessene Verhältnis bewahrt, das zwischen dem Guten in den Werken und dem Geist besteht, durch den sie getan werden. Wenn man denjenigen, der innerlich noch nicht erneuert ist, zu außerordentlichen Werken der Barmherzigkeit und Buße zwingt, so macht man das eine und das andere zunichte, da der Mensch durch seine Bosheit die Werke verdirbt und die Werke den Menschen, der nicht fähig ist, sie zu ertragen, in seiner Schwäche niederdrücken. Es ist ein schlechtes Zeichen, wenn man sieht, dass ein Mensch vom Augenblick seiner Bekehrung an äußerliche Werke tut. Die Barmherzigkeit hat diese Ordnung, dass sie Wurzeln im Herzen schlägt, bevor sie äußerliche gute Werke tut.

IV

Wenn unsere Leidenschaft uns verleitet, etwas zu tun, so vergessen wir unsere Pflicht, wie man etwa ein Buch liest, wenn man es gernhat, während man etwas anderes tun sollte. Doch um sich an diese Pflicht zu erinnern, muss man sich vornehmen, etwas zu tun, was man verabscheut, und dann redet man sich damit heraus, dass man etwas anderes zu tun habe, und durch dieses Mittel erinnert man sich seiner Pflicht.

V

Ich fühle eine böse Neigung in mir, die mich nicht anerkennen lässt, was Montaigne sagt, dass Lebhaftigkeit und Entschlossenheit in uns mit dem Alter abnehmen. Ich möchte nicht, dass es so ist. Ich empfinde Neid auf mich selbst. Dieses Ich von zwanzig Jahren ist nicht mehr mein Ich.

VI

Der Schlaf sei das Abbild des Todes, sagt Ihr; und ich sage, dass er vielmehr das Abbild des Lebens ist.

VII

Aristoteles, der eine *Abhandlung über die Seele* geschrieben hat, spricht Montaigne zufolge nur über die Wirkungen der Seele, was ja allen wohlbekannt ist; und er sagt nichts über ihr Wesen, ihren Ursprung oder ihre Beschaffenheit, und gerade das will man über sie wissen.

VIII

Man zieht sich aufs Land zurück und verbirgt sich dort acht Monate, um dafür vier glanzvoll am Hofe zu leben.

IX

Jede Freude ist schal für mich, sagt Montaigne, wenn ich sie nicht teilen kann: Das ist ein Zeichen für die Achtung, die der Mensch dem Menschen entgegenbringt.

X

Die Heilige Schrift verweist den Menschen an die Ameisen: Das ist ein bedeutsames Zeichen für die Verderbnis seiner Natur. Welch schöner Anblick, den Herrn der Welt zu sehen, wie er zu den Tieren als den Herren der Weisheit geschickt wird!

XI

Wer bemerkt, dass er eine Dummheit gesagt oder gemacht hat, glaubt stets, dies werde die letzte sein. Anstatt daraus zu schließen, dass er noch viele andere machen wird, kommt er zu dem entgegengesetzten Schluss, diese werde ihn davon abhalten, weitere zu machen.

XII

Die Philosophen der Scholastik sprechen über die Tugend und die Rhetoren über die Beredsamkeit, ohne sie zu kennen. Führt jenen einen wirklich tugendhaften, aber glanzlosen Mann und diesen eine Rede voll natürlicher Schönheiten, aber ohne witzige Einfälle vor: Sie werden nichts davon verstehen.

XIII

Nichts halte ich für so leicht, als dies alles einen Roman zu nennen. Nichts aber halte ich für schwieriger, als darauf zu antworten.

XIV

Warum zeigt Gott sich nicht? – Seid Ihr dessen würdig? – Ja. – Ihr seid sehr anmaßend und dadurch unwürdig. – Nein. – Ihr seid also dessen unwürdig.

XV

Gott ist verborgen. Er lässt sich aber von jenen finden, die ihn suchen. In allen Zeiten hat es stets sichtbare Zeichen von ihm gegeben. Die unseren sind die Prophezeiungen. Die anderen Zeiten haben andere Zeichen gehabt. All diese Beweise stützen sich gegenseitig. Wenn der eine wahr ist, so ist es auch der andere. Da jede Zeit so ihre eigentümlichen Zeichen hatte, erkannte sie an ihnen die anderen Zeichen. Jene Menschen, welche die Sintflut erlebt haben, glaubten an die Schöpfung, und sie glaubten an den Messias, der da kommen sollte. Jene, die Moses erlebt haben, glaubten an die Sintflut und die Erfüllung der Prophezeiungen. Und wir, die wir die Erfüllung der Prophezeiungen erleben, müssen an die Sintflut und die Schöpfung glauben.

Pascal zugeschriebene Äußerungen

1000/43 Monsieur Pascal äußerte über *jene Autoren, die sagen, wenn sie von ihren Werken sprechen:* »*Mein Buch, mein Kommentar, meine Geschichte* usw.«, *man merke ihnen an, dass sie Bürger seien, die ein eigenes Haus besitzen und stets ein* »*bei mir daheim*« *im Munde führen. Sie täten besser daran,* fügte dieser vortreffliche Mann hinzu, *wenn sie sagten:* »*Unser Buch, unser Kommentar, unsere Geschichte* usw.«, *weil sich ja gewöhnlich darin mehr vom Gut anderer als von ihrem eigenen finde.* (Überliefert von Vigneul-Marville.)

1001/77 *Ich kann es Descartes nicht verzeihen: In der ganzen Philosophie wäre er gern ohne Gott ausgekommen; aber er konnte es sich doch nicht ersparen, ihm einen Nasenstüber zu geben, um die Welt in Bewegung zu setzen; danach braucht er Gott nicht mehr.* (Überliefert von Marguerite Périer.)

1002 1. Man fragt mich, ob ich es nicht bereue, die *Provinzialbriefe* geschrieben zu haben. – Ich antworte: Ich bereue es nicht im Geringsten, sondern würde sie noch nachdrücklicher abfassen, wenn ich sie gegenwärtig (1662) zu schreiben hätte.

2. Man fragt mich, warum ich die Autoren mit Namen genannt habe, denen ich all jene abscheulichen Lehrsätze entnahm, die ich dort zitiere. – Ich antworte: Wenn ich in einer Stadt wäre, wo es zwölf Brunnen gäbe, und ich sicher wüsste, dass einer von ihnen vergiftet ist, so wäre ich verpflichtet, alle zu warnen, kein Wasser von diesem Brunnen zu holen; und da man glauben könnte, ich hätte das frei erfunden, wäre ich verpflichtet, den Namen desjenigen zu

nennen, der den Brunnen vergiftet hat, ehe ich eine ganze Stadt der Gefahr aussetzte, sich zu vergiften.

3. Man fragt mich, warum ich einen gefälligen, spöttischen und unterhaltsamen Stil benutzt habe. – Ich antworte: Wenn ich in einem akademischen Stil geschrieben hätte, so hätten nur die Gelehrten es gelesen, und diese hatten es nicht nötig, da sie über diesen Gegenstand ebenso viel wie ich wussten: Daher war ich der Meinung, ich müsste so schreiben, dass meine Briefe geeignet seien, von den Frauen und den Leuten von Welt gelesen zu werden, damit sie die Gefahr all jener Maximen und Lehrsätze erkennten, die sich damals überall ausbreiteten und von denen man sich leicht überzeugen ließ.

4. Man fragt mich, ob ich alle Bücher selbst gelesen habe, die ich zitiere. – Ich antworte: Nein, denn ich hätte gewiss mein Leben damit zubringen müssen, sehr schlechte Bücher zu lesen; zweimal aber habe ich den ganzen Escobar durchgelesen; und was die anderen angeht, so habe ich sie von meinen Freunden lesen lassen; doch habe ich keine einzige Stelle aus ihnen benutzt, ohne dass ich selbst sie in dem zitierten Buch nachgelesen und den Gegenstand geprüft habe, zu dem sie angeführt wird, und ohne das Vorhergehende und das Folgende gelesen zu haben, damit ich nicht Gefahr liefe, einen Einwand statt einer Erwiderung zu zitieren, was verwerflich und ungerecht gewesen wäre. (Überliefert von Marguerite Périer.)

1003 *Das ist ein schönes Werk, das Monsieur Arnauld unternimmt, an einer Logik zu arbeiten! Die Bedürfnisse der Kirche verlangen seine ganze Anstrengung.* (Überliefert vom Abbé Pascal.)

1004 Man hörte ihn oft sagen (über die Erziehung eines Prinzen), dass *es nichts gäbe, woran er lieber mitwirken möchte, wenn er eine derartige Anstellung fände, und dass er bereitwillig sein Leben für eine so wichtige Sache opfern würde.* (Überliefert von Nicole.)

1005 Wenn der verstorbene Monsieur Pascal ein Beispiel für ein Hirngespinst geben wollte, das sich mit Starrsinn durchsetzen ließe, brachte er gewöhnlich die Ansicht des Descartes über Materie und Raum vor. (Überliefert von Nicole.)

1006 *Die christliche Frömmigkeit löscht das menschliche Ich aus, und die menschliche Höflichkeit verbirgt und unterdrückt es.* (Überliefert in der »Logik von Port-Royal«.)

1007 Monsieur Pascal hat auf den Rücken seiner Bibel geschrieben: *Alle falschen Schönheiten, die wir bei Sankt Augustinus finden, haben Bewunderer, und das in großer Zahl.* (Bibliothèque nationale, Ms. 4333.)

1008 Der verstorbene Monsieur Pascal nannte die cartesianische Philosophie *den Roman der Natur, der eine gewisse Ähnlichkeit mit der Geschichte des Don Quijote habe …* (Überliefert von Menjot.)

1009 Monsieur Le Maistre. Verteidigungsreden.

Monsieur Pascal spottete darüber und sagte zu Monsieur Le Maistre, dass er gleichwohl gut für die Barettträger im Gerichtspalast geschrieben hätte, die nichts davon verstünden. (Bibliothèque nationale, Ms. 4333.)

1010 Nach dem Willen Monsieur Pascals sollten alle Arten der Verskunst französisch und gut sein; sie sollen erhaben und gewählt sein, wenn es angebracht sei. Sonst sei es Wortgeklingel. (Bibliothèque nationale, Ms. 4333.)

Zur dieser Ausgabe

Der Übersetzung liegt die Textfassung der *Pensées* zugrunde, die Louis Lafuma für Pascals *Œuvres complètes*, Éditions du Seuil, Paris 1963, besorgt hat. Verwendet wurde die Nachauflage von 1975.

Lafumas Text folgt der 1. Abschrift der *Pensées*, gibt aber im Anschluss an diesen Text auch alle Fragmente wieder, die in dieser Abschrift fehlen. Diese Fragmente wurden in unsere Übersetzung einbezogen, so dass wir hier die erste vollständige deutsche Ausgabe der *Gedanken* Pascals vorlegen.

Der Text Lafumas weist jedoch an einigen Stellen Irrtümer auf, die von uns korrigiert worden sind.

Die Fragmente sind durchnummeriert. Die erste Zahl gibt die Zählung Lafumas an, die zweite zum Vergleich die von Léon Brunschvicg, die bis in die 1960er Jahre die übliche war und der auch deutsche Übersetzungen gefolgt sind. Eine Konkordanz auf den Seiten 523–537 erleichtert das Auffinden der jeweiligen Stellen nach der Zählung Brunschvicgs.

Von Pascal gestrichene Stellen werden kursiv in runden Klammern wiedergegeben.

Die Quellenangaben zu den Zitaten stammen nur dann von Pascal, wenn sie nicht in Klammern stehen. In allen anderen Fällen wurden sie vom Übersetzer ermittelt.

Die Anmerkungen wurden vom Übersetzer und vom Herausgeber erarbeitet.

Für die Ausgabe 2021 wurde die Orthographie behutsam modernisiert.

Konkordanz

Im Folgenden verzeichnet die linke Spalte Brunschvicgs Zählung (im Band jeweils die Zahl *nach* dem Schrägstrich); die rechte Spalte verzeichnet die Zählung Louis Lafumas (im Band jeweils die Zahl *vor* dem Schrägstrich). Siehe dazu auch die Erläuterung auf S. 522.

Brunschvicg	*Lafuma (Reclam)*	*Brunschvicg*	*Lafuma (Reclam)*
1	512	28	580
2	511	29	675
3	751	30	610/611
4	513	31	728/728a
5	534	32	585
6	814	33	586
7	510	34	587
8	766	35	647
9	701	36	605
10	737	37	195
11	764	38	732
12	581	39	765
13	635	40	527
14	652	41	798
15	584	42	636
17	717	43	1000
18	744	44	671
18a	745	45	557
19	976	46	670
20	683	47	555
21	684	48	515
22	696	49	509
23	784	50	789
24	710	51	886
25	667	52	888
26	578	53	579
27	559	54	572

Brunschvicg	Lafuma (Reclam)	Brunschvicg	Lafuma (Reclam)
55	907	89	419
56	583	90	506
57	528	91	660
58	772	92	125
59	637	93	126
60	6	94	630
61	694	94a	664
62	780	95	646
63	680	96	736
64	689	97	634
65	649	98	193
66	72	99	539
67	23	100	978
68	778	101	792
69	41	102	535
69	723	103	770
70	519	104	937
71	38	105	529
72	199	106	805
73	76	107	552
74	408	108	742
75	958	109	638/639
76	553	110	73
77	1001	111	55
78	887	112	54
79	84	113	17
80	98/99	114	558
81	661	115	65
82	44	116	129
83	45	117	35
84	551	118	715
85	531	119	698
86	196	120	541
87	506a	121	663
88	779	122	802

Brunschvicg	Lafuma (Reclam)	Brunschvicg	Lafuma (Reclam)
123	673	159	643
124	672	160	795
125	124	161	16
126	78	162	413
127	24	163	46
128	79	163a	197
129	641	164	36
130	415	165	889
131	622	165a	70
132	49	166	138
133	13	167	10
134	40	168	133
135	773	169	134
136	43	170	132
137	478	171	414
138	879	172	47
139	136	173	561
140	522	174	403
141	39	174a	69
142	137	175	709
143	139	176	750
144	687	177	62
145	523	178	320
146	620	179	753
147	806	180	705
148	120	181	56
149	31	182	640
150	627	183	166
151	63	184	4
152	77	185	172
153	628	186	591
155	606	187	12
156	29	187	162
157	123	188	669
158	37	190	156

Brunschvicg	Lafuma (Reclam)
191	932
192	853
193	810
194	427
194a/b	432[1]
195	428
196	731
197	383
198	632
199	434
200	163
201	441
202	596
203	386
204	159
204a	293
205	68
206	201
207	42
208	194
209	361
210	165
211	151
212	757
213	109
213	152
214	625
215	716
216	984
217	823
218	164
219	612
220	409
221	161
222	882
223	227
224	168
225	157
226	150
227	2/3
228	244
229	429
230	809
231	420
232	682
233	418
234	577
235	206
236	158
237	154
238	153
239	748
240	816
241	387
242	781
243	463
244	3
245	808
246	11
247	5
248	7
249	364
250	944

1 In diesem Band ist die Nummer 194a/b (nach der Zählung Brunschvicgs) bzw. 432 (nach der Zählung Lafumas) aufgeteilt und an zwei verschiedenen Stellen aufgeführt: zum einen auf der Seite 248, zum anderen auf den Seiten 433–436.

Brunschvicg	*Lafuma (Reclam)*	*Brunschvicg*	*Lafuma (Reclam)*
251	219	286	381
252	821	287	382
253	183	288	394
254	187	289	482
255	181	290	402
256	179	291	9
257	160	292	20
258	755	293	51
259	815	294	60
260	504/505	295	64
261	176	296	59
262	908	297	86
263	574	298	103
264	941	299	81
265	185	300	876
266	782	301	711
267	188	302	88
268	170	303	554
269	167	304	628
270	174	305	50
271	82	306	767
272	182	307	87
273	173	308	25
274	530	309	61
275	975	310	797
276	983	311	665
277	423	312	645
278	424	313	94
279	588	314	796
280	377	315	89
281	155	316	95
282	110	317	80
283	298	317a	32
284	380	318	19
285	895	320	30

Brunschvicg	*Lafuma (Reclam)*	*Brunschvicg*	*Lafuma (Reclam)*
320	977	354	27
321	465	355	771
322	104	356	514
323	688	357	783
324	101	358	678
325	525	359	674
326	66	360	144
327	83	361	147
328	93	362	960
329	96	363	507
330	26	364	508
331	533	365	756
332	58/58a	366	48
333	650	367	22
334	97	368	686
335	92	369	651
336	91	370	542
337	90	371	556
338	14	372	656
339	111	373	532
339a	108	374	33
340	741	375	520
341	738	376	34
342	105	377	655
343	107	378	518
344	112	379	57
345	768	380	540
346	759	381	21
347	200	382	699
348	113	383	697
349	115	384	177
350	146	385	905
351	829	386	803
352	724	387	521
353	681	388	52

Brunschvicg	*Lafuma (Reclam)*	*Brunschvicg*	*Lafuma (Reclam)*
389	75	424	404
390	896	425	148
391	658	426	397
392	109	427	400
393	794	428	466
394	619	429	53
395	406	430	149
396	128	430a	230
397	114	431	430
398	116	432	691
399	437	433	215
400	411	434	131
401	685	435	208
402	118	436	28
403	106	436a	890
404	470	437	401
405	71	438	399
406	477	439	491
407	537	440	600
408	526	441	471
409	117	442	393
410	15	443	613
411	633	444	229
412	621	445	695
413	410	446	278
414	412	447	804
415	127	448	642
416	122	449	467
417	629	450	595
418	121	451	210
419	464	452	657
420	130	453	211
421	405	454	74
422	631	455	597
423	119	456	749

Brunschvicg	*Lafuma (Reclam)*	*Brunschvicg*	*Lafuma (Reclam)*
457	668	492	617
458	545	493	216
459	918	494	450
460	933	495	623
461	145	496	365
462	626	497	774
463	142	498	924
464	143	499	928
465	407	500	473
466	140	501	754
467	100	502	603
468	220	503	375
469	135	504	947
470	378	505	927
471	396	506	690
472	362	507	702
473	371	508	869
474	368	509	141
475	374	510	239
476	373	511	231
477	421	512	957
478	395	513	930
479	618	514	969
480	370	515	546
481	359	516	703
482	360	517	202
483	372	518	921
484	376	519	807
485	564	520	925
486	788	521	662
487	833	522	824
488	988	523	226
489	205	524	354
490	935	525	398
491	214	526	352

Brunschvicg	*Lafuma (Reclam)*	*Brunschvicg*	*Lafuma (Reclam)*
527	192	560a	442
528	212	561	820
529	353	562	468
530	712	563	175
531	538	564	835
532	800	565	439
533	897	566	232
533	919	567	576
534	562	568	760/763
535	422	568a	761/762
536	99	569	313
537	351	570	223
538	358	571	502
539	356	572	457
540	917	573	893
541	357	574	472
542	426	575	566
543	190	576	594
544	460	577	469
545	271	578	236
546	416	579	536
547	189	580	934
548	417	581	234
549	191	582	926
550	931	583	740
551	213	584	461
552	560	585	242
554	943	586	446
555	929	587	291
556	449	588	842
557	444	588a	458
558	445	589	747
559	448	590	480
559a	440	591	565
560	431	592	204

Brunschvicg	*Lafuma (Reclam)*	*Brunschvicg*	*Lafuma (Reclam)*
593	822	629	295
594	481	630	384
595	203	630	492
596	1	631	452
597	207	632	970
598	218	633	971
599	209	634	972
600	321	635	277
601	243	636	959
602	8	637	342
604	425	638	305
605	284	639	314
606	421a	640	311
607	287	641	495
608	289	642	274
609	286	643	275
610	453	644	392
611	369	645	238
612	799	646	573
613	281	647	245
614	280	648	252
615	817	649	254
616	282	650	217
617	390	651	575
618	456	652	349
619	454	653	248
620	451	654	968
621	435	655	283
622	474	656	590
623	350	657	246
624	292	658	938
625	296	659	501
626	290	660	616
627	790	661	945
628	436	662	256

Brunschvicg	*Lafuma (Reclam)*	*Brunschvicg*	*Lafuma (Reclam)*
663	615	698	936
664	614	699	319
665	849	700	500
666	801	701	317
667	250	702	297
668	948	703	294
669	582	704	589
670	270	705	240
671	838	706	335
672	367	707	385
673	826/827	708	333
674	247	709	336
675	503	710	332
676	475	711	484
677	265	712	819
678	260	713	489
679	253	713a	459
680	267	714	493/494
681	249	714	496/497
682	486	715	498
683	268	716	334
684	257	717	455
685	259	718	348
686	263	719	266
687	272	720	340
688	476	721	490
689	288	722	485
690	279	723	341
691	276	724	338
692	269	725	330
693	198	726	483
694	326	727	487/488a
695	343	727a	345
696	171	728	258
697	312	729	346

Brunschvicg	Lafuma (Reclam)	Brunschvicg	Lafuma (Reclam)
730	324/324a	761	488
731	624	762	262
732	328	763	306
733	325	764	307
734	329	765	241
735	347	766	607
736	609	766	608
737	793	767	355
738	339	768	570
739	462	769	447
740	388	770	327
741	811	771	235
742	299	772	301
743	304	773	323
744	550	774	221
745	273	775	571
746	264	776	785
747	222	776	785a
747a	178	777	791
747b	366	778	544
748	331	779	548
749	391	780	549
74a	479	781	910–912
750	592	782	818
751	18	783	433
751	228	784	547
752	315	785	946
753	337	786	300
754	730	787	746
755	318	788	719
756	344	789	225
757	261	790	940
758	255	791	919
759	102	792	499
760	593	793	308

Brunschvicg	*Lafuma (Reclam)*	*Brunschvicg*	*Lafuma (Reclam)*
794	389	829	841
795	237	830	718
796	233	831	880
797	309	832	865
798	812	833	648
799	303	834	855
800	316	835	852
801	310	836	843
802	322	837	844
803	832	838	180
804	891	839	854
805	861	840	858
806	848	841	901/902
807	860	842	851
808	846	843	787
809	302	843	840
810	831	844	894
811	184	844	899
812	169	844a	871
813	872	845	870
814	863	846	878
815	568	847	777
816	224	848	438
817	734	849	877
818	735	850	881
819	857	851	903
820	875	852	859
821	850	853	524
822	892	855	836
823	837	856	922
824	873	857	758
825	379	858	776
826	834	859	743
827	839	860	884
828	856	861	845

Brunschvicg	Lafuma (Reclam)
862	733
863	443
864	739
865	786
866	752
867	285
868	598
,869	517
870	706
871	604
872	569
873	677
874	567
875	867
876	726
877	708
878	85
879	67
880	516
881	874
882	914
883	862
884	864
884a	725
885	602
886	563
887	900
888	961
889	965
890	868
891	986
892	987
893	847
894	679
895	813

Brunschvicg	Lafuma (Reclam)
896	967
897	939
898	707
899	775
900	251
901	825
902	962
902a	915
903/903a	769
904	727
905	923
906	693
907	601
908	599
909	993
910	644
911	659
912	720
913	653
914	363
915	692
916	906
917	721
918	981
918a	980
918b	982
919	973
920	916
921	960
922	722
923	713
924	909
925	954
926	966
927	904

Brunschvicg	*Lafuma (Reclam)*	*Brunschvicg*	*Lafuma (Reclam)*
928	956	945	979
929	955	946	883
930	949	946a	992
931	666	947	186
931	729	948	990
933	898	949	974
934	700	950	951
935	989	951	950
936	885	952	991
937	676	953	964
938	543	954	704
939	654	955	18
940	963	956	952
941	942	957	920
942	985	958	953
944	714		

Anmerkungen

Abteilung I

9,8 *Ihre:* d. h. der Juden.

9,9 *Er:* Mohammed. Der Originalsammlung zufolge lauten diese beiden Sätze: »Ihre Eigenschaft als Zeugen bewirkt, dass sie stets und überall elend sein müssen, er ist allein.«

13,1 f. *Kapuzenspitze ... Mönche in Aufruhr:* Anspielung auf den Streit, der im 13. und 14. Jahrhundert die Franziskaner wegen ihrer unterschiedlichen Kapuzenformen – spitz, rund oder viereckig – entzweite.

22,16 *Tölpeln:* im Original: *balourds*; von M. Le Guern in seiner Ausgabe (1977) vorgeschlagene Lesart.

23,4 *Meinung:* der trügerische Schein, die ›Meinung‹ im Sinne Spinozas: die niedrigste Wissensstufe.

25,12 *Kleopatra:* Diese flüchtigen Notizen werden im Fragment 413/162 weiter ausgeführt. Pascal hat diese Betrachtungen über Kleopatra wahrscheinlich Corneilles Tragödie *La Mort de Pompée* (*Der Tod des Pompeius*, 1643) entnommen.

29,23 f. *so viele Spanier zum Tode verurteilen ... entscheidet ein einziger Mensch:* Anspielung auf Richelieu. Die Kriegserklärung an Spanien (1635) hatte die katholische Hofpartei verstimmt, da sie für ein Bündnis der katholischen Länder Europas eintrat.

30,18 f. *Eintritt des Saturns in das Zeichen des Löwen:* Am 12. August 1654 war es zu dieser Konjunktion und gleichzeitig zu einer Sonnenfinsternis gekommen.

33,1 *Drei Gastfreunde:* bezieht sich auf den englischen König Karl I., der 1649 hingerichtet wurde, auf den polnischen König Johann II. Kasimir (1609–1672), der mehrmals abdanken musste, und auf die schwedische Königin Christine, die 1654 auf ihren Thron verzichten musste.

41,22 *Ungerechtigkeit der Fronde:* Diese Erhebung der Hochadeligen (und der Mitglieder des Parlaments) gegen die Macht des jungen Königs Ludwig XIV. (und die Regentschaft seiner Mutter) wirkte sich nachhaltig auf Pascals Denken aus; er hielt sich im Juli 1652 während der Kämpfe in Paris auf.

45,20 *Epiktet: Dissertationes. Unterredungen* IV,6.

46,14 *Corrumpunt bonos mores colloquia prava:* zit. nach: 1 Kor 15,33 und einem Fragment aus dem verlorengegangenen Stück *Thais* des griechischen Komödiendichters Menandros.

47,12 *König, der ein Kind ist:* Anspielung auf Ludwig XIV., der 1643 als Fünfjähriger zum König Frankreichs wurde.

75,1 *Sie:* Die Ausgabe von Port-Royal ist hier genauer: »die Platoniker, ja selbst Epiktet und seine Anhänger«.

76,17 *standhafte Christen:* In den *Dissertationes* (*Unterredungen* IV,7) spricht Epiktet so von den »Galiläern«.

76,20 *147/361:* freie Wiedergabe eines Textes von Jansenius, zu dem dieser von Augustinus angeregt wurde.

100,28 *die Häuser*: in der Endfassung gestrichen.

105,5 f. *wenn man vier von null subtrahiert, null als Rest übrig bleibt:* Dieses Beispiel bezieht sich nur auf natürliche Zahlen.

114,23 *figmentum malum:* vgl. 1 Mos 8,21: »[...] das Dichten des menschlichen Herzens ist böse von Jugend auf.«

118,15 *Beständigkeit:* siehe Aktenbündel 21.

120,23 *Sabunde:* Raimundo Sabunde, spanischer Theologe und Philosoph (gest. 1436), wollte die Wahrheit des Katholizismus durch das Studium des Menschen beweisen; Montaigne übersetzte dessen Werk *Theologia naturalis* und widmete ihm in seinen *Essais* eine »Apologie« (Buch 2, Kap. 12), die Pascal in *Entretien avec M. de Saci (Gespräch mit Herrn de Saci)* kommentiert.

138,10 *Mem:* Der 13. Buchstabe des hebräischen Alphabets, wurde in seiner geschlossenen Form nach einer Prophezeiung Jesajas (9,6) als eine Angabe über die Zeit der Ankunft des Messias gedeutet.

138,11 *Zade:* 18. Buchstabe des hebräischen Alphabets.

138,12 *He:* 5. Buchstabe des hebräischen Alphabets.

141,21 *Pugio. Pugio Fidei* (›Dolch des Glaubens‹, 1278), Schrift des katalanischen Theologen Ramon Marti (Raimundo Martin, 1230–1284), eines Dominikaners, der sich als erster Christ gründlich mit dem hebräischen Schrifttum vertraut machte. Er trat für die Erhaltung des Talmuds ein, weil dieser an manchen Stellen angeblich die Wahrheit des Christentums bezeuge. Ein Freund Arnaulds, der Hebraist Joseph de Voisin, gab 1651 den *Pugio Fidei* heraus. Die folgenden Fragmente enthalten Auszüge aus diesem Werk sowie Anmerkungen Pascals.

141,22 *Rabbenu Hakkadosch:* ›Unser heiliger Lehrer‹, Ehrenbezeichnung für Juda hanassi (um 135 – nach 200), der die Redaktion der Mischna besorgte.

142,1 *Sifra:* ›Buch‹, Midrasch (Schriftauslegung) zum 3. Buch Mose.

142,2 *Barajtot:* ›Die Draußenstehenden‹, nicht in die offizielle Mischna aufgenommene Schriftauslegungen.

142,4 *Tossafot:* ›Hinzufügungen‹, kritische Zusätze zum Talmudkommentar des Rabbi Aschi.

142,5 *Bereschit Rabba:* Auslegungsmidrasch zum Bereschit (›Im Anfang‹), dem 1. Buch Mose.

Rabbi Hoschaja Rabba: palästinensischer Schriftgelehrter (um 200), schrieb verschiedene Torakommentare.

142,7 *Bar Nachoni: Bahir:* ›Glanz‹, dem Schriftgelehrten *Nechunja* ben Hakana (1. Jahrhundert) zugeschriebenes, jedoch erst im 13. Jahrhundert auftauchendes midraschartiges kabbalistisches Buch mit Bibelauslegungen und kosmologischen Spekulationen.

142,9 *Rabbot: Midrasch Rabba, Sefer Rabbot,* Gesamtbezeichnung für die Midraschim (Schriftauslegungen) zu den fünf Büchern Mose und fünf kleineren biblischen Büchern.

142,12 *Rabbi Aschi:* Schriftgelehrter (352–427), der die Redaktion des babylonischen Talmuds besorgte.

142,23 *Rabbi Moses Hadarschan:* Bibelexeget des 11. Jahrhunderts; seine beispielgebende Methode der Talmudwissenschaft brachte ihm den Beinamen *Hadarschan* (›der Prediger‹) ein.

142,26 *Massechet:* ›Gewebe‹, Talmudtraktat.

Sukka: ›Hütte‹, Talmudtraktat über das Laubhüttenfest.

143,1 f. *Tehillim:* Auslegungsmidrasch zu den Psalmen.

143,18 *Kohelet:* hebräischer Name des Predigers Salomo.

147,27 *Die sechs Zeitalter:* Augustinus zufolge sind die sechs Weltzeitalter eine Wiederholung der sechs Schöpfungstage der Genesis.

150,2 *290/626:* Dieses Fragment stammt von der Hand Nicoles, der eine Abschrift des von Pascal verfassten Originaltextes angefertigt haben soll.

164,21 *Jaddua:* Wie Flavius Josephus (*Jüdische Altertümer* XI,7 f.) berichtet, sagte der Hohepriester Jaddua (Jaddus), ausgehend von den Prophezeiungen des Buches Daniel, Alexander dem Großen voraus, dass er die Perser besiegen würde.

165,18 *Bar Kochba:* Anführer eines Aufstands der Juden gegen die römische Herrschaft (132–135), »der sich in der Zeit Hadrians als Messias ausgab und die Verständigsten täuschte« (Grotius, *Über die Wahrheit der christlichen Religion* V,18).

166,14 *Die jungen Mädchen:* Diesem Text liegt ein Auszug aus der *Geschichte der Arianer* des heiligen Athanasius von Alexandrien (295–373) zugrunde.

168,3 *Der große Pan ist tot:* Plutarch berichtet in seiner Abhandlung *Über die Abnahme der Orakel*, man habe eine Stimme vernommen, die den Satz »Der große Pan ist tot« sprach.

169,15 *Joseph:* steht hier bei Pascal irrtümlich für »Jakob« (1. Mose 48,14); vgl. Fragment 484.

171,24 *Anfang der denkenden Glieder:* Randbemerkung von Nicole.

176,17 *Zwei Gesetze:* Es handelt sich um die zwei Gebote der Gottesliebe und der Nächstenliebe. Vgl. Mt 22,40: »In diesen zwei Geboten hanget das ganze Gesetz und die Propheten.«

Abteilung II

180,10 *Massoreten:* jüdische Schriftgelehrte, die Überlieferung und Vokalisation des hebräischen Textes der Bibel besorgten (4.–6. Jahrhundert).

184,20 *Mademoiselle Périer hat das Original dieses Schreibens:* Der Text des Fragments 396/471 ist nicht von der Hand Pascals. In der Originalsammlung steht der Satz am Ende des Fragments; Gilberte Périer zitiert den Anfang dieses Fragments in der Lebensbeschreibung ihres Bruders *(Vie de Monsieur Pascal)*.

187,11 *280:* Tatsächlich spricht Montaigne von 288 Arten, jedoch steht in der Ausgabe der *Essais* von 1652 infolge eines Druckfehlers

»280«; dadurch konnte die von Pascal benutzte Textvorlage ermittelt werden.

187,20 *Des Barreaux:* mit Pascal befreundeter epikureischer Freigeist (1602–1673), der, seinem jeweiligen Gesundheitszustand entsprechend, sich als Atheist oder Gläubiger verhielt.

188,13 *Corneille: Médée* (*Medea*) II,16.

197,1 f. *Punkt, der sich überall mit unendlicher Geschwindigkeit bewegt:* physikalisch überholte Ansicht.

246,6 *484/711:* Viele Materialien zu diesem Fragment sind den *Triomphes de la religion chrétienne* (*Die Triumphe der christlichen Religion*, 1628) von Jean Boucher entnommen.

282,23 *Kirkerus:* Konrad Kircher, deutscher Theologe des 17. Jahrhunderts, Hauptwerk: *Concordantiae Veteris Testamenti* (*Konkordanzen des Alten Testaments*, 1607).

Usserius: Jakob Usher (1580–1656), anglikanischer Theologe und Kirchenhistoriker; schrieb *Annales Veteris Testamenti* (*Annalen des Alten Testaments*, 1650).

291,12 *Miszellen:* Titel des gesamten Aktenbündels.

305,23 *Desargues:* Der Geometer Gaspard Desargues (1591–1662) hatte einen berühmten Weinberg in Condrieu (südlich von Lyon an der Rhône), wo sein Freund Pascal ihn besucht haben soll.

311,12 *Präadamiten:* Der Freigeist Isaac de La Peyrère hatte 1655 in Holland ein Buch über die Existenz von Menschen vor der Erschaffung Adams veröffentlicht.

313,9 *Le Maistres:* Antoine Le Maistre (1608–1658), Rechtsanwalt und Publizist, der sich dem Kreis von Port-Royal anschloss.

313,9 f. *Franziskaner gegen dessen Willen:* Anspielung auf eine von Le Maistre veröffentlichte Verteidigungsrede (»Für einen gewaltsam ins Kloster gesteckten Sohn«).

313,18 *Scaramouche:* der italienische Schauspieler Tiberio Fiorilli, genannt *Scaramuccia* (1608–1694), der in Paris im Rollenfach des prahlerischen Feiglings großen Erfolg errang.

319,19 *Miton:* Damien Mit(t)on (um 1618–1690), mit Pascal befreundeter Freigeist und leidenschaftlicher Glücksspieler, kehrte im Alter infolge einer jahrelangen Krankheit zu religiösen Anschauungen zurück.

320,22 f. *Elia war ein Mensch gleich wie wir:* Jak 5,17; von Pascal irrtümlich Petrus zugeschrieben.

325,23 f. *Man sehe die Reden ... Jansenisten:* Anspielung auf die *Lettres provinciales (Provinzialbriefe).*

328,3 *Weisheit Salomos:* vgl. Weish 2,6: »Herzu nun und lasset uns wohlleben, weil's da ist, und unsers Leibes brauchen, weil er jung ist!«

332,24 f. *Cléobulines:* Anspielung auf die Figur Cléobuline aus dem Roman *Le Grand Cyrus* (*Der Große Cyrus*, 1649–53) der französischen Schriftstellerin Madeleine de Scudéry.

334,20 *Seite 184:* Hinweis auf die von Pascal benutzte Ausgabe der *Essais* Montaignes.

337,6 *Wahrscheinlichkeit:* frz. *probabilité;* Anspielung auf die Morallehre der Jesuiten, den Probabilismus, dem zufolge bei Handlungen, die nicht durch moralische Normen verboten sind, einer hinlänglich wahrscheinlichen Meinung gefolgt werden darf.

337,9 f. *Escobar:* Antonio de Escobar y Mendoza (1589–1669), spanischer Jesuit und Kasuist, der die Freiheit des Christen vom Gesetz in allen Zweifelsfällen befürwortete.

338,14 *Spongia Solis:* Der ›Sonnenschwamm‹, der 1604 entdeckte, ohne Erhitzung selbständig leuchtende »Stein von Bologna«, dessen Eigenschaften die damaligen Auffassungen über Wärme und Licht in Frage stellten.

338,25 *Pelagianer:* Anhänger einer antiaugustinischen häretischen Lehre, der zufolge der Mensch nicht der Erbsünde unterworfen sei und die Freiheit besitze, sich zu sündenloser Vollkommenheit zu entwickeln.

342,3 *Mademoiselle de Gournay:* Montaignes Adoptivtochter (1566–1645), gab 1595 die *Essais* heraus.

344,13 f. *conatus recedendi:* das »Streben, sich zu entfernen«, Descartes zufolge die Zentrifugalkraft, die sich im Kreis bewegende Körper besitzen; vgl. Descartes, *Principia philosophiae* III,54.

347,1 *Montalte:* Pseudonym Pascals in den *Lettres provinciales (Provinzialbriefen).*

350,1 *Mohatra:* ›Scheinvertrag‹; kasuistische Argumentationsweise; vgl. den 8. *Provinzialbrief.*

351,1 *Venedig:* Anspielung auf den Kampf zwischen Venedig und den Türken, der den Stadtstaat zwang, die verbannten Jesuiten zurückzurufen (1657).

355,7 *Molina:* Luis de Molina, spanischer Jesuit (1536–1600); lehrte, dass göttliche Vorherbestimmung und menschliche Willensfreiheit einander bedingen.

355,9 *Lessius:* Leonhard Leys, flämischer Jesuit und Theologe (1554–1623).

355,22 *quam primum:* ›So bald wie möglich‹ (beichten); vom Tridentinischen Konzil für die Priester, die im Zustand der Todsünde die Messe gelesen haben, angeordnet; wurde von dem portugiesischen Jesuiten Manuel Mascarenhas (1604–1654) mit einem kasuistischen Argument abgelehnt. Vgl. Fragment 966.

363,7 *Blutkreislauf:* 1628 hatte der englische Arzt William Harvey (1578–1657) den Blutkreislauf entdeckt.

363,13 *Liancourts Geschichte:* Diese »Geschichte« ist nicht überliefert; Brunschvicg nimmt an, dass sie sich auf den tierischen Automatismus bezog. Der Duc de Liancourt stand Port-Royal nahe.

364,19 f. *Salomon de Tulties:* Pascal benutzte mehrere Pseudonyme, so etwa Louis de Montalte und Salomon de Tultie.

397,10 *Geschichte Chinas:* 1658 war die *Geschichte Chinas (Sinicae Historiae Decas I)* des italienischen Missionars Martino Martini erschienen. Aus ihr ließ sich entnehmen, dass die chinesischen Dynastien bis in die Zeit vor der babylonischen Sprachverwirrung zurückreichten; dies stellte die christliche Chronologie in Frage.

Abteilung III

402,30 *Pater Lingendes:* Claude de Lingendes (1591–1660), jesuitischer Prediger.

420,17 f. *wenn Gott ihn verwerfen wird:* Tourneur gibt die Lesart: »wenn Gott sich nahen wird«.

421,12 *Wunder:* bezieht sich auf die Wunderheilung von Marguerite Périer, der Nichte Pascals, durch die Berührung einer Reliquie »aus der Dornenkrone Jesu Christi« (am 24. März 1656).

423,2 *Vatable:* François Wateblad, genannt Vatable (gest. 1547), französischer Hebraist; übersetzte und kommentierte Teile des Alten Testaments.

426,2 *Arius:* Alexandrinischer Theologe (gest. 335), dem zufolge Jesus lediglich Geschöpf Gottes und nicht wesensgleich mit ihm sei; seine Lehre wurde später von der Kirche verurteilt.

428,5 *Est et non est:* ›Das ist und ist nicht‹; Anspielung auf die Argumentationen der Kasuisten, die entgegengesetzte Meinungen für gleichermaßen begründet hielten.

428,9 *der heilige Xaver:* Jesuit (1506–1552), bekannt durch seine Massenbekehrungen in Asien.

428,21 *sie:* d. h. die Jansenisten.

428,22 *Heuchelei:* d. h. Heuchelei in den Augen der Jesuiten.

431,26 f. *ihnen:* d. h. den Jansenisten.

433,14 *Donatisten:* Anhänger einer schismatischen kirchlichen Bewegung, die Sittenreinheit und strenge Kirchenzucht forderte; von Augustinus bekämpft.

434,25 f. *Corneille: Horace* II,3 (Übers. von Carl Theodor Gaedertz: »Alba's Heer / Hat dich ernannt: Ich kenne dich nicht mehr!«).

438,27 *Imago:* ›Abbild‹; Hinweis auf das apologetische Buch *Imago primi saeculi Societatis Jesu* (*Abbild des ersten Jahrhunderts der Gesellschaft Jesu*, 1640), das Pascal bereits in den *Lettres provinciales (Provinzialbriefen)* angriff.

440,21 *Wöltigerode:* Die Jesuiten wollten 1631 die Zisterziensernonnen aus Wöltigerode (Niedersachsen) vertreiben.

Abteilung IV

453,8 *Unam sanctam:* Anfangsworte einer Bulle Bonifaz' VIII.: In der Bulle *Unam sanctam* (»Die eine, heilige [Kirche]«) von 1302 erklärte Bonifaz VIII. den Papst für den Inhaber der obersten geistlichen und weltlichen Gewalt, dem jeder Mensch um seines Seelenheils willen untertan sein müsse.

453,11 *Tanto viro:* Anspielung auf einen kasuistischen Lehrsatz.

453,12 *Acquaviva:* Claudio Acquaviva (1543–1615), Jesuit, wurde 1581 zum fünften General des Ordens gewählt.

453,12 *Tanner:* Adam Tanner (1572–1632), jesuitischer Theologe.

453,19 *Falso crimine:* vgl. Fragment 960/362, Anm. zu *Elidere.*

453,24 f. *a majori ad minus ... Junior:* Anspielungen auf kasuistische Lehrsätze.

453,29 *282:* Diese und die folgenden Seitenangaben beziehen sich auf die von Pascal benutzte theologische Literatur.

454,17 *Familie:* bezieht sich auf Pascals Familie und die Wunderheilung der Marguerite Périer (vgl. Fragment 854 und Anm. zu 421,12).

457,3 *Singlin:* Antoine Singlin (1607–1664), jansenistischer Priester; Saint-Cyran ernannte ihn zu seinem Nachfolger als Beichtvater vom Port-Royal, wo er auch der geistliche Berater Pascals wurde.

467,22 *Monsieur Bourseys:* Amable de Bourzeys, jansenistischer Theologe und Polemiker (1606–1671).

470,3 *208:* Diese und die folgenden Zahlen sind zum größten Teil Seitenangaben zu der *Historia Jesuitica* (1619) des evangelischen Züricher Kirchenhistorikers Rudolf Hospinian (1547–1626).

470,23 *Pater Lemoine:* Pierre Le Moyne, jesuitischer Theologe (1602–1672); schrieb ein Buch über die *Dévotion aisée* (*Bequeme Frömmigkeit,* 1652).

472,16 *Apologie der Universität:* von Godefroi Hermant (1643).

472,20 *Jesuita omnis homo:* d. h., er kann sich den jeweiligen Umständen anpassen.

473,2 *Deklarationen:* Die *Konstitutionen* (Satzungen) des Jesuitenordens wurden in der Ausgabe von Antwerpen (1635) zusammen mit dem *Examen* (Prüfung für den Ordenseintritt) und den *Deklarationen* veröffentlicht.

474,5 *953/958:* Auszüge, die Arnauld eigenhändig der Briefsammlung der Generäle der Gesellschaft Jesu (Antwerpen 1635) entnahm. Die Bemerkungen (rechte Spalte) sind von Pascal.

477,30 *Die Gnade bei Monsieur Cornet:* Nicolas Cornet (1592–1663), der Autor der fünf angeblich dem *Augustinus* des Jansenius entnommenen »ketzerischen« Lehrsätze, die er 1649 dem Urteil der Sorbonne vorlegte.

478,18 f. *»unmittelbare Fähigkeit« (pouvoir prochain):* Die Fähigkeit der Gerechten, die Gebote unmittelbar zu erfüllen; umstrittener (und von den Jansenisten abgelehnter) Begriff; vgl. den ersten *Provinzialbrief*.

479,4 *Illuminationen:* frz. *enluminures*. Anspielung auf Isaac Le Maistre de Sacis *Enluminures du fameux Almanach des PP. Jésuites* (*Illuminationen des berühmten Almanachs der Jesuitenpatres*, 1654).

480,29 *Si quis dixerit:* Anfang der Bannfluchformel.

482,1 *Aurelius:* Pseudonym des Abtes von Saint-Cyran.

482,6 *Baronius:* Cesare Baronio (1538–1607), Beichtvater des Papstes Clemens VIII., Kardinal und Bibliothekar des Vatikans; Autor einer apologetischen Kirchengeschichte *(Annales ecclesiastici a Christo nato ad annum 1198).*

483,11 *Diana:* Antonino Diana, italienischer Theatinerpater und Kasuist (1586–1663).

484,18 *Jesuit Bauny:* Etienne Bauny (1564–1649), jesuitischer Kasuist, dessen laxe Lehrmeinungen selbst vom Papst verurteilt und auf den Index gesetzt wurden.

485,5 *957/512:* Pascal setzt sich hier kritisch mit der cartesianischen Deutung der Eucharistie auseinander.

487,7 *Brisacier:* Jean de Brisacier (1603–1668), Jesuitenpater und jansenistenfeindlicher Publizist.

Meynier: Bernard Meynier (1604–1682), jesuitischer Prediger, der die Jansenisten des geheimen Einverständnisses mit dem Kalvinismus bezichtigte.

d'Alby: Henri Albi (1590–1658), jesuitischer Theologe und Schriftsteller.

487,8 *Elidere:* Hinweis auf das Zitat aus den »Löwener Thesen« der Jesuiten im 15. *Provinzialbrief*: »*Quidni non nisi veniale sit, detrahentis autoritatem magnam, tibi noxiam, falso crimine elidere?*« – »Warum sollte es nicht nur eine lässliche Sünde sein, durch ein falsches Verbrechen das dir schädliche große Ansehen des Verleumders auszulöschen?«

487,21 *Prosper:* Heiliger (um 390 – um 463), Anhänger der augustinischen Gnaden- und Prädestinationslehre, bekämpfte den Semipelagianismus.

490,3 *Mentiris impudentissime:* d. h. die Jesuiten, vgl. den 15. *Provinzialbrief*.

490,13 *Caramuel:* spanischer Zisterzienser (1606–1682), Autor einer *Theologia moralis* (1652).

492,1 *Spiegel:* In ihrem apologetischen Buch *Imago primi saeculi* ...(s. Anm. zu 438,27) gaben sich die Jesuiten als »Spiegel Gottes« aus.

494,24 *Dominus actuum conjugalium:* Antwort Molinas auf die Frage Escobars, »ob eine Frau verpflichtet ist, ihrem Manne den Verdienst herauszugeben, den sie durch Ehebruch erhalten hat«; Lessius gab ein Molina widersprechendes Urteil ab.

497,2 *970/632:* Die Fragmente 970, 971 und 972 sind auch in der Originalsammlung erhalten.

Über Esra: Gemeint ist das 4. Buch Esra, eine spätjüdische apokryphe Apokalypse, der zufolge Esra die Erlaubnis Gottes erhalten hätte, die beim Fall Jerusalems verlorengegangenen 24 biblischen und 70 andere Bücher wiederherzustellen.

498,16–20 *Θεὸς ... νομοθεσίαν:* Die (vollständigere) lateinische Fassung und die Übersetzung dieses Textes von Eusebios siehe S. 499.

502,18 *977/320:* Die Endredaktion dieses Textes stammt von Nicole, der hierfür die Fragmente 30 und 94 benutzte.

509,7 *Monsieur de Roannez:* Arthus Gouffier, Duc de Roannez (1627–1696), Weltmann und hoher staatlicher Würdenträger, war seit 1653 einer der engsten Freunde Pascals; er stand Port-Royal nahe und interessierte sich für die Naturwissenschaften. Von 1664 bis 1670 leitete er das Komitee, das die Herausgabe der *Pensées* vorbereitete.

512,16 *Annat:* François Annat (1590–1670), Jesuitenpater (und Beichtvater Ludwigs XIV.), griff in zahlreichen Schriften den Jansenismus als »ketzerisch« an; die beiden letzten von Pascal veröffentlichten *Lettres provinciales (Provinzialbriefe)* sind an ihn adressiert.

Nachwort

»Dieser arme Pascal der Jüngere ...« – so gibt der Memoirenschreiber Tallemant des Réaux (1619–1692) in den 1650er Jahren den Eindruck wieder, den »der Sohn Etienne Pascals, des Präsidenten am Obersteueramt von Clermont in der Auvergne« auf ihn machte. Wer konnte der junge Pascal in den Augen seiner Zeitgenossen wohl schon sein? Der Sohn einer hochangesehenen Familie und außerdem ein hervorragender Mathematiker; die größten Fachgelehrten erkannten an, dass er entschieden und nicht zu Unrecht gegen die Cartesianer aufgetreten war, weil er anhand von Experimenten über den Luftdruck, die er gemeinsam mit seinem Schwager Florin Périer (1605–1672) durchgeführt hatte, das mögliche Vorhandensein des leeren Raums nachwies. Er hatte eine Rechenmaschine konstruiert und verschiedene Geometrieaufgaben gelöst.

Wie seine engsten Freunde wussten, war er tiefreligiös, und das »Wunder des heiligen Dorns« im Kloster Port-Royal hatte eine solche Wirkung auf ihn ausgeübt, dass er als »Schild der Frömmigkeit« ein Wappen prägen ließ, auf dem ein geöffnetes Auge (das seiner jungen Nichte, die durch das Wunder geheilt wurde) von einer Dornenkrone umgeben war. Diesen im Übrigen eher unauffällig lebenden, zurückhaltenden und frommen jungen Mann hatte eine sehr schlechte Gesundheit von der Gesellschaft ferngehalten; außerdem war er im Alter von 39 Jahren gestorben. In den religiösen Auseinandersetzungen seines Jahrhunderts trat er hinter dem »großen« Arnauld (1612–1694) und dem nicht minder großen Nicole (1625–1695) zurück; sehr wenige wussten von dem überragenden Anteil, den er an der Abfassung der *Lettres provinciales* (*Provinzialbriefe*, 1656–1657) hatte. Diejenigen, die ihn persönlich gekannt hatten, erinnerten sich lediglich des anziehenden Wesens, des glänzenden und tiefgründigen Geistes und des beunruhigenden und oft eigenwilligen Charakters eines Mannes, bei dem die körperlichen Leiden nicht immer eine gewisse Heftigkeit entschuldigten.

Sein Leben ist durch die Biografie bekannt, die seine Schwester Gilberte Périer (1620–1687) ihm aus geschwisterlicher Zuneigung widmete und die seit 1687 den französischen Ausgaben der *Pensées* Pascals vorangestellt wird. Sie gibt eine erbauliche Lebensbeschreibung, die zur geistlichen Belehrung der Leser*innen dienen soll und zugleich wirkliche Bewunderung für ihren Bruder offenbart. Gilberte Périer hat eine meisterhafte Biografie geschaffen, die auf einer Fülle von Einzelheiten aus dem Familienleben beruht und die unmittelbar aus dem Alltag gegriffene Äußerungen bereichern. Über ihrer Naivität, ihrer Schlichtheit und ihren Flüchtigkeiten, die andererseits unverkennbar sind, darf man indes nicht vergessen, wie sicher sie als Schriftstellerin ihre Aufgabe bewältigt und wie geschickt sie ein Charakterbild ihres Bruders zeichnet. Was der von Gilberte Périer verfassten Biografie fehlt, ist nicht das Wesentliche, doch vermisst man die eingehende Behandlung der Parteinahmen Pascals, seiner Kämpfe und seiner Zweifel. Jener Pascal, wie er den Erkenntnissen des Historikers entspricht, ist jedoch in dieser Biografie vollständig zu finden.

Er wurde am 19. Juni 1623 als Sohn einer Familie von hohen Gerichtsbeamten in Clermont (in der Auvergne) geboren; doch ist er gerade acht Jahre alt, als sein Vater, der ebenso sehr Mathematiker und Pädagoge wie Jurist war, sich zur

Übersiedlung nach Paris entschließt. Sein Vermögen gestattet ihm, sich der Erziehung seiner Kinder zu widmen; die beiden Töchter Gilberte und Jacqueline besitzen wie ihr Bruder Blaise außergewöhnliche geistige Anlagen. Blaise erhält also eine umfassende und originelle freie Erziehung (Latein erlernt er erst mit zwölf Jahren und nicht als Siebenjähriger, wie es damals üblich war); bald begegnet er den mit seinem Vater befreundeten namhaften Autoren, den Dichtern und Dramatikern, aber auch Physikern und Mathematikern: Es ist die Blütezeit der »Akademien der Wissenschaftler« und der regelmäßigen Zusammenkünfte ihrer Mitglieder, bei denen sie Neuigkeiten austauschten und sich gegenseitig Aufgaben stellten. Mit 16 Jahren legt Pascal einen *Essai pour les coniques (Abhandlung über die Kegelschnitte)* vor, der Bewunderung bei den Fachwissenschaftlern hervorruft. Doch dieser begabte junge Mann hat eine schwache Gesundheit, und ihn befällt, als er 18 Jahre alt ist, eine Lähmung der unteren Gliedmaßen, die bald von Kopfschmerzen und unaufhörlichen Unterleibsschmerzen abgelöst wird; noch ehe Pascal das 40. Lebensjahr erreicht hatte, sollte er körperlich und geistig erschöpft sterben.

Pascals Vater, der die Gunst Richelieus (1585–1642) gewonnen hat, wird 1639 ein wichtiges Amt in Rouen (in der Normandie) übertragen. Vater und Sohn arbeiten gemeinsam an physikalischen Experimenten, wobei sie die Versuche des Italieners EvangelistaTorricelli (1608–1647) über den leeren Raum und den Luftdruck nachvollziehen. Der junge Pascal (er ist damals 21 Jahre alt) macht sich an die Aufgabe, eine Rechenmaschine zu konstruieren, die ihm große Berühmtheit einbringt, als sie der Öffentlichkeit vorgestellt wird. Die Familie Pascal, die durchaus schon früher im Ruf der Frömmigkeit stand, bekennt sich seit 1646 zu einer Form der Religiosität, wie sie eine besondere Partei, die des »heiligen Augustinus«, auszeichnete: Es ist der »Jansenismus«, wie seine Gegner ihn bald nennen werden.

Dem Jansenismus gab der flämische Bischof Cornelius Jansen (1585–1638) den Namen. Dieser hatte eine umfängliche Abhandlung über *Augustinus* geschrieben (1640 postum veröffentlicht) und war der enge Freund des französischen Geistlichen, des Abtes von Saint-Cyran (1581–1643). Die beiden Männer hatten zusammen studiert und sich leidenschaftlich für die »Reform des Klerus« wie auch für die Kirchenväter als Quellen der Theologie eingesetzt. Sie suchten jenseits der »barocken« Scholastik, die das Urchristentum verfälscht hatte, eine wahrhaftigere und demzufolge strengere Lehre. Bei der Darstellung der Beziehungen zwischen Gott und Mensch sind die Ideen von Jansenius und Saint-Cyran, bevor sie zu einer Abweichung vom wahren Glauben werden, zunächst der mutige Versuch einer Reform des Katholizismus durch eine größere Übereinstimmung mit den Bibeltexten. Ebenso wenig darf man die Reformbewegung übersehen, die eine von Bérulle (1575–1629) geleitete (und in Opposition zu Richelieu stehende) »katholische« Partei innerhalb der offiziellen Kirche durchsetzen will – Saint-Cyran selbst war ja lange Zeit der Sekretär Bérulles.

1633 wird Saint-Cyran als Prediger und Beichtvater in das Pariser Nonnenkloster Port-Royal berufen. Um das Kloster sammeln sich zahlreiche Pariser Bürgerfamilien, darunter die Arnaulds; eine neue Gruppe bildet sich, die bald eine »Partei« (und sogar eine »Sekte«) wird; sie beruft sich auf den unbedingten Vorrang Gottes und zeigt eine gewisse

Neigung, die Wirksamkeit der Sakramente einzuschränken. Die politischen und persönlichen Faktoren sind jedoch gewichtiger als die religiösen Anschauungen: 1638 wird Saint-Cyran verhaftet, und seine Freunde sehen sich Verfolgungen ausgesetzt, denn die Zentralgewalt – Richelieu und sein Berater, der Kapuzinerpater Joseph – verdächtigte diese »Frommen« einer Verschwörung, da sie sich einer Europapolitik mit unsicheren Bündnissen widersetzten, hatte Frankreich doch auf Seiten von Protestanten (im schweizerischen Graubünden) gegen die Armeen des Papstes gekämpft! Der Verhaftung Saint-Cyrans folgt der Angriff gegen das dickleibige Werk des Jansenius, das an der Sorbonne von Antoine Arnauld (1612–1694), einem 30-jährigen Doktor, verteidigt wird. Der Krieg ist erklärt; seine Hauptepisoden sind, kurz gesagt: 1642 wird der *Augustinus* des Jansenius vom Papst verdammt, und 1653 trifft sein Urteil fünf angeblich dem Werk entnommene Lehrsätze. 1656 und 1657 drehen sich die Auseinandersetzungen um diese fünf Sätze: Sollte man sie verdammen, wie es der Papst und die Sorbonne getan hatten, oder eine Meinungsäußerung ablehnen oder aber sie ganz im Gegenteil nachdrücklich unterstützen? Über diesem Problem, das mehr als eine einfache taktische Verhaltensfrage ist, wird sich die »Partei des heiligen Augustinus« entzweien. In dieser Zeit gelangen nun anonyme »Briefe« an die Öffentlichkeit, die »an einen Provinzler« gerichtet sind. In Form von bildhaften Dialogen greifen sie die Moral der Jesuiten an und verteidigen Arnauld, den die Sorbonne aus seinem Lehramt entlassen hatte. Wenige kennen den Autor dieser »Briefe«: den jungen Pascal.

Bis 1654 hatte dieser nämlich in den Salons und in mondänen Kreisen verkehrt, obwohl er zugleich einem religiösen Ideal verpflichtet blieb. Er war zum Bekannten und Freund von »Libertins« geworden, die nicht notwendig religionsfeindlich oder umoralisch auftraten, sich aber von den »Frommen« fernhielten, denen Pascal und seine Angehörigen sich angeschlossen hatten. Jene Freigeister waren: der Duc de Roannez (1627–1696), Mitton (1618–1690), der Chevalier de Méré (1607–1684) und Thévenot (1620–1692). Dieser Zeitraum und diese wenigen gesellschaftlichen Kontakte sind von wesentlicher Bedeutung, um das Anliegen des in den *Pensées* zusammengestellten Werkes richtig zu erfassen.

Der Ausgangspunkt der Bemühungen Pascals um die Verteidigung des Christentums besteht tatsächlich in dieser unmittelbaren Anknüpfung an das skeptische und freigeistige Denken: Zwar wirkte immer eine religionsfeindliche Tradition, doch im 17. Jahrhundert nutzt es nun die Möglichkeit, sich dem Entwicklungsstand der Naturwissenschaften entsprechend gegen eine allzu wörtliche Berufung auf die Heilige Schrift zu wenden. Gewiss hatte man die »beiden Bücher«, das der Heiligen Schrift (die Bibel) und das der Welt (die Natur), stets gemeinsam angeführt, jedoch keinen Widerspruch zwischen ihnen wahrgenommen. Und mit Johannes Kepler (1571–1630) und Galileo Galilei (1564–1642) scheint man jetzt auf die Bibel verzichten zu können, um allein aus der Naturbeobachtung die für den Menschen notwendigen Wahrheiten abzulesen. Die Entwicklung der Mathematik stellt das für diese »Entschlüsselung« erforderliche wissenschaftliche Rüstzeug bereit, die »Chiffre«, mit der man in Klarschrift lesen kann, was Gott in ihr verborgen hat: Fortschritte der Geometrie, der Arithmetik und vor allem die Anfänge der »analytischen Kunst« (Algebra), die auf Geometrieaufgaben angewandt wird (Viète, 1591). Von nun an wird der Mathematiker in der Lage sein, die Bahn der Gestirne auf dem Papier zu berechnen oder durch Kombinatorik den Verlauf der Glücksspiele vorauszusagen. Wie es scheint, hat der menschliche Geist die Naturkräfte beschworen, und das Eingreifen Gottes wird auf die Rolle eines ersten Schöpfers beschränkt. Gott verschwindet nicht vollständig, aber er verstummt und wird untätig (sogar ohnmächtig).

Die intensive Entwicklung der Mathematik zwischen 1630 und 1640, an der maßgeblich der Kreis um Le Pailleur (vor 1623–1654; und Mersenne, 1588–1648) beteiligt ist, geht mit einer zunehmenden Gleichgültigkeit in religiösen Fragen einher: Das Freidenkertum tritt mit fast unverhohlener Selbstsicherheit in aller Öffentlichkeit auf, und die Verteidiger der Orthodoxie wirken wie Tölpel und Ignoranten; daher wird Pascals Beitrag verdiente Aufmerksamkeit erregen, weil er sich in seinem Ausgangspunkt wie im angestrebten Ziel als unverkennbar neuartig erweist.

Pascals wissenschaftliche Arbeiten auf dem Gebiet der Physik wie auch der Mathematik lassen uns den Zusammenhang mit den *Pensées* kaum aus den Augen verlieren. In der Physik beschäftigt er sich ja eingehend mit dem *leeren Raum*, den er von vornherein für möglich hält. Das Nichts im Bereich der räumlichen Ausdehnung erscheint ihm als ein Bild unserer irdischen Existenz. In der Mathematik entdeckt Pascal die Bedeutung der Zahlenreihen, der *Ordnung*. Die Leere, das Nichts der Kreatur, erhält ihren Platz in einer Ordnung, und es gibt verschiedene Ordnungen, die es ermöglichen, die ganze menschliche Geschichte und die vom Menschen getroffenen Entscheidungen zu deuten. Pascals wissenschaftliche Arbeit ist selbst in ihren Hypothesen untrennbar mit seinem metaphysischen und religiösen Denken verbunden. Diese Einheit eben hat all jenen so große Schwierigkeiten bereitet, die von Voltaire (1694–1778) und Condorcet (1743–1794) bis Brunschvicg (1869–1944) versucht haben, die geistigen Grundlagen der *Pensées* zu ermitteln.

Condorcets Welt wird ja ganz offensichtlich durch den Bruch gekennzeichnet, der sich zwischen Religion und Wissenschaft im gesamten Bereich der Kultur vollzogen hat, es ist eine säkularisierte Welt; in Pascals Welt jedoch wird die kulturelle Sphäre umfassend von der Religion geprägt. Als Pascal sich in Rouen aufhielt, hat er 1646 und 1647 einen Mönch und Theologen scharf angegriffen, den er beschuldigte, Anhänger des Rationalismus zu sein: Diese von Henri Gouhier (1898–1994) eingehend untersuchte »Affaire Saint-Ange« lässt erkennen, dass der angeklagte Mönch eher Humanist als Rationalist war, Montaigne (1533–1592) näher als dem Skeptiker La Mothe Le Vayer (1588–1672) oder Spinoza (1632–1677) stand. Die Beschuldigungen, die der junge Pascal gegen ihn vorbrachte, zeigen zur Genüge, welcher Weltsicht sie entsprangen: Sie war zutiefst christozentrisch (wie die Bérulles und Saint-Cyrans), doch auch zutiefst von den zwischen Wissenschaft und Religion notwendigen Beziehungen bestimmt.

Denn plötzlich, im November 1654, beschließt Pascal, sich unter den »Einsiedlern«, den »Herren von Port-Royal«, niederzulassen, die der Welt entsagt hatten; dort lebt er einige Zeit in großer Armut und bewegt seine Freunde, die Demut und den Verzicht auf die »von Menschen eingeführten Größen« zu wählen; deshalb stellt er allerdings nicht seine Besuche bei Freigeistern und Damen von Welt ein. Religiöse Hingabe, wissenschaftliche Arbeit, nervöse Erschöpfung, Zweifel und Tatendrang lösen in diesem unruhigen und großen Geist einander ab. Zwar hatte er am 23. November 1654 unter Tränen eine lebendige Glaubenserfahrung durchlitten, deren Erinnerung das *Mémorial (Gedenkblatt)* bewahrt, das Pascal in seinen Rock eingenäht hatte (vgl. S. 442); doch darf man darin keine radikale Bekehrung sehen und noch viel weniger seinen Angehörigen glauben, die von einer mystischen Erfahrung sprechen. Mehr als durch die Mystik ist Pascal durch sein Genie zu erklären, das schmerzgepeinigte Genie eines Mathematikers und Physikers, der von theologischen Streitigkeiten mitgerissen wurde und deren genaue Tragweite nicht immer erfasste, oft entschiedener in seiner Opposition als in seiner Argumentation war: Er bricht mit Port-Royal, da er sich hartnäckig weigert, bei der Verurteilung des Jansenismus den geringsten Kompromiss anzunehmen. In seinen letzten, von der schmerzhaften Krankheit verdüsterten Monaten führte er ein besonders erbauliches Leben, und bevor er am 19. August 1662 stirbt, bittet er um ein Armenbegräbnis.

Diejenigen, die ihn persönlich kennenlernen und mit ihm Umgang haben konnten, mussten bei seinem Tod die Ansicht Pierre Nicoles teilen, der über den Verstorbenen geschrieben hat:

> Man kann wahrhaftig sagen, dass wir einen der größten Geister verloren haben, der wohl jemals gelebt hat. Ich sehe niemanden, der sich ihm gleichstellen ließe: Pico della Mirandola und all diese Leute, die von der Welt be-

> wundert wurden, waren Dummköpfe gegen ihn […]. Der, den wir betrauern, war König im Reich der großen Geister […].

Und doch

> wird er der Nachwelt wenig bekannt sein, denn was uns von seinen Werken bleibt, kann keine Vorstellung von der gewaltigen Weite dieses Geistes geben […]. Was bleibt denn von diesem großen Geist außer zwei oder drei kleinen Werken, von denen einige nicht den geringsten Nutzen haben […].

Wie die ersten Herausgeber der postumen Pascal-Ausgabe, die engsten Freunde und Familienangehörigen bald erkannten, war der als bleibendes Vermächtnis für die Nachwelt bestimmte Pascal noch zu entdecken. Er fand sich in einem Haufen ungeordneter Papiere, die mit flüchtig hingeworfenen Notizen bedeckt waren; sie wurden nun sorgfältig aufgehoben, abgeschrieben und später nach und nach veröffentlicht. Zwischen 1672 und 1676 machten Pascals Neffen, die Brüder Périer, Gottfried Wilhelm Leibniz (1646–1716) mit dieser kostbaren Sammlung bekannt. Als die Freunde von Port-Royal sie 1670 unter dem Titel *Pensées de M. Pascal sur la Religion et sur quelques autres sujets, qui ont été trouvées après sa mort parmi ses papiers (Herrn Pascals Gedanken über die Religion und über einige andere Themen, die nach seinem Tode unter seinen Papieren aufgefunden worden sind)* herausgegeben hatten, ist dies eine Offenbarung für das breite Publikum; wenigstens versuchen die Herausgeber, die Gründe für diese postume

Sammlung zu erklären und gleichzeitig ihre Unzulänglichkeiten zu entschuldigen: Es handelte sich um Bruchstücke eines großen Werkes, das als eine Apologie der christlichen Religion geplant war; und die Herausgeber waren der Ansicht, sie könnten die Fragmente so anordnen, »wie es annähernd der Art entspricht, die man bei dem, was man davon besaß, für die am besten geeignete und angemessenste hielt«. Außerdem sagen sie weiter, da sie sich der Schwierigkeit der von ihnen übernommenen Aufgabe wohl bewusst sind:

> Man hat sogar die Hoffnung, dass die meisten, nachdem sie erst einmal das Vorhaben Herrn Pascals genau erfasst haben, von selbst dem Fehlen dieser Ordnung abhelfen und, wenn sie aufmerksam die verschiedenen in diesen Fragmenten zerstreuten Gegenstände prüfen, leicht beurteilen können, wo sie, der Idee desjenigen entsprechend, der sie geschrieben hatte, eingefügt werden müssen.

So begann die außergewöhnliche Geschichte des Puzzles der *Pensées*.

Wir können nicht auf die Einzelheiten eingehen; heben wir lediglich hervor, dass Pascal wahrscheinlich von 1658 bis 1660 Ideen für diese *Apologie* sammeln konnte, ohne ihnen allerdings schon eine schriftliche Form zu geben. Erst 1660 soll er, von Krankheit geschwächt, damit begonnen haben, eine Ordnung für die wichtigsten Kapitel zu erarbeiten, die gewissermaßen zentrale Kernpunkte darstellten und denen sich *Fragments* eng anschlossen, die weiter ausgeführt werden sollten. Nach dieser Methode wurden offenkundig die *Lettres provinciales* verfasst. Es ist durchaus möglich, dass der *Apologie* ein gleichartiger Aufbau zugrunde liegt.

Es handelt sich um 800 bis 900 Fragmente, deren Mehrzahl – 80 Prozent – eindeutig zu jener *Apologie der christlichen Religion* gehört, deren Ausarbeitung ganz offenkundig das große, zwanghafte Anliegen der letzten Lebensjahre Pascals gewesen ist. Die *Pensées* entsprechen nicht vollständig der *Apologie*, und dieser umfangreiche Haufen ungeordneter Texte ist mitunter schwer zu lesen, wobei diese Schwierigkeiten noch durch die ehrerbietige Liebe und das Ungeschick gerade derjenigen vergrößert wurden, die das Manuskript der *Pensées* (das Pascal diktiert und teilweise auch eigenhändig geschrieben hatte) sorgfältig erhalten haben.

Die »eigenhändig geschriebenen Fragmente« (in der Fachsprache der Pascalforscher: die »Originalsammlung«), von denen Pascal einige in »Aktenbündeln« zusammengestellt hatte, sind 1662/63 zweimal sehr gewissenhaft in kleine Hefte übertragen worden. Wenn jedoch die »zweite Abschrift« den fortlaufenden Text beibehalten hat, so hat die »erste Abschrift« die einzelnen Aktentitel durch unterschiedliche Hefte gesondert, die nach 1715 eingebunden wurden. Die Originalhandschrift selbst wurde schließlich auf große Bogen geklebt und eingebunden, die Louis Périer 1711 den Benediktinern der Pariser Abtei Saint-Germain-des-Prés übergab. Die drei Sammlungen – die »Originalsammlung« und die zwei Abschriften – sind uns erhalten geblieben; alle drei befinden sich heute in der Pariser Nationalbibliothek. Ihnen muss man noch mehrere andere Sammlungen hinzufügen, die einige Dutzende von nicht in den drei wichtigsten Sammlungen verzeichneten Fragmenten enthalten.

Die drei ersten Herausgeber hatten 1670 bereits versucht, diesem Text eine gewisse Ordnung zu geben; im 19. und 20. Jahrhundert haben die modernen Herausgeber vielfältige derartige Versuche unternommen. Der bekannteste ist der des Philosophen Léon Brunschvicg, der den Plan verfolgte, »die einzelnen Fragmente ihren gegenseitigen Beziehungen entsprechend zu ordnen, um so ihren logischen Zusammenhang zu zeigen und sie durch ihre innere Verkettung zu erhellen« (Vorwort zu: *Opuscules et Pensées*, Paris 1897). Diese aufeinanderfolgenden Versuche ergaben ein sehr unterschiedliches, romantisches oder rationalistisches Bild Pascals, dem jeweiligen Autor entsprechend, der für die *Pensées* einen Plan oder eine Ordnung vorschlug. Seit 1947 verfügen wir mit den Arbeiten von Zacharie Tourneur, Louis Lafuma, Jean Mesnard und Philippe Sellier über den gedruckten Text der *Originalsammlung* und der beiden *Abschriften.* Es steht nunmehr eindeutig fest, dass die *Aktenbündel* eine von Pascal vorgenommene Einordnung darstellen; eingehende handschriftenkundliche Detailuntersuchungen der in der *Sammlung* enthaltenen Originalmanuskripte machen Bezüge und Zusammenhänge sichtbar (Pol Ernst). Als Ganzes haben wir jedoch einen einzigen Gedanken vor uns, den der Tod unterbrochen hat.

Indes lässt sich daraus noch mehr entnehmen, denn Pascal ging bei der Ausarbeitung seiner Werke ganz sicher von derartigen gedanklichen »Kernpunkten« aus, von solchen Leitideen, die alle als Anhalt für den Gesamtaufbau dienen. Diese Kerngedanken konnten durch die Titel der

Aktenbündel, wie die *Abschriften* sie angeben, unschwer ermittelt werden.

Verzeichnis der Aktenbündel, die in den *Abschriften* mit Titeln versehen sind

1 Ordnung
2 Eitelkeit
3 Elend
4 Langeweile
5 Gesunde Meinungen des Volkes (gestrichen) Ursachen der Wirkungen
6 Größe
7 Widersprüche
8 Zerstreuung
9 Philosophen
10 Das höchste Gut
11 An Port-Royal
12 Beginn
13 Unterordnung und Gebrauch der Vernunft
14 Vortrefflichkeit
15 Übergang
15a Die Natur ist verderbt
16 Falschheit der anderen Religionen
17 Liebenswerte Religion
18 Grundlage
19 Bildliches Gesetz
20 Rabbinismus
21 Beständigkeit
22 Beweise für Moses

23 Beweise für Jesus Christus
24 Prophezeiungen
25 Bilder
26 Christliche Moral
27 Schlussfolgerung

Die Herausgeber der *Pensées* haben dieses Verzeichnis gewöhnlich nicht angeführt, da sie es für zweifelhaft bzw. apokryph hielten. Jean Mesnard hat jedoch dessen echt Pascal'sche Herkunft vertreten, was selbst für seine grafische Anordnung in zwei Spalten gelte. Wenn ein Titel (»Gesunde Meinungen des Volkes«) gestrichen und durch einen anderen (»Ursachen der Wirkungen«) ersetzt wurde, so gibt dies eine Unschlüssigkeit Pascals wahrheitsgetreu wieder. »Das Inhaltsverzeichnis ist selbst ein *Gedanke*, der genaueste und vollständigste von all jenen, die auf einen Plan der *Apologie* schließen lassen« (Jean Mesnard, *Les Pensées de Pascal*, Paris 1976, S. 28).

Die erste Spalte – die zehn ersten Kapitel unserer *Pensées* – stellt einen Gliederungsversuch der *Apologie* durch aufeinanderfolgende Argumente dar. Pascal entwickelt hier eine Anthropologie des *Elends* und der *Zerstreuung*, an der er die *Eitelkeit* der Lage des Menschen zeigt.

Der Mensch lebt in einer bestimmten Zeit, doch die Gegenwart entzieht sich ihm; er ist darauf angewiesen, der Vergangenheit nachzutrauern oder die Zukunft herbeizuwünschen, kurz: sich nur mit jenen Zeiten zu beschäftigen, die nicht existieren, da er jene, die existiert, nicht zu erfassen vermag (Fragment 47).

Um diese *Eitelkeit* zu schildern, kann Pascal ausgiebig Montaigne nutzen. Doch er bleibt nicht beim Skeptizismus stehen, und hierfür ist das Aktenbündel »Ursachen der Wirkungen« wesentlich. *Eitelkeit* und *Elend*, gewiss, doch sie gehören zu einer Ordnung. Pascal nimmt eine scharfsinnige Analyse der Welt als einer politischen Wirklichkeit vor: Die Ignoranten ehren die Großen, die Halbgebildeten denken gering von ihnen, die Gebildeten zollen ihnen Achtung, »weil sie einen Hintergedanken haben«, die Gläubigen denken gering von ihnen, die wahren Christen aber zollen ihnen Achtung »wegen einer weiteren, höheren Einsicht« (Fragment 90).

Somit besitzen die Gesellschaften, die auf Willkür beruhen, doch weiter eine Ordnung; die auf dieser Grundlage verwirklichte Ordnung ist gewiss nicht wahrhaftig, aber sie ist der Ruf und das Verlangen nach der auf der christlichen Liebe begründeten Ordnung. Pascal ist kein skeptischer Autor, und er vermag die von den skeptischen Argumenten geschaffene Situation umzukehren:

»Größe des Menschen selbst in seiner Begierde, weil er daraus eine bewundernswerte Ordnung gewinnen konnte und ein Bild der christlichen Liebe daraus gemacht hat« (Fragment 118).

Die christliche Liebe macht den Skeptizismus zunichte, und das *Herz* bewirkt die notwendige Abkehr von Montaigne und den »Philosophen« (das heißt: den Stoikern und ihren modernen Schülern):

> Die Stoiker sagen: Haltet Einkehr in euch selbst, dort werdet ihr eure Ruhe finden. Und das ist nicht wahr.
> Die anderen sagen: Geht nach außen und sucht das Glück in einer Zerstreuung. Und das ist nicht wahr: Die Krankheiten kommen.

> Das Glück ist weder außerhalb von uns noch in uns; es ist in Gott und sowohl außerhalb von uns als auch in uns (Fragment 407).

An diesem Punkt seines Gedankengangs will Pascal nun seinen Gesprächspartner von der Erkenntnis Gottes zur Bekehrung zum Christentum führen. Das höchste Gut findet sich allein im Christentum, und der Glaube selbst würde zu einem gefährlichen Irrweg werden, wenn man meinte, ihn durch Beweise zu erreichen. Pascal möchte »die Religion liebenswert machen«, weil sie »vernünftig« *(raisonnable)* sei, das heißt: nicht der »Vernunft« (*raison*) widerspreche (was deshalb jedoch nicht »rational« – auf der Vernunft begründet – heißen soll).

> Die Menschen schätzen die Religion gering. Sie hassen sie und fürchten, dass sie wahr sei. Um dafür Abhilfe zu schaffen, muss man zunächst zeigen, dass die Religion keineswegs der Vernunft widerspricht. Sie verehrungswürdig machen, ihr Achtung verschaffen. Sie hierauf liebenswert machen, den Guten den Wunsch eingeben, dass sie wahr sein möge, und danach zeigen, dass sie wahr ist. Verehrungswürdig, weil sie den Menschen gut erkannt hat. Liebenswert, weil sie das wahre Glück verheißt (Fragment 12).

Diese von Pascal vertretene christliche Religion ist keine tragische Sicht des Menschen, der sich, in den unendlichen Räumen verirrt, einem allmächtigen Gott unterwerfen müsste. Mit einer gewissen Zurückhaltung legt Pascal dem Menschen eine umsichtige und maßvolle Lebensführung nahe, die darauf bedacht sein soll, die Extreme – Hochmut und Verzweiflung – zu meiden (Fragment 192). Jesus Christus ist sehr wohl die gesuchte »Mitte«, er hat das Elend des Menschen auf sich genommen und die Herrlichkeit Gottes offenbart.

Den *moralischen* Beweisen fügt Pascal nun *historische* Beweise hinzu. Bei ihm erhält auch die Geschichte eine solche dialektische Dimension, wie wir sie bei seinen politischen Gedankengängen festgestellt haben: Sie verdient Achtung und Argwohn, wobei sie schließlich Achtung in dem Maße verdient, wie sie Prophezeiung ist. Pascal geht so weit, die Rolle der Wunder einzuschränken, indem er daran erinnert, dass sie untrennbar mit der Lehre verbunden sind, die ihren Sinn beweist, und indem er vor allem die *Prophezeiungen* an die Stelle der *Wunder* setzt: »[…] die in Erfüllung gegangenen Weissagungen sind ein fortdauerndes Wunder« (Fragment 180).

In dem Jahr, als die *Pensées* in der Ausgabe von Port-Royal erscheinen (1670), verwirft Spinoza in seinem *Tractatus theologico-politicus* (*Theologisch-politischer Traktat*) jede nichtrationalistische Auslegung: Gewöhnlich sieht man darin das Manifest der modernen Bibelkritik. Pascal jedoch hält an der Notwendigkeit fest, der Heiligen Schrift einen doppelten Sinn zu entnehmen: zum einen den buchstäblichen Sinn, doch hinter dem Buchstaben auch einen verborgenen oder »mystischen« Sinn. Das ganze Alte Testament wäre nur ein toter Buchstabe, ein »versiegeltes Buch«, wenn es nicht den Schlüssel des mystischen (oder geistlichen oder auch bildlichen) Sinnes gäbe, um es als prophetische Verkündigung Jesu Christi zu erklären.

Wenn man sich jedoch auf die *Prophezeiung* stützt, unterliegt man einer ständigen Spannung zwischen dem, was sein soll, und dem, was ist, zwischen dem, was man erhofft, und dem, was man erreicht: zwischen Hoffnung und Gnade. Diese Spannung gibt Pascal die tragische Dimension, die manche Forscher ihm zugesprochen haben.

Voltaire hat als Erster Menschenverachtung und eine Absage an den Humanismus bei Pascal entdecken wollen; die Tragik in der Lage des Menschen ist Voltaire zufolge nur durch den christlichen Pessimismus gerechtfertigt, der in der Interpretation (von 1842) Victor Cousins (1792–1867) hingegen zu romantischer Verzweiflung wird. Die 1955 von Lucien Goldmann (1913–1970) vorgelegte Analyse ist vielschichtiger: Sie beruht auf der Definition des Tragischen, die Georg Lukács (1875–1971) 1911 in *Die Seele und die Formen* gegeben hatte, und auf der im Ansatz marxistischen Deutung der französischen Gesellschaft »im Manufakturzeitalter«, die Franz Borkenau (1900–1957) vorgenommen hat. Goldmann hebt das Kollektivbewusstsein des Amtsadels hervor, der von den neuen Verwaltungsbehörden der Königsmacht bedroht wurde, und er schreibt ihm den Jansenismus als Schutzideologie zu. Diese tragische Sicht, die durch ihre Ablehnung der Werte und ihren Identitätsverlust mit der Welt zerfallen ist, konnte sich in zwei unterschiedlichen Formen äußern: auf polemische Art bei Arnauld und Nicole oder durch Verweigerung und Bruch wie bei Barcos (1600–1678), dem Neffen des Abtes von Saint-Cyran. Pascal ist dazu berufen, diese Tragik auf ihrer höchsten Stufe zu durchleben, in einem Zweifel, den das Sehnen nach Gewissheit nicht überwinden kann.

Man hat die Rechtmäßigkeit der von Goldmann vorgeschlagenen soziologischen Deutung in Frage gestellt und deren historische Bestandteile nacheinander entkräftet. Die Schicht der Angehörigen der »Parlements« (Krongerichte), die nicht mit der »Partei des heiligen Augustinus« gleichzusetzen ist, hat es sehr wohl verstanden, die neuen, von der Monarchie bereitgestellten Machtformen zu nutzen.

Besonders ernsthaft hat man jedoch die von Lucien Goldmann gegebene Definition des Tragischen angefochten. Tatsächlich hält Pascal die Lage des Menschen nur in einer bestimmten Hinsicht für tragisch: Das ist die Lage des Menschen ohne Gott, die Stufe des Zweifels und des Irrtums. Sie wird aber von zwei Mitteln überwunden: Ironie und Mystik.

Die Mystik besitzt unbestreitbar eine tragische Dimension: Lucien Goldmann hat das zutreffend erfasst, als er nachdrücklich auf den »verborgenen Gott« hinwies. Allerdings handelt es sich dabei, viel eher als um einen originellen Wesenszug des »Jansenismus« oder selbst des »Augustinismus«, um eine im christlichen Geistesleben verbreitete Tradition. Nicht, was verborgen oder unerkannt bleibt, ist das Mysterium: Es ist, was ans Licht tritt, was offenbart wird. Für Pascal wie für jeden Christen – und das gilt besonders für die Katholiken – ist Gott demjenigen verborgen, der ihn nicht in Jesus Christus erkennt. Lucien Goldmann aber bleibt auf halbem Wege stehen, während das *Mysterium Jesu* (Fragment 919) und die in den Aktenbündeln enthaltenen *Beweise* diese unfehlbare Erkenntnis Gottes darlegen, die aus der Erkenntnis Jesu Christi erwächst.

An soziologisch ausgerichteten Erklärungen fehlt es nicht in Deutschland (Borkenau), Frankreich (Goldmann) oder Japan. Ihnen ist jedoch gemeinsam, dass sie *Erklärun-*

gen sein wollen und als Gegenstand ihrer Untersuchung oft eine Konstruktion benutzen: Wenn man den Jansenismus als eine typische Rückzugsbewegung des Amtsadels wertet, dessen Privilegien von der aufsteigenden neuen Klasse der königlichen »Officiers« (Staatsbeamten) bedroht werden, die ihre Ämter kaufen, so lässt sich leicht nachweisen, dass diese Erklärung nur eine Teilwahrheit ist, nicht die Breite der Bewegung und ebenso wenig ihre religiösen Dimensionen berücksichtigt.

Wesentlich ist, Ausbreitung und Rückzug des katholischen Augustinismus allgemein festzustellen, war er doch schon während des Tridentinischen Konzils scharfen Angriffen ausgesetzt, da er im Verdacht stand, den protestantischen Reformationsbewegungen nahezukommen: Port-Royal wurde oft des »Kalvinismus« bezichtigt, so dass der Jesuit Bernard Meynier (1604–1682) 1656 ein Pamphlet *Le Port Royal et Genève d'intelligence contre le Très-Saint Sacrement de l'Autel (Port-Royal und Genf im geheimen Einverständnis gegen das allerheiligste Altarsakrament)* schreiben konnte! Jener theologische Augustinismus war weit genug verbreitet, um künstliche Einteilungen oder voreilige Abgrenzungen unmöglich zu machen: Henri Bremond (1865–1933), der Historiker des religiösen Geisteslebens, hat überzeugend nachgewiesen, dass es Parteigänger Bérulles unter den Jesuiten gab, und nunmehr wissen wir auch genau, wie nachhaltig Saint-Cyran, der »Begründer« des französischen Jansenismus, in seinem Denken von jenem Bérulle beeinflusst wurde, dessen langjähriger Sekretär er gewesen ist. Der Augustinismus macht verständlich, was es an Paradoxem im Denken Port-Royals geben konnte, das den Wissenschaften gegenüber aufgeschlossen war und in der Philosophie dem Cartesianismus nahestand, jedoch mit einem ausgesprochen pädagogischen Anliegen eine eher eher auf der Psyche als auf der Ratio fußende Religion vertrat.

Gewöhnlich stellt man ja den »Rationalismus« Descartes' der Mystik Pascals entgegen, dabei sind jedoch zwei wichtige Gesichtspunkte zu beachten: zunächst das Menschenbild, das bei Descartes mechanistischer ist und bei Pascal mehr den Erkenntnissen der modernen Psychologie entspricht, da er seine Aufmerksamkeit der Sehnsucht und dem Drang nach dem Unendlichen widmet und dem Atheisten ein geistiges Herangehen vorschlägt, das sich des Absurden bedient und somit existenzialistische Philosophien (Kierkegaard) ankündigt; weiterhin als letztes Mittel die Berufung auf die Bibel, um dadurch die Gottessuche gleichsam von dem ganzen rationalen Beiwerk zu befreien, mit dem Descartes sie umgeben konnte. Die cartesianische Theologie mit ihren äußerst scharfen Konturen, die in ihrer inneren Logik sehr folgerichtig zu Malebranche führt, trug die idealen metaphysischen Bedingungen für den Materialismus in sich, und die fortschrittlichsten Aufklärer haben es im 18. Jahrhundert nicht versäumt, sie zu benutzen. Man hat behaupten und nachweisen können, dass Jean Meslier (1664–1729) oder Paul-Henri Thiry d'Holbach (1723–1789) »irregeleitete« Cartesianer, »verlorene Söhne des Malebranchismus« (Jean Deprun, 1923–2006) waren.

In dieser Hinsicht stellen die *Pensées* ein mustergültiges Zeugnis für die Gefühlswelt des klassischen Jahrhunderts dar, das unruhiger war, als es scheint; man kann dabei zwei Arten von Unruhe voneinander unterscheiden, eine, die bei Augustinus oder Franz von Sales den Menschen zum

Glauben hinführt, und eine, die verwirrt und verdirbt. Pascals Unruhe entspricht durchaus dem klassischen Zeitalter, und sie ermöglicht dem Menschen, das Heil am Ende eines Weges zu finden, der ihn die eigenen Grenzen des Glaubens und des Zweifels erreichen lässt, eines Zweifels, der sich von Descartes' »metaphysischem Zweifel« grundlegend unterscheidet.

»Zwei ähnliche Gesichter, von denen keines für sich allein lächerlich wirkt, reizen gemeinsam durch ihre Ähnlichkeit zum Lachen« (Fragment 13): Der Sinn des Komischen, das wir hier vorfinden, ist das scharfe Erfassen der Beziehungen, wo das lächerlich Wirkende nicht mehr im Gegenstand, sondern in der Situation besteht. Harpagon, der Geizige bei Molière, ist an sich nicht lächerlich, vielmehr machen die Situationen, in denen er sich befindet, ihn furchtbar und lächerlich; so könnte man zeigen, dass das ganze klassische französische Theater auf dieser »perspektivischen Darstellungsweise« beruht.

> Wie bei den Bildern, die man aus zu großer oder zu kleiner Entfernung betrachtet. Und es gibt nur einen unteilbaren Punkt, der die richtige Stelle ist. Die übrigen sind zu nahe, zu fern, zu hoch oder zu niedrig. Die Perspektive bestimmt ihn in der Malkunst, wer aber bestimmt ihn bei der Wahrheit und bei der Moral? (Fragment 21.)

Pascals Anliegen ist nicht allein religiös im engen Sinne des Wortes; es wendet sich entschieden gegen den Renaissancehumanismus, weil es ein Menschenbild und ein Zukunftsprojekt für den Menschen voraussetzt, die sich von den humanistischen Zukunftsprojekten der Renaissance völlig unterscheiden, während Descartes in vieler Hinsicht als deren Erbe und Fortsetzer erscheint: Die »Lage des Menschen«, sagt Pascal, lasse sich mit nur drei Begriffen erfassen: »Unbeständigkeit, Langeweile, Ruhelosigkeit« (Fragment 24).

Das lange Fragment 136 über die »Zerstreuung« verdient in diesem Zusammenhang eine eingehende Untersuchung: Es beginnt mit einer Montaigne entnommenen Betrachtung über »den Grund für all unser Unglück«: dass man »nicht ruhig in einem Zimmer bleiben« könne. Doch Pascal geht weiter, und über den Grund hinausgelangend muss man »dessen Ursache(n) entdecken«: Nach Montaigne wird Augustinus benutzt und als Ursache für diese betäubende Suche nach dem Vergnügen die Lage des Menschen gesetzt, das menschliche Herz, das »hohl und voller Schmutz« sei (Fragment 139). Die Weiterentwicklung des Gedankens ist jedoch ganz Pascals Werk, weil er eine Umkehrung vorschlägt: Wenn die Suche nach der Zerstreuung das einzige Mittel sei, der Langeweile zu entgehen, solle man auch noch wissen, dass es auf »die Jagd und nicht auf die Beute« ankomme, und sich nicht von etwas verführen lassen, was lediglich der Vorwand sei, ohne den wirklichen Grund für das Vergnügen zu erkennen, das die Zerstreuung verschaffe. Doch selbst dabei noch wird der Philosoph durch eine neuerliche Umkehrung in flagranti ertappt:

> [D]ie Übrigen schließlich arbeiten sich dabei zu Tode, dass sie all diese Dinge beobachten, nicht etwa, um hierdurch weiser zu werden, sondern allein, um zu zeigen, dass sie es wissen, und diese Letzteren sind die Törichtsten der ganzen Sippe, denn sie sind sich ja dessen be-

wusst, während man von den anderen denken kann, dass sie es nicht mehr wären, wenn sie es wüssten.

Infolge derartiger Umkehrungen konnte man Pascal für einen Skeptiker halten, während er doch lediglich den Gedankengang bis in den absurden Bereich einer Situation führt, in der das *Ich*, das »hassenswert« sei, hinter »den angenommenen Eigenschaften« verschwindet (Fragment 688).

Eine wesentliche Dimension wurde schließlich von jenen, die ihn bewunderten, wie von jenen, die ihn tadelten, zu oft übergangen: die Ironie. Jean Mesnard (1921–2016) hat mit Recht gezeigt, wie die in den *Lettres provenciales* benutzten Methoden der Rhetorik in den *Pensées* zu einem Mittel werden, das rühren und überzeugen soll, zu einem unentbehrlichen Teil der apologetischen Argumentation. Die Ironie ist bei Pascal stets gegenwärtig, denn sie erlaubt ihm, die Haltlosigkeit der Weltordnung anhand ihrer äußeren Erscheinungen zu ermitteln:

»Mein Freund, Ihr seid diesseits des Gebirges geboren, also ist es gerecht, dass Euer ältester Bruder alles haben soll« (Fragment 9).

»Warum tötet Ihr mich, da Ihr mir doch überlegen seid? Ich habe keine Waffen. – Was denn, wohnt Ihr nicht jenseits des Wassers? Mein Freund, wenn Ihr auf dieser Seite wohntet, so wäre ich ein Mörder, und es wäre ungerecht, Euch auf diese Art zu töten. Aber da Ihr ja auf der anderen Seite wohnt, bin ich ein tapferer Mann, und es ist gerecht« (Fragment 51).

Diese Ironie bezieht sich sogar auf den Autor selbst und auf sein Anliegen, den Menschen zu erkennen (Fragment 520). Pascal entwickelt hier eine außergewöhnliche Schreibweise, bei der die Distanz zwischen dem Schriftsteller und seinem Werk die modernsten Formen der Literaturkritik ankündigt.

Tragisch, mystisch, ironisch: Das sind die Dimensionen dieses einzigartigen Textes, der in der Geschichte der Weltliteratur nicht seinesgleichen hat. Und dies trifft so sehr zu, dass man sich fragen konnte, ob das Fragment, der »Gedanke«, nicht einen besonderen Status habe. Mit anderen Worten: Hätte Pascal seine Arbeit abgeschlossen, wäre ihm dann jenes in Form und Stil meisterhafte Werk gelungen, dass die *Pensées* uns bieten? Einerseits ist es richtig, wie wir bereits gesagt haben, dass Pascal bei der Ausarbeitung seiner Werke offenkundig Gedanken miteinander verknüpfte, die er in Kernpunkten, den *Aktenbündeln*, zusammenstellte und ordnete. Andererseits legt der literarische Wert der *Lettres provenciales* die Annahme nahe, dass Pascals schriftstellerisches Genie sich im Abschluss, in der Vollendung einer Arbeit erweisen konnte und sich nicht auf Fragmente beschränken musste.

Die Lektüre der *Pensées* ist somit faszinierend durch den Glanz einiger literarischer Kleinodien und zugleich schwierig durch die ermüdenden und unverständlich gewordenen Eigenheiten mancher Textstellen, durch Auszüge aus anderen Werken oder Bibelreminiszenzen. Unsere Erläuterungen sollen lediglich das flüssige Lesen des Textes ermöglichen; hierfür haben wir uns um die jeweils beste Fassung bemüht und den Text Lafumas anhand der Originalfragmente korrigiert, wobei wir die Ausgaben von Le Guern und Sellier konsultiert haben und Hinweisen Jean Mesnards gefolgt sind. Dadurch kann der deutschsprachige Leser zum einen die *Pensées* in jener Ordnung entdecken, wie sie die *Abschrift* verzeichnet und wie sie mit großer Wahrscheinlichkeit den Zustand wiedergibt, in dem Pascal sein Werk hinterlassen hatte, und darüber hinaus lässt sich diese Entdeckung auch in einer ansprechenden, flüssig zu lesenden Form machen.

Das Fragment der Wette (418) erlaubt uns die Schlussfolgerung: Es gibt keinen Grund, dass man dies für einen Text hielte, der bis an die äußerste Grenze geht. Es handelt sich vielmehr um einen Beginn, um die Entscheidung, die man treffen muss, damit man entdecken und vorwärtsgehen kann; schließlich ist jeder Leser der *Pensées* in der gleichen Situation, dass er sich entscheiden muss, den nächsten Text zu lesen und ohne Schwanken dieses Wagnis auf sich zu nehmen, mit der Ehrlichkeit des Herzens, die Pascal von ihm erwartet: Er war einer von jenen, »die gebunden waren und die nun ihr ganzes Gut einsetzen. Es sind Leute, die diesen Weg kennen, dem Ihr folgen möchtet, und sie sind von einem Übel geheilt, von dem auch Ihr genesen wollt; befolgt die Art, in der sie begonnen haben.«

Jean-Robert Armogathe
Deutsch von Ulrich Kunzmann

Inhalt